Ardèche Drôme

Le pont du Diable sur l'Ardèche à Thueyts.
P. Frilet / hemis.fr

Les microrégions du guide :
(voir la carte à l'intérieur de la couverture ci-contre)

Sommaire

NOS INCONTOURNABLES

ORGANISER SON VOYAGE

COMPRENDRE LA RÉGION

DÉCOUVRIR LA RÉGION

1 L'ARDÈCHE DU NORD

2 L'ARDÈCHE DU SUD

3 LA DRÔME PROVENÇALE ET LES PRÉALPES DRÔMOISES

POUR CHAQUE SITE, RETROUVEZ NOS ADRESSES

4 LE VALENTINOIS

5 LE VERCORS

Nos incontournables

La **caverne du Pont-d'Arc★★★**, quand les hommes peignaient il y a 36 000 ans *(p. 194)*

Crussol★★ et les ruines de la forteresse médiévale *(p. 96)*

Une sélection de nos plus beaux sites étoilés.

La féerie des gouffres dans l'**aven d'Orgnac**★★★ *(p. 198)*

Le village perché de **Thines**★★ dans le parc des Monts d'Ardèche *(p. 174)*

Le **Palais du Facteur Cheval**★★, une architecture naïve pour un château idéal *(p. 307)*

Le **château de Grignan**★★, où séjourna la marquise de Sévigné *(p. 239)*

Du haut de **St-Romain-de-Lerps**★★★, le regard embrasse treize départements *(p. 96)*

Les **gorges de l'Ardèche**★★★
et leur majestueuse arche de pierre
(p. 182)

Le **mont Mézenc**★★★,
une ascension à portée de tous,
un panorama à perte de vue *(p. 122)*

Le **parc naturel du Vercors**★★★,
extraordinaire forteresse
naturelle *(p. 326)*

Crédits photographiques :
page 4 : Ph. Clément / ArTerra Picture Library/age fotostock(haut) ; F. Guiziou/hemis.fr(bas)
Page 5 : P. Crochet/Grand Site de l'Aven d'Orgnac(haut gauche) ; Ph. Bousseaud/Biosphoto (haut droit) ; L. Maisant/hemis.fr(bas)
page 6 : P. Hauser/hemis.fr(haut) ; R. Cousins / Robert Harding Picture Library /age fotostock(bas)
Page 7 : F. Waldhäus / IQ Images/age fotostock(haut gauche) ; Ph. Bousseaud / Biosphoto(haut droit) ; L. Montico/hemis.fr(bas)

ORGANISER SON VOYAGE

Dans les ruelles du village de St-Montan.
H. Lenain / hemis.fr

Suggestions d'itinéraires

4 JOURS	LE NORD DE LA VALLÉE DU RHÔNE
Programme	**Jour 1** : Passez la matinée dans le centre de Valence, puis rejoignez Romans-sur-Isère (musée de la Chaussure, musée de la Résistance, vieille ville, shopping à Marques Avenue). **Jour 2** : Finissez votre visite de Romans et partez à la découverte d'Hauterives et du célèbre Palais du Facteur Cheval. **Jour 3** : En passant par la tour d'Albon (panorama), rendez-vous au musée de l'Alambic à St-Désirat. Continuez par le safari-parc de Peaugres ou la ville d'Annonay et l'Espace du parchemin. **Jour 4** : Descendez la vallée du Rhône en passant par le défilé de St-Vallier et le belvédère de Pierre-Aiguille. Visitez Tournon-sur-Rhône et découvrez le vignoble de St-Joseph. En fin d'après-midi, suivez la corniche du Rhône en passant par St-Romain-de-Lerps et le château de Crussol. Rejoignez Valence.
Transport	Voiture et marche à pied.
Conseils	Si vous voulez dormir à Hauterives, réservez à l'avance car il n'y a qu'un hôtel et peu de chambres d'hôte sur place.
UNE SEMAINE	**DU VALENTINOIS AU VERCORS**
Programme	**Jour 1** : Visitez la vieille ville de Valence, puis dirigez-vous au sud vers Crest et son donjon. De là, suivez la Drôme jusqu'à Die et profitez-en pour goûter la clairette. **Jour 2** : Rendez-vous au cirque d'Archiane en passant par Châtillon-en-Diois. Une randonnée s'impose dans ce cadre majestueux. De retour à Die, arrêtez-vous au Jardin des découvertes (le monde des papillons) puis sur le site de l'abbaye de Valcroissant. **Jour 3** : Vous voilà parti à l'assaut du Vercors direction le col de Rousset. Profitez des points de vue sur le Diois et les Alpes au loin. à Vassieux-en-Vercors, c'est le passé qui vous attend avec le musée de la Résistance et la nécropole du Vercors. En passant par La Chapelle-en-Vercors, rendez-vous à la grotte de la Luire pour une visite aux flambeaux. **Jour 4** : Pour se mettre en jambes, une randonnée dans la Réserve naturelle des Hauts-Plateaux puis en repassant par La Chapelle-en-Vercors (voir la chapelle des Fusillés), rejoignez la grotte de la Draye Blanche et visitez le musée de la Préhistoire à Vassieux-en-Vercors. **Jour 5** : En partant de Vassieux, arrêtez-vous au Mémorial de la Résistance. Partez ensuite à l'assaut de la route spectaculaire de Combe Laval et finissez par le joli village de Pont-en-Royans. **Jour 6** : Visitez les grottes de Choranche, puis pénétrez dans les magnifiques gorges de la Bourne. Déjeunez à Villard-de-Lans et revenez par la route des écouges puis les gorges du Nan à St-Nazaire-en-Royans. **Jour 7** : Commencez par une agréable promenade au Jardin des fontaines pétrifiantes, puis finissez votre périple par la ville de Romans-sur-Isère, son musée de la Chaussure et son musée de la Résistance (qui ne fait pas doublon avec celui de Vassieux).

SUGGESTIONS D'ITINÉRAIRES

Transport	Voiture et marche à pied.
Conseils	Sachez que les restaurants dans le Vercors servent rarement au-delà de 14h et qu'il faut anticiper la pause déjeuner ou prévoir un pique-nique.
11 JOURS	**L'ARDÈCHE DU NORD ET LES MONTS ARDÉCHOIS**
Programme	**Jour 1** : Depuis La Voulte-sur-Rhône, rendez-vous au site magnifique du château de Pierre-Gourde. Revenez sur vos pas pour découvrir la corniche de l'Eyrieux en passant par St-Julien-le-Roux et Vernoux-en-Vivarais. Faites un crochet jusqu'au château de la Tourette. **Jour 2** : Visitez le château de Crussol, puis remontez jusqu'à Tournon-sur-Rhône par St-Romain-de-Lerps et la corniche du Rhône. **Jour 3** : Tournon-sur-Rhône est à voir et vous pouvez aussi profiter de la proximité de Tain-l'Hermitage pour visiter quelques caves. **Jour 4** : Deux solutions (autres que la voiture) s'offrent à vous pour découvrir les gorges du Doux. Soit vous prenez le train de l'Ardèche et vous faites l'aller-retour Tournon/St-Jean, soit vous prenez le vélorail à Boucieu-le-Roi, qui vous emmène à Troye et vous ramène à Boucieu en train. Une fois revenu à votre point de départ, continuez en voiture jusqu'à Lamastre en faisant un crochet par le joli village de Boucieu-le-Roi. **Jour 5** : Après avoir flâné à Lamastre, rendez-vous au village médiéval de Désaignes. Parcourez les monts ardéchois en vous arrêtant au château de Rochebonne puis à St-Agrève. **Jour 6** : À St-Clément vous attend l'École du vent. Avec le mont Mézenc, c'est le moment ou jamais de faire de la randonnée. **Jour 7** : Rendez-vous au lac d'Issarlès et, en fin de journée, revenez à Ste-Eulalie. **Jour 8** : Rejoignez ensuite le mont Gerbier-de-Jonc en passant par la ferme du Bourlatier. Possibilités de belles randonnées. **Jour 9** : Entre autres idées de rando, faites celle du rocher de Soutron. Et rendez-vous à Lalouvesc en passant par Le Cheylard et le point de vue de Rochebloine. **Jour 10** : Rejoignez Annonay en passant par la roche Péréandre. Si cela vous tente, faites un vol en montgolfière. **Jour 11** : Le matin, arrêtez-vous au musée de l'Alambic de St-Désirat, et pour finir en beauté ce joli périple, faites une incursion dans la Drôme du Nord en visitant le Palais du Facteur Cheval à Hauterives.
Transport	Voiture et marche à pied.
Conseils	Agrémentez votre périple par une dégustation dans une cave du vignoble de St-Joseph (Tournon-sur-Rhône et Tain-l'Hermitage).

14 JOURS	LES MERVEILLES DE L'ARDÈCHE ET DE LA DRÔME DU SUD
Programme	**Jour 1** : Visitez Montélimar et goûtez ses fameux nougats. **Jour 2** : Partez vers l'ouest voir les deux jolis villages de La Bégude-de-Mazenc et du Poët-Laval. Rendez-vous au château de Grignan. **Jour 3** : Continuez vers Nyons et visitez les moulins à huile. Poussez jusqu'à Buis-les-Baronnies. **Jour 4** : Revenez à St-Paul-Trois-Châteaux et découvrez le village perché de St-Restitut puis la ferme aux Crocodiles. **Jour 5** : Flânez dans les ruelles de La Garde-Adhémar, puis, en prenant le défilé de Donzère, dirigez-vous vers Viviers. **Jour 6** : Visitez Alba-la-Romaine et le MuséAl, puis Aubenas. Si vous en avez le temps et l'envie, poussez au nord jusqu'au château de Boulogne. **Jour 7** : Le point de vue de Jastres offre un beau panorama sur la région. Enchaînez avec Vogüé (château), Rochecolombe (village féodal) et Balazuc (village et baignade). **Jour 8** : Empruntez le défilé de Ruoms jusqu'au village du même nom. Au village suivant, Labeaume, promenez-vous le long des gorges de la Beaume. **Jour 9** : Commencez par le site de Joyeuse, puis gagnez Les Vans et, par une route sinueuse, vous atteignez le site perché de Thines. Après Les Vans, une promenade au bois de Païolive s'impose jusqu'à la magnifique corniche de Chassezac. Dormez dans le charmant village de Naves. **Jour 10** : Rejoignez Vallon-Pont-d'Arc en passant par le musée de la Vignasse et découvrez la caverne du Pont-d'Arc, reconstitution de la grotte Chauvet, puis baignade au pont d'Arc. **Jour 11** : Ne manquez surtout pas l'aven d'Orgnac et la Cité de la préhistoire. En revenant à Vallon-Pont d'Arc, vous pouvez vous arrêter au château-musée de Labastide-de-Virac. **Jour 12** : Descendez les gorges de l'Ardèche en voiture et visitez l'aven Marzal et/ou la grotte de la Madeleine. Si vous voulez faire cette descente en kayak, comptez 2 jours. **Jour 13** : Promenez-vous à Bourg-St-Andéol, visitez la distillerie de lavande à St-Remèze, arrêtez-vous au point de vue de la dent de Rez et flânez dans le charmant village de St-Montan. **Jour 14** : Passez par la gorge de la Ste-Baume pour vous rendre au château de Rochemaure puis au pic de Chenavari et rejoignez Montélimar.
Transport	Voiture et marche à pied.
Conseils	Vous pouvez alléger ce circuit en éliminant quelques sites que vous remplacerez par des baignades ou des moments de farniente dans les jolis villages de pierre de cette région. Pensez à réserver à l'avance votre visite à la caverne du Pont-d'Arc.
4 JOURS	**LES GORGES DE L'ARDÈCHE ET LA PRÉHISTOIRE**
Programme	**Jour 1** : Arrivée à Vallon-Pont-d'Arc. Visitez la grotte ornée du Pont-d'Arc et profitez de la fin de l'après-midi pour vous baigner. **Jour 2** : Descente des gorges en kayak. Bivouac. **Jour 3** : Suite de la descente et retour à Vallon. **Jour 4** : Découvrez l'aven d'Orgnac et la Cité de la préhistoire.
Transport	Voiture et kayak.
Conseils	Le jour de votre arrivée, contactez votre agence afin de vous assurer que tout est bien prévu pour votre descente en kayak.

Types de séjours

LOISIRS	
Parcs et réserves animalières	Les Réserves naturelles des Ramières *(p. 276)*, de la Platière *(p. 90)*, des Hauts-Plateaux *(p. 336)*, le jardin des oiseaux à Upie *(p. 274)*, le safari-parc de Peaugres *(p. 88)*, la ferme aux Crocodiles à Pierrelatte *(p. 242)*, les Mille et Une Cornes à Charmes-sur-l'Herbasse *(p. 304)*, le Jardin des découvertes et ses papillons dans le Diois *(p. 317)*.
La gastronomie	Pour se désaltérer, c'est l'eau gazeuse de Vals-les-Bains *(p. 142)* qu'il faut boire. Goûtez ensuite les vins du vignoble de St-Joseph, de l'Hermitage et de Crozes-Hermitage *(p. 100 et 297)*, puis les vins d'Ardèche à Néovinum *(p. 178)* et finissez par un vin pétillant, la clairette de Die *(p. 320)*. Parmi les spécialités, il ne faut pas manquer la caillette de l'Ardèche et le bœuf fin gras du Mézenc *(p. 127)* ainsi que la raviole de Romans-sur-Isère *(p. 306)*, le chocolat fabriqué à Tain-l'Hermitage *(p. 294)* et la truffe du Tricastin *(p. 245)*. Côté fromage, le st-marcellin drômois, le bleu du Vercors-Sassenage AOP, le picodon et le coucouron ardéchois. Enfin, pour les desserts, une coupe ardéchoise à la crème de marrons, des marrons glacés de Privas ou Aubenas *(p. 161)*, la pogne de Romans-sur-Isère *(p. 306)* ou le nougat de Montélimar *(p. 237)* accompagnés des fruits (cerises, pêches, abricots) des vergers du Sud.
NATURE	
Les gorges et défilés	Pour des sensations fortes en voiture, rien de tel qu'une petite route étroite et sinueuse dans une gorge rocheuse. En Ardèche, les gorges de la Borne *(p. 147)*, les défilés de Ruoms *(p. 159)*, de Donzère *(p. 214)*, de St-Vallier *(p. 98)*, les corniches du Chassezac *(p. 170)*, de l'Eyrieux *(p. 106)* et du Rhône *(p. 96)*, la vallée de la Volane *(p. 143)*, les gorges de l'Ardèche *(p. 182)*. Dans la Drôme, les gorges du Toulourenc *(p. 270)*, d'Omblèze *(p. 322)* et de Combe Laval *(p. 334)*, les cols de Rousset *(p. 319)*, de Menée *(p. 321)*, de la Bataille *(p. 335)* et de Tourniol *(p. 334)*.
Les randonnées incontournables	Dans le Vercors, les Grandes Traversées du Vercors *(p. 338)* et la randonnée du Grand Veymont *(p. 336)*. Dans le Diois, les chemins de la Clairette *(p. 325)* et le cirque d'Archiane *(p. 320)*. Dans le nord de l'Ardèche, la Dolce Via dans la vallée de l'Eyrieux *(p. 102)*, la RandoTub'de St Félicien *(p. 115)*, les randonnées au mont Mézenc *(p. 122)*, au rocher de Soutron *(p. 123)* et au Gerbier-de-Jonc *(p. 125)*. Dans le sud de l'Ardèche, le sentier des Lauzes à St-Mélany *(p. 165)*, le pic de Chenavari *(p. 136)* et les gorges de l'Ardèche *(p. 182)*.

Grottes et avens	Dans le sud de l'Ardèche : caverne du Pont-d'Arc, réplique de la grotte Chauvet *(p. 194)*, grottes de la Madeleine *(p. 186)* et de St-Marcel *(p. 188)*, avens Marzal *(p. 185)*, d'Orgnac *(p. 198)* et de la Forestière *(p. 201)* ; dans le nord de l'Ardèche : grottes de Soyons *(p. 103)* ; dans le nord de la Drôme : grottes de Choranche *(p. 327)*, de la Luire *(p. 331)*, de la Draye Blanche *(p. 333)* et de Thaïs *(p. 344)*.
Sites naturels	Les belles forêts de Saoû *(p. 274)*, de Lente *(p. 333)*, du bois de Païolive *(p. 170)* ; le jardin d'Éden à Tournon-sur-Rhône *(p. 95)*, les fontaines pétrifiantes de La Sône *(p. 345)*, Pivoines Rivière à Crest *(p. 274)*, le labyrinthe végétal de Charmes-sur-Rhône *(p. 102)*, les labyrinthes d'Hauterives *(p. 310)*, l'écomusée des Terrasses à la Chareyre *(p. 106)* ; la chute de la Druise *(p. 322)*, la cascade du Ray-Pic *(p. 144)*, la chaussée des Géants de Thueyts *(p. 150)* et le Claps vers Die *(p. 318)*.
CULTURE	
Les musées à thèmes	Découvrez, en Ardèche, les secrets du parchemin à Annonay *(p. 87)*, du charonnage et du car à Vanosc *(p. 88)*, de l'alambic à St-Désirat *(p. 90)*, du vent à St-Clément *(p. 118)*, de la soie au château des Roure à Labastide-Virac *(p. 201)* et au musée de la Vignasse à St-Alban-Auriolles *(p. 179)*, de la lavande à St-Remèze *(p. 206)*, du picodon à Planzolles *(p. 177)*, des vins de la région à Ruoms *(p. 178)*… Dans la Drôme, vous découvrirez la chaussure à Romans *(p. 301)*, la miniature *(p. 229)*, l'aviation de chasse *(p. 232)* et le nougat à Montélimar *(p. 231)*, la céramique à Dieulefit *(p. 234)*, la truffe à St-Paul-Trois-Châteaux *(p. 245)*, le vin au château de Suze-la-Rousse *(p. 247)*, le chocolat à Tain-l'Hermitage *(p. 294)* et les olives à Nyons *(p. 257)*.
La Résistance et la Seconde Guerre mondiale	C'est dans la Drôme du Nord qu'il faut se rendre : à Vassieux-en-Vercors *(p. 339)* pour le musée de la Résistance du Vercors, la nécropole du Vercors, le Mémorial de la Résistance en Vercors ; à Romans-sur-Isère *(p. 302)* pour le musée de la Résistance en Drôme et de la Déportation.
Préhistoire et Antiquité	À la recherche de nos ancêtres, l'incontournable Cité de la préhistoire à Orgnac-l'Aven *(p. 199)*, la grotte ornée du Pont-d'Arc et la galerie de l'Aurignacien *(p. 194)*, le musée de Valence *(p. 282)*, le musée de la Préhistoire du Vercors *(p. 342)* et celui de Soyons *(p. 103)*. Et les Romains ? Ils sont au MuséAl d'Alba-la-Romaine *(p. 216)* et au musée de St-Paul-Trois-Châteaux *(p. 246)*.

Aller dans la région

Par la route

LES GRANDS AXES

A 6 (Paris-Lyon) puis **A 7** (Lyon-Marseille).
A 89 (Lyon-Clermont-Ferrand).
A 49 (Valence-Grenoble).
Le Vercors, qu'on atteint par de bonnes routes, demeure néanmoins une épreuve pour le conducteur peu familier des tracés sinueux.
Informations autoroutières – ✆ 0 892 681 077 - www.autoroutes.fr.

LES CARTES MICHELIN

Cartes **Départements 331** (Ardèche, Haute-Loire), **332** (Drôme, Vaucluse), **333** (Isère, Savoie).
Carte **Région 523** (Rhône-Alpes).
Carte de France 721 et **Carte National 725** (France Sud).
En ligne : calcul d'itinéraires sur **www.ViaMichelin.fr.**

En train

LES GRANDES LIGNES

Au départ de Paris, **TGV** vers Valence (1h50) et Montélimar (2h50). La gare TGV de Valence est hors du centre, auquel elle est reliée par une navette.
Informations et réservations – ✆ 3635 (0,34 €/mn) - www.voyages-sncf.com.

LES TRAINS EXPRESS RÉGIONAUX

Depuis Valence, vous pouvez rejoindre Romans-sur-Isère (7mn) et Die (1h environ) en TER.
Informations et réservations – ✆ 3635 (0,34 €/mn) - www.ter-sncf.com/rhonealpes.

LES CARS

Des lignes d'autocars (les **Cars Rhône-Alpes**) vous permettent de rejoindre des villes comme

Route bordée de platanes en Ardèche.
S. Godin / Biosphoto

DISTANCES EN KM	Annonay	Aubenas	Die	Montélimar	Nyons	Valence
Annonay	–	136	132	112	162	68
Aubenas	136	–	106	41	88	70
Bordeaux	572	566	715	634	623	565
Dijon	266	364	360	340	390	292
Grenoble	108	165	99	141	191	100
Lille	762	860	858	837	887	758
Limoges	436	461	574	553	604	411
Lyon	75	173	169	149	200	101
Marseille	278	209	232	169	156	212
Montélimar	111	42	72	–	46	47
Nyons	162	88	83	46	–	97
Paris	535	633	630	609	660	558
St-Étienne	46	190	187	166	217	121
Toulouse	502	434	473	393	383	424
Valence	68	70	65	47	97	–

Vallon-Pont-d'Arc, Montélimar, Nyons, Annonay.
Informations et réservations – www.rhonealpes.fr.

En avion

LES COMPAGNIES AÉRIENNES

Air France – ✆ 36 54 (0,34 €/mn) - www.airfrance.fr. Liaisons pour Lyon au départ d'Ajaccio, Brest, Bastia, Biarritz, Bordeaux, Clermont-Ferrand, Caen, Calvi, Figari, Le Havre, Limoges, Lorient, Marseille, Mulhouse, Metz, Nantes, Paris et Toulouse.

Corsair – ✆ 0 820 042 042 (0,12 €/mn) - www.corsair.fr. Vols à prix réduits pour Lyon depuis La Réunion.

Easyjet – www.easyjet.com. Liaisons pour Lyon au départ de Biarritz, Bordeaux, Bastia, Nantes, Toulouse…

LES AÉROPORTS DESSERVANT LA RÉGION

Lyon-St-Exupéry – ✆ 0 826 800 826 - www.lyon.aeroport.fr. Il est situé à 25 km à l'est de Lyon. Liaisons régulières en **bus** pour le centre-ville. En **taxi**, le trajet jusqu'à Lyon-Part-Dieu où se trouve la gare vous coûtera 48 € le jour et 63 € la nuit, le week-end et les jours fériés. Depuis l'été 2010, un **tram express** est en service *(www.rhonexpress.fr - de 5h à minuit - 13,50 €, AR 24,50 €)*. L'aéroport est également desservi par une gare de TGV.

Aéroport de Grenoble – 38590 St-Étienne-de-St-Geoirs - ✆ 04 76 65 48 48 - www.grenoble-airport.com.

Avant de partir

Météo

Services téléphoniques de Météo France – ✆ **3250** suivi de :
1 – météo d'une commune, d'un département ou de l'outre-mer ;
2 – météo du prochain week-end ;
3 – météo activités de bord de mer ;
4 – météo montagne ;
5 – météo des routes.
Prévisions du département – ✆ **0 892 680 2** suivi du numéro du département (0,34 €/mn).
En ligne : **www.meteo.fr**.
Au printemps : neige persistante sur les massifs du Mézenc ; douceur dans les vallées de la Drôme et de l'Eyrieux (arbres fruitiers en fleurs).
De juin à septembre : temps plus uniformément sec et ensoleillé.
Automne : caractère doux le long du Rhône, possibilité de très fortes averses dans les Cévennes, premiers flocons en altitude.
Hiver : froid sec avec belles éclaircies sur l'axe Saône-Rhône, neige abondante sur les pentes du Mézenc. **Burle** sur les plateaux vellaves et formation de congères. **Mistral** au sud de Valence.

Adresses utiles

LES INSTITUTIONS

Comité régional du tourisme

Rhône-Alpes (Ardèche, Drôme) – 8 r. Paul-Montrochet - 69002 Lyon - ✆ 04 26 73 31 59 - www.rhonealpes-tourisme.com.

Agences de développement touristique

Ardèche – 4 cours du Palais - 07000 Privas - ✆ 04 75 64 04 66 - www.ardeche-guide.com.
La carte **Pass'Ardèche** regroupe trente-cinq sites touristiques et donne accès gratuitement ou à tarif réduit à différentes activités *(rens. sur le site de l'ADT - 26 €/3 j., 39 €/6 j., 79 €/an - en vente dans les offices de tourisme et les sites partenaires)*.
Drôme – 8 r. Baudin CS 40531 - 26005 Valence Cedex - ✆ 04 75 82 19 26 - www.ladrometourisme.com.
Isère – 14 r. de la République - BP 227 - 38019 Grenoble Cedex 1 - ✆ 04 76 54 34 36 - www.isere-tourisme.com, ou Maison de l'Isère – 2 pl. André-Malraux - 75001 Paris - ✆ 01 42 96 08 43/56.

Offices de tourisme

Les adresses des offices de tourisme se trouvent dans la rubrique « S'informer » de chaque ville ou site dans la partie « Découvrir la région ».
En ligne : une mine d'informations pour faire du tourisme en France sur **int.rendezvousenfrance.com**.

TOURISME DES PERSONNES HANDICAPÉES

Le symbole ♿ signale les sites accessibles aux personnes à **mobilité réduite**.

Accessibilité des infrastructures touristiques

Consultez les sites labellisés **Tourisme et Handicap** sur le site **int.rendezvousenfrance.com**., rubrique « Tourisme et Handicap » en bas de page.
Association Tourisme et Handicaps – 43 r. Marx-Dormoy - 75018 Paris - ✆ 01 44 11 10 41 - www.tourisme-handicaps.org.

Accessibilité des transports

Train – Un guide gratuit *Mobilité réduite* est disponible dans les gares et boutiques SNCF.
SNCF Accès Plus – ✆ 0 890 640 650 (0,11 €/mn, 7h-22h). Service gratuit facilitant le voyage des personnes

NOS CATÉGORIES DE PRIX		
	Hébergement	**Restauration**
Premier prix	jusqu'à 60 €	jusqu'à 15 €
Budget moyen	de 60 € à 90 €	de 15 € à 30 €
Pour se faire plaisir	de 90 € à 120 €	de 30 € à 45 €
Une folie	plus de 120 €	plus de 45 €

à mobilité réduite, disponible sur réservation 48h avant le départ dans 350 gares de France.
Avion – Air France propose le service d'**assistance Saphir** : ✆ 09 69 36 72 77 - lun.-vend. 9h-19h, sam. 9h-18h (sf j. fériés). En ligne : **www.airfrance.fr**.

Se loger

Retrouvez notre sélection d'hébergements dans « Nos adresses » situées en fin de description des principaux sites. Les établissements sont classés par catégories de prix (*tableau des prix ci-dessus*). Les tarifs communiqués sont ceux pratiqués en haute saison pour une chambre double.
Les comités départementaux de tourisme (*p. 18*) et certains offices de tourisme proposent un service de réservation en ligne, mais aussi parfois des formules thématiques de courts séjours et des offres promotionnelles.
À consulter aussi : **Le Guide Michelin France** et le **Guide Camping Michelin France**.

Ville Pass'ion

Ville Pass'ion propose en France de courts séjours à prix doux, offrant parfois une nuit sur deux pour un week-end. Dans la région, Montélimar est concernée.

SERVICES DE RÉSERVATION

Réseau national des destinations départementales – 74-76 r. de Bercy - 75012 Paris - ✆ 01 44 11 10 20 - www.rn2d.net. Hôtels et chambres d'hôte, hébergements locatifs labellisés (Gîtes de France, Clévacances…) et courts séjours thématiques.
Clévacances France – 54 bd de l'Embouchure - 31200 Toulouse - ✆ 05 61 13 55 66 - www.clevacances.com. Locations de vacances ou chambres d'hôte.
Samedi Midi Éditions – www.samedimidi.com. Chambres et maisons d'hôte répertoriées par départements et par prix.
Charme & Traditions – www.charme-traditions.com. Locations, gîtes et chambres d'hôte, par lieux.
Fédération nationale des services de réservation Loisirs-Accueil – 280 bd St-Germain - 75007 Paris - ✆ 01 44 11 10 44 .
Accueil Vélo – www.francevelotourisme.com. Un label décerné aux hébergements à destination des cyclistes.

HÉBERGEMENT RURAL

Maison des Gîtes de France et du tourisme vert – 59 r. St-Lazare - 75439 Paris Cedex 09 - ✆ 01 49 70 75 75 - www.gites-de-france.com.
Fédération des Stations vertes de vacances – 6 r. Ranfer-de-Bretenières - BP 71698 - 21016 Dijon Cedex - ✆ 03 80 54 10 50 - www.stationverte.com. Sites de vacances familiales retenus pour leur qualité de vie.
Ardèche : St-Agrève, Joyeuse, St-Martin-d'Ardèche, Burzet, Vogüé, Coucouron, Meyras, Satillieu, Les Ollières-sur-Eyrieux, St-Martin-de-Valamas, Vallon-Pont-d'Arc, le lac d'Issarlès, Vernoux-en-Vivarais.

Drôme : La Chapelle-en-Vercors, La Motte-Chalancon, Bourdeaux, Hauterives.

Pour les randonneurs

En ligne : **www.gites-refuges.com**.

AUBERGES DE JEUNESSE

Fédération unie des auberges de jeunesse (Fuaj) – 27 r. Pajol - 75018 Paris - ✆ 01 44 89 87 27 - www.fuaj.org.

Se restaurer

Retrouvez notre sélection de restaurants dans « Nos adresses » situées en fin de description des principaux sites (*tableau des prix p. 19*). Outre notre sélection d'établissements traditionnels, de restaurants de village ou d'adresses gastronomiques, consultez aussi **Le Guide Michelin France**.

L'agrotourisme est très présent dans cette région. Il propose l'hébergement et les repas à la ferme, ainsi que la vente de produits fermiers. Certains lieux sont rattachés au réseau **Bienvenue à la ferme** (www.bienvenuealaferme.com), d'autres à l'association **Accueil Paysan** (www.accueil-paysan.com).

Pour l'Ardèche, la brochure **Miam miam !** vous informe sur la gastronomie locale, les marchés, les magasins de producteurs, les lieux de restauration où se dégustent les produits locaux. Disponible dans les offices de tourisme ou sur http://blog.ardechelegout.fr.

LABELS

Sites remarquables du goût

Il s'agit de sites dont la gastronomie s'appuie sur des produits de qualité liés à un environnement culturel et à une volonté d'accueil touristique : à voir donc le parcours de la **châtaigneraie de Privas** (Ardèche), la **du Tricastin**, la **poire de la Valloire** et l'**olive de Nyons** (Drôme).

www.sitesremarquablesdugout.com.

Bistrots de pays

Basé sur l'authenticité et la qualité, ce label a pour but de préserver l'activité économique dans les villages et concerne les cafés ou les restaurants des petites communes (moins de 2 000 habitants). Un « Bistrot de pays » reste ouvert à l'année, sert les produits du terroir et propose des animations.

✆ 04 75 38 08 03 - www.bistrotdepays.com.

ASSOCIATIONS/MARQUES

Les menus curieux

Des restaurateurs et des tables d'hôte, amoureux de la nature, ont décidé de mettre en valeur les douceurs de l'Ardèche en cuisinant, entre autres, les fleurs et les baies sauvages de la région. D'où la création de plats goûteux aux saveurs insolites.

✆ 04 75 39 57 05 - www.menuscurieux.fr.

Goûtez l'Ardèche

Cette marque, créée en 1994, met en avant les produits et les restaurants ardéchoix de qualité, suivant des critères très précis. Un logo permet de les repérer. Les menus découverte « Goûtez l'Ardèche » sont élaborés avec les produits locaux selon un savoir-faire traditionnel. ✆ 0 800 24 67 48 - www.goutez-l-ardeche.com.

Sur place de A à Z

Pour obtenir de la documentation traitant des différentes activités à pratiquer, adressez-vous aux **agences de développement touristique** et au **comité régional** de tourisme (p. 18).
En ligne : certaines brochures sont téléchargeables sur leurs sites Internet.

ACHATS

Retrouvez notre sélection d'adresses de boutiques ou d'artisans dans « Nos adresses », en fin de description des sites.

Vins

Saint-joseph, **hermitage**, **crozes-hermitage**, **vinsobres, cornas, condrieu, st-péray**, vins de pays et **clairette de Die** (vin pétillant). Pour les liqueurs, rendez-vous à St-Désirat. En Ardèche, vous trouverez de la liqueur de myrtille ou de chataigne.
« Un vignoble varié », p. 49.

Fromages

Picodon (chèvre) et **coucouron** (vache) en Ardèche, **saint-marcellin** et **bleu du Vercors-Sassenage AOP** en Isère (vache).

Friandises

Nougats de Montélimar, **marrons glacés** d'Ardèche, **farine de châtaigne** ardéchoise pour élaborer de nouveaux gâteaux, suisse en pâte sablée (Valence), **pogne** (brioche à la fleur d'oranger) de Romans-sur-Isère.

Autres spécialités

Ravioles de Romans, **truffes** du Tricastin, **olives** et huile d'olive de Nyons, **noix** et huile de noix dans l'Isère. **Herbes aromatiques** et **tilleul** des Baronnies, **charcuteries** ardéchoises, **myrtilles** d'Ardèche.

Artisanat

Artisanat d'art dans la vallée du Rhône (poteries, sculptures…) : parmi les villages les plus réputés figurent Salavas et Balazuc (Ardèche), Dieulefit (Drôme).
Lavande et produits dérivés en Drôme provençale.
Chaussures à Romans-sur-Isère.

ACTIVITÉS AQUATIQUES

Le nombre important de **lacs et plans d'eau** permet la pratique de sports nautiques : natation, voile, planche à voile, canoë-kayak et parfois ski nautique. Certains d'entre eux ont été aménagés en **bases de loisirs** comme le lac de Devesset près de St-Agrève ou celui de Champos dans la Drôme.
Fédération française de canoë-kayak – 87 quai de la Marne - 94344 Joinville-le-Pont - 01 45 11 08 50 - www.ffck.org. La fédération édite un livre, *France canoë-kayak et sports d'eaux vives*, et, avec le concours de l'IGN, une carte, *Les Rivières de France*, avec tous les cours d'eau praticables.
Pour tout savoir sur le canoë-kayak dans la région : www.canoe-france.com.
Portail francophone de descente de canyon – www.descente-canyon.com. Le site répertorie les canyons accessibles de la région.

CYCLOTOURISME ET VTT

Le comité départemental de cyclotourisme de l'Ardèche met à votre disposition plus d'une centaine de brochures *Balade à vélo* qui dénombrent en tout 3 500 circuits ! Autres publications ou sites à consulter : *Cyclotourisme/ VTT dans la Drôme, La Drôme à vélo, www.ladrometourisme.com, Sur les routes de l'Ardéchoise (www.monardechoise.com).*

Fédération française de cyclotourisme – 12 r. Louis-Bertrand - 94207 Ivry-sur-Seine Cedex - ✆ 01 56 20 88 88 - www.ffct.org.

Fédération française de cyclisme – 5 r. de Rome - 93561 Rosny-sous-Bois Cedex - ✆ 01 49 35 69 24 - www.ffc.fr. La fédération propose 50 000 km de sentiers balisés pour la pratique du VTT, répertoriés dans un guide annuel gratuit (contre une enveloppe timbrée, se renseigner pour le tarif).

Dans la région, les sentiers **labellisés** sont :

– montagne ardéchoise, Lanarce (Ardèche) ;

– Drôme des Collines, Chatuzange-le-Goubet (Drôme).

– une trentaine de circuits dans le Vercors (brochure disponible auprès des Maisons du Parc régional).

La **ViaRhona** est une **véloroute-voie verte** en cours de réalisation qui rallie le lac Léman à la Méditerranée (plus de 700 km). Quelque 415 km du parcours traversent la région Rhône-Alpes, en passant par l'Ardèche et la Drôme, où ils empruntent les chemins de halage. Cartes et fiches à télécharger sur www.viarhona.com.

La **Dolce Via**, voie verte de la vallée de l'Eyrieux, est une voie de chemin de fer réaffectée aux randonneurs et aux VTT. Elle relie actuellement St-Laurent-du-Pape au Cheylard (50 km) et se connecte à **ViaRhôna** par La Voulte-sur-Rhône. Elle devrait à terme rejoindre St-Agrève et Lamastre portant l'itinéraire à 70 km - www.dolce-via.com.

Les Chemins du Soleil proposent une traversée des Préalpes à VTT selon 2 circuits à faire en 7 jours. www.grande-traversee-alpes.com.

Les Routes de l'Ardéchoise sillonnent le département du nord au sud à travers treize parcours balisés de longueurs et de difficultés variables, sur les traces de la célèbre manifestation cycliste l'Ardéchoise. Service de transport de bagages, hébergeurs labélisés et fiches itinéraires à télécharger. www.monardechoise.com

JARDINS

Comité des parcs et jardins de France – 168 r. de Grenelle - 75007 Paris - ✆ 01 53 85 40 47 - www.parcsetjardins.fr. Le site répertorie de nombreux jardins publics ou privés intéressants pour leur esthétique ou leur originalité : 4 en Ardèche, 9 dans la Drôme. Certains d'entre eux ont reçu le label **Jardin remarquable**.

PÊCHE

Fédération nationale de la pêche en France – 17 r. Bergère - 75009 Paris - ✆ 01 48 24 96 00 - www.federationpeche.fr.

Fédération de la Drôme pour la pêche – 50 ch. de Laprat - 26000 Valence - ✆ 04 75 78 14 40 - www.federationpeche.fr/26.

Fédération de pêche de de l'Ardèche – 16 av. Paul-Ribeyre - 07600 Vals-les-Bains - ✆ 04 75 37 09 68 - www.peche-ardeche.com.

Vous trouverez de nombreux renseignements sur le site : **www.club-halieutique.com**.

PROMENADES EN BATEAU

Le Rhône, l'Isère… La région ne manque pas de cours d'eau sur lesquels naviguer. C'est une façon peu commune de découvrir des lieux aux charmes insoupçonnés : ruines perchées du célèbre château de Crussol, églises et châteaux juchés sur des promontoires agrémentés de vignobles…

Croisières organisées

Cette forme de tourisme permet la découverte des vallées du Rhône et de l'Isère. La grande variété d'embarcations disponibles, du simple bateau jusqu'à la péniche-hôtel confortablement aménagée pour des croisières, est associée à des formules de durée de séjour adaptables au goût de chacun.
De nombreux organismes proposent des excursions de durée variable assorties d'un large éventail de prestations (restauration, animation, guidage touristique).

Aqua Viva – Rens. et réserv. au ✆ 03 89 69 07 12 ou agence Athenaeum ✆ 01 58 36 08 36 - www.vikingrivercruises.com. La société Aqua Viva, avec le *Viking Burgundy* (quai Claude-Bernard à Lyon), organise des croisières d'une semaine, de mars à nov., de Chalon-sur-Saône à Avignon.

« Royans-Vercors » - Navigation découverte sur l'Isère – ✆ 04 76 64 43 42 - www.bateau-a-roue.com. Croisière commentée à bord d'un bateau style Mississippi. Se renseigner pour les horaires - 12 € AR (-13 ans 6,50 €) - dép. de La Sône et de St-Nazaire-en-Royans.

Bateaux habitables

En respectant la réglementation en vigueur, on peut soi-même naviguer sur le Rhône de Corre à Port-St-Louis-du-Rhône. Les ports de Lyon, des Roches-de-Condrieu et de Valence-l'Épervière offrent des prestations complètes ; un ravitaillement élémentaire peut être obtenu à St-Germain-au-Mont-d'Or, Tournon-sur-Rhône, Viviers et Avignon.
De Lyon à la mer, la descente du **Rhône**, rendu navigable grâce aux canaux de dérivation, nécessite le franchissement de 12 écluses sur un parcours de 310 km. La durée moyenne de la descente est de 2 jours.

PROTESTANTISME

La route des Dragonnades p. 68, Sur les pas des huguenots, p. 232.

RANDONNÉES ÉQUESTRES

La randonnée équestre est une activité en plein développement. Il existe des itinéraires balisés dans toute la région, à travers la forêt, la campagne ou la montagne.

Comité national de tourisme équestre – 81 av. Édouard-Vaillant - 92100 Boulogne-Billancourt - ✆ 01 58 17 58 17 - www.ffe.com/tourisme. Le comité édite une brochure annuelle, *Cheval nature*, qui répertorie les hébergements accueillant cavaliers et chevaux.

Comité départemental de tourisme équestre de la Drôme – Mme Del Rosso - relais équestre du Villard - 26110 Rochebrune - ✆ 04 75 27 30 38.

La Drôme à cheval – 25 r. Pasteur - 26260 St-Donat-sur-l'Herbasse - ✆ 04 75 45 78 79 - www.drome-a-cheval.com.

Comité départemental de tourisme équestre de l'Ardèche – Mme Sitar - 1640 rte de Chateaubourg - 07130 St-Romain de Lerps - ✆ 06 98 20 30 44 - www.chevalardeche.ffe.com.

Association Rhône-Alpes pour le tourisme équestre – Isère Cheval Vert - Maison du tourisme - BP 227 - 38019 Grenoble Cedex - ✆ 04 76 42 85 88 - www.isere-cheval-vert.com.

Roulottes et chariots bâchés

En Ardèche, des locations avec initiation à l'attelage et à l'entretien des montures sont proposées. Renseignements auprès de l'agence de développement touristique.

Drome roulottes vacances – Quartier Péquimbert - 26460 Le Poët-Célard - ✆ 06 09 05 86 67 - www.dromeroulottesvacances.com.

RANDONNÉES PÉDESTRES

Idéale pour découvrir en toute tranquillité les paysages, la randonnée pédestre s'adresse à tout le monde.

Les GR

Les **GR 9**, **91**, **93** et **95** proposent plusieurs itinéraires dans le Vercors. Quelques sentiers de liaison permettent de relier de grands circuits, comme le **GR 549** qui joint le Tour de l'Oisans au Vercors.

Le **GR 42** domine en corniche la vallée du Rhône, découvrant d'amples panoramas.

Le **GR 420** permet de faire le tour du Haut-Vivarais en une dizaine de jours.

Le **GR 94** parcourt le pays du Buëch et les Baronnies.

Le **GR 427** est le sentier du balcon de l'Eyrieux.

Le **GR 429**, s'embranchant sur le **GR 9**, qui escalade les Préalpes drômoises jusqu'aux Trois Becs, relie les deux rives du Rhône.

Portion française de l'itinéraire Sur les pas des huguenots *(voir ci-après)*, le **GR 965** comprend vingt-neuf étapes et couvre 374 km à travers les départements de la Drôme, l'Isère, la Savoie et la Haute-Savoie.

Le **GR de pays « Tour de Tanargue »**, balisé avec des traits jaunes et rouges, fait découvrir les Cévennes vivaroises par les chemins de crête.

Fédération française de la randonnée pédestre – 64 r. du Dessous-des-Berges - 75013 Paris - ✆ 01 44 89 93 90 - www.ffrandonnee.fr.

Bon à savoir – Les topoguides édités par la Fédération française de la randonnée pédestre donnent le tracé détaillé des circuits, indiquent les possibilités d'hébergement (refuges et gîtes d'étape) et fournissent d'indispensables conseils. Sur la Drôme : *La Drôme à pied*, *Tour dans le Vercors, le Diois et les Baronnies*…

Autres itinéraires

D'autres circuits font connaître les monts de la Madeleine (sentiers de petite randonnée, généralement balisés en jaune), la forêt de Saoû et les promontoires du Tricastin.

En Ardèche sont organisées des randonnées pédestres en compagnie d'ânes bâtés.

Sur les pas des huguenots est un itinéraire européen qui suit le tracé de l'exil des huguenots vers la Suisse et l'Allemagne. Long de 1 600 km, il part du Poët-Laval dans la Drôme et se termine en Allemagne *(p. 232)*. www.surlespasdeshuguenots.eu.

Les **Grandes Traversées du Vercors** (GTV) représentent plus de 700 km de parcours sur différents circuits. info@vercors-gtv.com.

Les offices du tourisme de la Drôme disposent d'une carte, *Les Boucles de la Drôme des Collines*, qui recense 4 boucles à faire à pied, à cheval ou à vélo, ainsi que des escapades thématiques. www.dromedescollines.fr.

Pour l'Ardèche, les sites www.la-montagne-ardechoise.com et www.ardeche-randonnees.fr sont des mines d'informations (cartes à télécharger, etc.). Les offices de tourisme vendent cartes et dépliants.

Voir aussi la **Dolce Via** *(p. 22)*, accessible aux randonneurs et aux VTT.

Location d'ânes bâtés

Des randonnées avec des ânes « bagagistes » sont organisées dans plusieurs localités d'Ardèche. La liste en est fournie sur simple demande à l'agence de développement touristique, à Privas, ou à la **Fédération**

nationale ânes et randonnées – ✆ 06 33 97 91 54 - www.ane-et-rando.com : liste des prestataires, dans toutes les régions de France, proposant des randonnées en compagnie d'ânes bâtés. Parmi les prestataires : **Le Petit Âne Bleu** – Rte de Malbosc - 07140 Les Vans - ✆ 04 75 37 27 98 - www.lepetitanebleu.fr.

ROUTES THÉMATIQUES

La Drôme propose **12 itinéraires routiers interactifs** en français/anglais. Brochure à télécharger sur ladrometourisme.com.

Routes de l'olivier

L'arbre symbolique de l'univers provençal fait l'objet de plusieurs circuits répartis dans les Bouches-du-Rhône et dans la **Drôme** (Routes de l'olivier en Baronnies, autour de Nyons et de Buis-les-Baronnies), unissant les principales oliveraies et les producteurs d'huile d'olive ayant reconnu la charte « Route de l'olivier ». Ils sont signalés par des panonceaux détaillant les spécificités de la production locale. En outre, nombre de restaurateurs intègrent des produits oléicoles dans leurs menus.

Renseignements – Association française interprofessionnelle de l'olive - 40 pl. de la Libération - 26110 Nyons - ✆ 04 75 26 90 90 - www.afidol.org.

Routes de la lavande

La Drôme provençale est une grande zone de production de lavandin, dont la cueillette a lieu fin juin/début juillet. Les Routes de la lavande sont une invitation à la découverte de nombreux sites liés à la culture et à l'exploitation de la lavande.

Les itinéraires proposés vous mèneront au cœur des paysages de lavande en passant par la Drôme provençale et le Diois. Des visites de distilleries, de fermes et de jardins sont suivies d'animations et de sorties accompagnées qui permettent de découvrir la lavande sous toutes ses facettes : huiles essentielles, parfums, botanique, histoire et lecture des paysages. L'association « Les Routes de la lavande » édite un guide pratique ainsi qu'un calendrier des séjours, ateliers et animations du printemps à l'automne.

Renseignements – ✆ 04 75 26 65 91 - www.routes-lavande.com.

Route des églises romanes de la vallée de l'Ardèche

L'art roman s'est développé au cours du 11e s. dans toute l'Europe. L'Ardèche, lieu de passage, a subi diverses influences artistiques, comme l'atteste la diversité de ses édifices romans. La route propose la visite de 13 églises et d'une chapelle.

Renseignements – eglises.romanes.07.free.fr.

Routes du Vercors

L'Isère propose des routes géographiques, thématiques et historiques. De Pont-en-Royans à Malleval, ces routes audacieuses à flanc de colline ou au fond des gorges offrent des panoramas de toute beauté.

Renseignements – ADT Isère à Paris - ✆ 01 42 96 87 61 - www.isere-tourisme.com.

SPÉLÉOLOGIE

La région n'est pas avare en sites capables de satisfaire les fans des mystères souterrains… L'**aven d'Orgnac** (p. 198) et la **grotte de St-Marcel** (p. 188) ménagent d'agréables randonnées souterraines pour les non-initiés.

Fédération française de spéléologie – 28 r. Delandine - 69002 Lyon - ✆ 04 72 56 09 63 - www.ffspeleo.fr.

SPORTS D'HIVER

Les hauts plateaux vellaves et ardéchois, qui s'étagent de 1 000 m jusqu'à 1 600 m, se prêtent particulièrement bien en hiver à la pratique du **ski de fond**, de la **randonnée nordique** et aux promenades en **raquettes**.

Le **ski alpin** se pratique sur les pentes, équipées de remontées mécaniques, situées aux Estables et à la Croix de Bauzon.

Des informations concernant la météo et l'enneigement de ces sites peuvent être obtenues en appelant le répondeur des neiges de la station.

Zone nordique du Mézenc – Communauté de communes du pays du Mézenc - Info neige - ✆ 04 71 08 34 33/36 64.

Stations de la Drôme – www.ladromemontagne.fr.

THERMALISME

Montbrun-les-Bains (Drôme) se spécialise dans la rhumatologie et les affections respiratoires, **Vals-les-Bains** (Ardèche) dans le diabète et l'obésité, **Neyrac-les-Bains** (Ardèche) dans la rhumatologie et la dermatologie, **St-Laurent-les-Bains** (Ardèche) dans la rhumatologie, la lombalgie et la fibromyalgie.

Conseil national des exploitants thermaux – 1 r. Cels - 75014 Paris - ✆ 01 53 91 05 75 - www.medecinethermale.fr.

Chaîne thermale du soleil/Maison du thermalisme – 32 av. de l'Opéra - 75002 Paris - ✆ 01 44 71 37 37 ou 0 800 050 532 (appel gratuit) - www.chainethermale.fr.

TOURISME INDUSTRIEL

De l'artisan chocolatier ou brasseur, en passant par les artisans d'art, maître horloger ou souffleur de verre, jusqu'aux industries les plus à la pointe de la technologie telle Veolia Propreté spécialisée dans le tri des déchets, ces passionnés vous ouvrent leur antre pour vous dévoiler leurs secrets de fabrication.

Agence départementale du tourisme du Rhône – 142 av. du Mar.-de-Saxe - 69003 Lyon - ✆ 04 72 56 70 40 - www.rhonetourisme.com.

Tistra (Tourisme industriel scientifique et technique en Rhône-Alpes) – 2 rue des Mûriers - 69009 Lyon - ✆ 08 99 78 25 81 - www.tistra.com.

TRAINS TOURISTIQUES

Le relief tourmenté du Velay et du Vivarais a favorisé le développement, au début du siècle dernier, de réseaux ferrés d'intérêt local qui eurent leur heure de gloire pendant l'entre-deux-guerres, avant de connaître une fermeture progressive dans les années 1960. Certains de ces tronçons, remis en état par des associations, offrent, le temps d'une excursion, un aperçu original de sites naturels préservés.

Le train de l'Ardèche et le Vélorail – *voir encadré p. 98.*

Chemin de fer touristique du Velay – *✆ 06 33 28 96 53 - www.velay-express.fr - juil.-août : dim. (ligne Tence-Montfaucon) 9h30-17h30, merc.-jeu. (ligne Tence-St-Agrève) 9h30-18h55 ; juin et sept. : dim. (ligne Dunières-Tence) 9h45-17h45 - rens. aux offices du tourisme de Tence (✆ 04 81 59 81 99), du Chambon-sur-Lignon (✆ 04 71 59 71 56), de Montfaucon (✆ 04 71 59 95 73), ou de St-Agrève (✆ 04 75 30 15 06) - AR 12 à 18 € (4-12 ans 9 à 13 €), aller simple 11 à 15 € (-12 ans 8 à 11 €).* Entre Tence et St-Agrève, ou entre Tence et Dunières, le chemin de fer touristique du Velay est une très belle façon de découvrir la vallée et les gorges du Lignon. Durant le parcours, on aperçoit au loin les monts du Forez, le mont Mézenc et le Gerbier-de-Jonc.

VILLES ET PAYS D'ART ET D'HISTOIRE

Valence et, depuis 2011, le Vivarais méridional (en Ardèche) – lequel compte 80 monuments classés et protégés et 39 communes (Alba, Cruas, Bourg-St-Andéol, etc.) – ont obtenu ce label, délivré par le ministère de la Culture.

En famille : à Valence, visites découverte et ateliers du patrimoine pour les enfants. Rens auprès de l'office du tourisme de Valence ou sur le site **www.vivaraismeridional.fr**.

VILLAGES DE CARACTÈRE

Ce label, délivré par les agences de développement touristique (ADT), a pour but de mettre en valeur des sites au patrimoine architectural et paysager remarquable, afin de faciliter le développement du tourisme.

Les communes concernées s'engagent à mettre en valeur leurs ressources suivant une charte établie par les autorités départementales.

L'Ardèche compte vingt Villages de caractère, signalés par un logo présent sur les cartes fournies par les offices de tourisme.

VINS

Prolongeant la Bourgogne au sud par le Beaujolais, la vallée du Rhône réunit une grande variété de vignobles qui produisent d'agréables vins de pays, mais aussi des grands crus AOC de grande renommée.

Ardèche

Itinéraires vignerons et liste des producteurs des vins de pays des coteaux de l'Ardèche et des AOC côtes-du-vivarais disponibles sur le site www.lesvinsdardeche.com ou sur simple demande à :

2 000 Vins d'Ardèche - Maison des vignerons – 07200 St-Didier-sous-Aubenas - ✆ 04 75 89 04 86 - www.lesvinsdardeche.com.

Néovinum – Bd de l'Europe-Unie - 07120 Ruoms - ✆ 04 75 39 98 08 - neovinum.fr.

Côtes du Rhône

La liste des caveaux, les itinéraires des Routes des vins et tous les documents d'information sont disponibles sur le site Internet www.vins-rhone.com, mais également sur simple demande à :

Maison des vins de Tain-l'Hermitage – 485 av. des Lots - 26600 Tain-l'Hermitage - ✆ 04 75 07 88 81 - www.vins-rhone.com.

Diois

Pour les producteurs de la clairette de Die :

Maison de la clairette – Vercheny - ✆ 04 75 21 29 76 - www.clairette-de-die.com.

En famille

Le tableau ci-contre présente des sites pour vous et vos enfants. Retrouvez-les dans la partie « Découvrir la région » grâce au pictogramme.
Consultez les sites www.ladrometourisme.com et www.ardeche-guide.com pour connaître les activités destinées aux enfants.
Stations vertes – La Fédération des Stations vertes de vacances décerne chaque année un prix de l'accueil des enfants.
Villes et Pays d'art et d'histoire – Le réseau des Villes et Pays d'art et d'histoire *(voir p. 28)* propose des visites découverte et des ateliers du patrimoine aux enfants, les mercredi, samedi ou durant les vacances scolaires. Munis de livrets-jeux et d'outils pédagogiques adaptés à leur âge, ces derniers s'initient à l'histoire et à l'architecture et participent activement à la découverte de la ville. En atelier, ils s'expriment à partir de multiples supports (maquettes, gravures, vidéos) sous le regard d'intervenants de tous horizons : architectes, tailleurs de pierre, conteurs ou comédiens.
Bon à savoir – En juillet-août, dans le cadre de l'opération « L'Été des 6-12 ans », ces activités sont également proposées pendant la visite des adultes.

SITES ET ACTIVITÉS À FAIRE EN FAMILLE

CHAPITRE DU GUIDE	NATURE	MUSÉE	LOISIRS
Annonay	Safari-parc de Peaugres, réserve de la Platière		
Bourg-St-Andéol		Musée de la Lavande (St-Remèze)	Forêt des Jeux (St Rémèze)
Crest	Jardin des oiseaux (Upie), aquarium tropical et gare des Ramières (Allex)	Donjon de Crest	
Die	Jardin des découvertes		Acro'Parc Aventure
Gorges de l'Ardèche	La rivière en barque, grottes de la Madeleine et de St-Marcel, aven Marzal	Caverne du Pont-d'Arc (Vallon-Pont-d'Arc)	Plage du Pont-d'Arc
Grignan	La ferme aux Crocodiles (Pierrelatte)	Village provençal miniature	
Hauterives		Le Palais idéal du Facteur Cheval	Labyrinthes végétaux
Lalouvesc		Village ardéchois miniature (col du Buisson)	Les RandoTub' (St-Félicien)
Lamastre			Baignade (Désaignes)
Largentière			Baignade dans la Beaume

EN FAMILLE

CHAPITRE DU GUIDE	NATURE	MUSÉE	LOISIRS
Montélimar		Château de Montélimar, musée de la Miniature, musée européen de l'Aviation de chasse	Palais des bonbons et du nougat
Mont Mézenc	Rocher de Soutron		
Orgnac-l'Aven	Aven d'Orgnac	Château des Roure (Labastide-de-Virac), Cité de la préhistoire	Randonnée souterraine
Privas		Moulin de Mandy (Pranles)	Voie verte de la vallée de la Payre
Romans-sur-Isère	Mille et Une Cornes, (Charmes-sur-l'Herbasse), Drôme Perroquets Spectacles		Le Monde merveilleux des lutins (Hostun)
Ruoms		Magnanerie (Lagorce)	
St-Agrève	Ruines de Rochebonne	École du vent (St-Clément)	Baignade (lac de Devesset), chemin de fer du Velay
St-Nazaire-en-Royans	Grotte préhistorique de Thaïs, Jardin des fontaines pétrifiantes	Aqueduc	Bateau à roue
Tournon-sur-Rhône	Les Roches qui dansent (Ponsas)		Train de l'Ardèche, vélorail
Valence		Musée de Valence Art et Archéologie	Parc Jouvet
Vals-les-Bains	Chaussée des Géants (Thueyts), cascade du Ray-Pic	Maison Champanhet	
Les Vans	Circuit de la Vierge (bois de Païolive), Virade du Batistou (Gravières)	Terra Cabra (Planzolles)	Baignade (Mazet-Plage), Le Petit Âne Bleu, ânes porteurs
Vassieux-en-Vercors		Musée de la Préhistoire	
Parc naturel régional du Vercors	Grotte de Couffin (Choranche), grotte de la Draye Blanche		
Villeneuve-de-Berg			Forêt des Sens
Viviers		MuséAl (Alba-la-Romaine)	
La Voulte-sur-Rhône	Grottes (Soyons), Ardelaine (St-Pierreville)	Ardèche Miniatures (Soyons)	Labyrinthe végétal (Charmes-sur-Rhône), Dolce Via (voie verte)

Mémo

Agenda

TOUTE L'ANNÉE

St-Donat-sur-l'Herbasse – Festival international J.-S.Bach : les musiques de Bach interprétées selon un thème annuel, au palais delphinal ou dans la collégiale - www.cmi-bach.com.

Montélimar – Foire mensuelle, le 2e merc. du mois, au cœur de la ville.

JANVIER

Drôme – Rallye de Monte-Carlo historique (fin janv.) : première manche à Valence - acm.mc.

Montélimar – Concerts d'orgue réguliers dans la collégiale Ste-Croix.

FÉVRIER

Annonay – Festival international du 1er film d'Annonay : films de jeunes réalisateurs du monde entier - www.annonaypremierfilm.org.

Nyons – Fête de l'Alicoque (1er w.-end) : la fête de l'huile d'olive nouvelle - www.paysdenyons.com.

St-Paul-Trois-Châteaux – Fête de la truffe et des vins du Tricastin (2e w.-end).

Tain-l'Hermitage – Salon des vins (fin du mois) - www.salondesvinsdetain.fr.

MARS

Alboussière – Festival des arts du geste en Ardèche « Mimages » : des compagnies de renom viennent animer des stages et se produire lors de la « nuit du mime » - www.mimages.fr.

Bourg-St-Andéol – Bouteilles en bretelles (3 jours autour du 21 mars) : à l'occasion de ce festival, qui mêle accordéon, bons vins et patrimoine architectural, il est autorisé d'entrer dans des hôtels particuliers habituellement fermés au public - bouteilleenbretelles.com.

Grignan – Concerts au château (un w.-end en mars, un en avr.) - jane.pagesperso-orange.fr/cal_concerts.html.

Le Poët-Laval – Concerts (de mars à août) dans la vieille ville - www.centre-art-drome.com.

Valence – Festival d'un jour : projection de films d'animation, et de courts-métrages originaux - www.lequipee.com.

PÂQUES

Burzet – Représentation de la passion du Christ (Vendredi saint).

Vallon-Pont-d'Arc – Raid Nature du Pont d'Arc et Kid Raid (week-end de Pâques). Pour ceux qui aiment le sport, ce raid les enchantera : VTT, kayak, course à pied, tir à l'arc, etc. De quoi s'amuser dans une ambiance décontractée - www.raid-nature-vallon.com.

AVRIL

Drôme et Ardèche – La France de ferme en ferme (un week-end à la fin du mois) : rencontres avec les paysans sur leur lieu de vie et de travail - www.defermeenferme.com.

MAI

Aubenas – Carrefour du 9e art et de l'image : un événement dédié à la bande dessinée, manga inclus ; dessinateurs,

Fête de la transhumance à Die, en Drôme provençale.
C. Moirenc / hemis.fr

expositions, projections - www.aubenasbdimage.com.
Banne – Festival d'art singulier - festivaldebanne.over-blog.com.
Die – Festival Les Espiègleries (2 j. en mai) : festival d'humour musical, concerts et animations - les-espiegleries.com.

PENTECÔTE

Crest – Fête médiévale - www.mairie-crest.fr.
Dieulefit – Marché des potiers - www.maisondelaceramique.fr.

JUIN

Annonay – L'Art de l'Envol (1er w.-end) : fête de la montgolfière avec reconstitution du premier vol ; lâcher d'une cinquantaine de ballons.
Die – Fête de la transhumance (dernier w.-end) : trois jours de fête tandis que les troupeaux migrent et traversent Die. Dans la semaine, randonnées rencontre avec les bergers dans les alpages.
Hauterives – Jazz au Palais du Facteur Cheval (mi-juin).
Ruoms – Ardèche Aluna Festival (mi-juin) : grands noms de la scène musicale française et internationale - www.aluna-festival.fr.
St-Félicien – L'Ardéchoise : course cycliste (dernier w.-end de juin) ; plus de 15 000 cyclosportifs et cyclotouristes - ardechoise.com.
Vercors – Une traversée du Vercors à pied - www.traverseesduvercors.fr.

JUIN-JUILLET

Crest– Opéra & Châteaux : art lyrique dans plusieurs châteaux de la région - www.festival-opera-chateaux.fr.
Saoû – Saoû chante Mozart : dans une dizaine de villes de la Drôme, Mozart est décliné chaque année sur un thème différent dans des sites magnifiques - www.saouchantemozart.com.

JUIN-AOÛT

Hauterives – Exposition au château (fin juin-août) : chaque été, la ville expose les œuvres d'un

artiste contemporain (peintures, sculptures) dans les salles du chateau - tlj 13h-19h - entrée gratuite.
Lalouvesc – Pèlerinages : le 16 juin, le dimanche suivant, le 15 août et le dernier dimanche d'août.

JUILLET

En Ardèche (Viviers, Cruas...) – Les Cordes en ballade : festival de musique de chambre ; jeunes quatuors, randonnée musicale - www.cordesenballade.com.
Alba-la-Romaine – Festival d'Alba (5 j. la 2e sem. juil.) : musique, spectacles de cirque, patrimoine et ateliers dans la ville et sur le site - www.lenouveaufestivaldalba.fr, lacascade.org.
Buis-les-Baronnies – Fête du tilleul (1er merc.) : foire autour du tilleul et des plantes aromatiques.
Buis-les-Baronnies - Marché au tilleul et Salon du livre des plantes (mi-juil.) : pour rappeler le rôle emblématique du tilleul dans la région.
Grignan – Festival de la correspondance (5 j. déb. juil.) : lectures, spectacles, cafés littéraires et expositions - www.grignan-festivalcorrespondance.com.
Hauterives – Les Musicales (juil.) : de grands noms du jazz et de la variété se produisent en soirée avec pour toile de fond le Palais du Facteur Cheval illuminé.
Montbrun-les-Bains – Fête de la lavande (1er dim.) : balades sur le plateau, ateliers de senteurs.
Montélimar – Festival Sésame (2e w.-end) : musiques de toutes sortes ; trois jours de concerts à Montélimar et concerts off dans les communes alentour - ✆ 04 75 00 64 41 - www.montelimar-sesame.com.
Montélimar – Couleur Lavande : marché aux saveurs et senteurs de lavande.
Crest – Nuits folkloriques (1re quinz.) : danses du monde entier.
Nyons – Les Olivades (w.-end avant le 14 Juil.) : fête de l'olivier dans le centre-ville de Nyons.
Romans-sur-Isère – Festival international échanges cultures et traditions du monde (déb. juil.).
Romans-sur-Isère – Je dis Muzik : concerts gratuits tous les jeu. soir près de la tour du Jacquemart (également cinéma en plein air et cours de danse).
St-Romain-le-Désert – Festival des étoiles du Haut-Vivarais (fin juil.) : animations autour de l'astronomie - www.lumiere2015.fr.
Saoû – Fête du picodon (3e w.-end de juil.) - http://fetedupicodon.com.
Serrières – Joutes nautiques (mi-juil.) : les « sauveteurs de Serrières » s'affrontent en compétition officielle.
Suze-la-Rousse et St-Paul-Trois-Châteaux – Musicales en Tricastin : festival de musique classique - www.assodivertimento.org.
Tain-l'Hermitage, St-Donat, Beausemblant, Bourg-de-Péage – Bach en Drôme des collines : festival de musique classique - www.bachendrome.com.
Tain-l'Hermitage et Tournon-sur-Rhône – Vochora : festival de musique classique - vochora.fr.
Valence – Festival de Valence (3 sem.) : concerts gratuits (musique variée) au Champ-de-Mars - www.festivaldevalence.fr.
Valréas – Cuvée du Marot (2e dim. de juil.) : 10 000 magnums de vin rouge de Visan libérés des grottes du château (le « Marot ») où ils ont été emmurés l'année précédente.
Vallon-Pont-d'Arc – Festival Môme z'émerveille (3 j. 1re quinz. juil.) : le spectacle et le jeu pour tous dans les rues piétonnes de la ville - www.festival-momezemerveille.com.

JUILLET-AOÛT

Buis-les-Baronnies, Pierrelatte, La Garde-Adhémar, St-Paul-Trois-Châteaux – Parfum de jazz - www.parfumdejazz.com.
Bourg-de-Péage – Festival de musiques traditionnelles du monde Musique au Parc (2 ou 3 j.).
Crest – Festival de musique sacrée, à l'église St-Sauveur.
Grignan – Fêtes nocturnes en soirée : la façade du château de Grignan sert de scène à des représentations théâtrales - chateaux.ladrome.fr.
Labeaume – Festival Labeaume en musique : musique classique - www.labeaume-festival.org.
St-Agrève – Festival international des arts (de mi-juil. à mi-août) : musique, photo, peinture… - www.festival-des-arts.com.
St-Donat-sur-l'Herbasse – Festival de musique consacré à J.-S. Bach - www.bachendrome.com.
Valence – Festival d'été (juil.-août) : musique, théâtre, danse, spectacles gratuits.
Valréas – Festival des nuits et Salon de l'enclave (de mi-juil. à mi-août) : concerts, théâtre et expositions de peinture.
Plateau du Vercors – Fête du bleu - www.fetedubleu.org.

AOÛT

Buis-les-Baronnies – Parfum de jazz (6 j.) : jazz à la terrasse des cafés - www.parfumdejazz.com.
Le Chambon-sur-Lignon, St-Agrève, Tence – Musiques en Vivarais-Lignon (2e quinz. d'août).
Cheyne – Lectures sous l'arbre (3e sem. d'août) : poésie et musique - www.lectures-sous-larbre.com.
Crest – Festival Crest Jazz Vocal, avec musiciens et mélomanes du monde entier - www.crestjazzvocal.com.
Crest – Festival Futura : 18 concerts, musique acousmatique et électronique - www.festivalfutura.fr.
Désaignes – Fête médiévale (2e dim. d'août) : vieux métiers, jeux et spectacles.
Montélimar – Marché Terra Potiers (autour du 22).
Mézilhac – Marché de la myrtille - www.myrtilles-ardeche.fr.
Richerenches – Fête médiévale (mi-août).
Ruoms – Fête des vignerons - ✆ 04 75 39 98 00.
St-Étienne-de-Serres – Musicales du Fival (1re quinz. d'août) : à l'intérieur du temple du Fival, concerts de toutes sortes et rencontres entre les artistes et le public - www.musicalesaufival.fr.
Tain-l'Hermitage et Tournon-sur-Rhône – Festival national des humoristes (fin août) - www.festivaldeshumoristes.com.
Tournon-sur-Rhône – Foire aux oignons, avec repas ardéchois à la clé (fin du mois).

SEPTEMBRE

Ardèche (Cruas, St-Félicien, Privas…) – Festival Belles pierres en musique : les églises romanes de la région résonnent de musique ancienne - www.patrimoines-en-musique.com.
Dieulefit – Éclats (2e sem.) : festival de la voix, avec concerts, chants, polyphonies - www.eclats.fr.
Montbrun-les-Bains – Journée du bien-être au naturel (déb. sept.) : autour des plantes, portes ouvertes à la station thermale - www.bienetreaunaturel.fr.
Romans-sur-Isère – Fête de la raviole et de la pogne (2e w.-end) - www.pognederomans.com.
Romans-sur-Isère – Foire du Dauphiné (fin du mois) - www.foire-dauphine.com.
Tain-l'Hermitage – Fête des vendanges (3e dim.).
Ardèche, Loire et Drôme – Le « Temps Fort » de Quelques

p'Arts… (mi-sept.) : spectacles dans différents villages, où douze compagnies se produisent - www.quelquesparts.fr.

Vercors – Transvercors, traversée du massif à VTT - www.transvercors-vtt.com.

OCTOBRE

Montélimar – Cafés littéraires dans les établissements de la ville (1er w.-end d'oct.).

OCTOBRE-NOVEMBRE

Villages d'Ardèche – Castagnades d'automne : fêtes de la châtaigne avec artisans d'art, artistes, marchés de producteurs, dégustation, rôties de châtaignes… - www.castagnades.fr.

St-Paul-Trois-Châteaux – Festival du film - www.festivaldufilm-stpaul.com.

NOVEMBRE

Aubenas – Les rencontres des cinémas d'Europe - www.maisonimage.eu.

Grignan – Jazz à Grignan (ts les vend.) - chateaux.ladrome.fr.

Vallon-Pont-d'Arc – Marathon international des gorges de l'Ardèche (autour du 11 nov.) : descente de 35 km en canoë ou en kayak jusqu'à St-Martin-d'Ardèche - www.marathon-ardeche.com.

DÉCEMBRE

Nyons – Fête de l'olive piquée (sam. avant Noël) : marché, dégustations, visites d'oliveraies et cueillettes, ateliers.

Bibliographie

PRESSE ÉCRITE

Le Dauphiné libéré, éditions pour ce guide : Drôme, Ardèche. www.dauphinelibere.com.

Drôme Hebdo, www.drome-hebdo.fr.

LIVRES

Ouvrages généraux

La collection « Encyclopédie Bonneton » propose plusieurs ouvrages collectifs consacrés à la région : Vivarais-Ardèche ; Haute-Loire.

La Drôme, M. Lahidely, éd. Ouest-France, 2008.

Sur les chemins de Stevenson, H. Bellec, éd. Ouest-France, 2007.

Le Vercors, M. Destombes, éd. Ouest-France, 2009.

Loire sauvage : naissance d'un fleuve, L. Lager-Barruel et G. Roche, éd. Les Graminées, 2009.

De la dent de Rez aux gorges de l'Ardèche, éd. du Chassel/SGGA, 2010.

Vercors, A. Serex et F. Desbois, éd. Déclics, 2011.

Lavandes et lavandins, C. Meunier, Édisud, 2002.

Valence 2000 ans d'histoire, A. Balsan, éd. Des mémoires de la Drôme, 2012.

Drôme intemporelle, I. Gardin et L. Pascale, éd. Trois Châteaux, 2011.

Le Diois, un pays rebelle entre Vercors et Provence, C. Lacrampe et N. Carrau, éd. Transboréal, 2008.

Histoire - Art - Traditions

Les Camisards, P. Joutard, Gallimard, coll. « Folio Histoire », 1999. La révolte des paysans, y compris en Ardèche, sous Louis XIV.

Ardèche, contes et légendes, Ch. Caillaud, éd. De Borée, 2010.

Contes et légendes de la Drôme, J.-P. Ginet, éd. E & R, 1999.

Préhistoire de l'Ardèche, J.-L.Roudil, éd. du Chassel, 2010.

Ardèche, terre de châteaux, M. Riou et M. Rissoan, éd. Dolmazon, 2002.

Vercors, histoire et mémoire d'un maquis, G. Vergnon, éd. de l'Atelier, 2002.

La Grotte Chauvet : l'art des origines, J. Clottes (dir.), éd. Seuil, 2010.

La Découverte de la grotte Chauvet-Pont-d'Arc : premières images, premières émotions, les inventeurs racontent, éd. Équinoxe, 2013.

Littérature

Voyages avec un âne dans les Cévennes, R. L. Stevenson (1879). Un grand classique du récit de voyage, par un grand écrivain du 19e s.

Les Copains, J. Romains (1913). Jules Romains s'inspire pour cette farce de son enfance à la Chapuze, près de St-Julien-Chapteuil en Haute-Loire.

Le Seigneur du fleuve, B. Clavel (1972). Le peuple des bateliers qui montent et descendent le Rhône à l'ère des premiers vapeurs.

Les Bateliers du Rhône, F. Bourdon (2012). Une grande fresque romanesque aux couleurs du Midi, de la batellerie sur le Rhône aux vignes du Vaucluse.

Gastronomie

Recettes en Ardèche, P. et N. Galmiche, éd. Fleurines, 2011.

Cuisine de l'Ardèche de A à Z, A. Prevel, éd. C. Bonneton, 1998.

Les Vignobles de la vallée du Rhône, P. Bouchet, éd. Quintette, 1998.

Le Livre blanc d'Anne-Sophie Pic, A.-S. Pic, Hachette, 2012.

Au pays des olives : oliviers, olives et huile d'olive de Nyons, A. Simonet-Avril, éd. Kubik, 2005.

Petites Leçons de cuisine à la truffe, B. Appels et M. Roobaert, éd. Racine, 2012.

Randonnée

La Fédération française de randonnée pédestre (FFRP) édite d'indispensables guides consacrés aux chemins et sentiers de la région : *L'Ardèche à pied : 46 promenades et randonnées ; La Drôme à pied : 50 promenades et randonnées ; Tours et traversée du Vercors, du Diois et des Baronnies.*

Les Sentiers d'Émilie dans la Drôme : 25 promenades pour tous, M. Dubois, guide Rando éditions, 2010.

Les Sentiers d'Émilie en Ardèche du Nord : 18 promenades pour tous, N. Carau, guide Rando éditions, 2012.

Les Sentiers d'Émilie en Ardèche du Sud : 18 promenades pour tous, C. Lacrampe, N. Carau, guide Rando éditions, 2013.

COMPRENDRE LA RÉGION

Au cœur de l'aven d'Orgnac.
D. Butaeye / Grand Site de l'Aven d'Orgnac

La région aujourd'hui

L'Ardèche et la Drôme appartiennent à la région Rhône-Alpes (future région Auvergne-Rhône-Alpes), tout comme la région lyonnaise. Et pourtant, ces deux ensembles sont très différents l'un de l'autre. Ici, les villes sont à dimension humaine, comparées à Lyon, et les villages s'accrochent aux collines. Les entreprises sont de taille moyenne, et la nature avec ses vergers fleuris, ses châtaigners et ses oliviers est omniprésente. Une destination idéale, donc, pour le tourisme vert qui ne cesse de s'y développer!

L'Ardèche et la Drôme dans la région Rhône-Alpes

Les départements de l'Ardèche (07), de la Drôme (26) traités dans ce guide forment la partie sud de la région Rhône-Alpes; la partie nord comprend la Loire, le Rhône, l'Ain et l'Isère (*voir le Guide Vert Lyon et sa région et le Guide Vert Alpes du Nord*).

RHÔNE-ALPES, UN GRAND CARREFOUR

La région Rhône-Alpes caracole juste derrière l'Île-de-France comme deuxième pôle économique français, tant par l'étendue de sa population que par l'activité de production qui y est concentrée. Elle figure parmi les quinze régions de l'Union européenne qui créent le plus de richesses. C'est sa situation géographique qui favorise la vallée du Rhône : elle lui permet d'entretenir aisément des échanges économiques forts avec l'ensemble de l'Europe, notamment avec le Piémont et la Suisse, grâce à son réseau autoroutier, ses liaisons ferroviaires à grande vitesse (TGV Rhône-Alpes, Méditerranée, Valence) et l'aéroport international de Lyon-St-Exupéry. Faisant aujourd'hui partie du Grand Sud-Est de la France, elle est située à un carrefour où se croisent l'axe Rhin-Rhône, orienté nord-sud, et l'arc méditerranéen, orienté est-ouest.

UNE CERTAINE IDENTITÉ

La moitié nord de Rhône-Alpes s'organise autour de Lyon et de St-Étienne. Elle regroupe les plus grandes entreprises de la région, les centres de recherches, les écoles, les universités, les aéroports, les très grandes villes (Lyon, St-Étienne et Grenoble) de plus de 400 000 habitants.
La moitié sud – Ardèche et Drôme – n'offre pas le même visage. La population de la ville la plus importante, Valence, s'élève à environ 65 000 habitants (pour une agglomération de plus de 120 000 habitants). Montélimar en compte environ 35 000, Romans-sur-Isère 34 000, et Annonay 17 000.

LA RÉGION AUJOURD'HUI

La Drôme, d'une superficie de 6 561 km^2, regroupe près de 483 100 personnes (74 hab./km^2). L'Ardèche, qui s'étend sur 5 529 km^2, compte plus de 313 000 habitants (52 hab./km^2). On est donc bien loin des 9 922 hab./km^2 de Lyon !
Le tissu industriel de l'Ardèche et de la Drôme se compose de petites et moyennes entreprises. Quant à l'activité agricole, elle s'est développée en fonction d'un climat aux influences méditerranéennes.

UNE ÉCONOMIE DIVERSIFIÉE

Plus de 365 000 exploitations agricoles, commerces, établissements industriels, sociétés de services et entreprises artisanales constituent le tissu économique de la région Rhône-Alpes, la majorité d'entre eux étant situés aux environs de Lyon.
Côté **industrie**, la plasturgie, la mécanique, le textile, la chimie, la papeterie et la tannerie occupent la première place en Ardèche et dans la Drôme sous forme d'entreprises de dimensions moyennes.
Par ailleurs, quelques industries lourdes se sont implantées le long du Rhône, comme la centrale nucléaire de Cruas ou certaines cimenteries.
Dans le **secteur des services** se sont créées plusieurs entreprises, notamment dans les domaines de l'informatique, de l'ingénierie, du travail temporaire, du traitement des déchets…
La région Rhône-Alpes est également l'un des grands pôles français du **transport** de marchandises et de la logistique avec les entreprises Norbert Dentressangle dans le Sud. Elle est traversée du nord au sud par le TGV, mais on peut constater avec étonnement que l'Ardèche n'est pas desservie par le train. Il n'existe dans ce département que des trains touristiques.
La **forêt** ardéchoise (220 000 ha) est l'une des plus grandes de France et pourrait être davantage mise en valeur si ce n'était le problème de son morcellement en petites parcelles (bois anciens, champs reboisés) qui en rend l'exploitation difficile. Le secteur agroalimentaire s'est bien développé, mettant à l'honneur les spécialités locales comme la châtaigne, les salaisons, les fromages et le miel.

LE TOURISME

Riche en villages de caractère, sites historiques et monuments divers, forte de ses espaces naturels préservés, voire spectaculaires, et d'une gastronomie savoureuse, la région est devenue au fil des années une destination majeure. Le tourisme individuel ainsi que le tourisme d'affaires sont donc un atout économique important pour l'Ardèche et la Drôme qui n'ont de cesse de les développer. Désormais, le tourisme vient en maintes zones rurales à l'appui des activités agricoles. Dans la Drôme, les sites

LES GRANDES ENSEIGNES

Parmi les grandes entreprises de la région, citons Valrhona (chocolaterie) et Alain Manoukian (prêt-à-porter) à Tain-l'Hermitage, Lafuma (fabricant de sacs à dos) à Anneyron, Robert Clergerie (fabricant de chaussures) à Romans-sur-Isère, Valdrôme (tissus de Provence) à Valence, la société des ateliers Louis Vuitton (maroquinerie de luxe) à Sarras, Imaje (codage industriel) à Bourg-lès-Valence, Crouzet automatismes (produits d'automatisme) à Anneyron, Spit (systèmes de fixation métallique) à Bourg-lès-Valence, Iveco (constructeur de bus) à Annonay, Melvita (cosmétiques bio) à Lagorce, Ekibio (produits bio) à Peaugres, Lafarge (cimenterie) à Cruas.

L'ACCENT CHANTANT
Dans l'Ardèche et dans la Drôme, on parlait autrefois une forme particulière de l'occitan, appelé l'occitan provenço-alpin. Influencé par le parler méditerranéen, il a tendance à privilégier le « ch » au « c », ce qui donne un petit air chantant différent !

les plus visités – la ferme aux Crocodiles, le château de Grignan ou le Palais du Facteur Cheval – accueillent plus de 1,7 million de visiteurs chaque année. En Ardèche, le tourisme est un moteur de développement économique, tiré par les gorges de l'Ardèche ou, depuis 2015, par la caverne du Pont-d'Arc, réplique de la grotte Chauvet, qui attire les foules.
Les stations thermales – comme Vals-les-Bains en Ardèche ou Montbrun-les-Bains dans la Drôme – reçoivent les curistes et les amateurs de thalasso ou de spa.
Les Parcs naturels régionaux et les Parcs nationaux sont également très visités. Ce sont des relais essentiels dans la prise de conscience, par les différents acteurs locaux, des enjeux économiques et écologiques. Ils incitent à une structuration de l'offre touristique pour répondre aux attentes des visiteurs.
Parallèlement à une politique de préservation de l'environnement et de valorisation patrimoniale, leurs actions visent l'accessibilité des sites, l'information des personnes handicapées, la mise en réseau de l'information et de la réservation touristique ou l'élaboration d'une charte d'accueil partagée par les différents prestataires.

Un verger pour la France

À partir de 1880, les cultures fruitières prennent le relais d'un vignoble sévèrement touché par le phylloxéra. Depuis, chaque printemps, la vallée se transforme en un superbe jardin fleuri.
Composé à 70 % de six espèces (abricot, cerise, pêche, prune, poire et pomme), le verger rhône-alpin, déployé sur 42 500 ha, alimente aujourd'hui le tiers de la production nationale et se distingue par une importante production de châtaignes.

CULTURES FRUITIÈRES

Un climat doux, des sols favorables, des systèmes d'irrigation et des méthodes de production qui, bien que mécanisées, restent en majeure partie artisanales, tels sont les secrets de la grande qualité des fruits de la région : aux célèbres noix de l'Isère, il convient d'ajouter les cerises, prunes, poires et pommes cultivées pour l'essentiel en Ardèche et dans la Drôme.
La région possède plus de la moitié du **verger abricotier** français, la **Drôme** totalisant à elle seule 79 % de la superficie régionale. En effet, l'abricot ayant bénéficié de primes à la rénovation du verger, les superficies ont été multipliées par trois en vingt ans.
La palme revient aussi aux **pêchers**, bien que leur nombre ait récemment beaucoup diminué : depuis les premières plantations en 1880 à St-Laurent-du-Pape, ils ont fait la renommée de la vallée de l'Eyrieux d'où ils se sont répandus dans la vallée du Rhône. Jaunes, blanches, ou encore sanguines, leurs variétés sont nombreuses. Les récoltes, qu'elles soient précoces, de pleine saison ou tardives, assurent une activité majeure pour la région pendant

L'AOP huile d'olive de Nyons.
J. C. Gérard/Photononstop

la période estivale. Là encore, la Drôme se distingue par ses pêches et ses nectarines, qui bénéficient d'un Label rouge.
Les **noix**, production majeure de la région de Grenoble, proviennent essentiellement de l'Isère et du nord de la Drôme. Les variétés mayette, franquette et parisienne sont les plus appréciées.

L'OR VERT

La production d'**huile d'olive** est le fleuron des industries séculaires, héritée des Grecs qui plantèrent les premiers oliviers il y a environ 2 500 ans. L'oléiculture fut pourtant longtemps abandonnée au profit de la vigne et des arbres fruitiers. En Drôme provençale, les oliveraies renaissent depuis vingt ans ; autour de Nyons et dans les Baronnies, les moulins sont rénovés. En Ardèche, jusqu'en 1950, on dénombrait près de 500 000 arbres.
À la suite des gels de l'hiver 1956, les oliveraies ont progressivement été replantées avec deux espèces plus résistantes : l'**aglandeau** et la **verdale**. La tradition veut que plusieurs variétés soient cultivées dans la même oliveraie. En Ardèche, c'est la **rougette** qui a la préférence parmi la vingtaine de variétés plantées.
La récolte, **olivade** ou **olivaison**, débute selon les régions dès la fin août. On cueille d'abord à la main les olives vertes pour la table, puis les olives noires (qui ont mûri) en novembre. En décembre, celles destinées au moulin, autrefois gaulées et ramassées dans des filets, sont aujourd'hui récupérées à l'aide d'un peigne à longues dents qui passe dans les feuillages.
Plus chère que les huiles de grande consommation (produite avec des olives espagnoles, italiennes ou grecques), l'huile d'olive de qualité est avant tout un plaisir de gourmet. Elle se distingue par ses appellations d'origine et ses grands crus. La **tanche** (olive de Nyons) fut la première olive à obtenir le label AOC. D'autres suivirent. Les huiles d'olive des Baronnies (Nyons) et des Alpes-de-Haute-Provence (Digne, Les Mées) sont parmi les plus réputées.
Voir « Routes de l'olivier » p. 26.
Bon à savoir – La production française représente moins de 0,2 % de la production mondiale et la France transforme 4 % de sa production d'olives en huile. Pour plus d'informations, reportez-vous au site de l'Afidol, l'Association française interprofessionnelle de l'olive, www.afidol.org.

CHÂTAIGNES ET CHÂTAIGNIERS

Malgré la découverte d'une châtaigne fossilisée datant de 8,5 millions d'années, la légende veut que ce soient les Romains qui aient apporté dans leurs chars ces précieuses denrées en Ardèche. Les châtaigniers, surnommés « arbres à pain », furent longtemps la base de l'alimentation quotidienne et l'une des principales ressources pour les villageois qui les cultivaient à quelque 800 m d'altitude.
Aujourd'hui, près de 6 000 ha de châtaigneraies sont toujours exploités sur un territoire qui s'étend de Lamastre, au nord, jusqu'aux Vans, au sud. Les bois de châtaigniers ont été plantés à environs 450 m d'altitude. C'est entre autres pour préserver cette culture que fut créé le Parc naturel régional des Monts d'Ardèche.
Avec plus de 5 000 t, l'**Ardèche** se classe ainsi premier département français et fournit environ la moitié de la production nationale. 70 % du volume de châtaignes est écoulé en France et 30 % à l'étranger. 60 % est vendu en frais, le reste est transformé. La castanéiculture concerne plus de 500 exploitations agricoles et génère de nombreux

LA DRÔME, PREMIER DÉPARTEMENT BIO

L'histoire de l'agriculture biologique de la Drôme remonte aux années 1960, à l'époque où quelques exploitants choisissent de répondre à une agriculture de plus en plus productiviste par des méthodes culturales respectueuses de l'environnement. En 1980, lors de la reconnaissance de l'agriculture biologique par la loi d'orientation agricole, ils sont déjà une centaine d'agriculteurs à avoir choisi ce type de production. Aujourd'hui, la Drôme est devenue le premier département en agriculture biologique de France avec près de 500 exploitations et quelque 18 000 ha.

emplois. L'entreprise Clément Faugier, la maison Sabaton et les établissements Imbert sont réputés pour la qualité de leur production : crème de marrons, marrons glacés…
L'obtention de l'AOC en 2006, puis du label AOP en 2014, ont donné une seconde jeunesse à la châtaigne, devenue reine de la fête grâce aux castagnades d'automne qui se célèbrent tous les week-ends de la mi-octobre à la mi-novembre. L'occasion de redécouvrir les grandes variétés appréciées des gastronomes telles la **garinche** et la **comballe**, « blonde et douce », parmi les 65 variétés exploitées. Déclinées en pâtisseries, marrons glacés, crèmes ou purées, elles affichent leur haute qualité gustative et sont toujours aussi recherchées pour l'accompagnement du gibier et de certaines volailles.

LAVANDE ET LAVANDIN

Appréciée pour ses qualités aromatiques, la lavande a le pouvoir de chasser les taupes et les mites, les mouches et les moustiques, en plus de parfumer agréablement le linge. Elle possède aussi de nombreuses **vertus médicinales** : elle est tonique, antiseptique, stomachique, sédative et diurétique ; elle est préconisée contre l'insomnie, les vertiges, les rhumes, les digestions difficiles, les spasmes, l'asthme, l'eczéma. Diluée dans l'eau du bain, l'essence de lavande apporte un bien-être immense.

La petite histoire

Au début du 20e s., la cueillette de cette fleur qui pousse à l'état naturel entre 600 et 1 400 m sur le revers méridional du **mont Ventoux** et de la montagne de Lure constituait une récolte d'appoint. Pour remplacer les céréales, alors en forte régression, on l'introduisit sur les plateaux et les hauts versants. Bien adaptée au climat sec et aux sols calcaires, la lavande fit renaître nombre d'exploitations en voie d'abandon. Plus tard, le **lavandin**, un hybride (croisement de la lavande fine et de l'aspic) de rendement bien supérieur mais d'une essence de qualité inférieure, vint peupler les bas des versants et les vallées entre 400 et 700 m d'altitude.
La production d'**essence de lavande fine** connut son apogée dans les années 1920 ; elle est aujourd'hui de plus en plus concurrencée par des produits de synthèse ou des essences importées. Les essences de lavande sont réservées à la parfumerie fine, aux cosmétiques ; les essences de lavandin aux lessives, aux produits d'entretien. Les fleurs de lavande peuvent être séchées et mises en sachets.

La récolte

Elle s'étend de juillet à septembre selon la région. Les champs anciens, aux rangs très rapprochés ou peu accessibles, sont encore moissonnés à la faucille et avec la « saquette » (sac de drap croisé sur le dos). Après deux ou trois jours de séchage, la « paille » est acheminée vers la distillerie. Chaque « passe » (30mn) nécessite 1 t de « paille » et fournit de 5 à 10 kg d'essence de lavande ou 25 à 40 kg d'essence de lavandin.

LES AUTRES ACTIVITÉS AGRICOLES

La **production laitière** est une activité secondaire dans cette région. L'élevage de vaches laitières se fait essentiellement dans l'ouest de l'Ardèche, dans le secteur du mont Mézenc et dans le nord-est de la Drôme. Moutons, chèvres et brebis s'accordent davantage aux paysages et donnent, pour ces deux dernières, de bons petits fromages frais ou secs, en particulier le picodon au lait de chèvre.
Certains maraîchers se sont attachés à cultiver des variétés anciennes de légumes, cherchant à obtenir la qualité plutôt que la quantité : c'est le cas notamment de la pomme de terre primeur de la vallée de l'Eyrieux.
La céréaliculture n'est guère importante, le relief ne lui étant pas favorable. Au contraire, la culture du **petit épeautre** s'étend du Luberon au Diois, ses champs se situant souvent à proximité de ceux de la lavande. Céréale rustique qui nécessite peu d'eau, se satisfait de terrains pauvres et tolère des conditions climatiques difficiles, le petit épeautre est cultivé depuis l'Antiquité, mais il n'a été redécouvert que récemment, après avoir été longtemps abandonné au profit de céréales au rendement plus élevé. Il doit ce retour à ses qualités nutritives et gustatives. Sa récolte a lieu à la mi-août et s'accompagne d'un long travail de transformation (décorticage et blanchiment). Vous pourrez le déguster sous forme de soupe traditionnelle, en salade ou en accompagnement d'un plat.
Le **tilleul** s'épanouit dans les Baronnies du fait de conditions climatiques favorables. Sa fleur possède des vertus officinales reconnues. Calmante, antispasmodique et amaigrissante, elle est employée pour faire des tisanes et toutes sortes de remèdes.
Le territoire de la du Tricastin s'étend sur 68 communes de la Drôme et 15 communes du Vaucluse ; la région produit plus de 70 % de cet « or noir » français et compte d'importants marchés spécialisés, dont celui de Valréas, réservé aux professionnels.
L'Ardèche est le premier département français récoltant de **myrtilles** sauvages (400 t/an). La consommation nationale demeure cependant faible par rapport à d'autres pays : 2 g/hab./an contre 500 g/hab./an en Allemagne ! Redécouvrez ce petit fruit aux nombreuses qualités dans sa « capitale » : Mézilhac.

Au royaume de la gastronomie

Dans l'Ardèche et dans la Drôme, le soleil, la lumière et la beauté des paysages s'allient aux plaisirs de la table pour satisfaire le voyageur. Noix et châtaignes, ravioles, caillettes et fromages de chèvre font les délices d'une bonne table, tout comme la pogne et le nougat séduisent les plus gourmands. Le tout arosé d'un bon vin de la vallée du Rhône, et vous n'aurez plus envie de quitter cette douce région !

La table

DES CUISINES RÉGIONALES DE CARACTÈRE

Les fastes de la cuisine lyonnaise pourraient avoir tendance, pour les non-initiés, à éclipser les scintillements plus discrets des autres tables de la vallée du Rhône. En sillonnant au plus près la région rhodanienne, on gagne pourtant à faire connaissance avec des spécialités qui ne manquent pas de caractère.

Gastronomie de l'Ardèche

Marrons glacés à Privas (Clément Faugier) et à Aubenas (maisons Imbert et Sabaton), bière à Vals-les-Bains, liqueur à St-Désirat, la **châtaigne** (AOP) se savoure sous toutes les formes. À partir du fruit de l'« arbre à pain » se déclinent aussi la baguette ardéchoise, créée par des céréaliers, minotiers et boulangers qui revendiquent un produit 100 % du cru, ou encore quelques tendres pâtisseries telles que Lou Pisadou, une galette onctueuse et croustillante.

Côté salé figurent la **caillette**, petit pâté de porc aromatisé aux herbes qui se mange chaud ou froid, ainsi que le **bœuf fin gras du Mézenc** (AOP). Élevé à 1 100 m d'altitude entre Ardèche et Haute-Loire, il ne se consomme que de février à juin.

Les **pommes de terre** sont ici des variétés originales, telles la truffole, la violine de Borée, la ratte, la délicatesse, la primeur des échamps de l'Eyrieux…

Le tout étant bien sûr cuisiné à l'**huile d'olive**. L'Ardèche possède en effet plusieurs moulins en activité.

Enfin, côté fromage, la région dispose du **picodon**, AOP lui aussi, fabriqué exclusivement à partir de lait de chèvre entier. Également le **st-félicien** au lait de chèvre, le **coucouron** et le **coudoulet** au lait de vache.

À la carte de la Drôme et du Valentinois

La **raviole**, pâte fraîche farcie de comté, de fromage blanc frais et de persil revenu dans du beurre, est la spécialité de la région. Le gratin de pommes de terre (cuites au lait et à la crème), connu sous le nom de **gratin dauphinois**, est plus caractéristique du Valentinois. Vous pouvez aussi vous laisser tenter par

FAITES LE BON CHOIX
On trouve des marrons glacés toute l'année, mais, à l'état frais, la châtaigne d'Ardèche s'achète d'octobre à décembre. Son apparence doit être lisse et brillante. Il faut qu'elle soit ferme et lourde quand vous la prenez dans le creux de la main. Contrairement à ce que l'on pourrait croire, la châtaigne fraîche ne se conserve pas longtemps.

un cul de veau aux poireaux (dont la viande est prise dans le cuisseau), un bœuf braisé à la grignanaise, ou un mets réalisé à partir de la **truffe noire** du Tricastin (AOC). L'**ail blanc** de la Drôme et l'**huile d'olive** de Nyons et des Baronnies font chanter les plats tel le **pintadeau** au goût unique.

Sur la carte des fromages locaux trônent le **saint-marcellin** et bien sûr le **picodon** (AOC), mais aussi le **bleu du Vercors-Sassenage** (AOC), le **coucouron** ou bleu ardéchois et le **goudoulet** au lait de vache cru. Sur celle des desserts et friandises, vous avez le choix entre la **pogne** de Romans et de Valence (brioche aromatisée à la fleur d'oranger), le **suisse** (pantin en pâte sablée de Valence, parfumé à l'écorce d'orange confite), la **noix de Grenoble** (AOC), la **myrtille d'Ardèche** que l'on retrouve dans diverses préparations, ainsi que le **nougat** de Montélimar. Et bien sûr, n'oublions pas les fruits des multiples vergers qui parsèment la région : pêche, abricot, nectarine, brugnon, cerise, melon…

LES GRANDS CHEFS DE LA RÉGION

La vallée du Rhône est une région gourmande, comme le montrent ces cuisiniers étoilés.

Anne-Sophie Pic est bien la cuisinière de grand talent que la France attendait depuis longtemps. Ses prestations culinaires époustouflantes lui ont valu d'entrer dans le sérail des 3 étoiles en 2007. Sa cuisine délicieusement inventive est servie dans la mythique maison familiale, rénovée, tandis que son époux, David Sinapian, veille au bien-être des hôtes. Qui aurait dit que cette brillante étudiante en commerce deviendrait un jour la reine des fourneaux ? Il est vrai que, chez Anne-Sophie, bon sang ne saurait mentir et après le grand-père André et le papa vénéré, Jacques, elle signe un exploit unique : être la troisième génération à décrocher la 3e étoile.

À Valence, **Restaurant**, 285 av. Victor-Hugo, 04 75 44 15 32. **Le 7**, même adresse : un bistrot signé Anne-Sophie Pic pour le plus grand bonheur des gourmands et des gourmets. **Daily Pic**, 3 pl. Championnet, 04 75 25 08 08, un self-service de « luxe » qui met l'excellence à la portée de tous.

Depuis 1970, **Michel Chabran** est fidèle à sa maison située sur le 45e parallèle à Pont-de-l'Isère. L'hôtel-restaurant est passé d'une petite maison familiale à un bel et confortable établissement grâce à l'opiniâtreté et au dynamisme de son chef patron. Considéré comme un novateur dans les années 1980, Michel Chabran a évolué vers un style plus classique où les produits du terroir et les vins locaux sont largement à l'honneur.

À Pont-de-l'Isère, **Michel Chabran, Le Restaurant**, 29 av. du 45e-Parallèle, 04 75 84 60 09.

L'Espace gourmand : ce nouvel espace de restauration au sein de la maison Chabran est une bonne alternative à la table

Fabrication traditionnelle du nougat de Montélimar.
J.D. Sudres/hemis.fr

gastronomique autour de formules festives et décontractées.

Parmi les restaurants étoilés répertoriés dans ce guide, citons également : Le Carré d'Alethius (Charmes-sur-Rhône, *p. 109)*, Likoké (Les Vans, *p. 176*), Le Vivarais (Vals-les-Bains, *p. 154*).

LES EAUX DE SOURCE

Les eaux de source du département de l'Ardèche sont fort réputées.
Les eaux gazeuses sont nombreuses. Les fines bulles de l'eau de **Vals** sont les plus célèbres. S'y ajoutent la **Vernet** de Prades, l'**Arcens**, toutes deux bicarbonatées, et la **Volcan** qui jaillit de l'Aizac. D'Asperjoc viennent la **Reine des Basaltes**, calcique, bicarbonatée et magnésique, et la **Ferrugineuse Incomparable** dont le nom rappelle irrésistiblement, pour tous ceux qui l'ont entendu, le célèbre sketch de Bourvil.
À Meyras/Neyrac-les-Bains, la source du Pestrin donne la gazeuse **Ventadour** et, enfin, une eau plate, la **Chantemerle**.

Un vignoble varié

Grâce à la diversité de ses terroirs, des cépages et du climat, la région décline toute une gamme de vins classés selon leur qualité : les meilleurs vins reconnus bénéficient de l'appellation d'origine contrôlée (AOC) ; viennent ensuite les vins délimités de qualité supérieure (VDQS), puis les vins de pays et les vins de table.

LES CÔTES-DU-RHÔNE

L'origine des vignobles remonte au temps des Romains ; les vétérans des légions exploitèrent des vignes jusqu'au règne de Domitien qui en ordonna la destruction par crainte de la concurrence. La production devint clandestine, puis reprit de plus belle.
Le vin le plus ancien de la région est certainement la clairette de Die, qui n'a pourtant obtenu son AOC qu'en 1993. Son célèbre hermitage doit son nom à un chevalier, Gaspard de Stérimberg, qui se retira sur le coteau après la croisade contre les albigeois.

Les ordres religieux contribuèrent au développement des vignobles, relayés par l'intérêt de la cour royale : les vins du Vivarais étaient servis à la cour de Louis XII. À la fin du 19e s., le phylloxéra fit des ravages dans les vignes, qui furent arrachées en grande partie au profit de vergers. Puis le développement de l'œnologie et des réglementations a permis d'améliorer la qualité des vins. Aujourd'hui, le vignoble de la vallée du Rhône se place au deuxième rang des AOC françaises, en superficie (75 000 ha) et en production (3 500 000 hl). Il s'étend sur 200 km en un long ruban de part et d'autre du fleuve et doit sa variété aux cépages choisis, aux différences des sols sur lesquels il s'est installé, aux nuances climatiques des bassins et, enfin, aux diverses expositions des gradins qui s'étagent en direction des Cévennes et des Alpes.
S'y distinguent les côtes du Rhône méridionales (sud de Montélimar) et les côtes du Rhône septentrionales (nord de Valence).
Les crus, de qualité, sont réalisés par un savant dosage des cépages. La plupart des côtes-du-rhône font d'excellents vins de garde, mais certains peuvent être dégustés en primeur à partir de mi-novembre. Les rouges se boivent peu chambrés, les blancs très frais.

Les grands crus

Les côtes-du-rhône doivent leur célébrité à quelques grands crus tels condrieu, château-grillet, saint-joseph, cornas,

LE CHOIX DU VIN	1996	1997	1998	1999	2000	2001	2002	2003	2004	2005	2006	2007	2008	2009	2010	2011	2012	2013	2014
Côtes-du-rhône septentrionales	★★★	★★	★★	★★★	★★	★★	★★	★★	★★	★★★	★★★	★★	★★	★★★	★★	★★★	★★	★★	★★
Côtes-du-rhône méridionales	★★★	★★	★★★	★★	★★★	★★★	★	★★	★★	★★★	★★	★★	★★	★★	★★	★★★	★★	★	★★

★★★ : grande année — ★★ : bonne année — ★ : année moyenne

saint-péray, côte-rôtie ou encore crozes-hermitage dans les côtes septentrionales, mais aussi châteauneuf-du-pape, gigondas, beaumes-de-venise, tavel, vacqueyras et lirac dans les côtes méridionales (qui ne sont pas traitées dans ce guide, mais rattachées au *Guide Vert Provence*).

Trois destinations dans la région ont reçu le label « Vignoble et découverte » (int.rendezvousenfrance.com).

Pour en savoir plus, consultez le site www.vins-rhone.com.

LES AUTRES VINS

Les vins d'Ardèche

Blancs, rosés ou rouges, les vins de pays des coteaux de l'Ardèche sont élaborés à partir d'une mosaïque de vignes qui autorise une gamme étendue de cépages. Les blancs sont plutôt secs et accompagnent bien les plats de poisson ou se servent à l'apéritif, comme les rosés. Volontiers corsés et épicés, les rouges se lient sans façon avec les plats de viande rouge et le gibier.

Derniers-nés, les **côtes-du-vivarais**, devenus AOC en 1999, sont le signe de l'émergence d'une grande région viticole en Ardèche méridionale. Ces vins rouges, gourmands et rocailleux, associent le grenache du Sud à la syrah du Nord et expriment leur terroir par des arômes de fruits noirs et d'épices, et des tanins plutôt robustes. Cas à part, le chatus, typiquement ardéchois, est produit à partir d'un cépage ancestral. Très tannique, il convient aux plats riches.

Les vins de pays de la Drôme

Les vins de pays des collines rhodaniennes, du comté de Grignan, de la Valdaine ou des coteaux des Baronnies sont souvent élaborés par les mêmes vignerons qui produisent les appellations plus prestigieuses. Particulièrement fruités, ils se déclinent en blancs, rouges et rosés.

Les vins du Diois

Le vignoble s'étend d'Aouste-sur-Sye à Châtillon-en-Diois (1 500 ha). et regroupe 3 AOC. Les connaisseurs dégusteront avec plaisir la **clairette de Die**, un des grands mousseux de France, produite à partir de cépages nobles (clairette et muscat). Le **crémant de Die** est un vin effervescent élaboré à partir de clairette blanche et le **coteaux-de-die** est un vin sans bulles, rare, cultivé sur 3 ha, issu uniquement du cépage clairette.

Nature et paysages

Entre le Rhône, l'Isère, la Drôme et l'Ardèche, entre les reliefs du Massif central et ceux des Alpes, les rivières se faufilent, s'étalant rarement dans des vallées sinueuses, creusant plutôt des gorges, des avens et des grottes spectaculaires. Ce travail de l'eau sur et sous terre livre de quoi retracer l'évolution du climat au cours des millénaires, mais surtout vient sillonner toute une palette de monts et montagnes, plateaux et vallées, plaines et collines.

Des paysages variés et spectaculaires

Dans une éblouissante variété de couleurs, des gorges de l'Ardèche, aux portes du Velay, la région Ardèche-Drôme se compose sans nul doute de paysages parmi les plus majestueux de France. Encadrées à l'ouest par les montagnes anciennes du Massif central et à l'est par les pics montagneux des Alpes, l'Ardèche et la Drôme sont délimitées dans le sens nord-sud par le Rhône qui les sépare.

LA FORMATION DU RELIEF

À la fin de l'ère primaire, il y a environ 200 millions d'années, un bouleversement de l'écorce terrestre (plissement hercynien) fait surgir le sol granitique du Massif central sous forme de hautes montagnes.

Durant l'ère secondaire, les sédiments calcaires s'accumulent à la périphérie du massif qui s'aplanit sous l'action de l'érosion.

Puis, il y a une trentaine de millions d'années, des masses énormes de roches schisteuses se soulèvent, formant à l'est les Alpes italiennes et la Vanoise, à l'ouest le Chablais et au nord les Alpes suisses.

Plus récemment, 10 à 5 millions d'années avant notre ère, la poursuite de la poussée africaine fait s'élever le vieux socle cristallin enfoui sous des masses de calcaires, de marnes et d'argiles. Ces masses se décollent et glissent vers l'avant-pays en se déformant en plis spectaculaires. Ce sont les **Préalpes calcaires** que le sillon alpin sépare des chaînes centrales cristallines. Elles sont moins hautes (jusqu'à 2 500 m seulement) et sans neiges persistantes ni glaciers, mais surprenantes par leurs formes plissées. Du nord au sud se succèdent des blocs qui surplombent les collines des avant-pays savoyard et dauphinois, et que quatre entailles géantes, les « entrées des Alpes », délimitent. Le **Vercors** est le dernier massif de la série avant les Alpes du Sud.

Si chacune de ces montagnes possède sa personnalité, les ondulations de leurs plis géants suffisent à les distinguer des Alpes précédentes : dans le Vercors, des falaises de plus de 300 m de haut, constituées d'un calcaire très dur, le **calcaire urgonien** (100 millions d'années), alternent avec une roche tendre aux pentes plus douces, surplombant les vallées en corniche.

S'ensuit, pendant la première moitié de l'ère tertiaire, un affaissement progressif du socle hercynien de direction générale nord-sud : il est à l'origine du couloir rhodanien.

Le plissement alpin exerce ensuite une formidable poussée sur le Massif central qui, trop rigide pour se plisser à son tour, bascule d'est en ouest en se disloquant.

À la faveur des fissures, le magma interne, en fusion, jaillit; des volcans s'édifient.

Au début de l'ère quaternaire, il y a environ 2 millions d'années, le Rhône, charriant de grandes quantités de matériaux arrachés aux montagnes voisines, crée des systèmes complexes de terrasses alluviales. Au milieu de cette ère, les glaciers ont de leur côté « sculpté » les paysages en se retirant.

LA DRÔME

La Drôme est entourée par l'Ardèche à l'ouest, l'Isère au nord, les Hautes-Alpes à l'est, le Vaucluse et les Alpes-de-Haute-Provence au sud. Elle est située dans le Dauphiné et doit son nom à la rivière qui traverse le département.

Au nord-ouest, le Valentinois

Le paysage verdoyant au relief adouci ressemble un peu aux monts du Lyonnais. C'est la « Drôme des collines ». La vallée du Rhône s'élargit à l'est du fleuve, jusqu'aux premières collines des Préalpes, en plaines compartimentées qui forment une transition entre le nord et le sud de la vallée. **La plaine de Valence** montre les premiers caractères du Midi méditerranéen avec ses terrasses alluviales en gradins, ses rangées de mûriers, l'« arbre d'or » qui lui donne parfois un aspect bocager, et surtout sa multitude de vergers.

À l'est, le Vercors

Le massif du Vercors, devenu Parc naturel régional, s'étend sur près de 1 350 km² dans les Préalpes. La nature y est rude, partagée entre de larges vallées, des plateaux couverts de forêts, les hauts plateaux arides, d'importantes falaises et de profondes gorges. Son sommet le plus haut, le Grand Veymont, culmine à 2 341 m.

Au sud-est, le Diois et les Baronnies

Le sud du Vercors se prolonge par le Diois qui couvre en partie la vallée de la Drôme. Il appartient au PNR du Vercors.

Le **Diois** et les **Baronnies** sont des pays de moyenne montagne où s'épanouissent les cultures de lavande et de lavandin, les vignes, l'olivier et les arbres fruitiers, auxquels s'ajoutent les élevages ovin et caprin.

Les **Baronnies** couvrent les Préalpes à l'est. Ces montagnes se terminent par le **mont Ventoux**, surnommé « le géant de Provence » (1 909 m), car il domine toute la Provence rhodanienne.

Au sud, la Drôme provençale

Les oliviers recouvrent désormais les versants du **bassin de Montélimar** avant d'alterner avec les vignes sur les collines sèches du **Tricastin** à l'ouest. Le climat méditerranéen de la Drôme provençale a favorisé la culture des olives et de la lavande. Le Tricastin renferme l'enclave des papes, qui n'est autre que le canton de Valréas et qui appartient au département du Vaucluse.

L'ARDÈCHE ET LE VIVARAIS

Le département de l'Ardèche doit son nom à la rivière qui le traverse. Il est entouré par la Haute-Loire et la

Lozère à l'ouest, la Loire au nord, la Drôme à l'est, le Gard et le Vaucluse au sud. L'Ardèche regroupe les terres du Vivarais. Les reliefs et les paysages de l'Ardèche sont très différents du nord au sud et de l'est à l'ouest. Du Massif central à la vallée du Rhône, on constate un dénivelé de plus de 1 000 m. Le Vivarais forme la plus grande partie du rebord oriental du Massif central. Il se caractérise par ses grandes coulées basaltiques descendues des volcans vellaves, par ses arêtes schisteuses et par les phénomènes d'érosion de son pays calcaire.

Le Haut-Vivarais

Il s'étend du mont Pilat et du Velay à la vallée du Rhône. C'est un ensemble de moyennes montagnes et de collines vertes au sol cristallin. Le sombre et austère pays des Boutières, qui va du bassin de l'Eyrieux au mont Mézenc, est entrecoupé de gorges profondes et étroites.

Le Haut-Vivarais vit de l'élevage du gros bétail et de l'exploitation de ses forêts de sapins.

Le Vivarais cévenol

De la haute vallée de l'Allier au bassin de Joyeuse, le Vivarais cévénol est dominé par l'échine de la montagne de Bauzon et par la crête du Tanargue. À l'ouest, la « montagne » est encore marquée par les volcans du Velay. À l'est, les « **serres** » schisteuses, crêtes étroites et allongées aux pentes abruptes, séparent des vallées profondes.

Le Bas-Vivarais

De Lablachère et de Privas à la vallée du Rhône, le Bas-Vivarais calcaire forme un ensemble de bassins et de plateaux où se manifeste la nature méridionale. Au nord, le plateau du Coiron, aux falaises de basalte noir, le sépare du Haut-Vivarais ; ses vastes planèzes s'inclinent vers l'est : elles sont caractérisées par leurs **dykes** (murailles) ou leurs **necks** (pitons) – appareils volcaniques dégagés par l'érosion de leur revêtement meuble – dont le plus célèbre est celui de Rochemaure. Le **plateau calcaire des Gras** se présente comme une succession de causses avec leur pierraille blanchâtre, leurs rochers ruiniformes, leurs avens et leurs vallées creusées en gorges.

Fleuves et rivières

La région est traversée par de grandes rivières. L'Isère et la Drôme, qui prennent leur source dans les Alpes, se jettent dans le Rhône au nord de Valence pour la première, au sud de Valence pour la seconde. L'Ardèche, issue des plateaux du Bas-Vivarais, se jette dans le Rhône, par l'ouest, à l'entrée du Vaucluse. L'Ardèche, dont le cours impétueux s'est frayé un chemin dans de sinueuses gorges, est une rivière idéale pour la pratique du canyoning qui mêle balade à pied, escalade et nage. Il en est de même pour les rivières qui sillonnent le Vercors.

LE RHÔNE

Rapide et majestueux, le Rhône est le plus puissant des fleuves français. Au sud de Lyon, entre les talus du Massif central et des Préalpes, sa course vers le Midi offre l'aspect d'une percée lumineuse d'une ampleur magnifique. Il est une route romantique à lui seul. À chaque instant, à chaque méandre, la vallée se pare sur ses rives baignées de soleil d'une beauté nouvelle parfois appuyée par la violence et la force du mistral.

Un flot rapide et puissant

Le Rhône prend sa source en Suisse au glacier dit « du Rhône ». Il fait son entrée en France après avoir traversé le lac Léman et, jusqu'à son arrivée dans le delta de la Camargue, il arrose pas moins de onze départements.

Parc naturel régional des Monts d'Ardèche, massif du Mézenc.
F. Guiziou/hemis.fr

Il est aussi l'un des fleuves français dans lequel se jettent le plus de rivières : l'Ain, le Doubs, puis la Saône, l'Ardèche, le Gard, mais aussi l'Arve, le Fier, l'Isère, la Drôme et la Durance. Il draine en toute saison, à vive allure, un important volume d'eau. Son impétuosité est due à sa pente relativement forte : 0,5 m par kilomètre entre Lyon et Valence ; elle s'accentue encore entre Valence et le confluent de l'Ardèche (0,77 m) pour retomber entre le confluent de l'Ardèche et celui du Gardon (0,49 m). Plus en aval, la pente diminue fortement.

La **puissance hydraulique** du Rhône est remarquable : 1 350 m^3/s en eaux moyennes à Valence. Pour un tel débit, sa vitesse est de l'ordre de 2,50 m/s. Pendant son parcours français, le fleuve reçoit des affluents de régimes différents : rivières alpines en crue au printemps et en été, torrents du Vivarais en automne et en hiver, si bien que, même en été, le Rhône garde un débit important.

Ses **crues** sont liées à celles de ses affluents. Les plus fortes sont aujourd'hui en bonne partie régulées par les nombreux barrages et autres aménagements répartis sur son cours. Le Rhône n'est plus vraiment cette « grande rivière sauvage » de Chateaubriand ; les « colères terrifiantes du Rhône » évoquées par Clavel se font rares, même s'il est encore parfois ce « Rhône puissant, insolent, roulant vers le Midi une eau énorme et boueuse ; une eau à faire trembler tout ce qui [vit] dans la vallée ».

Des nautes aux automoteurs

À l'époque romaine, la navigation y devient très active. Le fleuve est alors la grande voie de commerce du vin ; des villes importantes se créent : Lyon, Valence, Vienne. Les **nautes** rhodaniens forment les corporations les plus puissantes des villes romaines. Ils deviendront, sous l'Ancien Régime, les « **coches d'eau** » desservant les villes bordières qui ont toutes leur port. La vie marinière est de ce fait intense.

À la fin du 18e s., les **bateliers** remplacent les « coches d'eau » : chargés de marchandises, les trains de barques descendent le Rhône au gré du courant et le remontent

halés par des chevaux. Le transport est lent et, lorsque les **bateaux à vapeur** apparaissent en 1829, la concurrence est rude. Le chemin de fer porte ensuite le dernier coup, presque fatal, aux modes de transport fluvial.
Commence alors l'ère de la « houille blanche », l'hydroélectricité, et les travaux entrepris sur le fleuve redonnent au Rhône toute son importance. Après l'exploitation par **remorqueurs**, le transport est maintenant assuré, grâce aux travaux d'aménagement de la Compagnie nationale du Rhône (création de 13 biefs et de 12 écluses), par des **automoteurs** de 1 500 t et des convois poussés de 5 000 t et plus. Le tonnage annuel (4 100 000 t) comprend

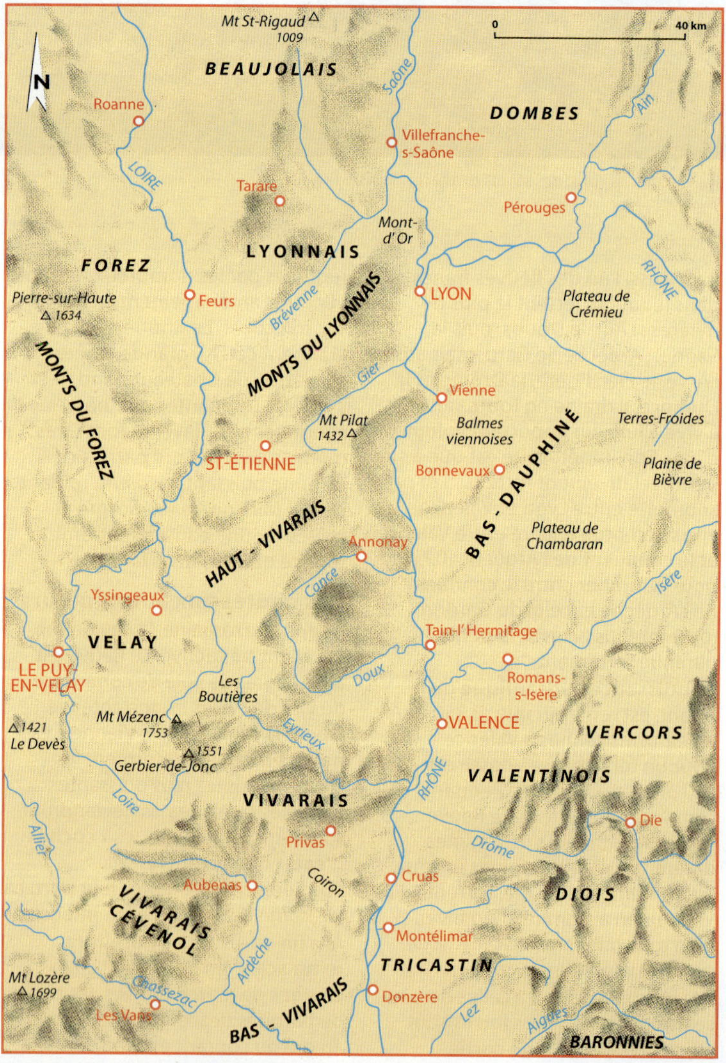

LA FIN DES BATELIERS
« Ainsi, depuis ce jour de 1829 où le *Pionnier* avait monté d'Arles jusqu'à Lyon, en moins de 48 heures, 1 150 quintaux de marchandises, une ombre pesait sur la vallée. On commençait déjà de se remémorer avec tristesse le temps où plus de 2 000 bateaux assuraient le trafic, faisant vivre tout un peuple de bateliers et de riverains. » (*Le Seigneur du fleuve*, Bernard Clavel)

hydrocarbures, produits métallurgiques et agricoles, matériaux de construction.

Aménagement du Rhône

La Compagnie nationale du Rhône a été créée en 1934 en vue de l'aménagement du fleuve. Sa règle d'or se résume en trois mots : navigation, irrigation, électricité.
Les ouvrages de la Compagnie font du Rhône un gigantesque escalier d'eau entre le lac Léman et la mer, et fournissent chaque année environ 16 milliards de kilowattheures – le fleuve compte 20 centrales hydroélectriques sur son cours français et 3 sur son cours suisse. De Lyon à la mer, ce sont 330 km de voies navigables.
En aval de Lyon, la vallée large et cultivée, aux berges généralement basses, ne permettait pas l'aménagement de réservoirs artificiels alimentant de hautes chutes comme en montagne. Aussi est-ce le Rhône lui-même que l'on a barré et dérivé dans un lit artificiel. Chaque ouvrage comprend un barrage au travers du fleuve qui dérive l'eau dans un canal d'amenée alimentant une usine « au fil de l'eau » à gros débit. Sortant de l'usine, les eaux rejoignent le Rhône par un canal de fuite. Des écluses équipent ces canaux à hauteur des usines et permettent le passage des bateaux. L'aménagement complet du Rhône de Lyon à la mer a été achevé en 1980 par la mise en service des ouvrages de Vaugris, près de Vienne.
En amont de Lyon, quatre usines de basse chute valorisent l'utilisation de l'ensemble Génissiat-Seyssel.

L'internationalisation du Rhône

Dès 1833, un canal relie les bassins du Rhône et du Rhin à partir de la Saône et jusqu'au port fluvial de Strasbourg. Mais c'est seulement dans les années 1960 que l'on relance l'idée d'un grand axe Rhin-Rhône : il s'agit de concurrencer l'axe Rhin-Main-Danube. Cependant, le projet s'essouffle pour des raisons de rentabilité. Le Rhône n'en reste pas moins un fleuve cosmopolite grâce à la multiplication des croisières pour vacanciers.

L'irrigation, source de richesse

Grâce à l'irrigation de milliers d'hectares, les plaines de la vallée du Rhône sont des terres de bon rendement. La production fruitière, en particulier, bénéficie de cette mise en valeur. Mais ces dernières années ont montré que cette ressource n'est pas inépuisable et qu'elle doit être gérée avec rigueur.

L'expansion industrielle

Le développement industriel de la vallée, lié aux aménagements du fleuve, a profondément modifié l'aspect du couloir rhodanien.
Au sud de Lyon, **usines** et **installations** se succèdent : raffineries de Feyzin, constructions mécaniques, verre, engrais, papier, carton de Chasse et Givors, centrale thermique de Loire-sur-Rhône, usines chimiques des Roches, de St-Clair-du-Rhône et du Péage-de-Roussillon, ensemble industriel de Portes-lès-Valence et Montélimar, textiles de La Voulte, chaux et

LES CAPRICES DE L'ARDÈCHE

Prenant sa source à 1 467 m d'altitude dans le massif de Mazan, l'Ardèche se jette dans le Rhône après 119 km de course, 1 km en amont de Pont-St-Esprit. Si la pente est surtout très forte dans la haute vallée, c'est dans le bas pays que l'on rencontre les exemples d'érosion les plus étonnants : ici, la rivière a dû se frayer un passage dans les assises calcaires du plateau, déjà attaqué par les eaux souterraines. Ses affluents, qui dévalent brutalement de la montagne, accentuent son régime irrégulier : maximal en automne, faible débit hivernal, crues au printemps et basses eaux en été. Le débit de l'Ardèche peut passer de 2,5 m^3/s à plus de 7 000 lors des fameux et redoutables « coups de l'Ardèche » : c'est un véritable mur d'eau qui avance à la vitesse de 15 ou 20 km/h au point de repousser le flot du Rhône. La décrue est tout aussi soudaine.

ciments de Cruas, de Teil et du Viviers.

Dans le domaine **nucléaire**, les centrales de St-Alban/St-Maurice, de Cruas-Meysse, du Tricastin et l'ensemble des aménagements de Pierrelatte confèrent à la vallée du Rhône un rôle de tout premier plan dans l'approvisionnement énergétique du pays et des États limitrophes.

Les ponts

Alors que les **Romains** n'avaient construit que deux ponts sur le Rhône, dont l'un en pierre à Vienne, les architectes du **Moyen Âge**, déjouant les difficultés, en lancèrent trois. Ce sont les frères pontifes, un ordre de moines bâtisseurs, qui édifièrent au 13e s. le pont de la Guillotière à Lyon. Au 19e s., les frères Seguin, en utilisant la technique du pont suspendu par câbles en fer, apportèrent au problème du franchissement du fleuve une solution économique. Le premier pont suspendu construit sur le Rhône fut celui de Tournon ; inauguré en 1825, il a été démoli en 1965 (celui visible aujourd'hui date de 1846). **La dernière guerre** a détruit la plupart des ponts suspendus. À l'occasion de leur reconstruction, on a fait appel aux techniques les plus récentes, comme à Tournon, au Teil, à Viviers ; la travée centrale suspendue dépasse souvent 200 m de longueur (Le Teil : 235 m).

Le **béton** précontraint a été utilisé pour lancer des ponts non suspendus ; le plus remarquable est le pont de chemin de fer de La Voulte (1955). Les derniers ponts routiers ouverts à la circulation sont ceux de la déviation de Vienne (autoroute A 7) en 1973, celui de Chavanay en amont du Péage-de-Roussillon (fin 1977) et le pont de Tricastin sur le canal d'amenée de la chute de Donzère-Mondragon en 1978.

Grottes et avens

Les profondes entailles des vallées vives du Haut-Vivarais contrastent avec les vastes solitudes grises et pierreuses des plateaux du Bas-Vivarais. Cette sécheresse du sol est due à la nature calcaire de la roche qui filtre comme une éponge toutes les eaux de pluie. Grâce à elle, une intense et étonnante activité souterraine a pris forme, créant de mystérieux réseaux encore méconnus.

L'INFILTRATION DES EAUX

La magie qui se dégage des grottes aux splendides décors fait souvent oublier le long travail de la nature. Chargées d'acide carbonique, les eaux de pluie dissolvent le carbonate

Le Rhône dans la Drôme.
D. Pearson/Agency Jon Arnold Images/age fotostock

de chaux contenu dans le calcaire. Se forment alors des dépressions généralement circulaires et de dimensions modestes appelées **cloups** ou **sotchs**. Si les eaux de pluie s'infiltrent plus profondément par les innombrables fissures qui fendillent la carapace calcaire, le creusement et la dissolution de la roche amènent la formation de puits ou abîmes naturels appelés **avens** ou **igues**.
Peu à peu, les avens s'agrandissent, se prolongent, se ramifient, communiquent entre eux et s'élargissent en grottes. Ils ont laissé circuler de véritables rivières souterraines qui ont creusé des salles et des tunnels. Ceux-ci se modifient toujours sous l'impulsion d'eaux d'infiltration depuis leur assèchement ; les deux plus importantes grottes de ce type dans la région sont celles de Marzal et d'Orgnac.

LES RIVIÈRES SOUTERRAINES

Les eaux d'infiltration finissent par former des galeries souterraines et se réunissent en une rivière à circulation plus ou moins rapide. Elles élargissent alors leur lit et se précipitent souvent en cascades. Lorsqu'elles s'écoulent lentement, elles forment de petits lacs en amont des barrages naturels tels les *gours* édifiés peu à peu par dépôt de carbonate de chaux. Il arrive qu'au-dessus des nappes souterraines se poursuive la dissolution de la croûte calcaire : des blocs se détachent de la voûte, une coupole se forme, dont la partie supérieure se rapproche de la surface du sol. C'est le cas de la gigantesque salle supérieure d'Orgnac, haute de 50 m et que quelques dizaines de mètres seulement séparent de la surface du causse.

STALACTITES, STALAGMITES ET EXCENTRIQUES

Au cours de sa circulation souterraine, l'eau abandonne le calcaire dont elle s'est chargée en pénétrant dans le sol. Elle édifie ainsi un certain nombre de concrétions aux formes fantastiques défiant quelquefois les lois de l'équilibre et aux couleurs variées : la grotte de la Madeleine hésite entre le blanc et le rouge dans celle d'Orgnac, on trouve des touches d'ocre (venues du fer) et de vert (venues du cuivre).

Dans l'aven d'Orgnac, le suintement des eaux donne lieu à des dépôts de calcite (carbonate de chaux) qui constituent des pendeloques, des pyramides, des draperies.

Les représentations les plus connues de ces concrétions sont les stalactites, les stalagmites et les excentriques. Les **stalactites** se forment à la voûte de la grotte. Chaque gouttelette d'eau qui suinte du plafond y dépose, avant de tomber, une partie de la calcite dont elle s'est chargée. Peu à peu s'édifie ainsi la concrétion le long de laquelle d'autres gouttes viendront s'écouler.

Les **stalagmites** sont des formations de même nature qui s'élèvent du sol vers le plafond. Les gouttes d'eau tombant toujours au même endroit déposent leur calcite qui forme peu à peu un cierge. Celui-ci s'élance à la rencontre d'une stalactite avec laquelle il finira par se réunir pour constituer un pilier reliant le sol au plafond.

La formation de ces concrétions est extrêmement lente ; elle est actuellement de l'ordre de 1 cm par siècle sous nos climats.

Les **excentriques** sont de très fines protubérances dépassant rarement 20 cm de longueur. Elles se développent dans tous les sens sous forme de minces rayons ou de petits éventails translucides. Elles se sont constituées par cristallisation et n'obéissent pas aux lois de la pesanteur. L'aven d'Orgnac, l'aven Marzal et la grotte de la Madeleine en possèdent de remarquables.

LES SPÉLÉOLOGUES DÉCOUVREURS

À la fin du 19e s., l'exploration méthodique et scientifique du monde souterrain, à laquelle est attaché le nom d'**Édouard-Alfred Martel**, a permis la découverte et

LA GROTTE CHAUVET-PONT D'ARC, UN PATRIMOINE POUR L'HUMANITÉ

Découverte en 1994 par trois spéléologues – Éliette Brunel, Christian Hilaire et Jean-Marie Chauvet –, elle est à ce jour l'une des plus anciennes grottes ornées au monde. Située dans le cirque d'Estre, un méandre à sec abandonné jadis par l'Ardèche, et difficile d'accès, elle fut oubliée des hommes, d'où son état exceptionnel. Ses peintures pariétales, d'une extraordinaire beauté, auraient été réalisées il y a 36 000 ans, bien plus tôt que celles de Lascaux (-18 000 ans). Dans les 400 m de galeries et de salles, les femmes et les hommes de l'aurignacien ont laissé plus de 400 figures animales peintes, gravées ou simplement esquissées, de nombreuses empreintes de mains et des motifs symboliques. La spécificité de la grotte tient au choix des animaux représentés et à la facture stylistique d'une incroyable précision. Les lieux ont également conservé des vestiges d'occupation humaine, des empreintes de pieds dans le sol, des crânes d'animaux, particulièrement d'ours, rassemblés par endroits. La grotte, qui n'a pas encore livré tous ses secrets, et son contexte archéologique sont d'un intérêt scientifique considérable. Elle ne sera donc jamais ouverte au public afin de la protéger de la destruction, mais une réplique d'une grande fidélité a été ouverte à quelques kilomètres en 2015 (*p. 194*). Classée monument historique dès 1995, la grotte Chauvet-Pont d'Arc est depuis 2014 inscrite au Patrimoine mondial de l'Unesco.

Grotte de St-Marcel en Ardèche.
Ph. Crochet/Photononstop

l'aménagement touristique d'un certain nombre de cavités. Depuis, les recherches spéléologiques n'ont pas cessé. En 1935, **Robert de Joly** explore l'aven d'Orgnac et en découvre les richesses ; trente ans plus tard, la présence d'un « trou souffleur » dans l'aven conduit à la reconnaissance d'un immense réseau de galeries supérieures.

En 1994, une équipe constituée d'**Éliette Brunel**, de **Christian Hillaire** et de **Jean-Marie Chauvet** découvre la grotte Chauvet (*p. 60*). Certaines explorations sont restées célèbres. Dans le Vercors, celle du gouffre Berger s'est avancée à plus de 1 000 m de profondeur.

Les Parcs naturels régionaux

Ces parcs (PNR) disséminés sur l'ensemble du territoire français ont été créés dans le but de préserver un environnement remarquable. Gérés par les régions en accord avec le ministère de l'Environnement, ils contribuent à la conservation d'un patrimoine naturel et paysager. La gestion des parcs assure leur développement économique et l'accueil d'un public toujours plus nombreux. La région Rhône-Alpes compte 6 PNR, dont le **PNR des Monts d'Ardèche** et le **PNR du Vercors** dans la Drôme.

BON À SAVOIR

Toutes les grottes décrites dans ce guide sont listées ci-après : **aven d'Orgnac★★★**, **aven de la Forestière★**, **grotte de St-Marcel★**, **aven Marzal★**, **grotte de la Madeleine★**, grotte des Huguenots, grottes de Montbrun, grotte des Tunnels.

Nous déconseillons par ailleurs vivement toute pratique non encadrée de la spéléologie et vous renvoyons à la Fédération française de spéléologie *(voir p. 26)*.

UN PATRIMOINE CULTUREL ET NATUREL

Créés dans des régions encore habitées malgré un fort exode rural, ils visent à promouvoir le patrimoine naturel et culturel local menacé par la fin de la culture paysanne traditionnelle. Or celle-ci a montré qu'elle apporte encore quelque chose d'essentiel à notre époque : des produits du terroir variés et savoureux d'une qualité exceptionnelle, des paysages souvent superbes. Des villages aux fermes authentiques, restaurées dans le style de la région, proposent un artisanat de qualité et des activités de loisirs de plus en plus diversifiées dans une nature d'eaux vives et de forêts. Ces parcs ne font pas l'objet de réglementations particulières en ce qui concerne la préservation des milieux naturels. C'est pourquoi ils se dotent d'une réserve naturelle lorsqu'un fort enjeu de préservation de faune ou de flore est identifié : c'est le cas de la Réserve naturelle des Hauts-Plateaux du Vercors qui est intégrée au Parc naturel régional du Vercors.

UN DÉVELOPPEMENT DURABLE

Ces différentes structures, à des degrés divers et selon des modalités qui leur sont spécifiques, ont toutes pour vocation de préserver et de mettre en valeur l'environnement dans une perspective de développement durable. Leurs projets et plans d'action sont périodiquement revus. Ce fut notamment le cas pour les Parcs naturels régionaux avec le renouvellement de leur charte, dans le cadre d'une très large concertation, durant l'année 2007. D'autres créations de Parcs naturels régionaux sont actuellement à l'étude dans les Alpes du Sud : il s'agit du projet des Baronnies et de celui du Ventoux. Outre l'attention grandissante portée aux enjeux écologiques, ce sont des retombées économiques qui sont attendues, l'attribution d'un tel label concourant à l'attractivité touristique.

Bon à savoir – De nombreuses espèces végétales sont préservées dans le périmètre des **Parcs naturels** : leur identification est signalée sur les panneaux d'information à l'entrée des secteurs protégés. La cueillette est interdite.

Espaces naturels sensibles

Le classement ENS est délivré par le conseil général dans le but de protéger la faune, la flore et l'environnement général d'espaces naturels dont la biodiversité est exceptionnelle. En Ardèche, 14 sites ont ainsi été classés. Ils sont au nombre de 19 dans la Drôme.

Histoire

Occupée dès la préhistoire comme en témoignent ses grottes, l'Ardèche connaît, comme la Drôme, un passé historique très fort. Avec le Rhône, qui était et demeure une voie de communication de premier ordre, la région a été marquée par les cultures gauloise, romaine, médiévale, a vécu les guerres de Religion et la Réforme, s'est battue pour libérer la France de l'occupant allemand et cherche aujourd'hui à préserver son identité.

Un riche passé

LA PRÉHISTOIRE

L'homme aurait occupé certaines grottes ardéchoises il y a près de 150 000 ans. Les recherches actuelles situent l'arrivée de l'*Homo sapiens* dans la région aux alentours de 40 000 ans av. J.-C. La découverte inopinée de la grotte Chauvet (*voir encadré p. 60)* au Pont d'Arc a révolutionné notre connaissance de l'art pariétal à l'époque de l'*Homo sapiens*. Les dessins de cette grotte, réalisés v. 30000 av. J.-C., comptent parmi les plus anciennes peintures découvertes à ce jour en France.

La technique graphique est particulièrement habile et les sujets – animaux chassés mais aussi animaux sauvages – sont révélateurs de la faune de la région durant l'époque préhistorique.

L'Ardèche est devenue, à la lumière de cette découverte, l'une des régions majeures de l'art pariétal en France, avec le Périgord et l'Ariège.

Durant la préhistoire, la vallée du Rhône est une voie de passage. Des groupes s'y installent ; l'agriculture, l'artisanat et le commerce (ambre, étain…) s'y développent tranquillement. Des dolmens sont érigés en Ardèche.

LES ÉPOQUES GAULOISE ET ROMAINE

Au 7e s. avant notre ère, les **Celtes** s'installent dans la vallée du Rhône. Les **Allobroges** occupent la rive gauche du Rhône jusqu'aux contreforts des Alpes, de la région lyonnaise à la Drôme. Les **Helviens**, moins nombreux, s'installent en Ardèche sur la rive droite. La tribu des **Voconces** s'établit entre l'Isère et le mont Ventoux.

Les **Romains** comprennent rapidement l'importance stratégique du Rhône : ils s'en servent comme voie de pénétration pour leurs produits, mais aussi pour leur civilisation. Les légions romaines s'emparent du territoire des Allobroges et s'installent dans la région en 121 av. J.-C. En 118, les Romains créent la Narbonnaise, province qui s'étend de Vienne à la Méditerranée. Puis, vers l'an 43 av. J.-C., la conquête de la Gaule achevée, Munatius Plancus fonde Lyon qui devient **capitale des Gaules** en 27 av. J.-C. Les différents empereurs, à commencer par Auguste, réorganisent la région qui entre dans une période de paix favorable au commerce, mais également à la construction. Des cités surgissent de terre comme Die, de même que des théâtres, amphithéâtres, villas à la campagne, etc. Grand centre économique et intellectuel, Lyon est le point de départ de la diffusion du **christianisme** en Gaule. Le règne de Septime Sévère (193-211) est marqué par de fréquentes incursions des Barbares et par un climat d'insécurité qui met à mal la prospérité de la région. En 280, l'empereur Probus enlève aux Lyonnais le monopole de la vente du vin en Gaule. C'est le début du déclin de Lyon devenue, sous Dioclétien (284-305), simple capitale de province.

LE MOYEN ÂGE

Les **Burgondes**, peuple germanique, se substituent aux Romains dans la région : ils s'installent à Valence en 450. Puis c'est au tour des **Francs** d'occuper l'Ardèche et la Drôme. Du 5e au 6e s., c'est la période des grandes invasions, mais aussi de la fondation des premières abbayes dans la vallée, d'églises à Valence et à Die. Le christianisme se diffuse largement. Au 8e s., les Sarrasins montent jusqu'à Poitiers et pillent Valence et ses environs.
En 843, le traité de Verdun partage l'empire de Charlemagne entre les trois fils de Louis le Pieux. Lothaire reçoit les territoires allant de Rouen à la mer du Nord, la Provence, la vallée du Rhône et la Bourgogne. En 855, Lothaire crée pour son fils Charles le **royaume de Provence**, qui comprend l'Ardèche et la Drôme, mais aussi le Lyonnais, le Viennois, les Alpes et la Provence. Les Normands dévastent la vallée du Rhône vers 877. Bientôt, l'ensemble du territoire se morcèle avec l'ascension de **puissances féodales** qui en viennent à dominer de vastes espaces, comme les évêques de Viviers dont le domaine deviendra le Vivarais. C'est une période de croissance économique, urbaine et démographique qui s'instaure sur la région et au-delà. Les 11e et 12e s. voient naître de nouvelles abbayes en Vivarais : Mazan, Bonnefoy… Les comtes d'Albon, « dauphins de Viennois », étendent leurs possessions; leurs terres, du Rhône aux Alpes, recevront le nom de Dauphiné. Du 11e au 13e s., les guerres que se livrent les seigneurs avides de richesse et de territoires malmènent la population. Valence, Montélimar ou Die font l'objet de luttes incessantes. Parallèlement, le développement des cités entraîne l'octroi au 13e s. de nombreuses chartes de franchise communale. À la même époque, la puissance du royaume de France s'impose progressivement. Elle se conclut par le rattachement du Vivarais à la France en 1271, puis du Dauphiné, selon la lettre du **traité de 1349**, par l'attribution effective, mais lointaine, du Dauphiné au fils aîné du roi de France. Le 14e s. est entaché par deux fléaux majeurs : la peste, qui ravage la proche Auvergne en 1348 et se maintient ensuite de manière endémique, et la guerre de Cent Ans, qui sévit avec quelques débordements en Auvergne jusqu'à la fin du siècle.

En pays protestant

Le calme et la prospérité reviennent dans la région, se traduisant par la création de l'université de Valence en 1452 et le développement des foires et marchés, principalement dans le Velay et à Lyon. C'est alors que la religion protestante fait son apparition dans la région.

RÉFORME ET GUERRES DE RELIGION

La première moitié du 16e s. voit la propagation de la Réforme vers les Cévennes par la vallée du Rhône, le Vivarais et la vallée de la Durance; Lyon imprime et diffuse

Le cloître de l'abbaye cistercienne N.-D. d'Aiguebelle à Montjoyer.
B. Rieger / hemis.fr

les doctrines prêchées à Bâle et à Genève. Valence, en particulier, y adhère fortement.
Vers 1528, les premiers **prédicateurs** œuvrent à Annonay. Malgré la répression exercée par le parlement de Toulouse, l'« hérésie » gagne du terrain. Le protestantisme est stimulé par le rayonnement, sur l'autre rive du Rhône, de l'Église vaudoise, réformée à partir de 1532, qui répand les influences genevoises et lyonnaises. Les habitants sont sensibles aux idées calvinistes qui répondent à leur goût d'indépendance.
Vers 1550-1560, la Réforme est implantée dans tout le pays, même en Velay. Les artisans sont rejoints par des savants (Olivier de Serres) et des nobles (comte Antoine de Crussol). Les « religionnaires » affirment publiquement leurs croyances. Comme à Genève, le protestantisme se durcit.
Les **consistoires**, assemblées représentatives et délibérantes, mènent campagne contre les festins, les danses, les cartes et les dés.

C'est pendant la seconde moitié du 16e s. que catholiques et protestants s'affrontent. Dans le Dauphiné et le Vivarais, c'est une guerre de sacs de villes et de massacres qui est menée par les « religionnaires » et les « papistes ». En 1570, Montélimar est sauvée de l'attaque des troupes protestantes grace au courage d'une jeune catholique, Margot Delaye, qui en dirige la défense.
Le baron des Adrets s'empare des principales villes du Dauphiné, où il conduit le mouvement huguenot. Il décime la vallée du Rhône avec ses bandes. Plus tard, passant à nouveau au catholicisme, sa foi d'origine, il se retourne contre les réformés, alors défendus par le connétable François de Lesdiguières. Ailleurs, comme en Velay, le catholicisme triomphe sur le terrain. Les plus grandes villes (Lyon, Le Puy) se déclarent pour le parti ultra-catholique de la **Ligue**, qui résista au roi jusqu'en 1595.
Au cours de la Saint-Barthélemy (24 août 1572), on compte les morts par milliers dans la région. La paix

LES GRANDES DATES

- **30 000 av. J.-C.** – Des hommes ornent la grotte dite « Chauvet ».
- **600 av. J.-C.** – Les Celtes occupent la vallée du Rhône.
- **218 av. J.-C.** – Hannibal le Carthaginois traverse la Drôme pour se rendre en Italie.
- **2e s. av. J.-C.** – Les Allobroges sont battus par les Romains qui envahissent la région et créent, en 118 av. J.-C., la Narbonnaise.
- **43 av. J.-C.** – Fondation de Lugdunum, future Lyon.
- **27 av. J.-C.** – Lugdunum devient capitale des Gaules.
- **5e-6e s.** – Les Burgondes se substituent aux Romains et prennent le contrôle de la vallée du Rhône.
- **843** – Ardèche et Drôme appartiennent au royaume de Lothaire.
- **1074** – Le pape Grégoire VII fait de l'archevêque de Lyon le primat des Gaules. Cette primatie, toujours actuelle, élève la ville au rang de capitale religieuse du royaume de France.
- **1229** – Le traité de Paris met fin à la guerre des albigeois et à l'influence des comtes de Toulouse en Vivarais.
- **1349** – Rattachement du Dauphiné à la France.
- **1560-1598** – Guerres de Religion : catholiques contre protestants.
- **1600** – Olivier de Serres, père de l'agriculture française, publie son *Théâtre d'agriculture et mesnage des champs*.
- **1629** – Siège et destruction de Privas par les troupes royales.
- **1685** – Révocation de l'édit de Nantes qui entraîne de nouveaux affrontements entre catholiques et protestants.
- **1790** – Création des départements de l'Ardèche et de la Drôme.
- **1820-1850** – Élevage du ver à soie et travail du fil dans la région.
- **1934** – Création de la Compagnie nationale du Rhône pour l'aménagement du fleuve.
- **Fin 1940** – Lyon devient la capitale de la Résistance réfugiée en zone libre.
- **1944** – Le 21 juillet, les Allemands lancent une grande offensive surprise sur le Vercors et massacrent de nombreux civils et résistants.
- **1970** – Création du Parc naturel régional du Vercors.
- **1972** – La région Rhône-Alpes voit le jour. La Drôme, qui comprend le Diois et les Baronnies, en fait partie, de même que l'Ardèche.
- **2001** – Création du Parc naturel régional des Monts d'Ardèche.
- **2006** – La châtaigne d'Ardèche devient officiellement une appellation d'origine contrôlée (AOC).
- **2013** – Le bœuf fin gras du Mézenc devint officiellement une appellation d'origine protégée (AOP).
- **2014** – Dans le cadre de la réforme territoriale qui sera mise en place en 2017, la région Rhône-Alpes devient région Auvergne-Rhône-Alpes.
- **2015** – La caverne ornée du Pont-d'Arc, réplique d'une partie de la grotte Chauvet, est ouverte au public.

n'est rétablie qu'en 1596, et en 1598, Henri IV promulgue l'**édit de Nantes**, stipulant que les sujets du roi, adeptes du protestantisme obtiennent la liberté de conscience et des lieux de culte.

CONTRE-RÉFORME ET DRAGONNADES

En 1536, le cardinal François de Tournon, ministre de François Ier et défenseur de la foi catholique, fonde le **collège de Tournon**. Ce foyer de la culture de la Renaissance, passant aux mains de la compagnie de Jésus en 1560, résiste activement aux idées de la Réforme. La Contre-Réforme prend une ampleur décuplée au 17e s. avec la création de nombreux couvents (augustins, visitandines) et les missions de saint Jean-François Régis en Velay et en Vivarais. Ces efforts refoulent progressivement les réformés. Plusieurs forteresses sont alors démantelées sur ordre de Richelieu.

À partir de 1661, Louis XIV, désirant réaliser l'unité politique et religieuse du royaume, entreprend une vive campagne contre la « religion prétendue réformée » et lance sur le Languedoc et les Cévennes les fameuses « dragonnades », campagnes de conversions forcées menées par les dragons, militaires à cheval. Ces persécutions conduisent à des abjurations massives. Louis XIV signe, le 18 octobre 1685, la **révocation de l'édit de Nantes** : le culte réformé est interdit. Cette décision entraîne l'exode de nombreux huguenots vers les pays protestants : les conséquences pour la vie économique de la région et de la France sont importantes.

Après l'insurrection camisarde qui éclate dans les Cévennes entre 1702 et 1704, le protestantisme renaît clandestinement dans le Vivarais, entretenu par des prédicateurs comme **Antoine Court** (1695-1760) jusqu'en 1787. Louis XVI promulgue alors l'édit de Tolérance qui met fin aux persécutions.

Une époque mouvementée

La Révolution française n'est pas accueillie partout avec le même enthousiasme. Tandis que les départements de la Drôme et de l'Ardèche voient le jour (janvier 1790), des bandes de chouans cachés dans les montagnes du Vivarais affrontent les révolutionnaires. Mais ils sont finalement battus en 1792.

DES HAUTS ET DES BAS

En 1815, Napoléon Ier tente de reprendre le pouvoir en France et remonte vers Paris par la vallée du Rhône. Après Waterloo, la région est occupée par les troupes autrichiennes de 1815 à 1818.

Lors du coup d'État de Louis Napoléon Bonaparte en 1851, l'insurrection se lève en Ardèche et dans la Drôme, qui deviennent un des foyers de la conscience républicaine.

Avec l'industrie de la soie et du papier, l'activité des hauts-fourneaux de La Voulte, l'installation des chemins de fer et les cultures en terrasses, l'Ardèche connaît un fort développement économique. Cependant, contrairement à la Drôme, le département ne possède pas de grandes villes, et l'exode rural le vide de près d'un tiers de sa population. En 1880, le phylloxéra détruit la moitié du vignoble ardéchois, mais les vignes sont remplacées par des vergers dans les vallées du Rhône et de l'Eyrieux.

LE POIDS DES DEUX GUERRES

L'Ardèche et la Drôme paient un lourd tribut à la Première Guerre mondiale : beaucoup d'hommes ne reviennent pas. Quant à la Seconde Guerre mondiale, elle contribue elle aussi à vider la région de ses hommes qui prennent le maquis pour lutter contre l'envahisseur allemand.

Alors que le gouvernement vaincu de la France s'installe à Vichy, la ligne de démarcation passe au nord de la région lyonnaise. À la fin de 1940, Lyon devient la **capitale de la Résistance** réfugiée en zone libre. La ville ne tarde pourtant pas

LE PROTESTANTISME AUJOURD'HUI EN RHÔNE-ALPES

Avec plus de soixante-dix temples ouverts en Ardèche et autant dans la Drôme, le protestantisme est bien implanté en Rhône-Alpes. Afin de parcourir ces « pays protestants », vous pouvez suivre la **route des Dragonnades**, qui relie Privas au Cheylard. Créée en 1689, elle est praticable sur sa quasi-totalité pour les randonneurs et VTTistes, mais les automobilistes peuvent se rendre sur quelques lieux emblématiques tels le château de la Chèze au Cheylard ou encore le temple de Girbaud à Pierre-Gourde. À Désaignes, le château abrite un temple et un musée dédié en partie à l'histoire des pasteurs calvinistes. À Chalençon, la chaire du désert, visible à l'intérieur du temple, évoque une pratique religieuse contrainte à la clandestinité, tandis qu'à Villeneuve-de-Berg subsistent les maisons natales d'Olivier de Serres (1539-1619) et Antoine Court (1695-1760). À voir également, le musée de la Terre ardéchoise à Privas, la grotte des Huguenots à Vallon-Pont-d'Arc, le musée du Vivarais protestant au Bouchet-de-Pranles et enfin le musée du Protestantisme dauphinois au Poët-Laval. *Rens. : www.parc-monts-ardeche.fr.*

à être occupée par les Allemands, le 11 novembre 1942, rendant plus dangereux les actes de résistance. Le premier maquis prend forme dans le massif du Vercors en 1942. Les opérations de guérilla visent à déstabiliser l'occupant. Elles s'intensifient à l'approche du débarquement. En 1944, les Allemands réagissent et font la chasse aux résistants, répandant partout la terreur. Dans le Vercors, au mont Mouchet, ils s'attaquent en force aux maquisards de janvier à juillet 1944, faisant des milliers de victimes. Les combats pour la Libération gagnent également la vallée du Rhône, mais les ponts sont détruits par les Allemands.

LE DYNAMISME RETROUVÉ

Après la guerre, la région se reconstruit. L'industrialisation et l'équipement de la vallée du Rhône s'accentuent. L'Ardèche développe son agriculture fruitière et voit son industrie prendre un nouvel essor. Le tourisme trouve une place importante en Ardèche et dans la Drôme (hôtellerie, restauration, centres sportifs, élevages de chevaux et d'ânes).

Ils sont célèbres…

Ils ont inventé la montgolfière, il a trouvé comment fabriquer du fil de soie, ils sont des sportifs reconnus… Voici les meilleurs ambassadeurs de leur région.

LE BALLON DES FRÈRES MONTGOLFIER

Dans les dernières années de l'Ancien Régime, les frères **Joseph** (1740-1810) et **Étienne** (1745-1799) **de Montgolfier**, descendants de l'une des plus anciennes familles de papetiers d'Europe, ont acquis la célébrité en réussissant les premières ascensions en ballon. Poursuivant inlassablement sa recherche d'un gaz plus léger que l'air, Joseph fait une première expérience concluante avec un parallélépipède en taffetas qu'il emplit d'air chaud en faisant brûler un mélange de paille mouillée et de laine. Associant son frère à ses recherches et après plusieurs tentatives fructueuses, dont l'une menée dans les jardins de la papeterie familiale à Vidalon-lès-Annonay, il lance avec succès son premier aérostat, place des Cordeliers à Annonay, le 4 juin 1783.

Diane de Poitiers, originaire de la Drôme, a porté le titre de duchesse de Valentinois (musée Lambinet, à Versailles).
De Agostini / G. Dagl / De Agostini Editore / age fotostock

Mandés dans la capitale pour renouveler leur exploit devant le roi, ils décident de se séparer momentanément, le temps que l'un d'eux accomplisse cette mission. C'est ainsi que le 19 septembre de la même année fut inauguré à Versailles, sous la conduite d'Étienne et devant la famille royale et la Cour médusées, le premier vol habité. Au ballon est attachée une cage à claire-voie, où les premiers passagers de l'espace sont un coq, un canard et un mouton. En quelques minutes, le *Réveillon*, timbré sur fond bleu du chiffre du roi, s'élève dans les airs, puis va se poser en douceur dans le bois de Vaucresson. Le mammifère et les deux volatiles ont parfaitement supporté le voyage ! Tous les espoirs sont permis.

LA CHAUDIÈRE DE MARC SEGUIN

Marc Seguin (1786-1875), originaire d'Annonay, n'a pas seulement, avec son frère Camille, contribué à améliorer la technique des ponts suspendus par câbles de fer. Une autre de ses découvertes allait avoir une influence considérable sur le développement des chemins de fer. Les premières locomotives produisaient à peine assez de vapeur pour atteindre 9 km/h. Appliqué en 1830 à la *Rocket* (fusée), l'une des locomotives de l'Anglais Stephenson, le nouveau système de **chaudière tubulaire** se révèle une remarquable innovation : la plus grande quantité de vapeur dans un appareil de petites dimensions multiplie la vitesse par sept, puis dix. Lors d'une première expérience, la fusée atteignit 60 km/h. Aux essais suivants, elle fut même poussée à près de 100 km/h. Conscient de l'importance de son invention, Marc Seguin laissa le brevet tomber dans le domaine public, refusant de tirer un profit personnel de l'intelligence dont le ciel l'avait favorisé. On doit enfin à Marc Seguin des travaux sur les bateaux à vapeur, ainsi que l'idée de remplacer les rails en fonte par des rails en fer et les dés en fer par des traverses en bois.
Annonay et Tournon.

LA SOIE DE SERRES

Olivier de Serres, le père de l'agriculture française, naît à Villeneuve-de-Berg en 1539 et meurt en 1619 dans son domaine du Pradel. Gentilhomme huguenot, exploitant lui-même ses terres, il mesure les ruines causées par les guerres de Religion. Aussi, lorsque Henri IV, après la publication de l'édit de Nantes en 1598, fait appel aux bonnes volontés pour restaurer le royaume, Olivier de Serres consigne son expérience dans une étude intitulée *L'Art de la cueillette de la soie*. L'idée entre dans les vues du roi : l'extension de la culture du mûrier permettrait d'arrêter les sorties d'or pour l'achat d'étoffes étrangères. Henri IV donne l'exemple. Il fait planter 20 000 pieds de mûrier aux Tuileries ; une magnanerie modèle est construite. La sériciculture s'étendra à la moitié de la France.

Encouragé par ce premier succès, Olivier de Serres publie en 1600 *Le Théâtre d'agriculture et mesnage des champs*. L'auteur y préconise le labour profond, l'alternance des cultures, le soufrage de la vigne, les prairies artificielles, la culture du maïs, de la betterave à sucre, du houblon et probablement de la pomme de terre, qu'il appelle « cartoufle » : autant d'innovations mises en pratique au Pradel.

AUTRES PERSONNALITÉS DE LA RÉGION

Du côté des femmes…

On sait peu de chose sur la vie de **Béatrice de Die** (12e s.), épouse du seigneur Guillaume de Poitiers. En revanche, ses chansons célébrant son amour pour le seigneur Raimbaut d'Orange nous sont parvenues. Elle faisait partie du cercle restreint des femmes troubadours, les *trobaïritz*.

Diane de Poitiers (1499-1566), favorite du roi Henri II, est née dans la Drôme. Elle portera le titre de duchesse de Valentinois.

Margot Delaye, en avril 1570, se bat sur les remparts de Montélimar pour sauver la ville de l'attaque des protestants. Elle est considérée comme une héroïne par la population.

Du côté des hommes…

Émile Loubet (1838-1929), natif de Marsanne, fut le 8e président de la République française de 1899 à 1906. Son septennat se déroule sous une IIIe République secouée par l'affaire Dreyfus.

Léopold Ollier (1830-1900), originaire des Vans en Ardèche, est considéré comme le véritable créateur de la chirurgie orthopédique moderne.

Louis de Freycinet (1779-1842), né à Montélimar, est un véritable aventurier. Géologue et géographe français, il explore les terres australes et de nombreuses îles du Pacifique, et raconte par écrit ses éternelles pérégrinations.

Sébastien Chabal, né en 1977 à Valence, a acquis le statut d'icône du rugby français.

Philippe Saint-André, né en 1967 à Romans-sur-Isère, est un ancien international du XV de France, devenu, après la Coupe du monde 2011, l'entraîneur de l'équipe de France de rugby.

René Barjavel (1911-1985), fils de boulanger originaire de Nyons, est un écrivain célèbre pour ses romans futuristes tels *Ravage* ou *La Nuit des temps*.

Henri Charrière alias Papillon (1906-1973), autre écrivain, est né à St-Étienne de Lugdarès. Il s'est fait connaître à travers le récit de ses années de bagne en Guyane, récit qui fut transposé au cinéma sous le titre de *Papillon* (avec Steve McQueen).

Art et architecture

Lieux de passage liés à la vallée du Rhône, entre région lyonnaise et Méditerranée, les départements de l'Ardèche et de la Drôme ont développé une culture aux multiples tonalités, qui n'a cessé d'évoluer au cours du temps, influencée par les conditions géographiques et climatiques. Pour le plus grand plaisir du visiteur, les différents terroirs de ces régions ont su fermement préserver leur identité.

Les grandes étapes de la création

Au carrefour entre le nord de l'Europe et la Méditerranée, les diverses influences contribuent à la richesse du patrimoine artistique de la région, au même titre que les vestiges des civilisations antiques ou encore les créations contemporaines.

LE MOYEN ÂGE

Les invasions et les nombreux conflits frontaliers, les guerres de Religion et l'antagonisme entre seigneurs rendirent la région peu sûre et conduisirent les villes, ceintes de remparts depuis l'Antiquité, à renforcer leurs fortifications. Au Moyen Âge, l'Ardèche et la Drôme se couvrent de **châteaux** en des points stratégiques qui sont autant de sites remarquables : à la confluence de deux vallées comme à Montbrun-les-Bains ou sur une butte rocheuse dominant une vallée comme à Grignan. Nombre de ces forteresses ont été ruinées lors des guerres de Religion. Certaines ont parfois été intégralement reconstruites tout en conservant quelques éléments anciens.

L'ART ROMAN

La vallée du Rhône n'est pas à l'origine d'une grande école comme la Bourgogne ou l'Auvergne.
La diversité de ses régions, de ses reliefs et de ses paysages se retrouve dans la floraison d'églises romanes qui reprennent, mêlent et parfois subliment des influences artistiques très différentes.

Vivarais-Tricastin

En Vivarais, l'église romane est remarquable par l'équilibre de ses volumes et la sobriété de ses formes. L'exemple le plus abouti en est certainement l'abbatiale de Cruas.
Dans le Bas-Rhône, les traditions antiques persistent dans certaines églises : portail à fronton triangulaire, chapiteaux à feuilles d'acanthe, frise sous le faux triforium. Le plan présente aussi des particularités : les absides de l'église de La Garde-Adhémar sont opposées.

LA PÉRIODE GOTHIQUE (13e-15e S.)

Dans l'Ardèche et la Drôme, l'époque gothique est loin d'être aussi riche que la période romane. L'emploi systématique de la croisée d'ogives et de l'arc brisé constitue le caractère essentiel de l'architecture religieuse.

ABC d'architecture

Les dessins présentés dans les planches qui suivent offrent un aperçu visuel de l'histoire de l'architecture dans la région et de ses particularités. Les définitions des termes d'art permettent de se familiariser avec un vocabulaire spécifique et de profiter au mieux des visites des monuments religieux, militaires ou civils.

CRUAS – Ancienne abbatiale (11e au 13e s.)

Cette abbatiale vivaroise a bien résisté aux outrages du temps ; des fouilles mettent en évidence des trésors architecturaux caractéristiques des périodes carolingienne et romane.

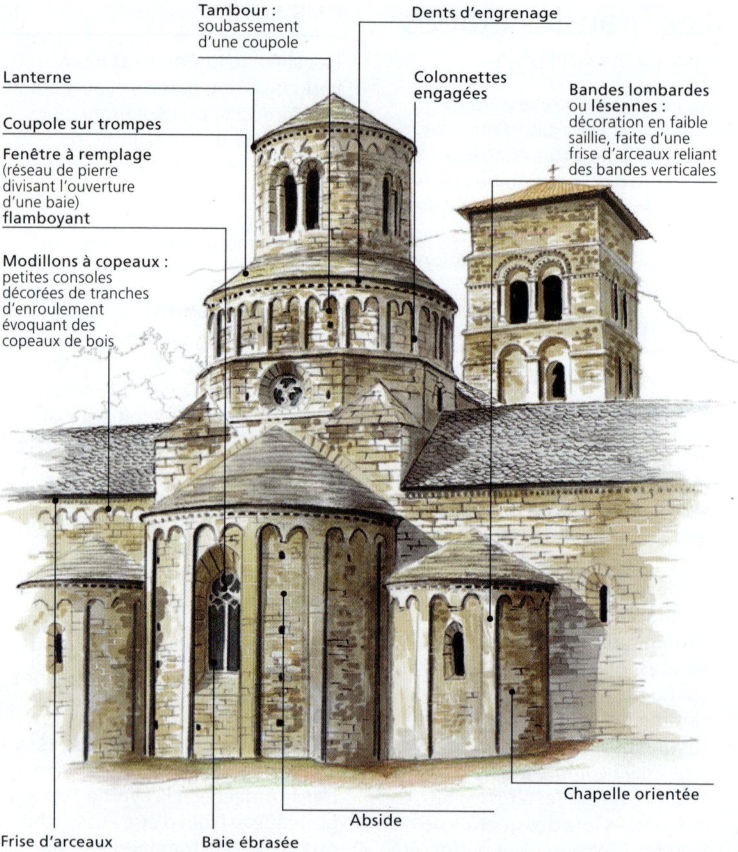

R. Corbet/MICHELIN

VALENCE – Plan de la cathédrale St-Apollinaire (12e s.)

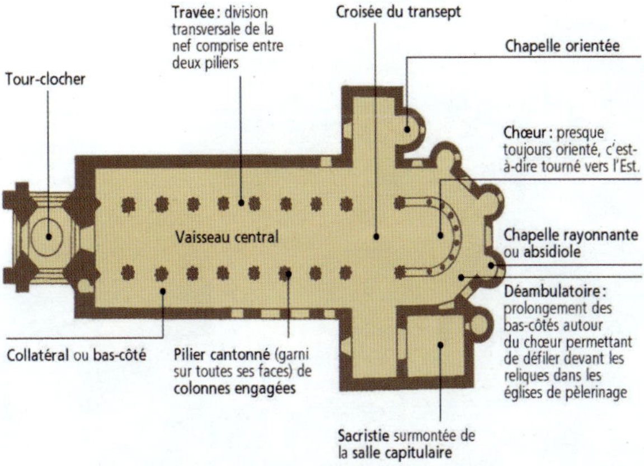

LA GARDE-ADHÉMAR – Coupe de l'église St-Michel (12e s.)

Restaurée au 19e s., cette petite église romane témoigne d'évolutions architecturales majeures dans l'art roman du 12e s.

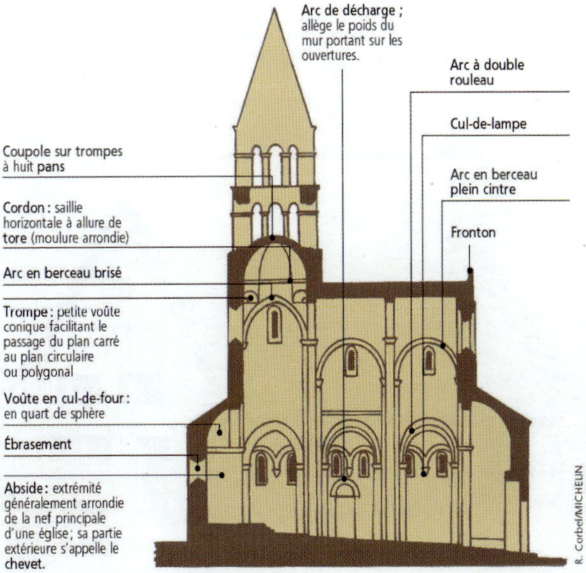

Architecture militaire **MONTÉLIMAR – Château des Adhémar (12e s.)**

Cette puissante forteresse, solidement ancrée sur la colline qui domine la ville, regroupe en réalité les vestiges de deux châteaux occupés par des frères de la famille Adhémar au début du 13e s.

Habitat traditionnel **Maison du Vercors**

R. Corbet/MICHELIN

Désormais, l'architecte dirige les poussées de l'édifice sur les quatre piliers déterminant une travée au moyen des arcs, ogives, formerets et doubleaux. Il suffit alors d'épauler les piliers par des contreforts et des arcs-boutants. L'église ainsi soutenue, on peut évider les murs et garnir les baies de vitraux. Avec le style flamboyant apparaissent des arcs purement décoratifs, dits « liernes » et « tiercerons ».

Monuments civils

L'architecture militaire issue de la féodalité rhodanienne et vellave est abondamment représentée en cette marche frontière entre le « royaume » et l'« Empire » : châteaux ruinés de Rochemaure, de Tournon, de Crussol ou de Polignac.

LA RENAISSANCE (16e S.)

Sous l'influence de l'Italie, l'architecture Renaissance suit une orientation nouvelle marquée par le retour aux formes antiques. La Renaissance italienne a trouvé dans le sillon rhodanien son chemin d'accès vers le nord de la France.

PÉRIODE CLASSIQUE (17e-18e S.)

Tantôt sobre et relevant de la manière antique, tantôt surchargé et s'inspirant de l'esprit baroque, l'art classique a laissé des traces dans la vallée du Rhône, mais on ne découvre d'ensembles majeurs qu'à Lyon.

PÉRIODE MODERNE (19e S.)

La peinture

Durant cette époque éclôt l'école lyonnaise de peinture, partagée entre le réalisme et l'idéalisme, alliant une certaine austérité allant parfois jusqu'à la mélancolie, sensible dans les portraits, les paysages, les natures mortes.
Dans la première moitié du siècle s'imposent des artistes réalistes, tels **Berjon** (1754-1843), auteur attentif de natures mortes et de portraits, puis **Jean-Michel Grobon** (1770-1853) qui se consacre surtout au paysage. Vers 1840, la peinture lyonnaise est marquée par un fort courant mystique dont le chef-d'œuvre est certainement le célèbre *Poème de l'âme* de **Louis Janmot** (1814-1892).
La seconde moitié du siècle voit régner le triumvirat composé d'**Auguste Ravier** (1814-1895), de **Louis Carrand** (1821-1899) et de **François Vernay** (1821-1896). Ces peintres prolongent le mouvement des paysagistes installés à Barbizon.

L'habitat traditionnel

En marge de l'architecture de prestige, les maisons rurales expriment elles aussi la culture régionale. Adaptées au travail des champs, utilisant les ressources naturelles locales – terre cuite et lauze pour le toit, terre, pierre et bois pour les murs – et subissant l'influence des régions voisines et des nouveaux procédés de construction, elles montrent comment les hommes ont su intégrer les particularités géographiques et climatiques de leur province et créer ainsi des types d'habitat traditionnels.
Les maisons rurales s'ordonnent généralement autour d'une pièce principale, pourvue d'une cheminée et d'une grande table, qui sert à la fois de cuisine et de salle à manger.

LES MATÉRIAUX EMPLOYÉS

Le **bois** de construction est généralement du résineux qui provient en partie des Alpes.
Le hêtre, le noyer, le chêne ou le châtaignier servent davantage au mobilier ou aux portes des maisons.
La **pierre** est un matériau qui varie selon les lieux : calcaire blanc de l'Isère, pierre blanche de la Drôme, pierres sèches du Vivarais, galets du Valentinois.

LES MAISONS RHODANIENNES

Dans les plaines de Valence et de Montélimar, l'habitat n'est pas très individualisé, les caractères les plus constants étant sa petite taille et un mur aveugle côté nord, d'où souffle le mistral. De grosses exploitations isolées ressemblant à des maisons fortes groupent leurs bâtiments autour d'une cour.

LA MAISON DU VALENTINOIS

En Isère, les maisons sont en cailloux roulés, abondants dans cette région de dépôts morainiques et alluviaux. Les cailloux sont placés de chant, sur un lit de mortier, en arêtes de poisson. Le toit, en tuiles plates, prend appui sur les pignons des murs latéraux dont les rampants présentent des décrochements ; les marches ainsi constituées sont couvertes d'une grosse dalle de pierre débordante.

LES MAISONS ARDÉCHOISES

La maison du Haut-Vivarais – Aux confins du Velay, dans le massif du Mézenc et sur les hauts plateaux dominant l'Ardèche et l'Eyrieux naissants, la maison de montagne, basse et trapue, au toit de lauzes paraît écrasée sous cette carapace conçue pour résister aux intempéries : « Qui bien lauze, pour cent ans pose », rappelle un vieux dicton. Cette maison aux murs de granit ou de basalte, aux ouvertures rares, est une habitation d'éleveurs. Dans la région de Vernoux, les bâtiments de ferme s'ordonnent en fer à cheval autour de la cour.
La maison du Coiron – Elle présente un aspect assez confus en raison des multiples bâtiments accolés autour du corps de logis initial. Les constructions sont, en général, en basalte, et les toits presque plats. Les villages sont établis sur les versants ensoleillés.
La maison du Bas-Vivarais – C'est une maison à étages sur plan carré, de type méridional. Le toit, en tuiles romaines, présente une faible pente ; le haut des murs est orné d'une génoise (frise constituée d'un double ou triple rang de tuiles prises dans le mortier).
Des bâtiments annexes s'ajoutent souvent au corps de logis : four à pain, grange et, dans la zone du châtaignier, le séchoir à châtaignes (clède ou clédo). Dans la moyenne vallée de l'Ardèche, la maison en pierres calcaires est de règle.
À l'ouest et au nord de Joyeuse, dans la zone du châtaignier, la maison de schiste domine. En Ardèche et dans la Drôme se trouvent de belles **magnaneries**. Lorsque la culture du ver à soie prit le long du Rhône, les vers étaient placés dans les greniers des fermes. Puis les paysans construisirent de longs bâtiments pourvus d'une terrasse couverte à arcades, réservée à l'élevage du ver à soie. Ces magnaneries furent, jusque vers 1850, un élément essentiel de la vie vivaroise.

LES PIGEONNIERS

Nombreux dans le Diois et les Baronnies, les pigeonniers faisaient partie de l'économie vivrière. Il existe deux types de constructions : les **pigeonniers à fuie** sont inclus dans la toiture du bâtiment d'exploitation, et les **pigeonniers à pied** sont des édifices indépendants, dont les boulins (alvéoles correspondant aux nids) occupent toute la surface de bas en haut. Plus rares, ces derniers étaient soumis à l'impôt.
Dans les Baronnies, les dessins des alvéoles ne sont pas uniformes et offrent des motifs variés (géométriques, losanges, étoiles, cœurs, etc.) qui en font de véritables marques de propriété.

LES VILLAGES PERCHÉS

L'origine des villages perchés remonterait aux invasions sarrasines du 9e s. En fait, c'est

Le village de Montbrun-les-Bains.
Ch. Boisvieux/hemis.fr

délibérément que les habitants ont préféré des sites en hauteur, entre les vignes (aujourd'hui disparues) et les autres cultures. Dominant la campagne environnante, les villages occupent les bords inférieurs des plateaux ou des pitons rocheux, dont ils épousent les courbes de niveau. Leur visite est très pittoresque. Bâtis avec la pierre de la colline, ils se confondent presque avec elle. Les rues et ruelles sont sinueuses et les **calades**, en pente, sont dallées et caillouteuses, coupées d'escaliers tortueux. Des voûtes ou des arcs les enjambent ; parfois, des arcades règnent au rez-de-chaussée et abritent le promeneur du soleil et de la pluie. D'agréables **placettes** s'ornent de jolies fontaines et souvent d'un **beffroi** surmonté d'un campanile en fer forgé.

Par la suite, les villages sont descendus dans la plaine, se dédoublant parfois. Le paysan s'est mis à vivre au milieu de ses terres.

Montbrun-les-Bains, p. 269.

Le mobilier

Il est en chêne, en noyer, en frêne, en merisier, orné de motifs régionaux. Les **coffres**, qui servaient à ranger le linge, sont ornés de motifs sculptés. Dans le Vivarais, certains coffres pourvus de petits compartiments renfermaient les bobines de soie. Les **lits** étaient rarement clos à cause de la chaleur. Des **vanneries** aux formes variées étaient employées pour conserver des aliments ou pour effectuer certains travaux.

La **poterie** s'est largement développée dans la Drôme et l'Ardèche. L'argile locale sert a façonner des ustensiles de cuisine aux couleurs vives. Des villages de potiers se sont progressivement développés, tel Dieulefit près de Montélimar. À St-Uze, les potiers ont créé une céramique à partir de l'argile kaolinique locale, célèbre pour ses bleus issus de l'oxyde de cobalt.

DÉCOUVRIR L'ARDÈCHE ET LA DRÔME

Descente des gorges de l'Ardèche en canoë.
E. Lattes / Biosphoto

L'Ardèche du Nord 1

Carte Michelin Départements 331 – Ardèche (07)

Le suc de Sara et le rocher des Pradoux dans le massif du Mézenc.

B. Jaubert/image BROKER/age fotostock

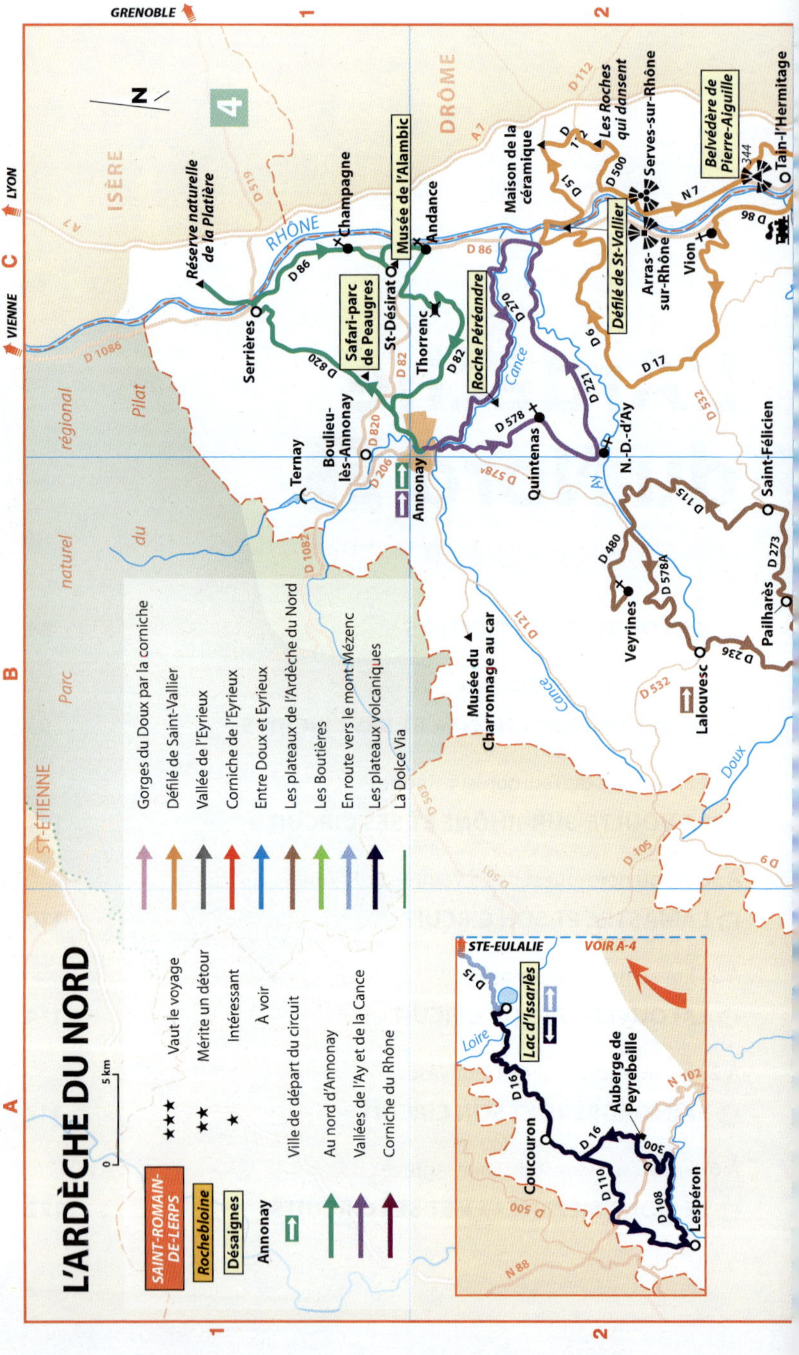
L'ARDÈCHE DU NORD
SAINT-ROMAIN-DE-LERPS
★★★ Vaut le voyage
Rochebloine
★★ Mérite un détour
Désaignes
★ Intéressant
Annonay
À voir
Ville de départ du circuit
Au nord d'Annonay
Vallées de l'Ay et de la Cance
Corniche du Rhône
Gorges du Doux par la corniche
Défilé de Saint-Vallier
Vallée de l'Eyrieux
Corniche de l'Eyrieux
Entre Doux et Eyrieux
Les plateaux de l'Ardèche du Nord
Les Boutières
En route vers le mont Mézenc
Les plateaux volcaniques
La Dolce Via
0
5 km
GRENOBLE
LYON
VIENNE
ISÈRE
DRÔME
RHÔNE
Parc naturel régional du Pilat
ST-ÉTIENNE
Réserve naturelle de la Platière
Serrières
Champagne
Musée de l'Alambic
Andance
Safari-parc de Peaugres
St-Désirat
Thorrenc
Roche Péréandre
Boulieu-lès-Annonay
Ternay
Annonay
Quintenas
N.-D.-d'Ay
Maison de la céramique
Les Roches qui dansent
Serves-sur-Rhône
Belvédère de Pierre-Aiguille
Tain-l'Hermitage
Défilé de St-Vallier
Arras-sur-Rhône
Vion
Saint-Félicien
Musée du Charronnage au car
Veyrines
Lalouvesc
Pailharès
Cance
Ay
Doux
STE-EULALIE
VOIR A-4
Lac d'Issarlès
Loire
Auberge de Peyrebeille
Coucouron
Lespéron
A
B
C
1
2
4

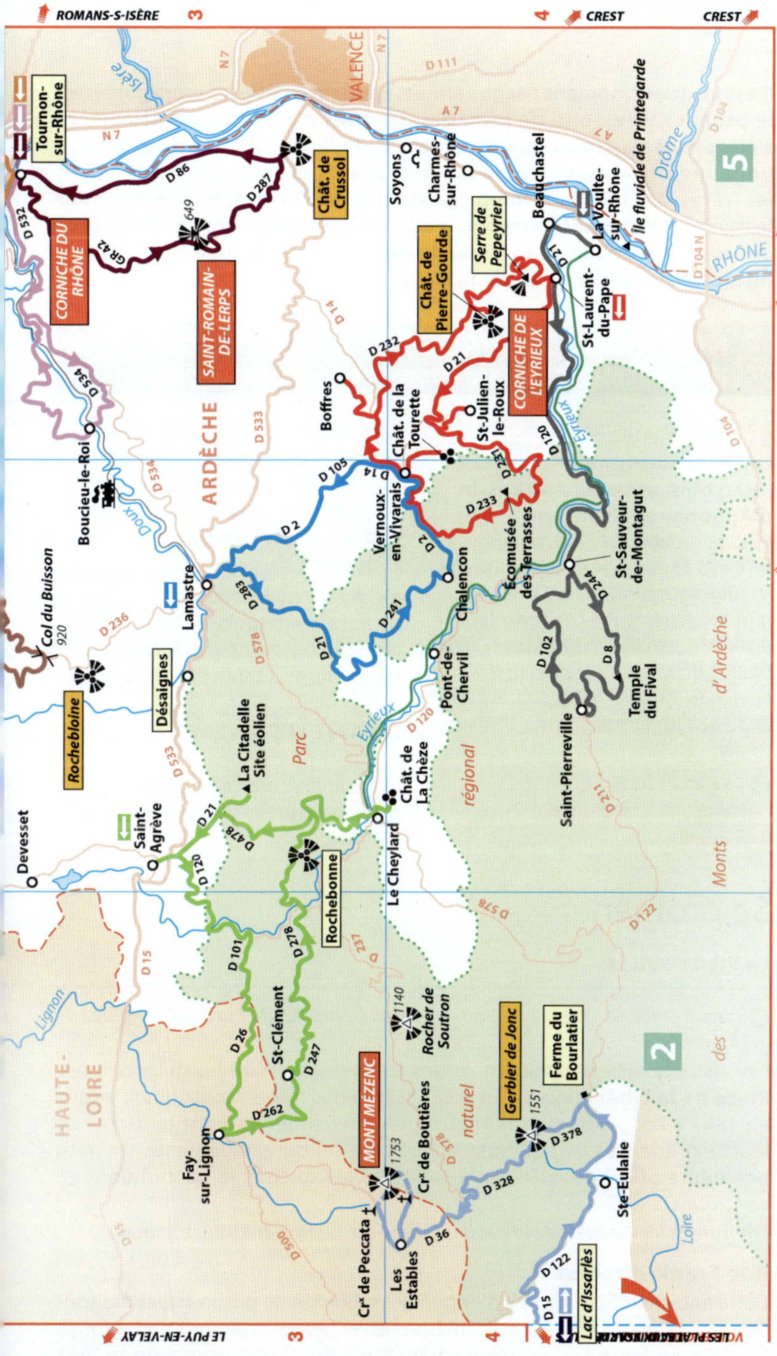

ROMANS-S-ISÈRE
CREST
CREST
LE PUY-EN-VELAY
ORANGE
MONTÉLIMAR
AUBENAS
Tournon-sur-Rhône
CORNICHE DU RHÔNE
SAINT-ROMAIN-DE-LERPS
Chât. de Crussol
VALENCE
Isère
Soyons
Charmes-sur-Rhône
Beauchastel
La Voulte-sur-Rhône
Île fluviale de Printegarde
Serre de Pepeyrier
Chât. de Pierre-Gourde
CORNICHE DE L'EYRIEUX
St-Laurent-du-Pape
St-Julien-le-Roux
Boffres
Chât. de la Tourette
Vernoux-en-Vivarais
Chalencon
Écomusée des Terrasses
St-Sauveur-de-Montagut
Temple du Fival
Saint-Pierreville
Pont-de-Chervil
Chât. de La Chèze
Le Cheylard
ARDÈCHE
Boucieu-le-Roi
Doux
Lamastre
Désaignes
Rocheloine
Col du Buisson
920
Devesset
Saint-Agrève
La Citadelle Site éolien
Rochebonne
St-Clément
Fay-sur-Lignon
HAUTE-LOIRE
Lignon
MONT MÉZENC
1753
Crx de Peccata
Crx de Boutières
Les Estables
Rocher de Soutron
1140
Gerbier de Jonc
1551
Ferme du Bourlatier
Ste-Eulalie
Lac d'Issarlès
Loire
Parc naturel régional des Monts d'Ardèche
Eyrieux
Drôme
RHÔNE
5
2
A
B
C
3
4
D 532
D 534
D 86
D 287
GR 42
649
N 7
A 7
D 111
D 104
D 104 N
D 14
D 232
D 21
D 120
D 231
D 233
D 105
D 2
D 283
D 241
D 244
D 8
D 102
D 533
D 236
D 578
D 478
D 101
D 278
D 26
D 247
D 262
D 237
D 122
D 211
D 378
D 328
D 36
D 15
D 500

Annonay

17 156 Annonéens – Ardèche (07)

C'est un grand moment chaque année. Pendant la fête des montgolfières, le premier week-end de juin, des dizaines d'aérostats multicolores s'élèvent majestueusement au-dessus de la ville. Quel bel hommage pour une cité qui a vu naître tant de savants, et tout particulièrement les frères Montgolfier ! Hommage aussi à une ville active, réputée pour le dynamisme de ses entreprises qui ont longtemps profité de la force des rivières : travail de la laine, du cuir et du parchemin dès le Moyen Âge, célèbres papeteries par la suite...

NOS ADRESSES PAGE 91
Hébergement, restauration, achats, activités, etc.

S'INFORMER

Office du tourisme intercommunautaire du Bassin d'Annonay et Vivarhône – *Pl. des Cordeliers - 07100 Annonay - 04 75 33 24 51 - www.oti-annonay.fr - juin-août : 9h-12h30, 13h30-18h, dim. et j. fériés 9h30-12h ; mai et sept. : 9h-12h30, 13h30-17h30, dim. et j. fériés 9h30-12h ; reste de l'année : tlj sf dim. 9h-12h30, 13h30-17h30, sam. et j. fériés 9h30-12h30 - fermé 1er janv., 1er Mai, 25 déc.*

SE REPÉRER

Carte de microrégion BC1-2 (p. 82-83).

À 15 km au sud-ouest de Serrières, au sud du Parc naturel régional du Pilat, Annonay est établie dans une profonde entaille du plateau vivarois, au confluent de la Deûme et de la Cance.

À NE PAS MANQUER

Un vol en montgolfière tôt le matin ou en fin de journée ; le Safari-parc de Peaugres ; l'Espace du parchemin et du cuir.

AVEC LES ENFANTS

Le Safari-parc de Peaugres et ses animaux en liberté ; la réserve naturelle de l'île de la Platière.

Se promener Plan de ville

LA VIEILLE VILLE

Circuit tracé en vert sur le plan ci-contre. Comptez 2h. Partez de la place de la Libération.

Les vieux quartiers s'étagent sur les collines enserrant les deux rivières. **Place de la Libération** se dresse la statue des frères Montgolfier, érigée en 1883 à l'occasion du premier centenaire commémorant le succès de leurs expériences aérostatiques. À gauche du bureau de poste, un petit belvédère offre une **vue** sur la vallée de la Cance et le parc Mignot en contrebas, à droite.

Empruntez les escaliers de la rue des Fossés-du-Champ et tournez à droite.

Rue Franki-Kramer

Cette ancienne Grande-Rue d'Annonay est bordée de pittoresques maisons des 16e, 17e et 18e s. avec cours intérieures, escaliers et rampes en fer forgé. La place des Forges est occupée par l'église Notre-Dame, construite en 1912.

Au **n° 15** de la rue, l'église de l'Aumône, du 17e s., est aujourd'hui un temple protestant (beau portail du 18e s.).

Prenez sur votre droite la rue de Trachin qui débouche face à la chapelle.

Au 2 rue Trachin se trouve la maison natale de **Marc Seguin** (1786-1875), inventeur d'un nouveau procédé de torsion de fils de fer réunis en écheveaux pour les ponts suspendus, et de la chaudière tubulaire à vapeur qui marqua un tournant dans l'histoire du chemin de fer.

Chapelle de Trachin

Seul vestige d'un prieuré fondé en 1320 par **Guy Trachin**, bourgeois d'Annonay, cet édifice gothique, qui a échappé aux destructions des guerres de Religion, servit de chapelle de confrérie et d'église paroissiale. La haute flèche de pierre de la chapelle est du 16e s. Une sculpture représentant la tête du fondateur surmonte le porche nord ; au-dessus, Vierge à l'Enfant du 17e s.

Rejoignez la place de la Liberté par le passage Notre-Dame.

Place de la Liberté

Très animée le mercredi et le samedi, jours de marché, elle occupe le cœur de la cité. Au nord-ouest de la place s'élève la statue de Marc Seguin.

Engagez-vous dans la montée du Château, en contrebas de la place de la Liberté.

Portes fortifiées

La montée du Château s'élève en rampe raide jusqu'à une ancienne porte à mâchicoulis, vestige des Rohan-Soubise. Une seconde porte d'enceinte subsiste à droite, rue de Bourgville.

La rue Montgolfier mène au pont du même nom.

SE RESTAURER

Escabelle (L')........ 4

Marc et Christine........ 6

INDEX DES RUES

1

Pont Montgolfier

Jeté sur la Deûme, il offre en amont une **vue** sur le vieux **pont Valgelas** en dos d'âne, du 14e s., et l'ancien couvent Ste-Marie, élevé au 16e s. En aval, la Deûme, en voie d'être couverte, s'engage dans le **défilé des Fouines**, étroit et sombre passage rocheux bordé de mégisseries désaffectées.

Place des Cordeliers

Son nom vient du couvent des Cordeliers qui s'élevait jadis à l'emplacement de l'actuel théâtre. À droite de l'office de tourisme, une plaque rappelle la première expérience publique des frères Montgolfier.

Gagnez le **pont Valgelas** et empruntez les pittoresques **voûtes Soubise**. *Par la rue de Deûme, gagnez l'avenue de l'Europe.*

À l'intersection de l'avenue de l'Europe et de la rue de la Valette, **vue** sur la **tour des Martyrs** (12e-13e s.), dernier vestige des remparts de la vieille ville.

Revenez sur vos pas et montez les escaliers vers la rue Grangeat. Prenez à gauche la rue Chalayer, puis à droite.

Place Grenette

Créée en 1585, elle conserve les piliers et arcades de l'ancienne halle du marché aux grains. Aux nos 1 et 3, remarquez de belles portes du 16e s.

Par le passage du Marché, rejoignez la place Mayol. Prenez à droite la rue Ste-Marie, à gauche la rue de la Réforme et encore à gauche la rue des Consuls.

Remarquez sur la gauche la vieille demeure à **fenêtres à meneaux**.

Prenez à droite la rue Franki-Kramer qui croise la rue Jean-Baptiste-Béchetoille.

Musée vivarois César-Filhol

15 r. Jean-Baptiste-Béchetoille - ✆ 04 75 67 67 93 - www.annonay-agglo.fr - juil.-août : 14h30-18h ; reste de l'année : merc. et w.-end 14h30-18h - fermé j. fériés - possibilité de visite guidée sur demande (1h30) - 3,60 € (-21 ans 1,60 €).

L'ancien bailliage royal (remontant à 1700) rassemble d'intéressantes collections concernant le vieil Annonay et ses grands hommes : les frères Montgolfier (bien sûr) qui lancèrent à Annonay le premier ballon à air chaud *(voir encadré ci dessous)* ; Marc Seguin, inventeur de la chaudière tubulaire (maquette de sa locomotive datant de 1828, *p. 69*) et des ponts suspendus ; les frères Seguin, créateurs du moteur rotatif d'aviation *Gnôme* en 1908. Également une cuisine vivaroise reconstituée.

UNE EXPÉRIENCE AÉROSTATIQUE

Les **frères Montgolfier** avaient remarqué la force ascensionnelle de l'air chaud *(p. 68)*. Après plusieurs essais concluants pour capter cette énergie et l'exploiter, ils expérimentent leur procédé à Annonay, le 4 juin 1783, avec le lancement d'un aérostat de 769 m³, en présence des états particuliers du Vivarais. Les fuseaux qui forment l'enveloppe sont confectionnés avec de la toile d'emballage et du papier, assemblés par quelque 1 800 boutonnières.

Cet aérostat s'élève en neuf minutes et trente secondes à sa hauteur maximale (entre 1 000 et 2 000 m selon les divers témoignages), demeure en l'air pendant une demi-heure et finalement atterrit à plus de 2 km du lieu de lancement. L'aérostation, prélude de l'aviation, était née.

Un obélisque, dressé au rond-point de l'avenue Marc-Seguin, une plaque apposée place des Cordeliers où eut lieu l'expérience, ainsi qu'une reconstitution historique du premier envol commémorent cet exploit.

Voyage à l'intérieur d'une montgolfière.
J.-P. Girard/Studio 2001

1

À voir aussi

Espace du parchemin et du cuir Hors plan de ville

4 r. Combe-du-Prieuré - 06 81 11 17 08 - www.espaceduparchemin.fr - ♿ - 9h-12h, 14h-18h, dim. 15h-18h - fermé lun.-mar., 1er janv., 25-26 déc. - possibilité de visite guidée sur demande (1h30) - 6 € (-12 ans 4 €).

Bon à savoir – L'Espace du parchemin et du cuir abrite aussi une maison d'hôte, L'Air du tan, qui compte deux chambres.

Installé dans les locaux de la tannerie-parcheminerie Dumas, autour du dernier séchoir à peaux d'Annonay, cet espace raconte l'histoire de la tannerie, le travail du cuir et la confection du parchemin illustrés par de nombreux objets et documents.

Une galerie vitrée donnant sur les ateliers de la parcheminerie permet de suivre les différentes étapes du traitement des peaux. La boutique propose de belles réalisations artisanales en peau, os, corne, laine. Des stages à thèmes (calligraphie, enluminure, etc.) sont proposés toute l'année.

Musée des Papeteries Canson et Montgolfier Hors plan de ville

2,5 km. Quittez Annonay par le boulevard de la République, direction Valence. Juste avant la zone industrielle de Davézieux, prenez à gauche une route en descente signalée « Musée des Papeteries Canson et Montgolfier ». Laissez la voiture sur le parking devant l'église. 700 r. de Vidalon - 04 75 69 89 20 - www.musee-papeteries-canson-montgolfier.fr - visite guidée (1h) juil.-août : 14h15-18h ; reste de l'année : merc. et dim. 14h30-18h - fermé 25 déc.-1er janv., dim. de Pâques - 5,20 € (-16 ans 4 €).

Aménagé dans la maison natale des fameux frères Montgolfier, le musée retrace, à travers de nombreux documents (écrits, photographies), l'histoire des papeteries installées sur les rives de la Deûme, et plus précisément celle de Vidalon, devenue manufacture royale en 1784. Au sous-sol se trouve l'atelier traditionnel de fabrication du papier avec ses cuves, son jeu de formes, son étendoir et sa presse en bois, ainsi que diverses machines industrielles dont une volumineuse presse du début du 20e s.

À proximité Carte de microrégion

Musée du Charronnage au car (Espace Joseph-Besset) à Vanosc B2

12 km au sud-ouest par la D 121 jusqu'à Villevocance, puis la D 570 à droite. Chemin de la Fontaine - Rte de Burdignes - 04 75 34 79 81 - www.lavanaude.org - ♿ - mai-sept. : 15h-18h30 ; reste de l'année : sur demande - fermé lun.-mar., 1er janv., 25 déc. - possibilité de visite guidée (1h30) - 4,50 € (-15 ans gratuit) - visites spéciales sur demande préalable du musée du car + usine de cars Iveco/Irisbus.

Joseph Besset, simple charron, fabriqua en France le premier car Isobloc en 1938, faisant de la ville d'Annonay le premier site européen de fabrication de cars. C'est à partir de son histoire que le musée présente le travail des charrons ainsi que l'évolution des cars (véhicules grandeur nature et modèles réduits, outils, documents divers, photographies et vidéos).

Boulieu-lès-Annonay B-C1

5 km au nord par l'avenue de l'Europe.

Ancien bourg fortifié conservant, de part et d'autre de la rue principale, le dessin de son enceinte carrée.

Barrage du Ternay B1

10 km au nord par la D 206, puis la D 820 et la D 306.

Construit en 1867 pour l'alimentation en eau d'Annonay, il offre un joli plan d'eau bordé d'une ceinture de cèdres.

Circuits conseillés Carte de microrégion

AU NORD D'ANNONAY C1-2

39 km. Circuit tracé sur la carte de microrégion (p. 82-83). Comptez une demi-journée. Sortez d'Annonay au nord-est par le boulevard de la République. Suivez la D 121, puis la D 519 et enfin la D 820 en direction de Serrières sur 6 km env., jusqu'à un rond-point où vous prendrez la première sortie. 300 m plus loin, tournez à gauche.

★ Safari-parc de Peaugres C1

Comptez au minimum 3h pour la visite. 04 75 33 00 32 - www.safari-peaugres.com - ♿ - de mi avr. à fin août : 9h30-19h ; de mi fév. à mi avr. et de sept. à mi nov. : 10h-17h, w.-end sept. 9h30-18h30 - attention, les caisses ferment 1h avant la fermeture du parc, 2h avant en été - fermé de mi nov. à mi fév. - 18,50 € (-3 ans gratuit).

Aménagé au pied du massif du Pilat de part et d'autre de la D 820, ce parc animalier de 80 ha abrite environ 900 animaux issus de 120 espèces différentes : mammifères, oiseaux et reptiles. Le parc de Peaugres participe au programme d'élevage d'espèces menacées de disparition (antilope addax, rhinocéros blanc, manchot du Cap, cheval de Prezwalski…).

Visite en voiture – *Conformez-vous aux consignes de sécurité. Comptez de 3/4h à 1h minimum. Possibilité de la faire en bus (se rens. pour les horaires).* La route goudronnée serpente dans des espaces séparés par des sas dans lesquels évoluent librement des animaux d'Afrique, d'Asie et d'Amérique : zèbres, ânes de Somalie, ours « baribal » et bisons américains, buffles, yaks, bongos, cobes, gnous, hippopotames, rhinocéros, daims, bantengs, nilgauts, cervicapres…

Visite à pied – *Comptez de 2 à 3h minimum.* Dans la maison des éléphants, proche du circuit voiture, vous pouvez assister à l'entraînement de ces étonnants pachydermes. Passé la route, vous entrez dans la suite du parc qui se divise en plusieurs espaces à thèmes. Dans la partie centrale évoluent oiseaux aquatiques, girafes, autruches, élans du Cap ainsi que l'étrange loup à crinière ou le panda roux. Un bassin dans l'**espace Aquatique** accueille des otaries et des manchots. Dans l'**espace des Singes** paressent mandrills, ouistitis, orangs-outangs et lémuriens. Puis ce sont les félins que l'on peut admirer de près depuis un tunnel en verre (lions, tigres, lynxs mais aussi hyènes, lycaons, panthères des neiges, guépards). Les plus petits se régaleront dans la **ferme de Léonie**.

Le long du parcours, des cabanes « pas bêtes », équipées de panneaux signalétiques et de bornes interactives, développent plusieurs thèmes biologiques (sons, peaux, empreintes, odeurs et même crottes !). Un espace ludique consacré aux félins propose des points d'observation ainsi que des animations comme la course des guépards. L'univers des abeilles s'offre à vous dans le Gitabeille. L'**espace biodiversité d'Europe Gitak**i, disposé sur 5 000 m^2, permet de découvrir l'environnement des animaux qui nous sont proches en s'essayant à quelques exercices d'acrobatie ou de suspension avec les écureuils, en explorant le terrier du renard ou la hutte du castor… Quant au dernier espace en date, **Les souterrains du Manoir**, il invite le visiteur à une immersion dans la nuit et la pénombre, à la rencontre d'animaux rarement visibles, histoire de dépasser ses peurs et ses préjugés !

Poursuivez vers le nord sur 6 km par la D 820.

1

Serrières C1

Office de tourisme – *Quai Jules-Roche - 07340 Serrières - 04 75 34 06 01 - de déb. juin à mi-sept. : 9h-12h30, 13h30-18h, dim. 9h30-12h.*

Comme sa voisine Condrieu, Serrières est une ancienne cité marinière qui restera à jamais associée à l'épopée des bateliers du Rhône. De ces temps héroïques subsistent les célèbres joutes nautiques qui animent chaque année les rives du fleuve.

Musée des Mariniers du Rhône – *R. du Musée - 04 75 34 00 46 - www.serrieres.fr - ♿ - de déb. juin à mi-sept. : 10h-12h, 14h30-18h - fermé j. fériés - possibilité de visite guidée (1h) - 3 € (-12 ans gratuit).* Sous la charpente en « cul de barque » de la chapelle St-Sornin (12e-14e s.), les objets exposés évoquent le souvenir des célèbres bateliers : cannes de compagnon, maquettes de remorqueurs, ainsi que plusieurs spécimens de **croix des équipages★**. Ces croix, fixées à la proue de l'embarcation, protégeaient l'équipage d'une navigation toujours périlleuse. Elles étaient décorées des emblèmes de la Passion,

BATELIERS FACE AU FLEUVE

Fleuve dieu, fleuve roi, le Rhône n'a pas toujours coulé des eaux égales telles qu'on peut les suivre aujourd'hui au rythme de ses barrages et de ses retenues. S'il n'est point le « fleuve mort » évoqué par certains nostalgiques, il n'a plus rien du « taureau furieux » qui se précipitait vers la mer et dont les riverains craignaient les terribles colères. Figures emblématiques et mythiques de ces temps révolus, les bateliers ou « mariniers » du Rhône sont entrés dans la légende grâce au *Poème du Rhône* de Mistral. Après une période d'apogée vers 1830, la fin du 19e s. est un moment critique où la vapeur sonne le glas d'un des métiers les plus difficiles et les plus respectés des rives rhodaniennes. Dans son livre *Le Seigneur du fleuve*, Bernard Clavel a justement décrit cette résistance acharnée mais inégale.

naïvement sculptés et peints : clous, bourse de Judas, dés des légionnaires, fouet de la flagellation, gouttes de sang du Christ, main de justice, etc. À leur sommet se dressait un coq, symbole de l'éveil constant du capitaine.

Traversez le Rhône via la D 86 par le pont de Sablons et prenez la D 4, première route à gauche, en direction du Péage-de-Roussillon. Environ 5 km plus loin, un chemin à gauche conduit à l'île de la Platière.

Réserve naturelle de la Platière C1

L'accès à l'île est impossible en période de crue et dangereux par grand vent.

Avec ses aulnes, ses frênes et ses peupliers (volets d'identification) envahis de lianes, de ronces et de vignes sauvages, mourant de leur belle mort et grinçant au gré du vent, cette « végétation alluviale » aurait presque des airs de mangrove. Sillonnant quelques-uns des 484 ha d'îles protégées entre le Rhône et le canal, deux sentiers *(comptez environ 45mn, attention aux moustiques !)* s'intéressent au bois et aux hérons. Celui des hérons conduit à un observatoire sur le Rhône. Venez-y tôt, muni de jumelles, pour observer les éventuels oiseaux d'eau. La présence des castors, actifs la nuit, se détecte difficilement.

Faites demi-tour, empruntez à nouveau le pont de Sablons vers l'ouest pour rejoindre la D 86, puis continuez tout droit vers le sud.

Champagne C1

Malgré sa situation sur la rive droite du Rhône, Champagne fut terre dauphinoise jusqu'à la Révolution : c'était un fief des puissants comtes d'Albon, dont le château se dressait sur la rive opposée.

Église – L'édifice date, dans son ensemble, du 12e s. C'est la seule église de la vallée du Rhône à posséder une nef voûtée d'une série de coupoles sur trompes. Trois coupoles, s'appuyant sur des piliers cruciformes, coiffent la nef. Une quatrième coupole surmonte le carré du transept. Belles stalles du 15e s.

Prenez la D 86, et après 2,5 km, bifurquez à droite sur la D 291 jusqu'à St-Désirat.

★ Musée de l'Alambic à St-Désirat C1

600 rte du Syrah - ✆ 04 75 34 23 11 - www.jeangauthier.com - ♿ - juil.-août : 8h-12h, 14h-18h, w.-end et j. fériés 10h-12h, 14h-19h ; reste de l'année : 8h-12h, 14h-18h, sam. 10h-12h, 14h-18h30, dim. et j. fériés 14h-18h30 - fermé 1er janv., 25 déc. - gratuit.

Aménagé dans les bâtiments de la distillerie Gauthier, ce musée fait revivre le métier de bouilleur ambulant. Autrefois, de nombreux agriculteurs avaient le droit de distiller jusqu'à 10 l d'alcool de fruit. Ils faisaient donc appel au bouilleur qui se rendait de ferme en ferme avec son alambic. Mais en 1960, cette franchise est abolie, ce qui sonne la fin de l'activité. Désormais, l'alcool de fruit est obtenu dans des distilleries artisanales ou industrielles dûment contrôlées.

De nombreux alambics de la région ainsi que divers objets mis en scène avec des personnages de cire expliquent les étapes de la fabrication de l'eau-de-vie tout en évoquant la vie quotidienne des bouilleurs et des gens de la région. Des photographies, des films et des panneaux complètent cette présentation de la vie rurale du début du 20e s. Une dégustation termine agréablement la visite. La distillerie, dont la spécialité est l'alcool de poire williams, propose ses différentes productions à la vente.

Revenez à la D 86 que vous prenez à droite.

À l'arrivée à Andance, au pied des aiguilles granitiques, on aperçoit au loin, sur la rive gauche, la silhouette de l'altière tour d'Albon.

Andance C2

L'**église** abrite une remarquable **croix des équipages★** de la marine du Rhône *(à droite, dans la chapelle latérale)*. Beaux pilastres romans.
Suivez la D 82 dir. Annonay. À St-Étienne-de-Valoux, tournez à gauche vers Thorrenc.

Château de Thorrenc C2

Ne se visite pas. Du 11e s., il se dresse au creux du ravin du Thorrençon.
Au-delà d'Ozas, vous pouvez rentrer à Annonay par la D 370 à droite.

VALLÉES DE L'AY ET DE LA CANCE C2

48 km. Circuit tracé sur la carte de microrégion (p. 82-83). Comptez environ 2h. Quittez Annonay par la rue de Tournon au sud en direction de Lamastre.

Quintenas

Le village est dominé par le beau clocher (14e s.) de son **église** romane. Mentionnée dès 776 comme dépendance de l'abbaye de St-Claude dans le Jura, elle fut fortifiée au 14e s., puis restaurée au 19e s. : remarquez la bretèche de la façade et, du côté sud, les arcatures qui formaient mâchicoulis.
À Quintenas, à droite, en face de l'église, prenez la direction de St-Romain-d'Ay.
La petite route serpente dans la campagne, offrant de belles vues sur les paysages de l'Ardèche verte.
Laissez sur la gauche l'église de St-Romain et rejoignez la D 6 où vous tournez à gauche. À 100 m, à droite, un chemin en descente conduit à Notre-Dame d'Ay.

Notre-Dame d'Ay

Ce modeste sanctuaire, établi sur un promontoire, est un lieu de pèlerinage très fréquenté ; jolie vue sur le ravin depuis les terrasses de l'ancien château.
Faites demi-tour, prenez la D 6 à droite, puis suivez la D 221 vers Sarras.
Au-dessus de l'Ay qui cascade, les versants rocheux offrent un aspect déchiqueté. À un tournant apparaît, sur un éperon, le mur de la tour d'Oriol.
À Sarras, tournez à gauche pour suivre la D 860 et à 2 km, avant le pont de la Cance, prenez à gauche la D 270.
La route suit en corniche étroite la vallée de la Cance aux versants abrupts tapissés de chênes. Au lieu dit Moulin sur Cance, en contrebas des usines de moulinage, un vieux pont, construit selon la nouvelle technique de Marc Seguin, reliait autrefois les villages de Vernosc et de Quintenas. Un projet de restauration à l'identique est en cours.
Un peu plus loin, le torrent baigne en bouillonnant la **roche Péréandre★**, se dressant à plus de 40 m de hauteur.
Poursuivez sur la D 270, puis la D 371 jusqu'à Annonay.

NOS ADRESSES À ANNONAY

HÉBERGEMENT

À proximité

BUDGET MOYEN

Hôtel La Désirade – *Rte de la Syrah - 07340 St-Désirat - 04 75 34 21 88 - www.hotel-ladesirade.fr - fermé déc. et janv. - - - 6 ch. 74 € - 8 € - rest. 20/26 € (ouv. uniquement aux clients de l'hôtel et sur réserv.).* À deux pas du musée de l'Alambic, maison de famille (1860) avec son beau jardin-terrasse ombragé. Coquettes chambres aux noms de fleurs évocateurs. Bonne tenue, accueil charmant et table valorisant le terroir.

Chambre d'hôte (Anne Morel) La Palisse – *804 rte de Cheval - 07340 Peaugres - 04 75 67 08 37 et 06 03 34 97 19 - www.lapalisse-peaugres.com - ouv. mai-oct. ; reste de l'année sur réserv. - - - - - 3 ch. 70 €* . Le site offre un voyage dans le voyage avec son ambiance exotique. Quand les animaux du Safari-parc de Peaugres s'y mettent, on se croirait à l'autre bout du monde. Le matin venu, les pâtisseries maison du petit-déjeuner vous confirmeront que vous êtes bel et bien en Ardèche. Piscine chauffée (été).

RESTAURATION

À Annonay

BUDGET MOYEN

L'Escabelle – *1 av. de l'Europe - 04 75 67 64 09 - fermé merc. soir, dim. soir et lun. - -15/26 €.* Cuisine traditionnelle dans le cadre splendide d'une salle voûtée, aux pierres apparentes.

Marc et Christine – *29 av. Marc-Seguin - 04 75 33 46 97 - www.marcetchristine.fr - fermé 2e quinz. août, fermé merc. soir, dim. soir et lun. - - menus 22/32 €.* Découvrez ce bistrot familial et gourmand, légèrement excentré. On s'y régale d'une cuisine traditionnelle autour d'un menu complet qui varie tous les mois, selon les produits du terroir proposés par les producteurs de la région.

À proximité

POUR SE FAIRE PLAISIR

Schaeffer – *D 86 - 07340 Serrières - 04 75 34 00 07 - www.hotel-schaeffer.com - fermé 1re quinz. de janv., 1re sem. de mai, 1re quinz. d'août, sam. midi, dim. soir et lun. - formule déj. 26/39 € - menu dîner 39/72 € - 65/80 €.* Une bonne table face au pont à haubans qui enjambe le Rhône : dans un élégant décor d'inspiration contemporaine, on déguste des recettes réalisées avec soin, accompagnées d'une magnifique sélection de côtes-du-rhône. Belles chambres au décor sobre et moderne *(72/120 €).*

ACHATS

Norbert Chenevier – *7 pl. des Cordeliers - 04 75 33 40 55 - mar.-dim. 7h-19h30 - fermé 3 sem. entre mi-juil. et août et lun.* Cette pâtisserie, renommée pour ses pognes, est l'endroit idéal pour faire provision de viennoiseries, galettes ardéchoises, petits-fours, chocolats, glaces maison et confiseries (nougatines à l'ancienne, sucres d'orge, etc.).

ACTIVITÉS

Pour découvrir l'Ardèche « à dos de nuage », il faut se lever tôt. Mais le spectacle de la nature dans la lumière du matin est unique !

Ardèche Montgolfières – *8 r. Boissy-d'Anglas - 04 75 69 39 39 - www.ardeche-montgolfieres.fr - vols tlj tte l'année - 155/175 € (durée 1h à 1h30).*

Montgolfières & Cie – *3 r. de St-Romain-d'Ay - 07290 Quintenas - 04 75 34 41 14 ou 06 17 96 70 23 - www.montgolfieres-cie.com - vols tlj tte l'année - 185/210 €.*

Tournon-sur-Rhône

★

10 607 Tournonais – Ardèche (07)

Située au pied de superbes coteaux granitiques, Tournon est une ville commerçante animée. Des quais ombragés, les terrasses d'un vieux château et des ruines perchées composent un paysage rhodanien caractéristique. Un pont routier et une passerelle relient cette ville à Tain-l'Hermitage (voir p. 294), sa sœur jumelle, qui loge de l'autre côté du Rhône.

NOS ADRESSES PAGE 100
Hébergement, restauration, achats, activités, etc.

S'INFORMER

Office de tourisme Hermitage-Tournonais Tourisme – *2 pl. St-Julien - hôtel de la Tourette - 07300 Tournon-sur-Rhône - ✆ 04 75 08 10 23 - www.ht-tourisme.com - de mi-juin à mi-sept. : 10h-18h30, dim. et j. fériés 10h-13h ; reste de l'année : tlj sf dim. et j. fériés 10h-12h, 14h-18h, lun. 14h-18h - en été visites guidées thématiques familles - portes ouvertes de caves.*

SE REPÉRER

Carte de microrégion C3 (p. 82-83).
La ville est desservie par l'A 7 et la N 7. Elle est proche de Romans-sur-Isère (20 km à l'est) et de Valence (19 km au sud).

À NE PAS MANQUER

La magnifique route panoramique de la corniche du Rhône ; le site impressionnant du château perché de Crussol ; les routes tortueuses qui traversent les gorges du Doux et le défilé de St-Vallier.

AVEC LES ENFANTS

L'escalade des Roches qui dansent à Ponsas ; le vélorail de l'Ardèche ; le train de l'Ardèche.

1

Se promener Plan de ville

Lycée Gabriel-Faure A

Pl. Mallarmé - ✆ 04 75 08 21 33 - visite sur demande écrite auprès de M. le proviseur - entrée libre J. du patrimoine et portes ouvertes du lycée (mars).

Devant le lycée s'élève la statue du cardinal de Tournon qui fonda en 1536 le **collège de Tournon** (le premier en province, *p. 66*) et en fit l'un des plus brillants foyers de culture de la Renaissance.

La façade ouest du bâtiment est ornée d'un portail d'honneur, Renaissance ; avec celle de la chapelle, tout aussi élégante et disposée en retour d'équerre (17e s., style jésuite), elle forme un bel ensemble architectural. À l'intérieur, dans la salle des Actes : tableaux de Jean Capassin, bustes par Coustou et Gimond (1894-1961) ; dans la galerie, tapisseries des Flandres et d'Aubusson du 17e s. Sur la maison d'angle au pied du château, à proximité du monument aux morts, une plaque évoque le séjour de Mallarmé (*encadré p. 95*).

★ Château-musée A

Pl. Auguste-Faure - ✆ 04 75 08 10 30 - www.chateaumusee-tournon.com - juil.-août : 10h-18h ; de mi-mars à fin juin et sept.-oct. : 14h-18h ; reste de l'année : tlj sf merc. 14h-17h30 - fermé de mi-déc. à mi-mars - possibilité de visite guidée sur demande (1h) - 4 € (-12 ans gratuit) - gratuit 1er dim. du mois et RV au jardin.

SE LOGER		SE RESTAURER	
Amandiers (Hôtel Les)	1	Café (Le)	7
Marronnière (La)	4	Chaudron (Le)	2
Villeon (Hôtel de la)	2	Comako	6
2 Côteaux (Les)	3	Tournesol	5
		Quai (Le)	9
		Vineum (Le)	8

Le château a été construit par les seigneurs de Tournon aux 14e et 15e s. On accède à la cour intérieure par une porte ancienne qui a conservé ses vantaux de bois.

Musée – *Pl. Auguste-Faure - ✆ 04 75 08 10 30 - www.chateaumusee-tournon.com - visites commentées juil.-août : tlj sf dim.-lun. 14h, 15h30 et 16h45.* Plusieurs salles évoquent la batellerie et les mariniers du Rhône, ainsi que des figures locales comme l'éditeur Charles Forot ou l'ingénieur ardéchois Marc Seguin qui construisit en 1825, à Tournon, le premier pont métallique suspendu sur le fleuve, démoli en 1965. Une salle est consacrée au sculpteur Marcel Gimond, élève de Maillol ; on peut y voir une aquarelle de Raoul Dufy.

Chambre d'Hélène de Tournon – Dame de compagnie de Marguerite de Navarre au 16e s., elle serait, dit-on, morte d'un chagrin d'amour. Son histoire aurait inspiré l'Ophélie de Shakespeare, et Ronsard, qui séjourna au château, lui dédia l'*Ode à Hélène*. Pour reconstituer sa chambre, des recherches ont

FIN POLITIQUE ET POÈTE

François de Tournon (1489-1562) fut successivement abbé de St-Antoine, puis de La Chaise-Dieu, cardinal, doyen du Sacré Collège et archevêque de Lyon. C'était aussi un habile politicien, ainsi qu'un humaniste raffiné qui protégea de nombreux artistes. C'est lui qui négocia à Madrid la mise en liberté de François Ier après la bataille de Pavie. Grâce à quoi, ayant gagné la confiance du roi, il devint son principal ministre, avant d'être envoyé à Rome comme ambassadeur par Henri II. Il y gagna la pourpre cardinale et fut même un temps évêque d'Ostie.

Stéphane Mallarmé (1842-1898) fut quant à lui professeur d'anglais au lycée de la ville de 1863 à 1866. Mais, aux prises le jour avec de turbulents potaches, la nuit avec la poésie, le maître du symbolisme ne fut guère heureux à Tournon.

été faites avec le musée des Tissus de Lyon afin de retrouver les teintes et les motifs des tissus utilisés à la Renaissance.

Salle du Dauphin – Cette pièce évoque le dauphin, fils de François Ier, mort à 19 ans (*encadré ci-dessous*).

Chapelle St-Vincent – Du 17e s., elle abrite le superbe triptyque de Capassin, commandé au 15e s. par François de Tournon.

★ **Terrasses** – De la première, aménagée en jardin suspendu, on domine le Rhône avec le massif du Vercors au loin. La seconde, établie au pied des tours en belvédère au-dessus du quai, offre un **coup d'œil★** splendide sur la ville, le Rhône et les coteaux de l'Hermitage.

Collégiale St-Julien A

Un clocher carré flanque la façade flamboyante de l'ancienne collégiale du 14e s. À l'intérieur, de belles arcades divisent en trois nefs le vaisseau couvert d'un plafond de bois à caissons.

Dans la chapelle des Pénitents (partie la plus ancienne de l'église), un bel ensemble de peintures murales des 15e-16e s. illustre la Passion.

Dans la chapelle des fonts baptismaux remarquez une Résurrection, exécutée en 1576 par Jean Capassin. Contre le mur du collatéral de droite, un beau triptyque sur bois (16e s.) d'influence italienne représente l'Annonciation, la Visitation et la Nativité.

Vous verrez également dans la nef d'autres tableaux et des sculptures des 17e-18e s.

Jardin d'Éden Hors plan

8 r. Lachanal - ✆ 04 75 07 05 27 - www.edenparc.eu - juin-oct. : 10h-19h ; de mi-avr. à fin mai : vend.-dim. 10h-19h ; reste de l'année : w.-end 14h-19h - fermé nov.-fév. - possibilité de visite guidée sur demande - 5 € (-14 ans gratuit).

L'ADIEU AU BOUTON

Pierre de Ronsard (1524-1585) résida à Tournon alors qu'il avait 12 ans. Il était page au service du dauphin François, fils aîné de François Ier, lorsque le jeune prince prit froid et mourut. Il avait 19 ans. Le poète écrirait plus tard : « Mon malheur a voulu qu'au lit mort je le visse, Non comme un homme mort, mais comme un endormi, Ou comme un beau bouton qui se penche à demi… »

Il appartenait jadis aux moines du couvent des Cordeliers, puis aux religieuses de Notre-Dame. Laissé à l'abandon durant de nombreuses années, il doit sa renaissance à des passionnés qui lui ont redonné son éclat.
À flanc de colline, il se décline en de multiples terrasses étroites, cachant de-ci, de-là, une fontaine, un petit kiosque, un joli pont…
Montez jusqu'au belvédère d'où vous aurez une belle vue sur Tournon.
Découvrez un autre beau point de vue sur la ville depuis la passerelle Marc-Seguin, sur les bords du Rhône. Il vous suffit de la traverser pour rejoindre Tain-l'Hermitage, « jumelle » de Tournon située dans la Drôme (*p. 294*).

Circuits conseillés Carte de microrégion

★★★ CORNICHE DU RHÔNE

43 km. Circuit tracé sur la carte de microrégion (p. 82-83). Comptez environ 1h. Quittez Tournon au sud par la rue du Dr-Cadet et la rue Greffieux en direction de St-Romain-de-Lerps.
De Tournon-sur-Rhône à Valence, la **route panoramique**, tracée en corniche, offre d'extraordinaires points de vue. La montée, en lacet, très raide, est éblouissante. On domine bientôt la plaine valentinoise, que limite à l'est la haute barre du Vercors. Un peu plus loin se creusent, sur la droite, les gorges du Doux.
Dans le village de Plats, tassé sur le plateau, tournez à gauche dans le GR 42 devant le monument aux morts.
À la sortie du village, on aperçoit la « tour » de St-Romain-de-Lerps.

★★★ Panorama de Saint-Romain-de-Lerps C3

Deux balcons d'orientation sont aménagés de part et d'autre d'une petite chapelle, sur une plate-forme, à quelques mètres de la « tour », surmontée d'un relais de télédiffusion. Le panorama, immense, couvre **treize départements**. C'est l'un des plus grandioses de la vallée du Rhône.
Du côté est, au-dessus de la plaine de Valence, s'élèvent les barres du Vercors, entrecoupées de failles sombres et dominées par la dent de la Moucherolle et le dôme du Grand Veymont.
Au-delà scintillent les sommets neigeux des Alpes et la masse du mont Blanc. Au nord, dans l'axe du Rhône, à gauche, se dresse le mont Pilat ; au sud se profile le mont Ventoux. Du côté ouest s'étendent les plateaux et les serres vivaroises. Le sommet du Mézenc domine au loin cette tourmente de crêtes.
De St-Romain-de-Lerps, prenez la D 287 vers le sud, où la descente sur St-Péray offre de remarquables vues sur le bassin de Valence. À St-Péray, empruntez la route passant devant le château de Beauregard (ne se visite pas). Parc de stationnement à l'extrémité du chemin, après la statue de la Vierge.

★★ Crussol C3

La montagne de Crussol porte, 200 m au-dessus de la plaine, les célèbres **ruines du château de Crussol**. La pierre blanche de Crussol a été souvent utilisée pour les constructions de Valence en raison de son grain lisse.

FORTERESSE ET AMBITIONS

Au 12e s., Bastet de Crussol établit ici son château fort. L'ambition des « petits sires de Crussol » est vite récompensée : un Crussol sera chambellan de Louis XI, un autre, par son mariage, devient l'héritier du comté d'Uzès : son fils, sénéchal de Beaucaire et de Nîmes, guerroie en Italie aux côtés de Charles VIII et de Louis XII. Leurs charges éloignent les Crussol de l'incommode forteresse ancestrale qui sera en partie abattue au 17e s.

Les ruines du château de Crussol.
F. Guiziou / hemis.fr

1

Le **site★★★** est l'un des plus grandioses de la vallée du Rhône. Selon la légende, le lieutenant Bonaparte aurait réussi, au péril de sa vie, à effectuer, en 1785, l'ascension de Crussol par la falaise. Une conquête qui en annonçait de plus révolutionnaires…

On gagne les ruines du village fortifié et du château par un sentier (1h à pied AR). Il faut se montrer prudent, surtout en cas de pluie, car les pierres deviennent glissantes et l'aménagement reste partiel.

Après avoir franchi la poterne nord de l'ancienne enceinte, empruntez le sentier de gauche. On grimpe à travers les ruines de la « **villette** », où les habitants de la plaine se réfugiaient en période de troubles.

Prenez à gauche le chemin intérieur qui longe l'enceinte, puis obliquez vers la demeure seigneuriale. Dressé sur un promontoire rocheux, le château domine de 230 m le Rhône.

À l'intérieur du donjon, un belvédère aménagé offre une superbe **vue★** sur la plaine valentinoise, le barrage de Bourg-lès-Valence et le confluent du Rhône et de l'Isère. Le Vercors, Roche-Colombe et les Trois Becs dessinent un magnifique arrière-plan.

À l'extrémité du piton, on atteint l'ancien corps de logis. À l'angle nord-est, les restes d'une échauguette constituent un remarquable belvédère, au-dessus d'un vide vertigineux. Le sentier suivant la crête escarpée, au sud, offre, avec le recul *(comptez 30mn de plus)*, un **point de vue★★** sur les ruines qui jaillissent du roc et sur les derniers contreforts du Massif central ; il rejoint plus loin les ruines de l'oppidum et les carrières romaines.

Revenez à Tournon par la D 86.

★ GORGES DU DOUX PAR LA CORNICHE

50 km. Circuit tracé sur la carte de microrégion (p. 82-83). Comptez environ 2h. Quittez Tournon à l'ouest par la D 532.

La route longe les vergers du bassin du Doux dont le cours s'encaisse peu à peu. Laissant à droite la route d'Annonay qui franchit le Doux sur le « Grand

TRAIN DE L'ARDÈCHE : UNE LIGNE, QUATRE POSSIBILITÉS

Descendez les gorges du Doux en empruntant le petit train, à bord de voitures panoramiques qui laissent tout loisir d'admirer la nature sauvage. *✆ 04 75 06 07 00 - trainardeche.fr.*

Le **train des Gorges** part de la gare de Tournon/St-Jean-de-Muzols *(3 km de Tournon)*, reconstruite à partir de photographies anciennes, et celle de Colombier-le-Vieux *(8 km, train vapeur, durée 1h15 AR) : départs 10h15, 15h15 ou 17h45 (selon saison), 15 € (-14 ans 8 €).*

Le **Mastrou** circule entre la gare de Tournon/St-Jean-de-Muzols et celle de Lamastre *(28 km, train vapeur, prévoyez la journée pour l'AR) : dim. et mar., dép. 10h (selon saison), 20 € (-14 ans 11 €).*

Le **train du Marché** circule sur le même trajet, uniquement en juil.-août, le mardi, jour de marché à Lamastre. Un bon moyen de rapporter sans encombres fruits du verger, picodons et produits du pays *(train diesel, 1h25 AS) : dép. 8h30 de St-Jean, retour 12h de Lamastre, 12 € (-14 ans 6 €) AR.*

Le Vélorail – *✆ 04 75 08 20 30 - www.velorailardeche.com.* Entre avril et novembre, il relie Boucieu-le-Roi à la gare de Troye. Descente en vélorail de 4 places, retour en autorail de marque Billard (monument historique) *(12 km AR, prévoyez 2h) : juil.-août, 1 à 9 dép./j. ; reste de l'année, 1 ou 2 dép./j. - réserv. conseillée - 18 € (-14 ans 7 €) AR. Arrivez 30mn avant le départ.*

Pont » (14e-18e s.), impressionnant par son arche unique, en léger dos d'âne, qui mesure 50 m d'ouverture.

Poursuivez à gauche en direction de Lamastre (D 534).

La route en **corniche★** surplombe les gorges du Doux tapissées de chênes et chênes verts, genêts d'Espagne, fougères, buis sauvages et pins rabougris.

Empruntez la D 209, à droite, vers Boucieu-le-Roi.

Boucieu-le-Roi C3

Ce village de caractère est un ancien bailliage royal du Haut-Vivarais. En flânant dans les ruelles, on admire ses maisons (13e-16e s.), dont celle du bailli pourvue d'une échauguette, l'église romano-gothique et le chemin de croix aux 35 chapelles, la mesure à grains en pierre qui servait à payer l'impôt et le pont du Roi qui enjambe le Doux. Le vélorail part de Boucieu *(Nos adresses à Tournon, restauration possible sur place).*

Revenez à Tournon-sur-Rhône par Colombier-le-Vieux (aire de détente, accès aisé au Doux) et la D 234, tracée sur le versant opposé des gorges.

C'est la partie la plus sauvage : seuls le torrent, la voie ferrée et la route y trouvent place.

★ DÉFILÉ DE SAINT-VALLIER

60 km. Circuit tracé sur la carte de microrégion (p. 82-83). Comptez 2h. Quittez Tournon-sur-Rhône au nord par la D 86.

Vion C2

Visitez **l'église** en partie romane ; au transept, les chapiteaux sculptés représentent des scènes de la vie du Christ et de la Vierge.

À Vion, empruntez la petite route qui rejoint la D 532. À la Croix du Fraysse, prenez la direction de St-Jeure-d'Ay, puis tournez à droite dans la D 6. Environ 7 km après, descendez à droite la D 506 vers Ozon.

La descente, très rapide, au-dessus du village d'Ozon, encore invisible, offre, dans deux virages prononcés, un superbe **coup d'œil★★** sur le **défilé de St-Vallier★**. De part et d'autre du fleuve, les coteaux s'alignent en rangs serrés. Leurs versants abrupts portent des cultures en terrasses, vergers et vignes. La vue plonge sur les méandres du Rhône, parsemé d'îles et bordé de rideaux de peupliers.

Traversez le Rhône entre Sarras et St-Vallier, puis suivez la N 7, tracée sur la rive gauche, vers Tain. À la sortie de St-Vallier, empruntez à gauche la D 51 en direction de St-Uze.

Maison de la céramique de St-Uze C2

Pl. du 8-Mai-1945 - ✆ 04 75 03 98 01 - www.territoire-ceramique.com - vac. scol. : 14h-18h ; mars-déc. (hors vac. scol.) : merc. et dim. 14h-18h ; reste de l'année : sur demande préalable - fermé lun.-mar., certains j. fériés - possibilité de visite guidée sur demande (50mn) - 4 € (enfant 3 €) - 9 € possibilité de visite créative en famille sur demande préalable vac. scol. (sf hiver) - 4 pers. mini.

Au 19e s., la présence d'argile kaolinique dans la région incite de nombreuses entreprises de céramique à s'y implanter afin de produire des pièces culinaires bon marché. Rapidement, St-Uze s'offre une signature grâce à ses célèbres « bleus » issus de l'oxyde de cobalt. Panneaux interactifs et vidéos présentent l'histoire de cette production locale et de ses techniques de fabrication. Expositions temporaires à l'étage.

À la sortie de St-Uze, tournez à droite vers St-Barthélemy-de-Vals que vous traversez pour rejoindre la D 500 vers Ponsas. Après 1,5 km environ, prenez à gauche le chemin qui s'enfonce dans la forêt.

Les Roches qui dansent C2

Ce petit bois de châtaigniers, accidenté, est parsemé de grosses roches que colonisent à l'occasion les écoles d'escalade. Très fréquenté et peu étendu, l'espace est maillé de sentiers et parsemé de tables de pique-nique.

Poursuivez vers Ponsas.

Appréciez la vue sur le Vercors à gauche.

Regagnez la N 7 que vous prenez à gauche.

Cette portion de vallée, resserrée en couloir, est la plus évocatrice du Rhône féodal. Ruines de châteaux forts et vieilles tours de défense et de guet se succèdent à la pointe des escarpements. L'arrivée à **Serves-sur-Rhône** est précédée d'une superbe **vue★** en avant sur les vestiges imposants de son château. En face se dresse, sur la rive droite, la **tour** rivale d'**Arras-sur-Rhône**.

Tournez à gauche vers Crozes-Hermitage que vous traversez. Suivez ensuite l'accès signalé « Belvédère de Pierre-Aiguille ».

★ Belvédère de Pierre-Aiguille C2

Dominant les coteaux où s'étage le célèbre vignoble de Tain-l'Hermitage, le belvédère (alt. 344 m) offre un beau panorama sur le Rhône et les deux cités en vis-à-vis (Tournon et Tain), sur les contreforts du Vercors sur fond d'Alpes à l'est, sur la vallée du Doux, le Mézenc et le Gerbier-de-Jonc à l'ouest. Au retour, la descente procure également des vues agréables sur les coteaux.

Revenez à Tournon-sur-Rhône par Tain-l'Hermitage (D 241).

NOS ADRESSES À TOURNON-SUR-RHÔNE

HÉBERGEMENT

BUDGET MOYEN

Hôtel Les Amandiers – *13 av. de Nîmes - ✆ 04 75 07 24 10 - www.hotel-amandiers.com - fermé vac. de Noël - P - ♿ - 25 ch. 84 € - ☕ 9 €.* Un pavillon moderne aux chambres refaites, climatisées, bien insonorisées et équipées de grandes salles de bains.

UNE FOLIE

Hôtel de la Villeon – *2 r. Davity - ✆ 04 75 06 97 50 - www.hoteldelavilleon.com - P - ♿ - 16 ch. 143/198 € - ☕ 18 €.* Une demeure du 18e s. réaménagée entre tradition et modernité. Les chambres ont conservé des détails « à l'ancienne » (moulures et parquets) mais ont acquis tout le confort d'aujourd'hui. Atmosphère calme et raffinée. Très beau bar avec patio intérieur.

RESTAURATION

BUDGET MOYEN

Tournesol – *44 av. du Mar.-Foch - ✆ 04 75 07 08 26 - www.letournesol.net - fermé de fin juil. à déb. août, vac. de la Toussaint, de fév., dim. soir, mar. et merc. - ♿ - formule déj. en sem. 19,50 € - menus 29/38 €.* Cuisine au goût du jour, produits frais et belle sélection de côtes-du-rhône dans ce restaurant au cadre moderne de pierre et de bois. Terrasse.

Le Chaudron – *7 r. St-Antoine - ✆ 04 75 08 17 90 - fermé 2e et 3e sem. d'août, vac. de Noël, mar. soir, jeu. soir et dim. - ♿ - formule déj. 14,50 € - menus 23/39 €.* Un petit bistrot sympathique, dans une ruelle du centre-ville. Lambris, banquettes, et dans le chaudron du chef, les produits du marché. Joli choix de vins du Rhône. Aux beaux jours, on profite de la terrasse ombragée, en retrait de la rue.

POUR SE FAIRE PLAISIR

Comako – *66 pl. du Grillet - ✆ 04 75 07 48 82 - comako restaurant.wix.com - fermé dim. et lun. - ♿ - formule déj. en sem. 14/16 € - menus 33/42 €.* On prend place sur la terrasse ou à l'intérieur, où l'une des deux salles, moderne, fait aussi office d'espace d'exposition pour les artistes locaux. La carte évolue au fil des saisons et les plats, très joliment présentés, font figure de compositions artistiques à part entière !

ACHATS

L'Escale gourmande– *8 Grand-Rue - ✆ 04 75 08 24 85 - 9h-19h30.* Vins, miel, biscuits, chocolats, lavande, tous les souvenirs culinaires de l'Ardèche et de la Drôme voisine sont rassemblés dans cette belle boutique qui loue aussi des vélos.

Domaine Courbis – *Rte de St-Romain - 07130 Châteaubourg - ✆ 04 75 81 81 60 - www.vins-courbis-rhone.com - lun.-vend. 9h-12h, 14h-18h, sam. réserv. - fermé dim. et j. fériés.* Des coteaux ardéchois bien pentus et de belles grappes de raisin mûrissant au soleil, tel se présente depuis le 16e s. le domaine familial de Courbis, le plus méridional de l'AOC saint-joseph (*p. 297*). Les 26 ha de son vignoble produisent plusieurs crus, dont le rare **cornas La Sabarotte** (5 000 à 6 000 bouteilles par an). Vinification selon des méthodes ancestrales.

La Voulte-sur-Rhône

5 017 Voultains – Ardèche (07)

Petite cité au passé industriel posée sur la rive droite du Rhône, La Voulte a conservé un agréable centre ancien, fort animé aux beaux jours, constitué de ruelles bordées de vieilles demeures.

NOS ADRESSES PAGE 109
Hébergement, restauration, achats, activités, etc.

S'INFORMER

Office du tourisme du pays de La Voulte – *Pl. Étienne-Jargeat - 07800 La-Voulte-sur-Rhône - 04 75 62 44 36 - www.tourisme-eyrieuxrhoneveore.fr - juil.-août : 9h30-12h30, 14h30-18h30, dim. 9h30-12h30 ; juin et de déb. à mi-sept. : tlj sf dim. et j. fériés 9h-12h, 14h-18h, sam. 9h-12h ; mars-mai et de mi-sept. à fin-oct. : tlj sf dim. et j. fériés 9h-12h, 14h-18h, sam. 9h-12h, lun. 14h-18h ; reste de l'année : tlj sf dim. et j. fériés 9h-12h-14h-17h, sam. 9h-12h, 14h-17h.*

SE REPÉRER

Carte de microrégion C4 (p. 82-83).

La Voulte est à 19 km au sud de Valence, sur la D 86.

À NE PAS MANQUER

La vallée de l'Eyrieux ; le circuit panoramique de la corniche de l'Eyrieux ; le site du château de Pierre-Gourde ; la Dolce Via (voie verte).

AVEC LES ENFANTS

Le labyrinthe végétal de Charmes-sur-Rhône ; les paysages reconstitués d'Ardèche Miniatures et une excursion dans les grottes néandertaliennes de Soyons ; Ardelaine, le musée vivant de la Laine et du Mouton à St-Pierreville ; une balade sur la Dolce Via, à pied ou à vélo.

1

Se promener

Comptez 1h. Empruntez la Grand-Rue, qui vous mène au cœur du centre ancien.

Auberge des Mariniers

À l'entrée de la Grand-Rue, la bâtisse ornée de belles fenêtres à meneaux rappelle les grandes heures du port fluvial fréquenté par tant de mariniers.

Chemin des Remparts

Montez jusqu'aux remparts et crapahutez sur le chemin qui fait le tour du château pour admirer de beaux panoramas sur le Rhône et les anciennes fonderies.

Parc Baboin

Au cœur du parc, les **hauts-fourneaux** témoignent du glorieux passé industriel de la commune, terni en 1890 avec la fermeture de l'usine de transformation du minerai de fer.

Église St-Vincent

Remarquez sur le maître-autel un bas-relief du 16e s. en marbre blanc, représentant une descente de Croix, et un tableau du 17e s. ayant pour thème l'Assomption.

Château

Grand-Pl. - ✆ 04 75 62 44 36 - www.tourisme-eyrieuxrhoneveore.fr - visite guidée sur demande préalable (2h) horaires, se rens. à l'office de tourisme - 4 € (-18 ans gratuit). Des 15e et 16e s., ce château où siégeaient les états du Languedoc a été fort endommagé pendant la Seconde Guerre mondiale. La cour est bordée par une galerie à bossages et par la **chapelle des Princes** de styles Renaissance et maniériste.

Rue Dauphine

L'étroite ruelle pavée présente un bel exemple de passage couvert, appelé ici « androne ».

Place Girou

Au pied de la tour carrée, vestige des remparts, remarquez la jolie fontaine datée du 16e s.

À proximité Carte de microrégion

Île fluviale de Printegarde C4

Entre Livron et La Voulte, 14 km de sentiers balisés vous permettent de découvrir la richesse de la faune (castors, hérons cendrés…) et de la flore (aulnes, saules, peupliers…), mais aussi l'histoire d'un fleuve dompté par les hommes à coups de digues, canaux et siphons. Une journée au fil de l'eau à apprécier à pied comme à vélo.

Dolce Via, voie verte de la vallée de l'Eyrieux C4/B4/B3

Passant d'une rive à l'autre de l'Eyrieux, cette ancienne voie de chemin de fer aménagée (50 km) pour les randonneurs et les VTT relie actuellement **St-Laurent-du-Pape** au **Cheylard** et rejoint **ViaRhôna** à **La Voulte-sur-Rhône**. Elle devrait à terme rejoindre St-Agrève et Lamastre portant l'itinéraire à 70 km *(www.dolce-via.com ; www.viarhona.com)*. Idéale pour découvrir la vallée, cette voie traverse des vergers, longe l'Eyrieux et offre de belles balades. D'une escale à l'autre, on loue un canoë, déjeune à la terrasse d'un petit café… Tout en douceur, loin du stress des villes.

Charmes-sur-Rhône C4

8,5 km au nord-est par la D 86.

Bâti à même le roc, ce village a conservé son caractère médiéval. Portes en arcades et ruelles restaurées servent de décor aux ruines du château. Depuis la table d'orientation, admirez le point de vue qui s'étend jusqu'au Vercors.

Labyrinthe végétal – *Rte de Toulaud - ✆ 04 75 25 80 65 - www.labyleo.com - juil.-août : 10h-20h ; sept. : dim. 10h-20h - 6,50 € (-15 ans 5,50 €).* Installé sur les hauteurs de Charmes, au cœur d'une exploitation agricole, ce champ de maïs de 3 ha se transforme chaque année en un véritable jeu de piste. Un questionnaire ludique s'ajoute au plaisir de se perdre dans ce décor digne d'Alice aux pays des Merveilles !

Soyons C4

16 km au nord par la D 86.

Ce petit village, adossé aux collines, s'étend le long du Rhône et recèle un important site de peuplement préhistorique et médiéval. Il doit son nom à « Soïo », divinité locale vénérée au 7e s. av. J.-C. Les quelque 30 ha du site protégé sont progressivement fouillés et révèlent des informations précieuses sur les différentes périodes d'occupation de Soyons qui se sont succédé durant environ 150 000 ans.

Musée archéologique – *Pl. de la Déesse-Soïo - ✆ 04 75 60 88 86 - www.rhonecrussol.fr - ♿ - juil.-août : 10h-19h ; avr.-juin et sept.-oct. : tlj sf lun.-mar. 14h-18h - possibilité de visite guidée sur demande (45mn) - 4 € - 7 € billet combiné avec les grottes de Soyons.* Il présente les produits des fouilles archéologiques réalisées sur les collines des alentours. Le rez-de-chaussée rassemble une collection de vestiges gallo-romains dont un bel autel. Au 1er étage, consacré à la vie de l'homme préhistorique et à son environnement, sont exposées notamment des vertèbres, des molaires et une impressionnante mâchoire : les restes d'un mammouth provenant d'une aire de dépeçage datant de 30 000 ans, découverte sur place.

★ **Grottes** – *Juste après la sortie sud de Soyons sur la D 86, prenez à droite vers un parking réservé. Un sentier botanique grimpe dans la colline et conduit aux grottes. ✆ 04 75 60 88 86 - www.rhonecrussol.fr - visite guidée (1h) juil.-août : 10h-19h ; avr.-juin et sept.-oct. : tlj sf lun.-mar. 14h-18h ; vac. de fév., vac. de la Toussaint et vac. de Noël : se rens. - fermé nov.-mars - 7 € (-5 ans gratuit) - billet donnant accès au Musée archéologique.* Il s'agit d'un site clé pour l'étude de l'homme de Néandertal. Un important réseau souterrain s'ouvre à partir du **trou du Renard**. Plusieurs salles, ornées de concrétions polymorphes parfois monumentales, sont aménagées pour la visite. Elles ont été occupées très tôt par les hommes et les animaux des cavernes. On y a découvert des ossements d'ours, de loups, de lions des cavernes…

Fouilles de la Brégoule – Ce chantier, exploité depuis 1980, livre des vestiges qui couvrent une période d'environ 10 000 ans. Complément de la visite du site, il permet de mieux comprendre la réalité du travail de l'archéologue.

Ardèche Miniatures – *1230 rte de Nîmes, à 800 m au sud de Soyons par la D 86 - ✆ 04 75 60 96 58 - www.ardeche-miniatures.com - ♿ - juil.-août : 10h-19h ; mai-juin et sept. : 14h-18h ; reste de l'année : merc., w.-end et vac. scol. 14h-18h - fermé 11 Nov.-28 fév. - 7,50 € (-16 ans 5,50 €).* Sur 2 800 m², ce parc concentre les plus beaux paysages ardéchois reproduits à l'échelle de 1/25 dans un décor très naturel. Le Pont d'Arc, le mont Gerbier-de-Jonc ou la cascade du Ray-Pic sont reconstitués dans leur particularité géologique à l'aide de roches importées. Le site est parcouru par un réseau ferroviaire miniature, fidèle copie du fameux train à vapeur des chemins de fer du Vivarais.

Circuits conseillés Carte de microrégion

★ VALLÉE DE L'EYRIEUX

55 km. Circuit tracé sur la carte de microrégion (p. 82-83). Comptez 3h. Quittez La Voulte-sur-Rhône au nord par la D 86E.

Moins célèbre que sa consœur méridionale, l'Ardèche, la rivière Eyrieux a néanmoins donné son nom à une vallée accueillante que domine une corniche très sauvage. De vieux hameaux isolés s'agrippent sur les versants rayés par les murettes des cultures en terrasses. Les bourgades les plus importantes se sont fixées dans les petits bassins intérieurs de la vallée, au débouché des affluents. Quelques-unes connaissent une certaine activité industrielle comme Le Cheylard (peausserie, tissages…).

Mais le caractère dominant de la vallée provient de la culture du pêcher, que complètent les champs de légumes verts et de fraisiers. Au printemps, les pêchers en fleur transforment cette rude vallée en un ruissellement de pétales. À la fin du mois de mars, on ne manquera pas de parcourir la D 120 : l'étalement de la floraison, qui commence par les vergers de la basse vallée, crée une extraordinaire symphonie de rose pâle, de carmin et de pourpre.

1

LA VALLÉE DES PÊCHERS

Autrefois, un verger modèle – C'est aux conditions naturelles particulièrement favorables que la vallée de l'Eyrieux doit le développement de ses vergers : un sol léger, perméable et chaud, se drainant bien ; une vallée abritée du mistral et des vents du Sud, rarement affectée par des gelées printanières ; des débuts d'été chauds, facilitant la maturation. Cette réussite est également due à la volonté des hommes. Les premiers essais de plantation, à **St-Laurent-du-Pape**, une commune pilote, datent de 1880. Les méthodes de production, patiemment améliorées depuis cette époque, ont été adoptées par les cultivateurs des régions voisines. Peu à peu, les vergers ont gagné du terrain dans la vallée, mais l'introduction de la mécanisation a entraîné une forte régression de la production des pêchers plantés au flanc des versants. Selon les exigences d'une culture quasi artisanale, chaque verger ne devrait occuper que 1,5 ha en moyenne. Un arbre peut fournir, en pleine production, de 25 à 40 kg de fruits, et un hectare entier 10 à 16 t de pêches.

Une production en déclin – La pêche de l'Eyrieux s'est imposée par sa qualité sur le marché national et à l'exportation. Mais aujourd'hui, la culture ne compte plus que quelques rares producteurs ; lorsqu'elles sont constructibles, les terres sont vendues, utilisées pour des élevages de chevaux ou des petites cultures : kiwis, pommiers, cultures maraîchères.

Beauchastel C4

Abandonné jusque dans les années 1970, ce village de caractère se blottit au pied des ruines de son château. Il faut grimper au milieu d'un dédale de ruelles et de passages couverts pour gagner la Maison du patrimoine et la terrasse qui offre une très belle **vue** sur St-Laurent-du-Pape et la vallée.

Reprenez la D 21 en direction de St-Laurent-du-Pape.

St-Laurent-du-Pape C4

Peut-être grâce à son pont qui traverse l'Eyrieux, St-Laurent est la véritable porte de la vallée et un agréable lieu de séjour.

Continuez à suivre la vallée en direction du Cheylard.

À droite de la route, les vergers se succèdent et constituent un magnifique spectacle au printemps.

St-Sauveur-de-Montagut B4

Dominé par les ruines du château de Montagut *(accessible par la D 244 et un chemin forestier)*, le village se situe au confluent de l'Eyrieux et de la Glueyre.

Prenez avant le pont la D 102 en direction de St-Pierreville.

La route longe la vallée de la Glueyre dans laquelle une plage a été aménagée. Le spectacle de cette nature sauvage et escarpée est de toute beauté. Il faut traverser la rivière pour arriver à St-Pierreville. Déjà apparaissent de nombreux châtaigniers, aisément reconnaissables aux branches mortes qui couronnent les cimes. La maladie a fait des ravages avant d'être progressivement contrôlée.

Poursuivez la D 244 jusqu'à St-Étienne-de-Serre où vous empruntez la D 8 à gauche.

Temple du Fival B4

✆ 04 75 65 46 84 - visite guidée (30mn) sur demande préalable juil.-août : lun., mar. et jeu. 15h-19h ; reste de l'année : sur demande préalable - gratuit.

Cet ancien temple a été reconverti en espace culturel consacré à l'histoire huguenote.

Le village de Beauchastel dans la vallée de l'Eyrieux.
F. Guiziou / hemis.fr

Exposition permanente sur la route des Dragonnades du Parc naturel régional des Monts d'Ardèche (*p. 68*).
Continuez sur la D 8 qui serpente sur environ 11 km jusqu'à St-Pierreville.

St-Pierreville B4

Bienvenue dans la capitale du châtaignier. Pour bien s'en convaincre, il suffit de prendre un repas à l'hôtel-restaurant ou de se rendre à la **Maison du châtaignier**. Une exposition didactique, quelques vidéos et de nombreux produits présentés vous éclaireront sur les évolutions de cette activité et sur la lutte contre la maladie. S'il faut venir en octobre pour la cueillette, on peut heureusement déguster la châtaigne toute l'année *Pl. Neuve - 04 75 66 64 33 - www.maisonduchataignier.fr - juil.-août : 11h-12h30, 14h30-18h30 ; reste de l'année : merc., w.-end et j. fériés 11h-12h30, 14h30-18h30 - fermé déc.-mars, 1er Mai - possibilité de visite guidée (1h15) - 4,50 € (-12 ans 2,50 €) - 2e enf. gratuit.*

Chez **Ardelaine, musée vivant de la Laine et du Mouton**, on découvre les différentes races de moutons, qui s'accommodent très bien de ces terrains difficiles à cultiver. Sont expliquées ainsi les étapes successives du travail de la laine, ainsi que la qualité très variable de celle-ci : ne cherchez pas, la meilleure, c'est la mérinos. Le parcours se termine dans la boutique mais vous trouverez aussi sur place un **restaurant**, La Cerise sur l'agneau, et un **café-librairie** pour faire une pause gourmande. Et si vous avez plus de temps, pourquoi ne pas apprendre à filer ou feutrer la laine en participant à un **atelier** ? *04 75 66*

DE RUISSEAUX EN TORRENT

Le régime de l'**Eyrieux** est celui d'un torrent. En raison de la pente du cours supérieur, les orages d'automne gonflent subitement la rivière et ses affluents. De 0,8 m³/s, le débit peut monter à 3 600 m³/s en quelques heures. Lors de la grande crue de septembre 1857, les eaux atteignirent 17,25 m dans l'étranglement de Pontpierre, près de St-Fortunat.

63 08 - www.ardelaine.fr - ♿ - visite guidée (1h30) de mi-juil. à fin août : 11h, 14h30, 15h30 et 16h30 ; de déb. avr. à mi-juil. et sept.-oct. : 14h30 et 16h ; reste de l'année : 14h30 - boutique : 10h-18h - fermé 1er janv., 25 déc. - 7,50 € (-11 ans 5,20 €).
Par la D 102, on rejoint St-Sauveur-de-Montagut, puis La Voulte par la D 120.

★★★ CORNICHE DE L'EYRIEUX Carte ci-dessous

90 km au départ de St-Laurent-du-Pape (5 km au nord de La Voulte par les D 86^{E} et D 120). Circuit tracé sur la carte ci-dessous et sur la carte de région (p. 82-83). Comptez environ 3h30. Par la D 120, quittez St-Laurent-du-Pape (voir p. 104) et prenez rapidement à droite la D 21 en direction de Vernoux.

Cette très belle route de crête offre, à la montée vers le **col de Serre-Mure** (alt. 765 m), des vues panoramiques sur les serres du Vivarais, le haut bassin de l'Eyrieux, le pays des Boutières et sur le versant ouest du piton de Pierre-Gourde. À l'approche de Vernoux, au cours de la descente rapide dans les gorges de la Dunière, apparaît le château de la Tourette.

Tournez à gauche dans la D 231 et continuez jusqu'à l'église de St-Julien.

St-Julien-le-Roux

Du cimetière entourant l'église, on découvre un vaste **horizon★** montagneux, au-dessus des ruines du château de la Tourette.

Revenez sur vos pas jusqu'à un embranchement, tournez alors à gauche dans la D 231. Plus loin, prenez à droite, en épingle à cheveux, la D 233 vers Silhac. Après nombre de lacets, laissez sur votre droite la direction de Boucharnoux. Précisément 70 m après un transformateur à gauche, suivez l'étroite route goudronnée à droite. Garez-vous à l'entrée du hameau de la Chareyre.

Écomusée des Terrasses à la Chareyre

Sur la commune de St-Michel-de-Chabrillanoux. Écohameau la Chareyre - ✆ 04 75 65 24 70 - www.ecomuseedesterrasses.blogspot.fr - juil.-août : 15h-19h ; mars-juin et sept.-oct. : sur demande préalable - fermé lun. - possibilité de visite

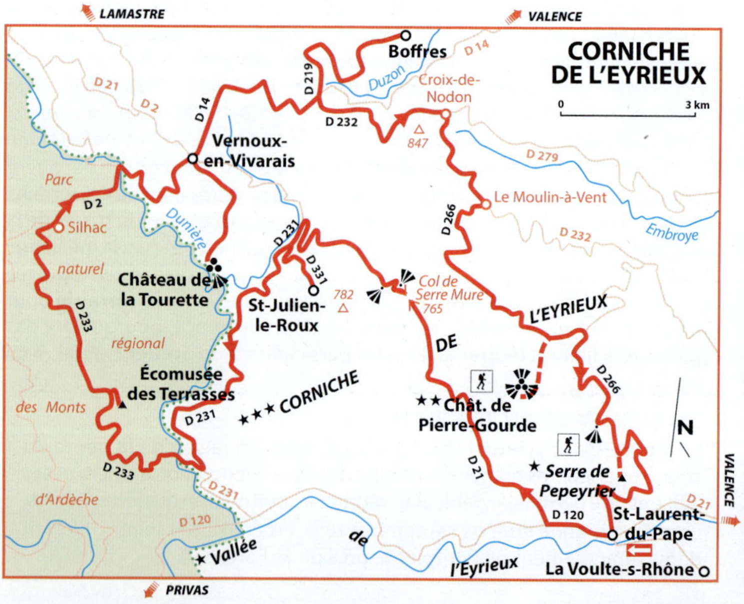

guidée (2h) - 4 € (-16 ans 2 €) - 12 € billet famille (2 adultes + 2 enf.) - quel que soit le type de visite, il est conseillé de porter des chaussures fermées tout terrain, un chapeau, et d'emporter de l'eau en été.

Quelques maisons perdues jouissent d'un panorama localement conservé, celui des anciennes terrasses de culture. Depuis plusieurs années déjà, des passionnés restaurent progressivement les cultures sur terrasses, et la tâche est rude ! Un circuit de verger en culture, de sentiers en escaliers camouflés permet d'en redécouvrir la précision et la variété. Avec guide et commentaire, vous distinguerez les murs tout-venant, assisés, les escaliers rentrants, les chemins terrasses et les murs chemins... Toute une poésie du paysage. Un second circuit – « Sur les pas de Jean Victor » – de cet éco-musée en plein air fait découvrir le territoire et l'activité d'une famille « de la pente » au 19e s.

Reprenez la D 233 à gauche. À Silhac, empruntez la D 2 à droite.

Vernoux-en-Vivarais

Sur le plateau vivarois, entre l'Eyrieux et le Doux, la petite bourgade de Vernoux s'est développée au centre d'une cuvette autour de la haute flèche de son église (19e s.). Place Pasteur, remarquez le temple, vaste édifice en pierres de taille (1826).

Château de la Tourette – *À Vernoux, tout de suite sur la gauche, une petite route goudronnée et fléchée « La Tourette » mène directement en voiture au château. Le chemin en pleine campagne s'arrête vers un espace baptisé « parking », près de la ferme de Pailler. Terminez à pied : 30mn AR.*

Les ruines de ce bastion, qui marquait jadis l'entrée des états du Languedoc, comptent, dans un **site★** sauvage, parmi les plus évocatrices du Vivarais. L'énorme donjon garde une partie de son couronnement de mâchicoulis et de corbeaux. Les propriétaires actuels, descendants du marquis de La Tourette, ont entrepris de restaurer les lieux *(ne se visite pas, sauf lors des Journées du patrimoine)*.

Des ruines, la vue plonge sur le ravin de la Dunière dessinant une série de méandres profondément encaissés. Au clair de lune, la silhouette du château est des plus fantomatiques.

Rejoignez Boffres, 8,5 km au nord-est, par la D 14 et la D 219.

Boffres

Bâti sur un ressaut de terrain, en demi-cercle au pied de son église de granit rose et des vestiges d'un ancien château fort, le village perché de Boffres domine un paysage rural encadré de châtaigneraies. À quelques centaines de mètres du village, un buste en bronze dû au sculpteur ardéchois Gimond, érigé en bordure de la route, évoque la mémoire de **Vincent d'Indy**, dont la famille était originaire de la région et qui fit construire le château des Faugs.

Revenez en arrière vers le carrefour par la D 14 et prenez, à gauche, la D 232.

La route serpente à flanc de coteau, offrant de belles vues sur Vernoux-en-Vivarais au centre de sa cuvette ; au fond, à gauche, s'étend la dépression du Duzon. Après la Croix de Nodon, on découvre une ample échappée vers la vallée du Rhône ; la route, bordée de taillis et de bois maigres, domine alors, en premier plan, la profonde vallée boisée de l'Embroye.

Au Moulin à Vent, prenez à droite la D 266.

Après un long passage boisé, la route emprunte un tracé en corniche assez impressionnant, face au piton de Pierre-Gourde, en avant des crêtes fermant la vallée de l'Eyrieux.

À droite de la D 266 s'amorce le chemin d'accès au château de Pierre-Gourde, non revêtu. Laissez la voiture à un col, en vue des ruines.

Les ruines du château de Pierre-Gourde.
F. Guiziou / hemis.fr

★★ Panorama du château de Pierre-Gourde

Ce château féodal en ruine occupe un **site★** magnifique. Au pied du piton qui portait le donjon apparaissent les vestiges du corps de logis, des pans de murs de l'enceinte fortifiée et du village féodal.

Contournez les ruines par la gauche pour atteindre une plate-forme rocheuse qui sert de belvédère.

Le **belvédère** découvre le Rhône, à travers l'échancrure du bas Eyrieux, et, dans l'axe, les Trois Becs, entre la barre du Vercors, les Baronnies et le Ventoux. À l'opposé, l'échine déchiquetée de la Croix de Bauzon domine la trouée du haut Eyrieux ; le sommet du Mézenc limite à l'horizon le réseau compliqué des serres vivaroises.

Au cours de la descente, deux virages panoramiques offrent des vues impressionnantes sur la vallée de l'Eyrieux, dont les plans détachés de serres se répètent à l'infini, et sur la vallée du Rhône, à gauche.

À 5 km environ de Pierre-Gourde, un panneau, à droite de la D 266, indique la direction du serre de Pepeyrier. Laissez la voiture à 250 m en direction du relais de télédiffusion et montez sur le rebord du serre.

★ Vue du serre de Pepeyrier

15mn à pied AR.

Très belle vue du serre sur le débouché de l'Eyrieux et ses vastes vergers de pêchers, Beauchastel et la plaine du Rhône ; au fond, le Ventoux se détache distinctement.

Reprenez la D 266 pour revenir à St-Laurent-du-Pape.

NOS ADRESSES À LA VOULTE

HÉBERGEMENT

À proximité

PREMIER PRIX

Chambre d'hôte Le Pass'Eyrieux – *Le Bas-Pranles - 07360 Les Ollières-sur-Eyrieux - 04 75 66 21 50 - - réserv. conseillée en hiver - 4 ch. 51 € - table d'hôte 23 €.* Situé entre route et rivière, cet ancien relais de diligences abrite des chambres simples (murs blanchis et plancher en bois brut). Table d'hôte proposée ponctuellement, possibilité de paniers-repas pour les pique-niques. Canoë à la disposition des clients.

Camping L'Ardéchois – *Le Chambon - 07190 Guiras (8,5 km à l'ouest de St-Sauveur-de-Montagut par la D 102 dir. Albon) - 04 75 66 61 87 - www.ardechois-camping.fr - ouv. de fin avr. à fin sept. - - - réserv. conseillée - 107 empl. env. 30 € - bungalows et mobil-homes à partir de 100 € (4 pers.) - restauration.* Dans ce camping à l'ambiance familiale, tenu par des Néerlandais, on goûte aux joies de vacances paisibles dans la nature ardéchoise (baignade en rivière) sur un vaste domaine de 37 ha. Piscine et club enfants.

POUR SE FAIRE PLAISIR

L'Antre de Siméon – *256 av. Olivier-de-Serres - 07130 Soyons - 06 23 22 41 73 - antredesimeon.fr - 92 € 8 € (poss. de location à la semaine et au mois).* Ce gîte des plus insolites se trouve sur les fondations de l'abbatiale de Soyons, au cœur du village, où il occupe un ensemble de petits espaces voûtés, joliment meublés façon brocante. Pas de télévision ni wifi mais une cuisine équipée. Également, studio avec terrasse *(à partir de 75 €).*

RESTAURATION

À proximité

UNE FOLIE

Le Carré d'Alethius – *4 r. Paul-Bertois - 07800 Charmes-sur-Rhône - 04 75 78 30 52 - www.lecarredalethius.com - fermé mar. et merc. midi, dim. soir, lun., 1re quinz. de janv., 2e quinz. de février et d'août - - formule déj. 20/26 € en semaine, menus 48/89 €.* Au milieu du village, cette table vit au rythme de la cuisine d'Olivier Samin, jeune chef expérimenté (ancien second d'Anne-Sophie Pic, *p. 48*). Il compose ici une cuisine au gré du marché, portée par un sacré sens de l'équilibre : cuissons précises, veloutés et crèmes d'une légèreté aérienne. Carrément délicieux ! L'établissement compte également quelques chambres à la décoration contemporaine *(89/120 €).*

PETITE PAUSE

À proximité

Terre Adélice – *Le Moulinon - rte de l'Eyrieux - 07190 St-Sauveur-de-Montagut - 04 75 65 43 00 - juil.-août, lun.-vend. 14h-19h, sam. 10h-12h, 14h-19h, dim. 15h-19h, le reste de l'année lun.-vend. 14h-17h (fermé vend. oct.-mars).* Les Lyonnais connaissent bien ce glacier réputé du quartier St-Jean, dont la fabrique se situe en Ardèche. Elle ne se visite pas mais il est possible d'y acheter les productions de la maison qui propose glaces et sorbets artisanaux aux parfums inattendus : cardamome, clairette de Die, foie gras, géranium, sans oublier les marrons et le chocolat (Valrhona, bien sûr !).

Lamastre

2 523 Lamastrois – Ardèche (07)

Lamastre, tout le monde descend ! Le train à vapeur s'y arrête le mardi, jour de marché. En venant de Tournon, on apprécie l'étonnante vallée du Doux qui y conduit. La ville doit beaucoup à cette rivière qui entraînait ses moulins et de nombreux ateliers. Les châteaux en ruines assistent, impassibles, à l'essor touristique de la cité.

NOS ADRESSES PAGE 113
Hébergement, restauration, achats, activités, etc.

S'INFORMER

Office de tourisme – *24 av. de Boissy-d'Anglas - 07270 Lamastre - 04 75 06 48 99 - www.lamastre.fr - juil.-août : 9h30-12h30, 13h30-18h, dim. et j. fériés 9h30-12h30 ; avr.-juin et sept. : tlj sf lun. 10h-12h30, 14h-17h, dim. 10h-12h30 ; oct. : tlj sf dim. 10h-12h30, 14h-17h ; reste de l'année : tlj sf dim.-lun. 10h-12h30 - fermé certains j. fériés.*

SE REPÉRER

Carte de microrégion B3 (p. 82-83).

La ville se trouve à 35 km à l'ouest de Valence, sur la D 533. Elle est située à 373 m d'altitude sur les rives du Doux, rivière qui la relie à Tournon.

À NE PAS MANQUER

La vue sur le bassin du Doux à Rochebloine ; le charme de Désaignes.

AVEC LES ENFANTS

Une baignade au plan d'eau de Désaignes ; le parcours ludique « Lamastre en lumière » (renseignements à l'office de tourisme) ; le «Mastrou », train de l'Ardèche qui circule entre Tournon et Lamastre (*voir encadré p. 98*).

Se promener

L'ancienne ville haute est dominée par le **château de Peychelard** (table d'orientation et parcours d'interprétation), tandis que sur les bords du Doux se développe la ville basse, le Savel.

Église

Située en haut de la ville, dans le vieux quartier de Marcheville, c'est une construction de style roman, aux pierres d'une jolie coloration rose. Seule l'abside, décorée extérieurement d'une baie polylobée, date du 12e s. ; le reste de l'édifice est une reconstruction moderne. De la terrasse de l'église, vue plongeante sur la ville, dominée par les vestiges d'un château féodal.

À proximité Carte de microrégion

★★ Point de vue de Rochebloine B3

9 km à l'ouest par la D 236.

Au début de la montée, la route offre une vue sur les ruines du château de Retourtour. Jusqu'à Nozières, le parcours en corniche découvre des vues étendues sur les crêtes séparant le Doux et l'Eyrieux, puis, à droite, sur la butte de Boucieu-le-Roi. À 2,5 km au-delà de Nozières, un chemin se détache à gauche ; le sentier qui le prolonge mène aux ruines de Rochebloine.

Train touristique reliant Tournon à Lamastre.
F. Guiziou / hemis.fr

Dans un virage prononcé à droite, un chemin (*15mn à pied AR*) conduit à l'extrémité du promontoire où subsistent quelques vestiges d'un château fort. La vue sur le haut bassin du Doux est saisissante.

★ Désaignes B3

7 km à l'ouest par la D 533.

Bien des vestiges, dont ceux d'une voie romaine, attestent l'importance du village à l'époque gallo-romaine. Il deviendra, bien plus tard, la ville la plus peuplée du Vivarais. De cette grandeur passée, Désaignes, Village de caractère, conserve un bel ensemble restauré. En franchissant le porche de l'enceinte, on découvre des maisons gothiques et des ruelles étroites que dominent le temple et le château du 14e s. Le **temple**, construit en 1822 sur le site d'une ancienne forteresse du 11e s., a gardé pour clocher le donjon avec ses belles fenêtres à colonnettes romanes.

Château – *R. du Temple - 04 75 06 66 21 - www.desaignes.fr - de déb. juil. à mi-sept. : tlj sf lun. 14h-18h ; du w.-end de Pâques à fin juin et de mi-sept. à la Toussaint : w.-end 14h-18h - fermé 1er Mai - 4 € (-18 ans 2 €) - en été, un caveau de dégustation est aménagé dans les caves du château, avec au menu : charcuteries, miels, confitures, sans oublier le fameux picodon.* Il conserve des fenêtres Renaissance et des cheminées monumentales. Sa visite se fait par l'escalier à vis qui débouche sur le poste de guet de la tour. Son ancienne salle à manger abrite un **musée de la Vie rurale** qui évoque la vie quotidienne dans la région et son histoire : cahier de doléances de Désaignes (1789), histoire des huguenots du Vivarais, Désaignois célèbres (Chazallon, Killian…), guerre 1939-1945 et Résistance.

Circuit conseillé Carte de microrégion

★ ENTRE DOUX ET EYRIEUX

64 km. Circuit tracé sur la carte de microrégion (p. 82-83). Comptez environ 3h. Quittez Lamastre au sud, en direction de Vernoux (D 2), puis empruntez à droite la D 283 vers Cluac. Jolies vues sur le vallon de la Sumène et le bassin supérieur du Doux. *À Cluac, empruntez la D 21, à droite.*

La descente sur Nonières offre une vue sur un horizon hérissé de sucs volcaniques ; puis, au cours de la montée vers St-Julien-Labrousse, par la D 241, un virage dévoile une ample **vue★** sur les sucs du massif du Mézenc.

Chalencon B4

Classée Village de caractère, cette ancienne cité protestante, jadis fortifiée, était le siège d'une importante baronnie. De ses remparts détruits par Richelieu en 1623 ne demeurent que la tour de Diane et une porte. Le temple a conservé sa chaire du désert qui était amenée sur les lieux de culte clandestins. Remarquez vers la fontaine des mesures à grains de l'époque de l'Ancien Régime. De l'esplanade du monument aux morts, située dans la partie la plus ancienne du bourg *(place du Valla)*, vue plongeante sur les gorges de l'Eyrieux.

Vernoux-en-Vivarais (p. 107) B4

Quittez Vernoux par la D 14 et revenez à Lamastre par la D 105 et le col de Montreynaud (D 2).

Le parcours ombragé de châtaigniers est agréable ; remarquez les maisons basses du plateau de Châteauneuf-de-Vernoux. Du col, on découvre une vue sur le bassin de Lamastre et la haute vallée du Doux, dominés au nord par les monts de Lalouvesc.

NOS ADRESSES À LAMASTRE

HÉBERGEMENT

À Lamastre

PREMIER PRIX

Hôtel Les Négociants – *14 pl. Rampon - ☎ 04 75 06 41 34 - www.hotel-negociants-ardeche.com - fermé 15 nov.-1er déc. - ♿ - 15 ch. 55/67 € - ☕ 8 € - rest. menus 19,50/31 €.* Quel plaisir de s'attabler sur cette terrasse fleurie ! Mais le bonheur est aussi dans l'assiette pour qui veut découvrir la gastronomie ardéchoise à des prix très abordables. Chambres propres et bien entretenues.

À proximité

BUDGET MOYEN

Chambre d'hôte Le Veyroux de Longefaye – *Hameau de Longefaye - 05750 Désaignes - ☎ 04 75 06 61 74 - leveyrouxdelongefaye.com - restaurant fermé dim. soir, lun. soir, mar., merc., jeu. soir - 3 ch. 80 € ☕ - table d'hôte (sur réserv.) 25 €.* Cette maison d'hôte de charme, blottie dans les collines, possède trois ravissantes chambres et un sauna. La maison raconte les voyages des hôtes, dont l'accueil est très chaleureux (et les repas excellents). De la piscine, sur l'une des terrasses du jardin, belle vue sur les collines alentour.

RESTAURATION

À proximité

BUDGET MOYEN

L'Escapade – *Le Groubon - 07270 Le Crestet (à 2 km au nord-est de Lamastre en direction d'Empurany) - ☎ 09 70 35 04 79 - ♿ - P - menus 22/38,50 € - 9 ch. 58/61 € - ☕ 8 €.* Situé à deux pas du hameau historique de Monteil, au bord du Doux, ce petit restaurant sert une cuisine du terroir, à base de produits locaux. Également quelques chambres modernes, toutes avec terrasse.

ACTIVITÉS

Descendez les **gorges du Doux** à bord du **train de l'Ardèche** *(encadré à Tournon-sur-Rhône, p. 98).*

Baignade – Le plan d'eau des Salins, à Désaignes, fait le bonheur des vacanciers qui viennent s'y prélasser et s'y baigner *(☎ 04 75 06 61 19 - mar.-dim. 13h-18h, juil. et août seulement ; baignade surveillée - gratuit).*

ACHATS

La ferme du Châtaignier – *Le Roux - 07270 Lamastre - ☎ 06 25 12 63 17 - www.ferme-du-chataignier.com - juil.-août : 11h-19h ; reste de l'année : merc. et sam. 15h-19h - fermé dim., de mi-nov. à mi-avr. - possibilité de visite guidée (30mn).* Si vous voulez tout savoir sur la châtaigne, venez ici : visite de l'exploitation et de l'atelier de transformation, suivie d'une dégustation *(3 €, -18 ans gratuit).* Goûter à la ferme *(6 €).* Vente des produits de la châtaigneraie et du verger.

1

Lalouvesc

498 Louvetous – Ardèche (07)

Une basilique dans ce modeste village ? On y vénère saint Jean-François Régis. Décédé tragiquement en 1640, ce « missionnaire » a marqué la région. Lieu de pèlerinage, Lalouvesc est aussi une agréable station établie sur un col à 1 050 m d'altitude, appréciée pour la pureté de son air et de ses sources, entre deux monts boisés.

NOS ADRESSES PAGE 116
Hébergement, restauration, achats, activités, etc.

S'INFORMER

Office du tourisme de Lalouvesc et du val d'Ay – *R. St-François-Régis - 07520 Lalouvesc - ☎ 04 75 67 84 20 - www.valday-ardeche.com - juil.-août : 9h-12h, 14h30-18h30, dim. 10h-12h, 14h30-17h30 ; mai-juin et sept. : tlj sf dim.-lun. et j. fériés 9h-12h, 14h-18h ; reste de l'année : tlj sf dim.-lun. et j. fériés 9h-12h, 14h-17h30, sam. 10h-12h.*

SE REPÉRER

Carte de microrégion B2 (p. 82-83).

À 25 km au sud-ouest d'Annonay, Lalouvesc siège dans une zone montagneuse encadrée par le suc de Mirabel et les montagnes de Chaix et du Besset.

À NE PAS MANQUER

Le panorama de la basilique ; les routes des plateaux.

AVEC LES ENFANTS

Le village ardéchois miniature au col du Buisson ; les RandoTub'à St-Félicien.

Se promener

Basilique

Construite au 19e s. par Pierre Bossan, l'architecte de Notre-Dame de Fourvière à Lyon, elle se dresse, comme l'église qu'elle a remplacée, sur le lieu de la tombe du saint. À l'intérieur, une châsse en bronze abrite ses reliques.
À proximité de la basilique, les pèlerins peuvent visiter, outre la chapelle St-François-Régis, élevée sur le lieu de la mort du saint, un petit musée avec un diaporama, une œuvre de Serraz, des souvenirs de saint Jean-François Régis, et le couvent du Cénacle où se trouvent la chapelle et la châsse de **sainte Thérèse Couderc** (1805-1885), canonisée en 1970.

★ Point de vue

De la table d'orientation située devant la basilique se découvre un vaste **panorama** sur la vallée du Rhône et les Alpes au-dessus de la trouée de l'Ay.

Circuit conseillé Carte de microrégion

★ LES PLATEAUX DE L'ARDÈCHE DU NORD

62 km. Circuit tracé sur la carte de microrégion (p. 82-83). Comptez environ 2h30. Quittez Lalouvesc par la D 532, direction Tournon, puis empruntez à droite la D 236 vers Lamastre.

La route contourne la montagne du Besset. Le parcours, ombragé, offre des échappées vers le Mézenc et des **vues★** sur les villages perchés de Lafarre et de Molières.

Col du Buisson B3

Alt. 920 m. Laissez la voiture sur le parking. Au nord-est, la **vue** porte, par temps clair, sur le mont Blanc, les Grandes Rousses et la Meije ; au sud se profilent la vallée du Doux et, plus à l'ouest, les monts Mézenc et le Gerbier-de-Jonc.

À l'intersection des D 273 et D 236 s'étend un **village ardéchois miniature**, réalisé en granit du pays. *06 13 59 42 77 - juil.-août : 10h-19h ; reste de l'année : w.-end 10h-19h - fermé sept.-avr. - possibilité de visite guidée (30mn) - 2 € (-9 ans gratuit).*

Empruntez la D 273 à gauche.

Pailharès (B2) conserve le dessin rectangulaire de son ancienne enceinte fortifiée. Le vieux village mérite le détour, et l'église une visite.

Saint-Félicien B2

Office de tourisme *– Pl. de l'Hôtel-de-Ville - 07410 St-Félicien - 04 75 06 06 12 - http://tourisme-saintfelicien.fr - juil.-août : 9h-12h30, 13h30-18h30, dim. et j. fériés 9h-12h30 ; juin : tlj sf dim. 9h-12h30, 13h30-17h30, sam. 9h-12h30 ; avr.-mai et sept.-oct. : tlj sf dim.-lun. 9h-12h30, 13h30-17h30, sam. 9h-12h30 ; reste de l'année : tlj sf w.-end et lun. 9h-12h30, 13h30-17h30.*

St-Félicien évoque l'Ardéchoise, la plus grande course cycliste et cyclotouriste d'Europe qui, chaque année en juin, démarre ici et rassemble plusieurs milliers de participants (*p. 22 et 33*). Son **église** est intéressante pour ses parties romanes : arcature du collatéral nord, avec ses pilastres surmontés de colonnes engagées. Le village a aussi donné son nom à un petit fromage au lait de vache, proche en goût du saint-marcellin, mais aujourd'hui peu fabriqué sur place.

Créées par l'office de tourisme, les **RandoTub'**se déroulent sur trois sentiers découverte destinés à tous les âges. Les randonneurs, munis d'un carnet de route, doivent répondre à des questions cachées dans des tubes le long du parcours.

Suivez à gauche la D 115.

Le parcours en corniche offre de belles **vues★** en direction de la vallée du Rhône.

À Satillieu, empruntez la D 480 vers St-Symphorien-de-Mahun, puis prenez une route à gauche.

L'APÔTRE DU VIVARAIS

Né à Fontcouverte, près de Narbonne, en 1597, **Jean-François Régis** entre au noviciat des jésuites à Toulouse où il est ordonné prêtre en 1630. C'est l'époque de la Contre-Réforme : les évêques envoient dans leur diocèse des « missionnaires » chargés moins de convertir les protestants que de ranimer la foi des catholiques. Dès ses premières missions, Jean-François Régis, par son humilité et sa flamme, sait gagner le cœur des populations simples et farouches des Boutières et des hauts plateaux du Velay et du Vivarais. Lalouvesc n'est encore qu'un humble village quand, fin 1640, l'apôtre vient y prêcher à la veille de Noël. Égaré sur les pentes de la montagne de Chaix, dans la tempête de neige et la « burle » glacée, il se réfugia la nuit dans une cabane de bûcheron où il prit froid. Après sa mort à Lalouvesc le 31 décembre, les habitants, qui avaient jalousement gardé son corps, auraient été témoins de miracles. Jean-François Régis fut canonisé en 1737.

1

Veyrines B2

L'**église** est un édifice roman en granit d'une simplicité attachante, notamment la façade avec son porche creux orné de tores. À l'intérieur, remarquez, à l'entrée du chœur, deux chapiteaux frustes : à droite, la descente du Christ aux limbes ; à gauche, Ève recevant du serpent, dans une main, la pomme qu'elle place, de l'autre main, dans la bouche d'Adam.

Retour à Lalouvesc par la D 578^A, s'élevant au flanc de la montagne de Chaix.

NOS ADRESSES À LALOUVESC

HÉBERGEMENT ET RESTAURATION

BUDGET MOYEN

Restaurant des Voyageurs – *10 r. des Cévennes - ✆ 04 75 67 83 40 - www.voyageurs-lalouvesc.fr - fermé 15 nov.-15 mars - 24 ch. 34/48 € - ☕ 7,10 € - P - ♿ - menus 27/31 €.* Si le restaurant, d'un bon niveau, met à l'honneur les produits du terroir, au gré des saisons, les chambres sont un peu vieillottes, quoique correctes et bon marché.

À proximité

POUR SE FAIRE PLAISIR

Hôtel Le Fort du Pré – *43290 St-Bonnet-le-Froid (à 11 km au nord-ouest de Lalouvesc par la D 532) - ✆ 04 71 59 91 83 - www.le-fort-du-pre.fr - fermé déc.-fév., dim. soir et lun. sf juil.-août - P - ♿ - 🏊 - 34 ch. 83/124 € - ☕ 10 € - rest. menus 29/71 €.* Isolée en pleine nature, dans le département voisin de la Haute-Loire, cette très belle ferme restaurée constitue l'un des meilleurs hébergements du coin. Vous apprécierez ses chambres cosy et ses activités de loisirs (piscine couverte, fitness). La salle à manger est prolongée par une véranda, elle-même ouverte sur une verdoyante terrasse. Produits du terroir et cours de cuisine.

ACHATS

À proximité

Free Mousse– *Le Petit-Berger - 07410 St-Victor (à 6 km à l'est de St-Félicien par la D 532) - ✆ 04 75 06 58 78 - freemousse.fr - visite de la brasserie-boutique lun.-vend. 15h-18h, sam. sur RV.* Créée en 2014 par deux amateurs de produits du terroir, cette brasserie propose une gamme de bières réalisées dans le respect des méthodes traditionnelles. Après la visite des installations, qui livre des explications sur l'élaboration de la bière, la boutique permet de faire quelques emplettes. Les bières Free Mousse figurent à la carte de nombreux établissements de la région.

Saint-Agrève

2 506 Saint-Agrèvois – Ardèche (07)

Station appréciée des amateurs de tourisme vert, St-Agrève est située sur les pentes du mont Chiniac à 1 050 m d'altitude. Rares sont les monuments qui subsitent dans le bourg, malheureusement rasé plusieurs fois pendant les guerres de Religion. Reste l'écrin du massif granitique des Boutières, pays d'eau et de monts, qui offre de superbes balades, à pied ou en voiture, agrémentées de points de vue pittoresques.

NOS ADRESSES PAGE 120
Hébergement, restauration, achats, activités, etc.

S'INFORMER

Office de tourisme – *35 Grand-Rue - 07320 St-Agrève - 04 75 30 15 06 - www.paysdesaintagreve-tourisme.fr - juil.-août : 9h-12h, 14h-18h, sam. 9h-12h, 14h-17h30, dim. et j. fériés 10h-12h ; juin et sept. : tlj sf dim., j. fériés et merc. 9h-12h, 14h-17h30, sam. 9h-12h, 14h-16h30 ; reste de l'année : tlj sf dim., j. fériés et merc. 9h-12h, 14h-17h, sam. 9h-12h, 14h-16h30.*

SE REPÉRER

Carte de microrégion B3 (p. 82-83).

St-Agrève est presque à mi-chemin entre Le Puy-en-Velay (51 km à l'ouest) et Valence (61 km à l'est).

À NE PAS MANQUER

Les saisissants points de vue du mont Chiniac et des Boutières.

AVEC LES ENFANTS

Les activités nautiques du lac de Devesset ; une promenade sur le chemin de fer du Velay ; la visite et les activités de l'École du vent à St-Clément ; les ruines de Rochebonne.

1

Se promener

Vieux village

On peut monter au vieux village de St-Agrève, serré au pied du château, et dont les rares vestiges sont enfouis sous les arbres du parc de Clavière. Magnifique panorama depuis la table d'orientation.

Au pied du château, sur la pente sud, s'étageait la vieille ville (maisons de pierre).

★★ Mont Chiniac

Alt. 1 120 m. Place de la République, prenez la montée des Sports, puis tournez à gauche à un carrefour (possibilité d'accès à pied par la rue de l'Église).

La route mène au sommet du mont Chiniac dont la couronne de sapins domine le bourg. Appelé Chinacum par les Romains, St-Agrève aurait été rebaptisé en l'honneur de saint Agrippa, évêque martyrisé sur le mont Chiniac.

Laissez la voiture sur un terre-plein à gauche, 150 m avant la table d'orientation. La **vue** s'étend au sud-ouest sur le massif du Mézenc où se détachent le suc de Montivernoux, le Gerbier-de-Jonc, la dorsale du Mézenc ; à l'ouest sur le massif du Meygal et le pic du Lizieux ; au nord-est sur les monts de Lalouvesc.

À proximité Carte de microrégion

Devesset B3

8 km au nord par la D 9.
Au 12e s., les Hospitaliers de St-Jean de Jérusalem, séduits par ce site qui offre une belle vue panoramique sur les Alpes et le Massif central, y installèrent une commanderie.
Aujourd'hui, la commune est une base pour la pratique de loisirs, pour la plupart concentrés autour du vaste **lac** artificiel (48 ha).

Circuit conseillé Carte de microrégion

★★ LES BOUTIÈRES

80 km. Circuit tracé sur la carte de microrégion (p. 82-83). Comptez environ 4h.
Au sud de St-Agrève et au nord du Parc naturel régional des Monts d'Ardèche, les Boutières sont constituées de montagnes aux pentes abruptes où le châtaignier est roi. L'autre spécificité de ces paysages est la culture en terrasses, petits murs de pierre entretenus depuis des générations par les habitants.
Quittez St-Agrève au sud par la D 120 vers Le Cheylard.
Au cours de la descente, la vue se dégage sur le Mézenc, puis la route (D 120) s'enfonce dans le ravin de l'Eyrieux naissant.
À la sortie de St-Julien-Boutières, prenez à droite la D 101, remontant la vallée encaissée de la Rimande.
La calotte du mont Signon ferme la perspective. En débouchant sur le plateau, on découvre à droite le pic du Lizieux et, à gauche, le Mézenc.

Fay-sur-Lignon A3

Au flanc d'un piton phonolithique, Fay-sur-Lignon *(prononcez faï)* offre, aux confins du Velay et du Vivarais, l'aspect d'une bourgade montagnarde : les maisons basses semblent se serrer pour mieux résister en hiver aux rafales de la « burle » glacée. L'hiver, un foyer de ski de fond attire les amateurs de neige.
À Fay, empruntez à gauche la D 262, pittoresque, qui conduit à St-Clément.

École du vent à Saint-Clément A3

04 75 30 41 01 - www.ecole-du-vent.com - ♿ - juil.-août : 10h-12h30, 14h-18h30 ; avr.-juin et sept. : tlj sf lun.-mar. 14h-18h ; oct. : w.-end 14h-17h ; vac. de fév., vac. de la Toussaint et vac. de Noël : tlj sf lun.-mar. 14h-17h - fermé 1er janv., 25 déc. - 5 € (-19 ans 3,25 €) - 15 € billet famille (2 adultes + 2 enf.).
Ce musée, installé dans une vieille demeure en pierre, représente l'un des pôles du Parc naturel régional des Monts d'Ardèche. Il est dédié au vent autour duquel sont développées les thématiques de visite : les différentes sortes de vents, construire avec le vent, comment l'homme a volé, comment volent les oiseaux, l'énergie et le vent… Les plus audacieux tenteront de voler avec des ailes dans une « machine diabolique » de la première salle ; les plus tranquilles s'installeront dans de confortables fauteuils pour écouter les sons du vent et tenter de les reconnaître. L'école propose toutes sortes d'animations (décrites sur le site Internet), en particulier La Virée au pays du peuple du vent, un circuit audioguidé d'une journée. Idéal à pratiquer en famille, il entraîne le promeneur à la découverte du massif du Mézenc en résolvant une énigme. Près du village, un sentier d'interprétation géologique permet d'observer douze coulées de lave.
En sortant de St-Clément, un saisissant **point de vue★★** se découvre sur le Gerbier-de-Jonc, le suc de Sara et le Mézenc, dans l'axe du fossé de la Saliouse.

Le cirque des Boutières.
Ch. Guy/hemis.fr

1

Au-delà de Lachapelle-sous-Chanéac, la D 278 descend vers l'Eyrieux que l'on franchit à Armanas.

Le parcours (D 478), très accidenté, offre de très jolies vues sur le cirque du haut Eyrieux, puis sur St-Martin-de-Valamas, bien situé au confluent de l'Eysse et de l'Eyrieux.

★ Ruines de Rochebonne B3

Laissez la voiture en bordure de la route.

Le **site★★** est grandiose. Étagés sur des rochers granitiques fissurés, dominant la trouée de l'Eyrieux, les vestiges de la forteresse féodale se découpent face à un immense **panorama** dominé par le Mézenc.

Bien que livrées à l'oubli et à l'érosion, les ruines en imposent encore : à partir du 11e s., la famille de Châteauneuf avait construit là une forteresse qui fut prise et pillée pendant les guerres de Religion.

Descendez (30mn à pied) pour approcher des ruines, en serrant à gauche.

Un sentier conduit près d'autres rochers fissurés encadrant un ravin piqueté de pins où un torrent tombe en fraîches petites cascades.

Poursuivez sur la D 478 jusqu'à St-Jean-Roure où vous tournez à droite.

Le Cheylard B3

Le centre ancien joliment restauré accueille une très moderne **Arche des métiers**. L'ancienne tannerie surplombant la Dorne a en effet été redessinée et présente un panorama instructif des activités industrielles d'hier et d'aujourd'hui dans la vallée, premier pôle industriel d'Ardèche. S'y fabriquent bijouterie industrielle, fibres techniques, eau minérale naturellement gazeuse d'Arcens (60 millions de bouteilles par an), fruits surgelés, etc.

L'occasion est bonne de découvrir, entre autres, René Perrier, fondateur du groupe du même nom, qui commença sa carrière dans la région par l'invention de la première machine à homogénéiser la limonade (1962).

L'Arche des métiers organise chaque année des expositions temporaires ainsi que des conférences et une programmation culturelle. ✆ *04 75 20*

24 56 - www.arche-des-metiers.com - ♿ - juil.-août : 10h-12h, 14h-18h30, w.-end et j. fériés 14h-18h30 ; juin-sept. et vac. scol. : 14h-18h30 ; oct.-mai : tlj sf w.-end et j. fériés 14h-18h30 - fermé 17 déc.-17 fév. - 5 € (-6 ans gratuit) - possibilité de visite guidée (1h30).

Quittez le centre du village par la D 204 en direction du camping pour parcourir à peine 1,5 km.

Château de la Chèze B4

Rte de St-Christol - ✆ 04 75 29 45 93 - http://lacheze.voila.net - visite guidée (1h20) de fin juil. à mi-août : 16h ; reste de l'année : sur demande préalable - fermé w.-end - participation libre - J. portes ouvertes (15 août) avec animations 10h-12h, 13h30-18h.

Cette imposante bâtisse du 14e s. présente un plan rectangulaire flanqué d'une tour polygonale et de quatre tours rondes. L'une d'entre elles, au nord, fait office de donjon et abrite la chapelle.

En 1622, le château passa aux mains des protestants qui y firent d'importants travaux défensifs : remarquez sur les façades les couleuvrines et bouches à feu qui côtoient les fenêtres à meneaux. En 1629, la réaction catholique engendre de nouvelles démolitions. Un important chantier de rénovation a permis la reconstruction de voûtes et plafonds à la française. Toujours en cours, il offre un intérêt pédagogique à la visite illustrée par les différentes étapes de restauration.

Revenez à St-Jean-Roure où vous prenez la D 478 à droite. Tournez ensuite à droite dans la D 21 jusqu'au lieu-dit la Citadelle.

Site éolien B3

✆ 04 75 30 15 06 - www.paysdesaintagreve-tourisme.fr - se rens. à l'office de tourisme - balade libre sur le sentier d'interprétation de 5 km avec panneaux explicatifs.

Inaugurées en 2007, les six éoliennes font partie d'une démarche énergétique globale et participent au développement local visant à valoriser les ressources propres au pays. Sentier d'interprétation.

Le retour à St-Agrève se fait par la D 21 en sens inverse.

NOS ADRESSES À SAINT-AGRÈVE

HÉBERGEMENT

BUDGET MOYEN

Hôtel Le Bois Sauvage – *Rte de Valence - ✆ 04 75 30 00 00 - www.leboissauvage.com - fermé janv.-fév. - P - ♿ - 27 ch. 69/92 € ☕ 9,50 € - rest. menus 16/19,50 €.* Niché dans un grand parc arboré, cet hôtel-restaurant se veut proche de la nature sans pour autant négliger confort et modernité. Une belle réussite quand on constate l'état impeccable et l'équipement des chambres. L'appétissante cuisine à base de produits locaux vient parfaire le tableau.

POUR SE FAIRE PLAISIR

Domaine de Rilhac – *À 2 km au sud-est de St-Agrève par D 120, D 21, puis rte secondaire - ✆ 04 75 30 20 20 - www.domaine-de-rilhac.com - fermé du 20 déc. à mi-mars, mar. soir, jeu. midi et merc. - P - ♿ - 7 ch. 95/180 € ☕ 15 € - formule déj. 19,50 € - menus 31/48 €.* Arrêtez-vous au domaine de Rilhac pour profiter du calme et du charmant décor de cette ferme ardéchoise, joliment rénovée. Les chambres agréables ont été aménagées dans un style simple et douillet. Dans la ravissante salle à manger tournée vers le Gerbier-de-Jonc, on déguste une cuisine faite à partir de produits locaux savamment choisis (truites, écrevisses, gibier, bœuf de Salers, champignons, etc.).

RESTAURATION

À proximité

BUDGET MOYEN

Les Hurle-Vents – *07320 St-Jeure-d'Andaure (8 km au nord-est de St-Agrève par la D 276) - ✆ 04 75 30 61 90 - fermé lun.soir en été, fermé les soirs du lun. au jeu. le reste de l'année - P - ♿ - menus 22/26 €.* En plein cœur d'un petit village qui domine la haute vallée du Doux, ce restaurant convivial travaille les produits du terroir avec une touche personnalisée. La carte, où l'on trouve du gibier en période de chasse, n'oublie cependant pas le poisson, cuisiné ici avec des quenelles lyonnaises et une sauce au safran.

ACHATS

La Ferme des Abeilles – *43430 Fay-sur-Lignon - ✆ 04 71 59 55 80 - lafermedesabeilles.com - lun.-sam. : 9h-12h, 13h30-18h - fermé en janv. et horaires restreints de fév. à avril.* Avec ses 850 ruches, cette exploitation produit et vend dans la boutique toutes sortes de miels (fleurs de montagne, acacia, châtaignier, lavande, bruyère, etc.), mais aussi de l'hydromel, des confiseries, des produits cosmétiques, des compléments alimentaires et de la cire d'abeille pour les meubles.

ACTIVITÉS

Chemin de fer touristique du Velay – *R. de la Croix - ✆ 04 71 59 81 99 - www.velay-express.fr.* Entre Tence et St-Agrève, ou entre Tence et Montfaucon, le chemin de fer touristique du Velay est une très belle façon de découvrir la vallée et les gorges du Lignon. Durant le parcours, on aperçoit au loin les monts du Forez, le mont Mézenc et le Gerbier-de-Jonc. *Juil.-août : vend.-dim. et j. fériés (ligne Tence-Montfaucon) 9h30-17h30, merc. (ligne Tence-St-Agrève) 10h30-16h40 ; juin et sept. : dim. (ligne Montfaucon-St Agrève) 9h45-17h15 - rens. aux offices du tourisme de Tence (✆ 04 81 59 81 99), Le Chambon-sur-Lignon (✆ 04 71 59 71 56), Montfaucon (✆ 04 71 59 95 73), ou St-Agrève (✆ 04 75 30 15 06) - 12-18 € (-12 ans 9 à 15 €) AR.*

Base de loisirs du lac de Devesset – *07320 Devesset - ✆ 04 75 30 01 86 - www.lac-de-devesset.fr.* Baignade surveillée, parc aquatique *(en été)*, pédalo, école de voile, location VTT, snack mais aussi camping et location de chalets et mobil-homes. Toutes sortes d'événements et de manifestations tout au long de l'été dont un marché de producteurs locaux *(juil.-août merc. 17h-20h).*

1

Le mont Mézenc

★★★

Ardèche (07) et Haute-Loire (43)

Formé d'un cortège de dômes et de pitons volcaniques appelés « sucs », le massif du Mézenc dessine la ligne de partage des eaux entre la Méditerranée et l'Atlantique. Il présente deux visages radicalement différents : encaissé en direction du Rhône, il est appelé le « plateau » par les habitants du Velay, présentant côté auvergnat de vastes étendues dénudées et ventées, propices aux estives. En chemin vers le point culminant, le mont Mézenc, vous jouirez d'un panorama à couper le souffle, laissant entrevoir, au loin, la longue et impressionnante chaîne des Alpes.

NOS ADRESSES PAGE 127
Hébergement, restauration, achats, activités, etc.

S'INFORMER

Office du tourisme du pays du Mézenc et de la Loire sauvage – *32 r. St-Pierre - 43150 Le Monastier-sur-Gazeille - ✆ 04 71 08 37 76 - www.mezencloiresauvage.com - juil.-août : 10h-12h, 14h30-18h ; mai-juin : tlj sf dim.-lun. 14h-17h30 ; reste de l'année : tlj sf w.-end 14h-17h - fermé de mi-oct. à fin mars.*

SE REPÉRER

Carte de microrégion A3-4 (p. 82-83). Point de départ des circuits proposés, Le Lac-d'Issarlès est situé à 67 km au sud-ouest de St-Agrève et à 57 km au nord-ouest de Vals-les-Bains.

À NE PAS MANQUER

Le mont Gerbier-de-Jonc où vous voyez des filets d'eau qui vont se transformer en fleuve ; un autre panorama impressionnant vous attend en haut du mont Mézenc.

Découvrir

★★★ Mont Mézenc

Deux accès sont possibles, mais le mieux signalé – et aussi le plus fréquenté – est celui de la Croix de Boutières.

Accès par la Croix de Boutières – *2,5 km au départ des Estables par la D 631. Laissez la voiture à la Croix de Boutières (alt. 1 508 m).* Le rocher qui domine le col de la Croix de Boutières, à droite, offre une belle **vue**★★ sur le suc de Sara, la montagne de Roche-Borée et les Boutières.

Prenez le GR 7 (1h15 à pied AR) qui s'élève, à gauche, vers le sommet.

★★★ **Panorama** – Si le temps le permet, le lever du soleil derrière les Alpes est un spectacle inoubliable, mais qui impose de partir des Estables très tôt et chaudement vêtu. Du sommet, un panorama immense se révèle : au nord, le Meygal et les monts du Forez ; à l'ouest, le bassin du Puy, le Velay et les monts d'Auvergne ; au sud, le lac d'Issarlès et un horizon de sucs ; à l'est, les gorges de la Saliouse et de l'Eysse creusent, vers le haut Eyrieux, le pays des Boutières aux trouées profondes entrecoupées de crêtes, de serres et de pics : des plans multiples, enchevêtrés, se dessinent jusqu'à la vallée du Rhône. Au-delà apparaissent les Alpes dont on distingue, par temps clair, les principaux sommets.

Accès par la Croix de Peccata – *3 km au départ des Estables. Laissez la voiture à la Croix de Peccata (alt. 1 570 m), puis prenez à droite le sentier (1h à pied AR).* Il s'élève sous bois, puis serpente au milieu des bruyères et des genévriers. *Obliquez à gauche vers le sommet nord (1 749 m), surmonté d'une croix.* Par le replat intérieur séparant les deux sommets, on gagne le sommet sud (1 753 m).
Rejoignez la D 274 au nord.

À proximité Carte de microrégion A4

Rocher de Soutron - Chapelle St-Julien

Au départ du village de Borée. Suivez la direction Échamps/Chanéac.
Borée est un petit village aux maisons de pierre blotties au pied des volcans, à proximité du Petit Gerbier-de-Jonc communément appelé le Goulayou. La route passe ensuite par le **col de l'Ardéchoise** (1 184 m) d'où l'on a une belle vue sur les collines alentour.
1 km après, prenez à droite direction échamps.
échamps est un joli hameau dont les maisons sont couvertes de toits de lauzes ou de chaume végétal.
Après le hameau, au niveau de la fourche, suivez le panneau « Réserve d'eau », passez devant la réserve et vous arrivez ensuite au pied du rocher.
En montant à travers bois *(AR 1h, facile mais attention aux enfants à proximité de la chapelle, le versant est escarpé)*, vous parvenez au rocher de Soutron (1 140 m) surmonté de la petite chapelle St-Julien, en pierre, datée du 17e s.
La **vue** depuis ce promontoire rocheux est magnifique avec, au loin, les sucs ardéchoix et la vallée d'Arcens.

Circuits conseillés Carte de microrégion

★★ EN ROUTE VERS LE MONT MÉZENC A4

Circuit de 90 km tracé sur la carte de microrégion (p. 82-83). Comptez une journée.

★ Lac d'Issarlès

Office de tourisme – *Pl. de l'Église - 07470 Le Lac-d'Issarlès - 04 66 46 17 69 - www.coucouron-lacdissarles.com - de mi-juin à fin août : 9h-12h, 14h-18h, j. fériés 9h-12h - fermé dim.*
Tel un saphir incrusté dans un profond cratère, le joli lac d'Issarlès apporte tout l'éclat de ses eaux d'un bleu intense à sa parure volcanique ponctuée de sucs. De forme arrondie, il fait partie de l'ensemble hydroélectrique de Montpezat, ce qui provoque des variations de niveau de son plan d'eau ; il est maintenu en pleine eau pendant la période estivale, durant laquelle il attire les amateurs de baignade.
Tour du lac – Situé à une altitude de 1 000 m, le lac occupe un cratère volcanique de 90 ha, profond de 138 m. Il est possible d'en faire le tour (environ 5 km de circonférence) ; une bonne partie de la promenade est en sous-bois, mais il est conseillé de se renseigner car les bords sont parfois inondés en fonction de l'activité hydroélectrique.
★ **Point de vue** – *15mn à pied AR. Empruntez, à l'extrémité sud du village, le chemin montant à gauche de la plage. Suivez-le à travers les pins, jusqu'aux vestiges d'une habitation troglodytique creusée dans un affleurement rocheux.*

1

Le massif du Mézenc

Le massif volcanique du Mézenc *(prononcez Mézin)* forme une barrière naturelle déterminant la ligne de partage des eaux entre l'Atlantique et la Méditerranée. Prolongé au nord par le Meygal, au sud-est par le Coiron, il constitue le centre d'une traînée volcanique coupant l'axe des Cévennes. Le Mézenc est flanqué à l'ouest par les monts granitiques de la Margeride, à l'est par les plateaux cristallins du Haut-Vivarais. Il culmine à 1 753 m au mont Mézenc qui a donné son nom à l'ensemble du massif.

UN PAYSAGE VOLCANIQUE

De splendides coulées basaltiques

Au flanc des vallées, l'érosion a dégagé d'amples coulées basaltiques, particulièrement remarquables dans le cours supérieur de l'Ardèche et de ses affluents : la Volane, la Bourges, la Fontaulière et le Lignon. Ces coulées, en forme d'orgues prismatiques, ont créé des sites célèbres : cascade du Ray-Pic, chaussée de Thueyts, éperons de Pourcheyrolles, Jaujac, Antraigues.

Un cortège royal

Les **sucs** phonolithiques apparus à la fin de l'ère tertiaire forment, de part et d'autre du mont Mézenc, un cortège majestueux : au nord, le mont Signon (1 454 m) ; à l'est, la montagne de Roche-Borée et le suc de Touron (1 380 m) ; au sud-est, le suc de Sara (1 520 m), le Gerbier-de-Jonc (1 551 m), les sucs de Montivernoux (1 441 m) et de l'Areilladou (1 448 m) ; au sud, les sucs du Pal et de Bauzon ; au sud-ouest, le suc de Montfol (1 601 m) ; à l'ouest, le rocher Tourte (1 535 m) et le mont d'Alambre (1 691 m).

Des versants d'aspect contrasté

Du côté du Velay, le Mézenc offre l'aspect d'un immense plateau dénudé. En été, il évoque l'image d'une véritable steppe balayée par le vent, parsemée de fermes basses aux toits de chaume ou de lauzes. Le versant vivarois présente un paysage des plus tourmentés, s'enfonçant brutalement en direction du Rhône. Les torrents ont mis à nu le soubassement granitique.

LA FLORE DES SOMMETS

Le Haut-Mézenc possède une flore qui fera la joie des botanistes. Le séneçon leucophylle n'apparaît, dans tout le Massif central, qu'au sommet du Mézenc : c'est la fameuse « herbe du Mézenc », aux feuilles argentées et aux capitules d'un beau jaune vif. Grande violette des montagnes, anémone des Alpes, gentianes de toute sorte, trolles, arnicas, épilobes, saxifrages sont les plus répandus. Mais c'est à la floraison des narcisses, au mois de juin, que la montagne offre sa plus belle parure. Un marché traditionnel de plantes médicinales, la « foire des violettes », se tient à **Ste-Eulalie**, chaque année.

QUAND L'HIVER VIENT...

Un vaste domaine skiable, dit **« zone nordique du Mézenc »**, se prête l'hiver à la pratique du ski de fond. Plus de 100 km de pistes entretenues et aménagées sont réparties sur les communes de Chaudeyrolles, de Freycenet-la-Cuche, des Estables et de St-Front ainsi que sur le mont d'Alambre au-dessus des Estables.

Un peu plus loin, un second rocher forme un excellent belvédère au-dessus du lac et de son cadre forestier. De cette plate-forme, un sentier dégringole vers la rive sablonneuse, que l'on pourra suivre au retour.
Quittez Le Lac-d'Issarlès par la D 16 vers Le Béage où vous prenez la direction de Ste-Eulalie.

Ste-Eulalie

Office de tourisme – *Le Village - 07510 Ste-Eulalie - 04 75 38 89 78 - www.ardeche-sources-loire.com - juil.-août : 9h-12h, 14h30-18h, dim. et j. fériés 8h30-12h30 ; juin et sept. : tlj sf dim. et merc. 9h-12h, 14h-17h30, sam. 8h30-12h30 ; reste de l'année : tlj sf w.-end et merc. 9h-12h, 14h-17h30, sam. 8h30-12h30 - fermé 1er janv., 1er Mai, 1er et 11 Nov., 25 déc.*
Commune du Gerbier-de-Jonc et donc des sources de la Loire, le village est également réputé pour ses toits de genêts qui disparaissent malheureusement du paysage. Juste à côté de la mairie se dresse la **ferme de Clastres**. Du 11e s., cette vaste bâtisse en pierre basaltique et en granit, à l'architecture typique de la région, a conservé son toit de lauzes tandis que sa grange est couverte d'une toiture en genêts, communément appelée « paillisse » *(la commune envisage de faire restaurer cette ferme pour l'ouvrir au public. Un petit jardin de plantes est en cours d'aménagement).*
Vers le Gerbier-de-Jonc, on peut voir également une très belle « paillisse » à la **ferme Philip**. *04 75 38 80 00 - de mi-juil. à fin août : 15h-18h ; reste de l'année : sur demande préalable - fermé w.-end - possibilité de visite guidée sur demande - 5 € (enfant 3 €).*
Continuez sur la D 122 vers Lachamp-Raphaël jusqu'au carrefour avec la D 378.

★ Ferme du Bourlatier

D 122 - 04 75 38 84 90 - www.la-montagne-ardechoise.com - juil.-août : 10h30-18h ; mai-juin et sept. : w.-end et j. fériés 10h30-18h, merc. 14h30-17h30 - 3 € (-15 ans 1,50 €) - possibilité de visite guidée sur demande (45mn) juil.-août : 14h ; mai-juin et sept. : w.-end 15h.
Magnifique témoin de l'architecture à toits de lauzes, cette grande ferme seigneuriale *(en bord de route)* a été totalement restaurée selon les règles de l'art. Sa partie la plus exceptionnelle est sa superbe charpente en forme de carène renversée qui doit supporter les quelque 150 t de la toiture ! Des expositions permanentes s'intéressent aux paysages du Mézenc, à ses sentiers et à sa flore. également des expositions temporaires à thèmes et un espace boutique vendant les produits du terroir.
Prenez au carrefour la D 378 en direction des Estables et du Gerbier-de-Jonc.

★★ Gerbier-de-Jonc

Pourquoi ce nom ? Le mot « Gerbier » est la latinisation de la racine indo-européenne *gar* signifiant « rocher ». Quant au mot « Jonc », c'est un dérivé du latin *jugum*, « montagne ». Littéralement, Gerbier-de-Jonc signifie donc le mont rocheux, aux dépens de l'image plaisante d'une gerbe de joncs…

On ne peut pas manquer son étonnante silhouette qui se détache à 1 551 m d'altitude, sur la ligne de crête séparant les bassins de la Loire et du Rhône.

Le Gerbier, qui appartient au massif du Mézenc, est constitué de roches phonolithiques. Ces roches, d'origine volcanique et sonores sous le choc, se délitent par plaques. Elles forment des éboulis instables et semblent habiller le mont d'une carapace écailleuse. Au pied du versant sud-ouest naissent plusieurs filets d'eau : les sources de la **Loire**.

Accès – C'est en venant de St-Martial, au nord-est, ou de Ste-Eulalie, au sud, en remontant le vallon pastoral de la Loire naissante, que la découverte du Gerbier-de-Jonc est la plus frappante.

1

Ascension – La montée est rude mais assez courte *(45mn à pied AR).* Du sommet, le **panorama★★** est impressionnant. Du côté nord-est, le regard plonge au-dessus de la trouée de l'Eysse, affluent de l'Eyrieux ; du fond des ravins monte le sourd grondement du torrent. La vue est particulièrement belle vers le sud-est, découvrant un vaste horizon de crêtes et de sucs qui hérissent l'échine de la montagne, entre Eyrieux et Ardèche. Le mont d'Alambre, le Mézenc et le suc de Sara bornent l'horizon au nord, le suc de Montfol à l'ouest. Reconnaissable à sa forme tabulaire, le suc de la Barre forme un premier plan tout proche au sud. Une partie de la chaîne des Alpes est visible par temps clair.

Poursuivez sur la D 378 vers Les Estables.

Très agréable parcours de crête, en particulier à l'approche du rocher des Pradoux.

Les Estables

Pl. du Mézenc - 43150 Les Estables - 04 71 08 37 76 - www.mezencloiresauvage.com - juil.-août : 10h-12h, 15h30-18h30 ; déc.-mars : 9h-12h, 13h30-17h30 ; reste de l'année : se rens. - fermé lun. de Pâques, 11 Nov.

À 1 367 m d'altitude, sur les contreforts du Mézenc, ce village montagnard est le plus élevé du Massif central. Grâce aux remonte-pentes installés sur les flancs du mont d'Alambre (1 691 m) et aux nombreuses pistes de ski de fond, le tourisme hivernal s'y est considérablement développé.

Traversez le village dans le sens sud-nord pour prendre à droite vers le mont Mézenc par la Croix de Peccata.

★ LES PLATEAUX VOLCANIQUES Hors plan par A4

Circuit de 60 km tracé sur la carte de microrégion (p. 82-83). Comptez une demi-journée. Quittez Le Lac-d'Issarlès par la D 16. On passe par Coucouron, décrit en fin de circuit. Après avoir emprunté la D 110, prenez, au carrefour avec la N 102, la petite route en face qui mène à Lespéron.

Lespéron

L'église romane, mêlant le granit et la pierre volcanique, est un exemple intéressant de sanctuaire montagnard, avec son clocher-peigne, les chapiteaux sculptés de sa nef et surtout sa belle abside à cinq pans.

Par la D 108 et la D 300, gagnez la N 102 pour rejoindre l'auberge de Peyrebeille.

Auberge de Peyrebeille

Cette maison reconstruite sur plan ancien, située sur la commune de Lanarce, est célèbre dans les annales criminelles.

C'est ici que les époux Martin, aidés de leur domestique, ont, pendant un quart de siècle, systématiquement massacré, pour les piller, les voyageurs qui s'arrêtaient chez eux. Le futur préfet du Second Empire Haussmann faillit être leur victime. L'affaire éclata en mai 1831. Les assassins furent finalement arrêtés, condamnés à mort et exécutés en 1833 dans la cour même de l'auberge. La thèse de leur culpabilité a fait l'objet de controverses. La sinistre auberge a inspiré Claude Autant-Lara qui en a fait un film en 1951, *L'Auberge rouge*, repris en 2007 par Gérard Krawczyk. Le cynisme des époux Martin s'y révèle sans limites et rien ne semble pouvoir arrêter cette organisation meurtrière… avant qu'un moine (l'inimitable Fernandel) vienne, très involontairement, tout bouleverser…

Prenez à gauche la D 16.

Coucouron

Le bourg, voué à l'industrie laitière et fromagère, a donné son nom à un fromage, ou plus exactement une « fourme », que l'on trouve essentiellement dans la région. Il possède une église dont on remarquera le portail roman. À l'intérieur, grand christ en bois (16e s.).

La D 16 rejoint Le Lac-d'Issarlès.

NOS ADRESSES AU MONT MÉZENC

HÉBERGEMENT

BUDGET MOYEN

Chambre d'hôte La Retrouvade – *Chauvy - 07310 La Rochette - ✆ 04 75 29 11 94 - www.retrouvade.com -* P - *- 4 ch. et 1 roulotte (pour 2) 60 € - table d'hôte 21 €.* Que la vue est belle de cette ferme au toit de lauzes, située à proximité du mont Mézenc, dans le Parc régional des Monts de l'Ardèche ! Ici vous attendent un bon feu dans la cheminée, de jolies chambres confortables et une table d'hôte très conviviale *(le soir seulement, réserv. indispensable)*. Fabienne cuisine des produits bio de saison et des plantes issues du potager ou de la cueillette. Quant à Norbert, il peut organiser des circuits touristiques et de superbes randonnées. Possibilité de louer des vélos électriques. La Retrouvade fait partie de l'association « menus curieux » *(www.menuscurieux.fr)*.

ACHATS

Les Confitures de Nicole – *à 800 m du Gerbier-de-Jonc sur la D 378 - les Echaffis - 07210 Ste-Eulalie - ✆ 04 75 38 89 82 - www.lesconfituresdenicole.com - de Pâques à fin nov. : 9h-19h.* Artisan confiturier, Nicole concocte de délicieuses confitures de fruits (myrtille, châtaigne), mais aussi de fleurs et de baies sauvages (serpolet, pissenlit, bourgeon de pin…). Également de la crème de marrons, des liqueurs et des apéritifs maison. Possibilité de goûter sur place une succulente tarte aux myrtilles.

Le bœuf fin gras du Mézenc – *Association Fin Gras du Mézenc - www.aoc-fin-gras-du-mezenc.com.* Vous en trouverez dans les boucheries aux alentours du Mézenc, uniquement de février à juin. Les bœufs, nés sur le massif du Mézenc, sont élevés sur place à plus de 1 100 m d'altitude, au foin et à l'herbe, et sont engraissés durant le dernier hiver avec du foin naturel de montagne contenant certaines herbes qui rendent la viande particulièrement goûteuse.

La violine de Borée – Cultivée sur le versant sud-est du Mézenc, cette pomme de terre se caractérise par sa couleur violette, sa peau noire et son goût subtil de noisette.

L'Ardèche du Sud 2

Carte Michelin Départements 331 – Ardèche (07)

Plateau du Coiron.

Ch. Guy/hemis.fr

L'ARDÈCHE DU SUD
0 5 km
AVEN D'ORGNAC ★★★ Vaut le voyage
Thines ★★ Mérite un détour
Viviers ★ Intéressant
Vals-les-Bains À voir
Ville de départ du circuit
A
B
1
2
3
Parc
Loire
Cascade du Ray-Pic
St-Cirgues-en-Montagne
D 110
Burzet
D 215
Bourges
Mazan-l'Abbaye
Forêt de Mazan
Éperon de Pourcheyrolles
D 239
Montpezat-sous-Bauzon
Pont de Veyrières
D 26
D 536
1266
Col de la Chavade
Chât. de Montlaur
Thueyts
Meyras
N 102
Mayres
Chât. de Chadenac
Neyrac-les-Bains
N 88
Allier
Col de la Crx-de-Bauzon
D 19
1308
Lignon
Jaujac
MENDE
LOZÈRE
Trappe de N.-D.-des-Neiges
D 301
Gges de la Borne
1370
Col de Meyrand
D 5
La Bastide-Puylaurent
D 4
St-Laurent-les-Bains
Valgorge
D 24
des Monts d'Ardèche
Chassezac
D 6
Petit Paris
D 151
Sentier des Lauzes
Tauriers
Largentière
D 203
D 220
Montselgues
St-Jean-de-Pourcharesse
Gges de la Beaume
D 901
Thines
Joyeuse
Pied-de-Borne
D 10
D 207
D 104
St-Pierre-le-Déchausselat
Payzac
D 350
Labeaume
D 113
Parc national des Cévennes
Gravières
Chambonas
Les Salelles
Les Vans
Naves
Bois de Païolive
GARD
Banne
D 901
D 104
D 51
Le Coiron
Vallées de la Volane et de la Bourges
Circuit du col de l'Escrinet
Massif du Tanargue
Montagne et haute vallée de l'Ardèche
Les défilés de l'Ardèche
Villages du Vivarais cévenol
Corniche du Vivarais cévenol
Route panoramique
Plateau d'Orgnac
Plateau des Gras
Haute vallée de l'Ibie
Villages-belvédères du Coiron

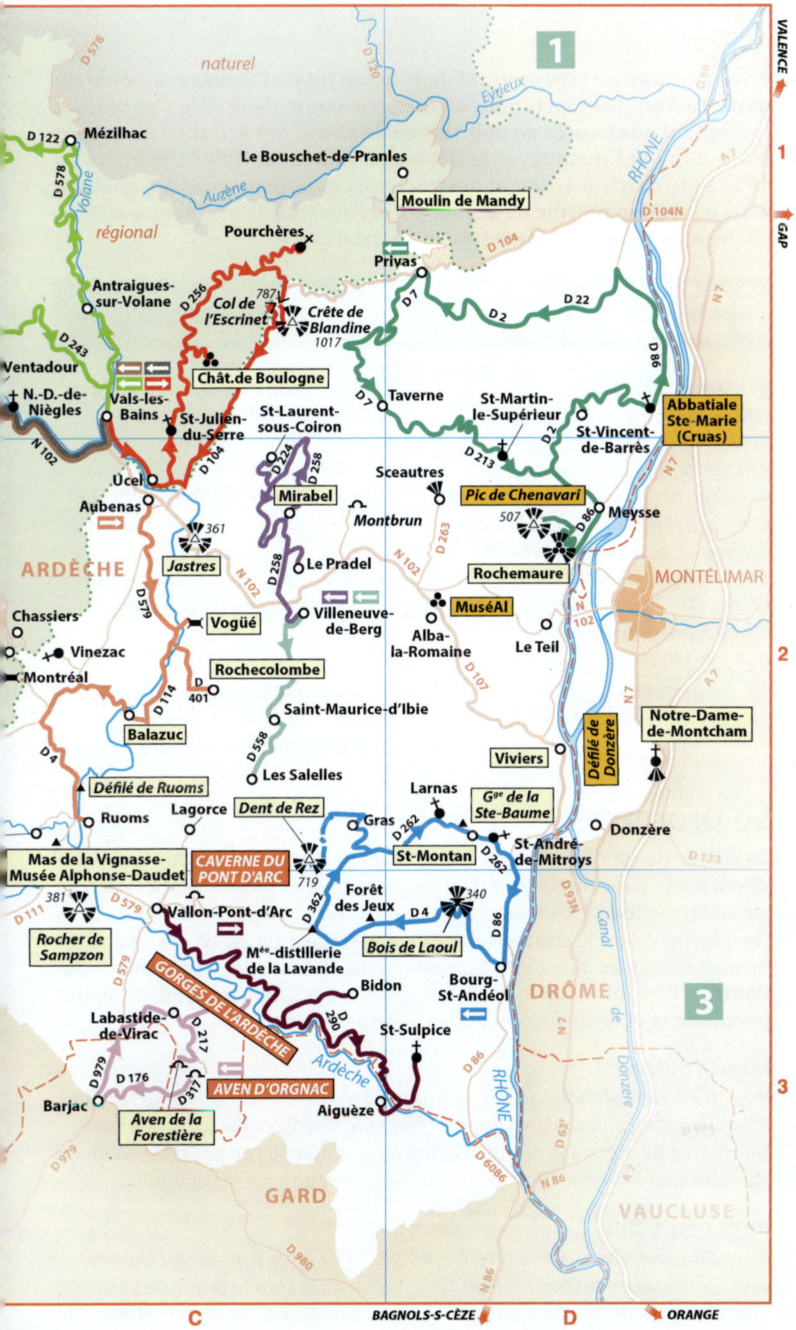

C
D
1
2
3
VALENCE
GAP
BAGNOLS-S-CÈZE
ORANGE
naturel
régional
Mézilhac
Le Bouschet-de-Pranles
Moulin de Mandy
Pourchères
Privas
Antraigues-sur-Volane
Col de l'Escrinet
787
Crête de Blandine
1017
Ventadour
N.-D.-de-Niègles
Vals-les-Bains
Chât.de Boulogne
St-Julien-du-Serre
Taverne
St-Martin-le-Supérieur
St-Vincent-de-Barrès
Abbatiale Ste-Marie (Cruas)
St-Laurent-sous-Coiron
Ucel
Aubenas
Mirabel
Sceautres
Pic de Chenavari
507
Meysse
Montbrun
361
Jastres
Le Pradel
Rochemaure
ARDÈCHE
MONTÉLIMAR
Chassiers
Vogüé
Villeneuve-de-Berg
MuséAl
Alba-la-Romaine
Le Teil
Vinezac
Montréal
Rochecolombe
Balazuc
Saint-Maurice-d'Ibie
Défilé de Donzère
Notre-Dame-de-Montcham
Viviers
Les Salelles
Défilé de Ruoms
Ruoms
Lagorce
Dent de Rez
Larnas
Gge de la Ste-Baume
Gras
St-Montan
St-André-de-Mitroys
Donzère
Mas de la Vignasse-Musée Alphonse-Daudet
CAVERNE DU PONT D'ARC
719
381
Vallon-Pont-d'Arc
Forêt des Jeux
340
Rocher de Sampzon
Mée-distillerie de la Lavande
Bois de Laoul
Bourg-St-Andéol
Bidon
GORGES DE L'ARDÈCHE
DRÔME
Labastide-de-Virac
St-Sulpice
AVEN D'ORGNAC
Barjac
Aiguèze
Aven de la Forestière
GARD
VAUCLUSE
RHÔNE
Ardèche
Canal de Donzère
Eyrieux
Auzène
Volane
D 578
D 122
D 120
D 104
D 104N
D 86
D 22
D 2
D 7
D 256
D 243
N 102
D 213
D 224
D 258
D 263
D 579
D 114
D 401
D 107
N 7
A 7
D 558
D 4
D 262
D 362
D 111
D 290
D 133
D 93N
D 979
D 176
D 217
D 317
D 6086
N 86
D 980
D 994
D 63

Privas

8 352 Privadois – Ardèche (07)

Privas occupe un site original dans le bassin de l'Ouvèze, au pied du mont Toulon. Tout en longueur, la partie haute de la ville s'encombre facilement aux heures de pointe. Peu de places ont été aussi durement marquées par l'Histoire, et le siège qu'a subi la capitale huguenote au 17e s. a été particulièrement destructeur. Les remparts ont été abattus, mais pas le dynamisme de la ville qui est devenue la préfecture de l'Ardèche et la capitale incontestée du marron glacé.

NOS ADRESSES PAGE 139
Hébergement, restauration, achats, activités, etc.

S'INFORMER

Office du tourisme du pays de Privas – *3 pl. du Général-de-Gaulle - 07000 Privas - 04 75 64 33 35 - www.privasrhonevallees.com - juin-sept. : 9h-19h, j. fériés 9h-17h ; avr.-mai et oct. : tlj sf dim. 9h-12h, 14h-17h, sam. 9h-12h, 14h-16h, j. fériés 9h-13h ; nov.-mars : tlj sf dim. et j. fériés 9h-12h, 14h-17h, sam. 9h-12h - fermé 1er mai.*

SE REPÉRER

Carte de microrégion D1 (p. 130-131).

Située entre le Parc naturel régional des Monts d'Ardèche et la vallée du Rhône, Privas se trouve à une trentaine de kilomètres d'Aubenas (au sud-ouest) et de Montélimar (au sud-est).

À NE PAS MANQUER

L'architecture et la mécanique des moulins à Pranles ; les paysages volcaniques du Coiron.

AVEC LES ENFANTS

Apprendre le fonctionnement des moulins à Pranles ; suivre la voie verte de la vallée de la Payre.

Se promener

L'office de tourisme fournit le plan d'un parcours historique à travers la ville. Il passe par vingt-quatre panneaux (dont vingt dans le centre-ville) qui remontent le temps, de l'époque gallo-romaine à nos jours.

On découvre ainsi le **couvent des Récollets**, construit au 17e s. à l'emplacement d'un château (aujourd'hui conservatoire de musique), la **tour Diane-de-Poitiers** (15e s.) avec son escalier à vis, place de la République, les anciennes **portes de la ville** ou encore l'**église St-Thomas** (19e.).

Mont Toulon

1h AR. Depuis l'hôtel de ville, remontez la rue Hélène-Durand pour rejoindre le boulevard du Montoulon à gauche. Itinéraire fourni par l'office de tourisme.

Un chemin fléché, sur la droite, conduit au sommet où l'on peut découvrir un **calvaire** monumental (trois croix) et une belle **vue★** sur les environs.

Pont Louis-XIII

Au sud du centre-ville. En voiture, empruntez la D2 jusqu'à la rue de l'Ouvèze.

Jeté sur l'Ouvèze, cet ouvrage du 12e s., reconstruit sous le règne de Louis XIII après le siège de la ville, conserve son couronnement de gros corbeaux de pierre et offre une bonne vue sur le site de Privas.

SON CŒUR BALANCE

Privas a joué pendant les guerres de Religion un rôle de premier plan qui lui valut le titre de « boulevard (rempart) de la Réforme ». C'est un prêtre privadois, **Jacques Valéry** (ou Vallier), qui introduisit la Réforme à Privas dès 1534. Au centre des premières luttes religieuses, la ville fut l'une des places fortes concédées aux protestants par Henri IV, lors de l'édit de Nantes, en 1598.

Pour le meilleur et pour le pire – La politique d'unification de Richelieu et des haines encore vivaces raniment le conflit religieux qu'attise en Vivarais une question de mariage. **Paule de Chambaud**, veuve du chef huguenot Jacques de Chambaud, héritière de la baronnie de Privas, a le choix, pour se remarier, entre deux prétendants, un catholique et un protestant. Elle choisit le plus jeune, le catholique **Claude de Hautefort-Lestrange**, à la grande colère des Privadois, en majorité protestants, et qui ne veulent pas d'un « papiste » pour seigneur.

Les combats reprennent. En 1629, l'armée royale, commandée par Schomberg et Biron, vient camper devant Privas. Louis XIII s'installe au sud de la ville, dans une demeure désignée depuis sous le nom de « logis du Roi ». Face à l'armée royale, forte de 20 000 hommes, les assiégés ne disposent que de 1 600 défenseurs. Après un siège de seize jours, l'assaut est lancé. Une partie des défenseurs se réfugie sur le mont Toulon. Préférant « périr par le feu plutôt que par la corde », l'un de leurs chefs met le feu à ses propres réserves de poudre. Pris de panique, ses compagnons se jettent dehors, mais ils se font tuer par les soldats du roi. La ville est prise, pillée et brûlée, les habitants massacrés.

La revanche des Privadois – Les habitants qui avaient réussi à s'échapper obtinrent plus tard le droit de revenir, poursuivis cependant, de tribunal en tribunal, par le vicomte de Lestrange, leur seigneur, qui leur réclamait le prix de son château détruit… du moins jusqu'en 1632. Compromis dans l'un des complots de Gaston d'Orléans, Lestrange fut alors fait prisonnier et fouetté publiquement à Privas, puis exécuté à Pont-St-Esprit.

À proximité Carte de microrégion

Musée du Vivarais protestant au Bouschet-de-Pranles D1

15 km au nord par la D 2 et la D 344. 04 75 64 22 74 - lebouschetdepranles.free.fr - juil.-août : 10h-18h, dim. 14h-18h ; de mi-juin à fin juin et sept. : tlj sf lun. 14h-18h ; reste de l'année : w.-end et j. fériés 14h-18h - fermé oct.-avr. - possibilité de visite guidée (1h30) - 5 € (-10 ans 2 €) - 4 € billet combiné avec le Parc national des Monts d'Ardèche.

Ce petit musée a été installé dans la maison natale de **Pierre Durand**, pasteur des églises du désert au 18e s., et de sa sœur **Marie Durand**. Cette héroïne huguenote du 18e s. resta enfermée trente-huit ans dans la tour de Constance d'Aigues-Mortes (1730-1768), tandis que son frère fut pendu pour avoir continué à célébrer le culte. Au travers d'objets de la vie quotidienne, de bibles et de lettres ressurgit leur foi simple et forte. Pranles est devenu un haut lieu du martyre vivarois et le siège de la Société d'histoire du protestantisme français.

★ Moulin de Mandy à Pranles D1

13 km au nord par la D 2. En venant de Privas, restez sur la D 2 et tournez à gauche, 2 km après avoir laissé sur votre gauche la direction de Pranles. 04 75 65 02 63 - www.moulindemandy.fr - juil.-août : tlj sf sam. 14h30-18h30, merc. 10h30-18h30 (cuisson du pain au four à bois à 11h30); vac. de Pâques et vac. de la Toussaint : merc. 15h ; reste de l'année : sur demande préalable - 5 € (-15 ans 3 €) - animation à base de farine de châtaigne 2 jeu. en juil.-août - spectacle Mandyraton 1re quinz. d'août.

Si, pendant l'été, le débit des « béalières » est insuffisant pour produire de la farine comme pendant le reste de l'année, il permet néanmoins de mettre en route la lourde et belle **mécanique** de bois et de métal. La passion d'un vieux meunier, relayée par une association de passionnés, a permis la survie puis la restauration de ce moulin, agrandi au 19e s. sur la base d'un bâtiment du 15e s. Les moulins à grain, à huile, à tan et à laine, qui furent jusqu'à 103 greffés sur les eaux du Vivarais, ainsi que l'architecture d'Ardèche sont le thème d'une **exposition** permanente bien illustrée.

Plusieurs sentiers partent du moulin pour faire découvrir le réseau de béalières. L'un mène à l'**église** romane de **Pranles** *(1h15 AR)*, vestige d'un prieuré rattaché à La Chaise-Dieu. Remarquez la belle facture de ses chapiteaux.

Circuit conseillé Carte de microrégion

★★ LE COIRON

82 km. Circuit tracé sur la carte de microrégion (p. 130-131). Comptez une demi-journée. Quittez Privas par la D 7, au sud, en direction de Villeneuve-de-Berg.

Fortement érodée, la barre volcanique du Coiron limite, au nord, le Bas-Vivarais. Du col de l'Escrinet au Rhône, ses basaltes noirs interrompent la ligne des coteaux et créent le contraste puissant des dykes (roches éruptives formant muraille) de Rochemaure. La partie supérieure offre l'aspect d'un vaste plateau dénudé, d'une altitude moyenne de 800 m, s'élevant du Rhône vers le nord-ouest.

La route traverse le bassin de l'Ouvèze, puis pénètre dans le ravin calciné de la Bayonne. Au cours d'une montée se succèdent de très belles vues sur le site de Privas. Soudain le paysage s'assombrit : la couche de basalte a recouvert le socle de la montagne.

À l'embranchement vers Freyssenet, poursuivez à gauche vers Taverne.

Le plateau déroule ses vastes ondulations de landes piquetées de genévriers, de buis et de genêts. Dans cet horizon dépeuplé surgit l'humble hameau de **Taverne** (C1).

À Taverne, empruntez la D 213.

Entre le col de Fontenelle et le hameau des Molières, une large trouée permet d'apercevoir au loin le Rhône. Les premiers plans sont constitués par des orgues basaltiques d'où s'échappe un filet d'eau ; sur un versant, à droite, l'érosion a dégagé le calcaire sous-jacent. Puis c'est la descente rapide en contre-haut du hameau des Molières et au flanc d'un ravin montrant à nu ses strates.

L'arrivée à **St-Martin-le-Supérieur** (D2) est précédée d'une jolie vue sur sa charmante petite église romane à clocher-mur.

En contrebas de St-Martin-l'Inférieur, suivez la basse vallée du Lavezon dont le lit s'encombre de gros cailloux roulés noirs ou blancs.

Meysse D2

15mn à pied AR. Ce vieux village conserve, en arrière d'un front d'habitations plus récentes, son aspect de jadis. Autour de l'église romane s'étend un lacis de ruelles et de passages voûtés.

Prenez la D 86.

Paysage d'automne autour de Rochemaure.
R. Manin/hemis.fr

2

★ Rochemaure D2

✆ 04 75 49 59 20 - www.ot-cruas.fr - de mi-juil. à fin août : 10h-11h, 15h-18h ; reste de l'année : sur demande préalable - possibilité de visite guidée (1h) - 3 € (-18 ans gratuit).

Dominant la plaine de Montélimar, les ruines de Rochemaure se tiennent sur une arête marquant l'extrême avancée du Coiron. Le **site★★** est impressionnant et le contraste entre les prismes de basalte succédant, sur la rive du fleuve, aux escarpements calcaires, étonnant.

La forteresse (12e-14e s.), avec son village féodal protégé par une ceinture de remparts (classé Village de caractère), appartint jusqu'en 1378 à une branche de la famille des Adhémar, alliée aux comtes de Poitiers, puis à des familles tout aussi prestigieuses comme les Lévis-Ventadour ou les Rohan-Soubise. Plusieurs fois assiégée par les huguenots aux 16e et 17e s., elle fut abandonnée au 18e s.

Dans Rochemaure, empruntez à hauteur de l'église la petite route, passant entre le monument aux morts et la mairie, fléchée « Château ».

Chapelle N.-D.-des-Anges – *À droite sur la route montant au château.* Cette chapelle du 13e s., détruite en 1567 par les protestants, fut reconstruite en 1596. De style gothique, elle servit de sépulture aux propriétaires successifs du château. Au cours de la montée, on traverse par deux fois l'enceinte du 14e s.

Tournez à gauche en débouchant sur le plateau et laissez la voiture au pied de l'enceinte fortifiée. Gagnez les ruines en empruntant la route goudronnée qui bifurque sur la gauche.

★ **Ruines du château** – Fierté du château, son imposant **donjon** a été érigé au 12e s. sur un piton basaltique. Il est constitué d'une tour carrée surmontée d'une tour pentagonale (rajoutée par la suite) qui permettait aux archers de varier leur angle de tir. Pour adoucir l'austérité de la pierre basaltique, certaines parties de l'édifice ont été construites en calcaire blanc. La **vue★** s'étend au nord sur les tours de réfrigération de la centrale de Cruas-Meysse, le barrage de Rochemaure, à l'est sur la plaine de Montélimar, au sud sur le défilé de Donzère ; en arrière-plan se profilent le massif du Vercors et le mont Ventoux.

Le vieux village – *En revenant du château, empruntez devant la mairie la rue du Faubourg, puis la rue de la Violle.* Ses rues sont bordées de maisons à façades médiévales ; remarquez une maison du 15e s. ornée d'une fenêtre d'angle à double meneau. L'extrémité sud du village est limitée par la porte des Tournelles surmontée de son mâchicoulis.

★ **Passerelle himalayenne** – *Dans la ville basse. Laissez votre voiture au parking proche de l'hôtel Médiéval ou à celui de l'allée des Deux-Ponts et comptez une dizaine de minutes de marche.* Inaugurée en août 2013, cette passerelle de 339 m de long relie Rochemaure à Ancône (Drôme) en enjambant le Rhône. Elle remplace le vieux pont, premier ouvrage construit à cet endroit et inspiré du pont en « fil de fer » de Tournon qu'avait conçu l'ingénieur ardéchois **Marc Seguin** en 1825. En 1842, son équipe dota Rochemaure d'un ouvrage constitué de trois piles et d'un tablier soutenu par des câbles métalliques. Emporté par une crue spectaculaire en 1856, le pont fut reconstruit quelques années plus tard. Après les dégâts causés par la Seconde Guerre mondiale, il fut remplacé à la fin des années 1960 par un pont suspendu réservé aux piétons et aux cyclistes, jusqu'à sa fermeture en 1982 pour des raisons d'incendie. Rénové dans le cadre de la construction de **Via Rhôna**, il a trouvé une nouvelle vie sous la forme d'une passerelle accessible aux piétons et aux véhicules non motorisés. N'hésitez pas à l'emprunter afin d'apprécier la vue sur le fleuve, Rochemaure et la Drôme, mais attention, si vous êtes sujet au vertige, les jours de vent, la passerelle bouge un peu !

★★ Pic de Chenavari D2

4,5 km au départ du château de Rochemaure. Au pied de la chapelle St-Laurent, empruntez la route de droite, s'élevant jusqu'aux Videaux. Prenez alors à gauche le chemin des Freydières, puis continuez à monter, laissez à droite le chemin d'accès à une ferme et suivez à gauche une route non revêtue ; gagnez un seuil (pylônes électriques).

De là, on atteint facilement le sommet (45mn à pied AR). Du sommet (alt. 507 m), **vue** sur le Rhône, avec en avant-plan le donjon de Rochemaure ; plus à droite s'élèvent les collines de la Basse-Ardèche. Le Vercors et les Baronnies ferment l'horizon à l'est. Du côté sud s'étend en contrebas une vaste plate-forme basaltique dont le rebord est sculpté en orgues.

Revenez à Meysse, puis longez la basse vallée du Lavezon par la D 2 que l'on poursuit à droite, en direction de St-Vincent-de-Barrès.

La route pénètre dans la vaste dépression du **Barrès**, aux riches cultures. Elle emprunte la vallée affluente du Rhône qui sépare le massif calcaire de Cruas à droite et les Coirons volcaniques à gauche.

St-Vincent-de-Barrès D1

Ce beau village classé Village de caractère, perché sur un neck basaltique, émerge de la plaine du Barrès. Il est dominé par les tours de basalte de son ancienne forteresse. De l'esplanade de l'église, vue sur le Barrès.

Empruntez la D 322 qui serpente vers l'est sur 8,7 km.

Cruas D1

Office de tourisme – *1 pl. de la Liberté - 07350 Cruas - 04 75 49 59 20 - www.ot-cruas.fr - juil.-août : 10h-13h, 14h-18h, dim. 10h-13h ; avr.-juin et sept. : tlj sf dim. 10h-13h, 14h-18h, merc. et sam. 15h-18h ; reste de l'année : tlj sf dim. et j. fériés 14h-18h - fermé 1er Mai.*

Même si la ville compte quelques emplacements de parking, mieux vaut laisser son véhicule sur le grand parking de la mairie d'où l'on rejoint le centre en moins de 5mn.

La passerelle himalayenne de Rochemaure.
Tristan Zilberman

Signalée par les panaches de la centrale nucléaire, recouverte d'une pellicule poudreuse blanche provenant des cimenteries qui exploitent la falaise, la ville paie malheureusement un lourd tribut esthétique et écologique au développement industriel. Ce contexte difficile ne doit pas faire oublier son exceptionnel patrimoine constitué par son abbatiale et le vieux village que domine l'imposant donjon-chapelle.

2

★★ **Abbatiale Ste-Marie** – *1 pl. de la Liberté - ✆ 04 75 49 59 20 - www.ot-cruas.fr - visite guidée (1h) juil.-août : 10h, 11h, 14h, 15h, 16h et 17h, dim. 14h, 15h, 16h et 17h ; avr.-juin et sept. : tlj sf dim. 11h et 15h, merc. et sam. 14h ; reste de l'année : tlj sf dim. et j. fériés 15h, merc. et sam. 14h - fermé Vend. saint, 1er Mai - 3 € (-16 ans gratuit).*

C'est à **Prosper Mérimée** que l'église abbatiale doit son inscription à l'inventaire des monuments historiques (1847). Ce bel édifice roman, situé en contrebas de la rue centrale, est doté d'une façade (sur la route) dominée par une puissante tour-lanterne, sur plan carré, à étages en retrait. Au-dessus de la croisée du transept s'élève une seconde tour, surmontée d'un gros lanternon circulaire à toit conique. En contournant l'édifice, on remarque l'élégante homogénéité de sa décoration de bandes lombardes et le sobre ordonnancement du chevet.

UN TRAVAIL DE BÉNÉDICTIN

En 804, des moines bénédictins envoyés par saint Benoît d'Aniane, réformateur de l'ordre, fondent une abbaye à Cruas. La partie la plus ancienne de l'église remonte au 11e s. Pour se protéger des invasions et des inondations du Rhône, les bénédictins élèvent peu après, sur un replat rocheux de la falaise, une chapelle-refuge, intégrée plus tard dans un ensemble défensif qui lui vaudra le nom de « château des moines ». Aux 16e et 17e s., l'abbaye subit les attaques des huguenots, puis périclite. En 1741, l'évêque de Viviers en décide la suppression.

Pendant longtemps, l'édifice a intrigué les chercheurs, qui y relevaient un certain nombre d'anomalies architecturales. Ce n'est qu'en 1977, à la faveur de fouilles, qu'ils percèrent une partie de ses secrets. Ce qu'ils pensaient être une seconde crypte était en réalité une **tribune monastique** (fin du 12e s.), supportée par des colonnes aux superbes chapiteaux. Élément suffisamment rare pour être signalé, il représente le seul exemple du genre en France avec la tribune du prieuré de Serrabonne (Pyrénées-Orientales).
Construite à l'emplacement d'une villa gallo-romaine (1er-4e s.), puis d'une première chapelle d'époque carolingienne (9e s.), dont certains éléments sont encore visibles, l'abbatiale fut consacrée par le pape Urbain II en 1095. Elle comprend une nef voûtée en berceau, flanquée d'étroits collatéraux. Le sol a été fortement exhaussé entre le 15e et le 18e s., à la suite d'inondations provoquées par les crues du Crûle. Entre la nef et les bas-côtés, de robustes piliers portent des **chapiteaux sculptés** de motifs d'inspiration païenne (animaux, végétaux, vie quotidienne, tel le cordage des mariniers, etc.). Le chœur est prolongé par une tribune monastique qui s'étend sur les deux premières travées de la nef. Elle est surtout intéressante par son système de voûte qui témoigne de la transition entre roman et gothique : les arêtes des travées sont renforcées de gros tores se croisant à la façon d'ogives.
Derrière le maître-autel, l'abside conserve un **pavement en mosaïque**, de style byzantin, représentant le prophète Élie et le patriarche Énoch encadrant deux arbres de vie. La mosaïque porte la date de 1098, lisible à droite.
Sous le chœur de l'église, une **crypte** (11e s.) abritait les reliques de saint Torquat et de saint Josserand, que les fidèles pouvaient vénérer sans troubler l'office des moines siégeant au-dessus. La crypte présente une voûte d'arêtes sur colonnes monolithes, décorées de **chapiteaux**, dont la plupart montrent un animal isolé, oiseau ou quadrupède. L'ensemble de ce **bestiaire** constitue un remarquable spécimen des débuts de la sculpture romane.
Aujourd'hui, l'édifice est toujours un lieu de culte mais la messe n'y est pas célébrée tous les dimanches car le prêtre partage son temps entre plusieurs paroisses. L'acoustique y est excellente et des concerts y sont régulièrement organisés.
Donjon-chapelle – *Prenez la rue Jean-Jaurès : à environ 200 m, empruntez à gauche une route en montée ; laissez la voiture sur une esplanade et dirigez-vous vers les ruines à pied. ☏ 04 75 49 59 20 - www.ot-cruas.fr - horaires, se rens. à l'office de tourisme - possibilité de visite guidée sur demande (1h30).* L'édifice évoque un donjon : ses tourelles d'angle et les imposantes arcatures soutenant son couronnement crénelé cachent au regard la chapelle primitive du 12e s. En contrebas, remarquez un ensemble de maisons médiévales en cours de consolidation. Remarquez sur l'une des tours de la centrale nucléaire (impossible de ne pas la voir !) la fresque du Verseau, représenté par une enfant versant de l'eau sur des cristaux.
Retour à Privas par la D 86, puis la D 22 qui dessert Chomérac, et enfin la D 2.

NOS ADRESSES À PRIVAS

HÉBERGEMENT

À Privas

BUDGET MOYEN

Hôtel Les Châtaigniers – *Côte du Baron (1,5 km du centre en prenant la direction de Montélimar) - 04 75 66 39 60 - www.leschataigniers.fr - - - - 81 ch. 64/67 € - 8 € - formule déj. 13 € - menus 18/32 €.* Avec ses chambres fonctionnelles et climatisées, cet hôtel constitue une étape toute trouvée sur la route du massif du Coiron. Petit-déjeuner servi au bar ou en terrasse. Le restaurant O'Grill s'est fait une spécialité de grillades, comme son nom l'indique, et sert principalement des produits locaux.

Hôtel La Chaumette Porte des Suds – *Av. Vanel - 04 75 64 30 66 - www.hotelchaumette.fr - fermé 2 sem. fév. - - - - 36 ch. 80 € - 10 € - rest. menus 18/28 €.* Poussez la porte de cet hôtel pour découvrir un décor aux couleurs et aménagements évoquant la Provence, la Chine ou l'Afrique. Choisissez de préférence l'une des chambres rénovées. Salle à manger mariant mobilier contemporain et parquet en bois exotique. Terrasse et piscine.

À proximité

PREMIER PRIX

Camping Les Ilons – *07350 Cruas - 04 75 49 55 43 - www.campinglesilons.fr - - - réserv. conseillée - 80 empl. à partir de 16,50 €.* Les joies du camping au bord du lac. Les sanitaires ont été rénovés, de nouveaux aménagements réalisés. Un règlement strict préserve les usagers d'un voisinage bruyant. Piscine « haricot » et location de mobil-homes *(550 €/sem. pour 4 pers.).*

BUDGET MOYEN

Chambre d'hôte Le Chastelou– *Quartier Blanc - 07000 Flaviac (à 7 km à l'est de Privas par la D 104) - 06 60 55 30 29 - www.lechastelou.com - - - 2 ch. 60 € - - table d'hôte (sur réserv.) 22 € - fermé oct.-avr. sf w.-ends et vac. scolaires.* Une grande maison en bois en pleine nature : l'occasion de faire une pause au vert et au calme. Les chambres sont simples et confortables. Les propriétaires font goûter les excellentes confitures et pâtes de fruits maison, issues de leur exploitation agricole.

Hôtel Médiéval– *R. des Averses - 07400 Rochemaure - 04 75 49 07 05 - www.hotel-medieval.fr - fermé vac. de la Toussaint - 34 ch. 77/98 € - 9,50 €.* De belles chambres spacieuses et rénovées (sauf catégorie classique), dont certaines ont vue sur le château. L'ensemble est très paisible, notamment le grand jardin, particulièrement agréable.

POUR SE FAIRE PLAISIR

Le Mas de Bouilhac – *La Pize, 07000 Pranles (à 12 km au nord de Privas par la D 2 puis la D 344) - 06 50 98 06 57 - mas-de-bouilhac.com - fermé janv.-mars - - - - 1 ch., 1 gîte, 1 roulotte, 1 cabane à partir de 90 € - table d'hôte le soir (produits bio du potager) 29 €.* Un havre de paix pour les amoureux de la nature qui n'en oublient pas pour autant leur confort ! Tous les hébergements sont du meilleur goût et du plus grand confort, et l'accueil est excellent. Nombreuses activités possibles dans les environs (randonnée, équitation, kayak…).

2

UNE FOLIE

Chambre d'hôte Château de Fontblachère – *07210 St-Lager-Bressac (15 km au sud-est de Privas par la D 22, puis la D 2 et la D 322 à gauche face au village de St-Lager-Bressac, fléchage) - ✆ 04 75 65 15 02 - www.chateau-fontblachere.com - fermé nov.-mars - ouv. w.-end hors sais. - 🏊 - 5 ch. 150 € ☕ - table d'hôte 35 €.* Cette ravissante maison des collines ardéchoises est la promesse d'un séjour paisible dans un décor à la fois simple et élégant. Chambres peintes aux pigments naturels et aménagées avec goût. Orangerie (17e s.), piscine, tennis et Jacuzzi sont disséminés dans le superbe parc. Deux appartements pour les longs séjours.

Chambre d'hôte du Château de Rochessauve – *07210 Rochessauve (à 12 km au sud de Privas par la D 2 puis la D 199) - ✆ 04 75 65 07 06 - www.chateau-de-rochessauve.com - fermé janv.-mars - 🚭 - P - 🏊 - 3 ch. 130 € ☕ et 1 suite de 2 ch. 240 € - table d'hôte (sur réserv. d'avr. à nov.) 25/40 €.* Les montagnes ardéchoises servent d'écrin à ce château très tranquille dont les chambres dégagent une atmosphère raffinée. Les repas, composés de produits du terroir, sont servis dans la salle à manger, décorée d'objets de collection, ou dans le patio en été.

RESTAURATION

À Privas

BUDGET MOYEN

Le Corentin – *2 pl. de la République - ✆ 04 75 64 75 75 - www.lecorentin-privas.fr - fermé 15-30 mai, 15-30 sept., 25 déc.-1er janv., dim. soir et lun. - ♿ - formule déj. 13 €, menu 30 €.* Sur une petite place calme et ombragée, voisine de la tour Diane-de-Poitiers, cet établissement sert une cuisine bistrot soignée et un menu du terroir « Goûtez l'Ardèche » parfait pour découvrir les saveurs d'ici : caillette, joues de porc confites avec criques (pommes paillasson), picodon et glaces artisanales…

L'Ardèche est le premier département français producteur de châtaignes.
E. Chaix / Photononstop

Chez Lulu – *4 pl. du Foiral - ✆ 04 75 64 63 80 - fermé dim. et lun. - ♿ - menu « Goûtez l'Ardèche » 25,50 €.* Que vous preniez place dans la jolie salle décorée façon brocante ou sur la petite terrasse, vous apprécierez la qualité des plats d'une grande fraîcheur, toujours préparés avec des produits locaux de saison. L'endroit accueille aussi des concerts.

La Boria – *3 cours du Palais - ✆ 04 75 64 48 48 - fermé dim. soir, lun. et mar. - ♿ - formule déj. 18 €, menus 25/35 €.* L'un des derniers-nés de Privas est une réussite : joli cadre, produits locaux préparés avec soin et présentés avec raffinement, carte renouvelée au fil des saisons. L'occasion de faire un très bon repas.

ACHATS

Clément Faugier – *ZI du Lac - côte du Baron - ✆ 04 75 64 07 11 - www.clementfaugier.fr - ♿ - 8h30-11h45, 13h45-17h30, vend. 8h30-11h45, 13h45-16h30 - fermé w.-end et j. fériés.* On fabrique ici depuis 1882 des produits à base de marrons (crème, purée, marrons glacés, au cognac, au sirop), vendus individuellement ou présentés dans un joli panier cadeau. À voir, le petit musée et une vidéo expliquant les secrets de fabrication.

Brocante aux 4 Sous – *1719 rte de Privas - 07400 Meysse - ✆ 04 75 52 92 88 - www.brocante-4sous.com - ♿ - 14h-19h - fermé de mi-juil. à mi-août, 1er janv., 1er Mai, 25 déc.* Enfants de brocanteurs, Sylvie et Philippe ont repris l'affaire de leurs parents, créée en 1969, et désormais installée dans les locaux gigantesques d'une ancienne usine à chaux. Plusieurs milliers de mètres carrés dédiés aux objets et meubles de tous les styles et de toutes les époques, du classique au plus insolite. Un petit musée présente aussi les métiers populaires.

Une histoire de goût – *R. Élie-Reynier - ✆ 04 75 64 53 94 - tlj sf dim. et lun. 8h30-12h15, 15h-19h.* Une épicerie fine à ne pas manquer pour faire le plein de produits locaux.

ACTIVITÉS

Voie verte de la vallée de la Payre – Créée en 1861, la voie de chemin de fer qui reliait Le Pouzin à Privas servait autrefois au transport du minerai de fer extrait du bassin de Privas. Cette voie qui passe dans des tunnels, sur des viaducs et des ponts est en cours d'aménagement. Un premier tronçon de 4 km, accessible aux randonneurs et aux VTT, relie désormais Chomérac et St-Lager-Bressac. Un deuxième tronçon de 3 km mène jusqu'au Pouzin.

Vals-les-Bains

3 531 Valsois – Ardèche (07)

« Depuis 1602, l'Ardèche pétille ! » Découvrez sur place les raisons du succès de la fameuse eau de Vals, appréciée pour ses qualités digestives et son goût. L'arrivée sur la petite cité est des plus magistrales lorsqu'on la découvre au sortir des lacets du col de la Chavade. Traversée par la Volane, l'ancienne place forte protestante, idéalement placée à la rencontre de deux vallées, a dû se développer en longueur. Elle offre l'aspect d'un étroit couloir urbain, long de plus de 2 km, pour une largeur moyenne de 300 m.

NOS ADRESSES PAGE 153
Hébergement, restauration, achats, activités, etc.

S'INFORMER

Office du tourisme du pays d'Aubenas-Vals-Antraigues – *7 r. Jean-Jaurès - 07600 Vals-les-Bains - 04 75 89 02 03 - www.aubenas-vals.com - juil.-août : 9h-12h30, 14h-19h, dim. 9h-13h ; reste de l'année : tlj sf dim. 9h-12h, 14h-18h - fermé 1er janv., 1er Mai, 25 déc.*

SE REPÉRER

Carte de microrégion C1 (p. 130-131).
En voiture depuis l'A 7 sortie Loriol ou Montélimar Sud, depuis l'A 75 sortie Brioude. En train, gares TGV Valence ou Montélimar, puis bus/TER. Vals-les-Bains se niche à 5,5 km au nord d'Aubenas.

À NE PAS MANQUER

L'impressionnante cascade du Ray-Pic ; la source intermittente qui jaillit seulement toutes les six heures ; le goût de l'eau ; le col de Meyrand.

AVEC LES ENFANTS

Les jeux de la maison Champanhet ; la chaussée des Géants et le pont du Diable à Thueyts ; la cascade du Ray-Pic.

Se promener

Source intermittente

Plusieurs parcs agrémentent la station, notamment celui du Casino, particulièrement charmant. Le parc de l'Intermittente doit son nom à une source (connue en 1865), entourée d'une vasque pavée de prismes basaltiques, qui jaillit à 8 m de hauteur toutes les six heures : dans la journée, à 11h30 et 17h30 en été, à 10h30 et 16h30 en hiver.

Maison Champanhet

7 r. Jean-Jaurès - 04 75 37 81 60 - www.maison-champanhet.com - - juil.-août : 9h-12h30, 14h-19h, dim. 9h-13h ; reste de l'année : tlj sf dim. 9h-12h, 14h-18h - fermé 1er janv., 1er Mai, 25 déc. - 3,50 € (-5 ans gratuit).

Innovante, la famille Champanhet fut la première à avoir affermé les eaux de Vals-les-Bains. Sa maison, léguée à la ville, dévoile un intérieur bourgeois de la fin du 19e s. (notez la jolie rampe d'escalier) et met en valeur les savoir-faire agricoles et artisanaux typiques de la région : travail de la terre, du bois, du fer, de la soie, variété des moulins, cultures en terrasses. L'ensemble permet d'esquisser en quelques traits l'identité des hautes Cévennes ardéchoises. La muséographie est moderne, elle assortit ses commentaires de deux films et de jeux pour les enfants.

Les fresques de Vals-les-Bains.
J. Damase/MICHELIN

Rocher des Combes

Une des nombreuses excursions qui prennent Vals pour point de départ. *2 km, 20mn à pied AR*. De la table d'orientation (alt. 480 m), **vue** sur la trouée de l'Ardèche, Aubenas, le Tanargue, la chapelle Ste-Marguerite au sommet de sa colline, le chaînon de Mézilhac, le roc de Gourdon et le plateau du Coiron.

2

Circuits conseillés Carte de microrégion

★★ VALLÉES DE LA VOLANE ET DE LA BOURGES

69 km. Circuit tracé sur la carte de microrégion (p. 130-131). Comptez environ 4h. Quittez Vals par la D 578 au nord.

La montée de la vallée de la Volane offre des vues sur les coulées basaltiques qui assombrissent ce couloir; remarquez la dispersion des maisons, en hameaux étagés, de la commune d'Asperjoc, disposition imposée par l'étranglement de la vallée. L'apparition d'Antraigues, sur un éperon dominant le confluent de la Volane et de la Bise, marque la fin des coulées volcaniques.

Antraigues-sur-Volane C1

Ce charmant village perché vit autour de sa place ombragée bordée d'agréables terrasses et régulièrement occupée par des boulistes passionnés. La présence de Jean Ferrat (décédé en 2010) à partir des années 1960 a attiré pendant quelque temps des artistes connus, puis le village a retrouvé sa quiétude. La montée se poursuit dans un décor d'éboulis.

Maison Jean Ferrat – *Pl. de la Résistance - ✆ 04 75 94 73 49 - www.maison-jeanferrat.com - ♿ - mai-oct. : 9h-12h, 14h-18h ; reste de l'année : tlj sf mar. 9h-12h, 14h-18h - fermé janv. - 5 € (-12 ans gratuit).* Ouverte en 2013, cette maison rend hommage à l'auteur, compositeur et interprète qui vécut à Antraigues à partir des années 1960. Au rez-de-chaussée, 13 panneaux racontent sa vie et

SOIGNEZ-VOUS À L'EAU

La station thermale de Vals-les-Bains compte 145 sources. Captées à partir de 1600, elles ne furent vraiment exploitées qu'au milieu du 19e s. Leurs eaux sont froides (13°), bicarbonatées et sodiques ; leurs différences proviennent de leur degré de minéralisation : la plus connue, la source St-Jean, est faiblement minéralisée. Les eaux, surtout utilisées comme boisson – plusieurs millions de bouteilles sont expédiées chaque année –, exercent une action sédative sur l'estomac et stimulante sur le foie. Elles sont recommandées pour le traitement du diabète et de l'obésité. Des douches, des bains et des massages complètent la cure de boissons prises aux sources de la station. L'établissement thermal et le centre hospitalier spécialisé Paul-Ribeyre fonctionnent toute l'année.

donnent un aperçu de son œuvre. Au premier étage, assis à proximité de son piano, vous pouvez écouter ses chansons et ses interviews. Son bureau avec ses objets personnels occupe le deuxième étage.

Château de Craux – *3h à pied. Rens. et parcours à la maison de la randonnée du canton d'Antraigues au ✆ 04 75 38 74 37.* Cette belle randonnée au départ de la place d'Antraigues permet de monter au château de Craux *(fermé au public)*, en bordure d'un ancien volcan et à proximité d'une châtaigneraie aux arbres séculaires.

Mézilhac C1

Le village occupe, sur le rebord de la montagne vivaroise, un seuil séparant les bassins de l'Eyrieux et de l'Ardèche. Au nord, le ravin de la Dorne dévale vers l'Eyrieux ; au sud, la Volane s'engouffre vers l'Ardèche et Vals-les-Bains.

Du piton basaltique surmonté d'une croix, qui se dresse entre le vieux village et le col, la **vue★** s'étend au nord-ouest sur le Gerbier-de-Jonc et le Mézenc, au nord-est sur le cirque des Boutières, au sud sur la trouée de la Volane. Par temps couvert, les nuages bas envahissent cette trouée, ajoutant une note de magie au paysage.

Une route de crête, la D 122, passant au pied du suc de Montivernoux, mène à l'entrée de Lachamp-Raphaël, le plus haut village d'Ardèche, où l'on emprunte la D 215 descendant vers Burzet.

Une première halte s'impose au **belvédère du Ray-Pic** (alt. 1 100 m). De là, vous profiterez d'une très belle **vue★** sur le volcan du Ray-Pic, également nommé volcan de la Fialouse. Celui-ci a donné naissance à une coulée de lave d'une longueur exceptionnelle (23 m), dans laquelle la cascade et le ruisseau du Pic se sont frayé un chemin.

★★ Cascade du Ray-Pic B1

45mn à pied AR. Laissez la voiture au parc de stationnement aménagé à droite de la route. Attention, baignade interdite.

À l'entrée, des panneaux très didactiques expliquent la formation du site et sa découverte, puis un sentier s'enfonce dans la forêt. Trois belvédères permettent d'observer la cascade de plus en plus près : d'une plate-forme rocheuse supérieure, la rivière saute par plusieurs chutes entre deux surplombs basaltiques jusque dans un joli bassin aux eaux vertes. Remarquez, sur la gauche de la cascade, la forme de l'ancienne coulée de lave. C'est une succession de prismes basaltiques qui semblent comme emboîtés les uns dans les autres.

Burzet B1
Ce village est célèbre pour sa procession de la Passion : chaque année, le Vendredi saint, elle monte, par un rude sentier jalonné de stations, jusqu'au calvaire dominant le village de 300 m. En tête des fidèles qui chantent des cantiques et prient, un groupe de personnages costumés fait revivre le chemin de croix du Christ. Cette manifestation rassemble une foule de fidèles venus de toute la région. Burzet serait en outre la patrie de Bénézet qui construisit à la fin du 12e s. le célèbre pont d'Avignon.
L'**église**, de style gothique flamboyant, vaut surtout pour sa façade, que surmonte un imposant clocher-peigne.
Retour à Vals par St-Pierre-de-Colombier, Juvinas et une agréable petite route, la D 243, descendant la vallée de la Bézorgues.
On peut aussi gagner Montpezat-sous-Bauzon par la D 26, puis la D 536, et rejoindre le circuit « Montagne et haute vallée de l'Ardèche » décrit p. 148.

★ CIRCUIT DU COL DE L'ESCRINET

85 km. Circuit tracé sur la carte de microrégion (p. 130-131). Comptez environ 3h. Quittez Vals par la D 578B au sud.

Ucel C2
Vieux village bâti en cercle sur une butte dominant l'Ardèche.
À St-Privat, prenez à gauche la D 256 qui suit les vallées du Luol et de la Boulogne. Les vergers et les vignes alternent avec les châtaigniers et les pinèdes.

2

St-Julien-du-Serre C1
Le bourg possède une intéressante **église** romane du 12e s., à la silhouette curieuse avec ses gros arcs-boutants soutenant l'abside. Le portail latéral est remarquable par les cinq tores ornant ses voussures en retrait *(juil.-août : merc. et sam. apr.-midi ; reste de l'année : s'adresser à la mairie - ✆ 04 75 37 95 28).*
Par St-Michel-de-Boulogne, on atteint les ruines du château de Boulogne.

★ Château de Boulogne C1
Il mérite vraiment qu'on s'y arrête ! Au détour de la route sinueuse, on tombe nez à nez avec cette impressionnante forteresse qui se dresse de toute sa hauteur sur un éperon rocheux, à la rencontre de deux ravins.
Bâtie au 11e s. par les Poitiers, comtes de Valentinois, elle fut réaménagée successivement par les Lestranges puis par les Hautefort, qui transformèrent le château primitif en une somptueuse demeure Renaissance. Respecté par le peuple durant la Révolution, le château fut saccagé par des démolisseurs en 1820.
La partie féodale, endommagée, a conservé en partie ses quatres tours, son donjon et ses murs d'enceinte. Le magnifique **portail★★** de style maniériste baroque, élevé par René de Hautefort à la fin du 16e s. et remanié au 17e s., n'a heureusement pas été démantelé. Son élégance raffinée, soulignée par les colonnes torses, contraste avec le site sauvage et les ruines féodales. N'hésitez pas à contourner à pied le château *(par la gauche)* pour le découvrir sous différents angles de vue.
Faites demi-tour pour reprendre la D 256 à droite. Traversez Gourdon, puis prenez à droite la D 122 qui contourne le roc de Gourdon. À 2 km, tournez à gauche dans une petite route au parcours pittoresque menant à Pourchères.

Pourchères C1

Bâti à flanc de montagne, ce village possède une **église** du 12e s. à nef unique et abside en cul-de-four. Remarquez la cuve baptismale du 12e s. et un christ en bois du 17e s. Du terre-plein aménagé devant l'église, belle vue sur les monts environnants.

Faites demi-tour et reprenez la D 122 à gauche pour rejoindre la D 104 et le col de l'Escrinet.

Col de l'Escrinet C1

Alt. 787 m.

Cette grande brèche constitue le principal accès vers le sud de l'Ardèche et le plateau du Coiron. Son intérêt géographique et climatique se double d'un lieu privilégié d'observation – ou de chasse – des oiseaux migrateurs. C'est en effet de là que se pratique, envers et contre toute contestation, la chasse à la « repasse » des palombes. Venant du sud, elles franchissent le col au ras du relief.

Le **panorama** sur l'esplanade à gauche avant le col offre un bel aperçu sur le plateau du Coiron, la vallée de Privas, le Tanargue reconnaissable à sa forme trapézoïdale et, lorsque le temps le permet, le mont Lozère.

Avant la descente vers Aubenas, prenez à gauche la D 224 en direction de Freyssenet.

Crête de Blandine C1

Alt. 1 017 m.

Elle constitue le point culminant du plateau et un seuil oriental vers la vallée de Privas. Laissez la voiture sur le replat et poursuivez à pied vers le relais de télévision. Belle **vue★** dégagée en perspective à l'est vers Privas et au sud vers Mirabel et Aubenas.

Possibilité de poursuivre par la D 224 vers Freyssenet, à l'habitat typique des Coirons, puis le col du Bénas permet de rejoindre Privas.

Retour au col de l'Escrinet, puis à Vals par St-Privat et Ucel.

★★ MASSIF DU TANARGUE Carte ci-contre

80 km. Circuit tracé sur la carte ci-contre et sur la carte de microrégion (p. 130-131). Comptez environ 3h. Attention, dès l'automne, aux orages qui peuvent être particulièrement violents. Des crues soudaines, rendues redoutables par la pente du terrain, transforment les torrents en flots furieux, quoique vite apaisés.

Bienvenue dans l'une des régions les plus sauvages de la montagne vivaroise. Ce massif de granite et de gneiss a été en effet complètement bouleversé par des mouvements géologiques qui lui donnent cette allure déchiquetée. Ses reliefs et un climat plutôt rigoureux font le bonheur des amateurs d'escalade et de ski de fond qui pratiquent leur passion dans un cadre préservé.

Quittez Vals-les-Bains par la N 102 en direction du Puy-en-Velay. À Pont-de-Labeaume, empruntez la D 5 vers Jaujac.

La route se déroule en vue des coulées basaltiques de la vallée du Lignon. À mi-parcours (panneau), laissez la voiture et approchez-vous du rebord de la plate-forme volcanique sur laquelle est tracée la route ; de part et d'autre, la **coulée★** est remarquable par ses orgues d'une verticalité parfaite, certaines d'une coloration gris-bleu.

Jaujac

Ce village de caractère présente un aspect attrayant avec ses maisons anciennes des 15e et 16e s., notamment dans le quartier du Chastelas, rive gauche, et les vestiges de son château fort.

Maison du Parc naturel régional des Monts d'Ardèche – *Domaine de Rochemure - ✆ 04 75 36 38 60 - ouv. de mi-juin à mi-sept., lun.-vend. 13h-18h, sam., dim., j. fériés 10h-18h ; visites guidées gratuites sur le volcanisme lun. et jeu. après-midi.* Installés dans le château de Rochemure, une ferme du 18e s., la maison du Parc, ses expositions et son espace d'information touristique constituent une bonne introduction à la découverte de la région. Accessible toute l'année librement, le sentier **La Coulée vive** propose un parcours de découverte originale du domaine (40 ha), des espaces plus domestiqués aux plus sauvages.

Au sud-est de Jaujac se dresse la **« coupe » de Jaujac,** volcan quaternaire d'où proviennent les coulées du Lignon et d'où jaillissent des sources minérales.

À la sortie du village, à droite, se dresse le petit **château de Bruget**, du 15e s. *(visite à l'occasion des Journées du patrimoine).*

À partir de La Souche, le parcours devient très montagnard ; le sommet du rocher d'Abraham se détache en avant à droite, tandis que le tracé en corniche montre, sur la gauche, de sombres versants boisés de sapins.

★ Col de la Croix de Bauzon

Alt. 1 308 m.

Du col, la **vue** s'étend sur l'enfilade des vallées de la Borne et du Masméjean, avec à l'horizon les monts de la Margeride ; à l'est, la trouée du Lignon est prolongée par la dépression d'Aubenas.

Poursuivez dans la D 19 en direction de St-Étienne-de-Lugdarès, puis tournez à gauche dans la D 301 (route étroite).

★ Gorges de la Borne

Après un passage au milieu des landes à genêts, la descente sur Borne offre des vues plongeantes sur les gorges.

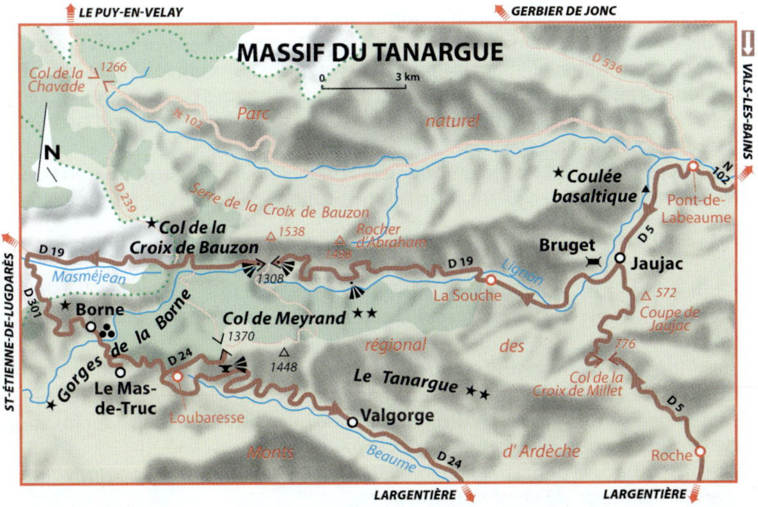

2

À l'ouest se profile la montagne du Goulet. Le village de **Borne★** occupe un site retiré, en corniche au-dessus du torrent encaissé. Dans un amphithéâtre rocheux, un château ruiné, juché sur un piton, domine la Borne.
Une route communale permet de gagner le minuscule hameau du **Mas de Truc**, perdu dans la montagne.
Gagnez le col de Meyrand par Loubaresse. Jusqu'à ce village, la route est étroite et parfois impraticable en raison des chutes de pierres.

★★ Col de Meyrand

Alt. 1 370 m.
Il dévoile soudain une splendide corniche ; en contrebas du col, un balcon d'orientation est aménagé à gauche d'un rocher isolé. Une superbe vue s'étend, de gauche à droite, sur le sommet du Tanargue, la vallée de Valgorge, la dépression de l'Ardèche dominée par la dent de Rez, la serre de Valgorge en face et, à droite, la dorsale du mont Lozère.
Faites demi-tour.
Après Loubaresse, aux vues d'enfilade sur la trouée de Valgorge succèdent les passages ombragés de châtaigniers.
La route descend en lacet dans la haute vallée de la Beaume, tandis que les flancs du Tanargue se dénudent.

Valgorge

Modeste bourgade bien située dans un cadre verdoyant de vignes et de vergers.
Continuez sur la D 24 jusqu'à Rocher où vous prenez la D 5 sur la gauche.
La route suit la vallée de la Ligne jusqu'au col de la Croix de Millet (alt. 776 m).
La D 5 ramène à Jaujac et à Pont-de-Labeaume. Prenez alors la N 102 sur la droite en direction de Vals.

★ MONTAGNE ET HAUTE VALLÉE DE L'ARDÈCHE B1

Environ 82 km. Circuit tracé sur la carte de microrégion (p. 130-131). Comptez une demi-journée. Quittez Vals-les-Bains au sud, empruntez, à droite, la N 102 et remontez la vallée jusqu'à Pont-de-Labeaume. Prenez alors sur la droite la D 536 en direction de Montpezat-sous-Bauzon.
Le vieux bourg de Montpezat a donné son nom à un important complexe hydroélectrique. Mis en service en 1954, c'est le premier exemple en France d'un ensemble chevauchant la ligne de partage des eaux entre l'Atlantique et la Méditerranée. L'ensemble comprend plusieurs barrages destinés à collecter les eaux de la vallée supérieure de la Loire et de ses affluents. Le lac d'Issarlès est utilisé comme réservoir.
Depuis juin 1987, à 1 km en amont de la Fontaulière, le **barrage du pont de Veyrières** assure la régularisation des restitutions de l'usine de Montpezat.

★ Éperon de Pourcheyrolles

800 m avant Montpezat, empruntez à droite, 600 m après le chemin d'accès à l'usine électrique, un court chemin revêtu. Laissez la voiture au terme du revêtement et dirigez-vous (15mn à pied AR), côté amont, vers des vestiges de constructions en béton.
À environ 100 m en contrebas du dernier pylône en fer, un promontoire offre un point de vue excellent sur l'éperon basaltique portant les ruines du château féodal de Pourcheyrolles. À droite, la coulée basaltique s'arrondit en forme de cirque : la Pourseille saute l'obstacle par une jolie cascade.
Aussitôt franchi le pont sur la Fontaulière, empruntez en voiture la petite route des Chaudouards qui s'embranche à droite.

Montpezat-sous-Bauzon

L'étroite rue de traversée est bordée de vieilles maisons de granit de type montagnard, à la silhouette trapue, aux façades souvent bombées, percées de porches bas en plein cintre. L'une d'entre elles, à droite, se distingue par sa construction en pierres volcaniques noires et son joli décor sculpté (17e s.).

Église N.-D. de Prévenchères – C'est un sobre édifice des 12e et 13e s. L'intérieur du monument est remarquable par ses quatre courtes nefs et la variété de leurs voûtes, romanes ou gothiques. Notez les voûtes à pans des absides polygonales.

Continuez sur la D 536 en direction du suc de Bauzon jusqu'à la D 110 que vous prenez à gauche vers St-Cirgues-en-Montagne.

St-Cirgues-en-Montagne

L'**église** de St-Cirgues est un édifice roman typique de la montagne avec son clocher-peigne et ses assises trapues; la corniche du chevet est joliment décorée de modillons à masques, de têtes d'animaux, de feuilles d'acanthe…

Prenez la D 239 au sud en direction de Mazan-l'Abbaye.

★ Mazan-l'Abbaye

Dans un repli isolé du massif forestier de Mazan, qui culmine à 1 467 m, fut fondée au 12e s. la première abbaye cistercienne de la province de Languedoc. Ce sont des moines de Mazan qui, plus tard, créèrent les abbayes provençales de Sénanque et du Thoronet.

De la vaste abbatiale romane ne subsistent que des ruines et une partie du cloître, à l'exception de la sobre arcature de l'abside surplombant le ruisseau de Mazan.

À côté, le château, bâti avec des matériaux arrachés aux ruines, est dominé par le clocher-peigne de sa modeste église.

2

★ Forêt de Mazan

Circuit à pied, environ 3h. Quittez Mazan par la D 239 vers le col de la Chavade et empruntez sur la gauche, après 400 m, à la sortie d'un virage prononcé, une route non revêtue (interdite aux voitures). On débouche sur la D 239 près de la scierie de Banne; prenez à droite pour arriver à la maison forestière de Banne et continuez sur la D 239 pour revenir à Mazan.

Rochers moussus, cascatelles, airelles et framboisiers sauvages agrémentent le sous-bois de la splendide futaie de sapins.

Continuez sur la D 239 qui conduit au col de la Chavade et au début de la vallée de l'Ardèche.

Col de la Chavade

Alt. 1 266 m.

Le seuil du col de la Chavade marque la ligne de partage des eaux entre l'Atlantique et la Méditerranée. Quelques fermes montagnardes s'y blottissent. La N 102, qui relie Le Puy à Viviers, suit la voie de passage traditionnelle entre le Velay et la vallée du Rhône.

Aux lignes horizontales de la planèze succède brusquement la trouée verticale de la vallée de l'Ardèche; à 800 m du col, la route franchit le torrent qui tombe en cascade à gauche. Le parcours, assez accidenté, offre surtout de belles vues dans l'axe de la vallée, dominée à droite par le sommet en dôme de la Croix de Bauzon et les découpures du rocher d'Abraham.

L'âpreté de cette vallée montagnarde est adoucie par quelques vergers ensoleillés entourant les villages, des treilles sur les façades des maisons ou

au-dessus de murettes de soutènement, des silhouettes de vieux ponts en dos d'âne qu'empruntaient les chemins médiévaux. Le parcours, en outre, est jalonné de ruines féodales : **château de Montlaur**, en amont de Mayres ; haute tour ronde du **château de Chadenac** en aval de Mayres…
Prenez la N 102 à gauche.

Mayres

Mayres est situé dans une gorge boisée. D'une passerelle jetée sur l'Ardèche à 1 km en aval, jolie vue sur le hameau et la haute vallée.

★ Thueyts

Office de tourisme – *10 r. Pouget - 07330 Thueyts - 04 75 36 46 79 - www.thueyts.fr - juil.-août : 10h-13h, 14h-18h, vend. 8h30-13h, 14h-18h ; mai-juin et sept.-oct. : 10h-17h ; reste de l'année : tlj sf sam. 10h-17h - fermé dim.-lun., 1er janv., 1er Mai, 1er nov., 25 déc.*

Ce paisible village de caractère, qui possède encore quelques maisons anciennes, est très fréquenté aux beaux jours pour son beau site de baignade. Mais il est aussi apprécié des touristes pour une curiosité naturelle étonnante : la **chaussée des Géants**.

Thueyts est campé sur une épaisse coulée de basalte qui a comblé, au début de l'ère quaternaire, la vallée de l'Ardèche. La rivière s'est alors creusé un nouveau lit en contrebas, dégageant ainsi l'imposante coulée basaltique qui forme désormais une falaise rocheuse de plus de 80 m de hauteur au-dessus de la rivière. Des chemins étroits et abrupts taillés dans la roche conduisent au bas de cette falaise atypique.

Belvédère de la Gueule d'Enfer – *Aménagé en bordure de la N 102, en direction de Vals (parking).* Vue plongeante sur la coulée basaltique *(à gauche)* et le pont du Diable *(au fond)* avec derrière soi la Gravenne (volcan) de Montpezat.

★ **Promenade au pied de la coulée basaltique** – *1h30 à pied AR.*

Partant du parking du belvédère, traversez le pont qui franchit le torrent du Merdaric et empruntez, à droite, un chemin qui passe sous le pont, entre le flanc de la coulée basaltique et la cascade de la Gueule d'Enfer. Arrivé à un embranchement, continuez à descendre en direction du pont du Diable (chemin de gauche). Franchissez le pont et remontez la rive opposée à droite sur une centaine de mètres.

Le **pont du Diable**, restauré, se continue par un étroit sentier. L'Ardèche traverse ici un étranglement en bouillonnant ; le **site**★ de cette gorge, face à la sombre chaussée de basalte, a conservé son aspect sauvage. Les amateurs d'escalade pourront parcourir la via ferrata du pont du Diable *(rens. à l'office de tourisme).*

CONDUITE FORCÉE

EDF a utilisé une disposition géographique à peu près unique : la Loire coule à la Palisse, près du lac d'Issarlès, à une altitude voisine de 1 000 m ; à 17 km de là, sur le versant sud-est du massif du Mézenc, la Fontaulière coule à l'altitude de 350 m, si bien qu'en perçant un tunnel de 13 km de longueur, on réalisait une chute de 650 m. Le tunnel d'amenée des eaux débouche à l'altitude de 912 m, au-dessus du ravin de la Fontaulière. Une conduite forcée longue de 1 450 m conduit l'eau à **l'usine souterraine** située à 60 m au-dessous du lit du torrent : cette disposition a permis d'augmenter d'autant la hauteur de chute de la centrale de Montpezat (640 m).

Le pont du Diable sur la rivière Ardèche.
B. Rieger / hemis.fr

RETOUR AUX SOURCES

Comme d'autres régions volcaniques en France, le sud de la montagne ardéchoise regorge de sources, plus ou moins gazeuses, qui sont parfois utilisées dans les cures thermales. Les eaux les plus connues sont les eaux minérales du Pestrin (Ventadour et Chantemerle) et la célèbre eau de Vals.

Par le pont du Diable, regagnez la rive gauche et montez l'escalier aménagé en bois ; le chemin, sous couvert, longe d'un côté le pied de la paroi volcanique tout en surplombant de l'autre l'Ardèche.

Un escalier en pierre, l'**échelle du Roi**, remonte au-dessus de la falaise. Cet étroit passage pratiqué dans une fissure de la coulée est doté de marches abruptes et glissantes, faites de prismes noirs ajustés grossièrement. Au cours de la montée, une plate-forme ouvre une agréable perspective sur les ponts de la Vernède.

Arrivé au stade, bifurquez sur la droite jusqu'à atteindre le **belvédère des Géants**, d'où l'on a une très belle vue sur l'Ardèche et le pont du Diable. Le retour se fait parmi les jardins entourant le bourg.

Échelle de la Reine – *30mn à pied AR.* Escalier plus facile ; vue sur la vallée.

À la sortie de Thueyts, vue sur la vallée, dominée à gauche par la montagne Ste-Marguerite.

Neyrac-les-Bains

Petite station thermale, adossée au volcan du Soulhiol. Les eaux bicarbonatées, connues des Romains, passaient au Moyen Âge pour guérir de la lèpre.

Continuez sur la N 102 et prenez à gauche vers le village de Meyras.

Meyras

Classé Village de caractère, il mérite un petit détour. Profitez un instant de l'ombre de ses passages voûtés, de ses ruelles et de ses jolies maisons en pierre.

Revenez sur la N 102. À la sortie de Pont-de-Labeaume, prenez à droite la route en montée signalée « Notre-Dame de Niègles », qui se dirige au fond du vallon avant d'atteindre un replat. Laissez la voiture en contrebas à droite.

Notre-Dame de Niègles

L'église se dresse sur une colline en surplomb de la rivière. De l'architecture d'origine (10e s.), il subsiste peu d'éléments et l'aspect actuel est le résultat d'adjonctions successives. Le portail date du 18e s. L'intérieur est éclairé sur les côtés par des oculus ; l'abside est la partie la plus ancienne (11e s.).

La route de retour à Pont-de-Labeaume offre à la descente de belles échappées sur le château de Ventadour.

Château de Ventadour

04 75 38 00 92 - http://chateau.ventadour.free.fr - visite guidée vac. de Pâques et juil.-oct. : 9h-12h, 14h-18h, w.-end 15h-18h - 5 €.

En partie détruite, abandonnée et oubliée, cette imposante forteresse médiévale dressée fièrement sur sa colline semblait condamnée à disparaître. Pierre Pottier, secondé par sa femme Françoise et des équipes de bénévoles, tient depuis 1969 le pari fou de la relever de ses ruines. D'abord encouragé par un prix de la restauration, il continue aujourd'hui son travail bien au-delà des vœux des Monuments historiques (qui prônent la restauration, pas la reconstruction en l'absence de plans historiques fiables), et donc sans aide de l'État.

NOS ADRESSES À VALS-LES-BAINS

HÉBERGEMENT

À Vals-les-Bains

BUDGET MOYEN

Grand Hôtel de Lyon – *11 av. Paul-Ribeyre - ✆ 04 75 37 43 70 - www.grandhoteldelyon.fr - fermé oct.-mars - 🏊 - 34 ch. 73/104 € - ☕ 10,50 € (également tarifs pension complète pour les curistes) - menus 28/40 €.* Cet hôtel très central, situé à tout juste 100 m du parc de la source intermittente, propose des chambres rénovées, spacieuses et bien tenues. Piscine découvrable. De grandes baies vitrées éclairent la salle à manger ornée d'une fresque originale.

POUR SE FAIRE PLAISIR

Hôtel Helvie – *5 av. Claude-Expilly - ✆ 04 75 94 65 85 - www.hotel-helvie.com - fermé 3 sem. en nov. et 3 sem. en fév. - P - 🏊 - ♿ - 27 ch. 99/160 € - ☕ 12 € (également tarifs pension complète pour les curistes) - restaurant gastronomique Le Vivarais (voir Restauration).* Niché au cœur d'un parc, non loin du casino, ce bel établissement de style Art déco propose des chambres confortables et calmes, dont certaines donnent sur le parc (celles de la catégorie standard sont toutefois assez petites). Le petit-déjeuner est particulièrement savoureux.

À proximité

BUDGET MOYEN

Les Marronniers – *Pl. du Champ-de-Mars - 07330 Thueyts - ✆ 04 75 36 40 16 - fermé de mi-nov. à fév., dim. soir et lun. en basse saison - P - ♿ - 🏊 - 22 ch. 56/76 € - ☕ 9 € - menus 19/39 €.* Cet hôtel situé sur une place ombragée de marronniers est tenu par la même famille depuis 1929. Il est doté de chambres rajeunies, d'un espace détente avec piscine, spa et sauna, et d'une terrasse sur la place du village.

Chambre d'hôte La Ferme du Monteil – *Le Monteil - 07380 Jaujac - ✆ 04 75 93 28 56 - la-ferme-du-monteil.com - fermé nov.-mars - 🚭 - P - 4 ch. 60 € ☕ - table d'hôte 23 €.* Dominant la vallée du Lignon, cette maison respire la tranquillité. Les repas sont préparés avec les produits de la ferme ; les amateurs de sensations nouvelles tenteront les fameux « menus curieux », à base de plantes sauvages et autres légumes inhabituels. Ouverture d'un gîte prévue en 2016.

Chambre d'hôte Le Rucher des Roudils – *Les Roudils - 07380 Jaujac - ✆ 04 75 93 21 11 - www.lesroudils.com - fermé du 15 nov. au 1er avr. - 🚭 - 3 ch. 75 € ☕.* Trois adorables chambres personnalisées orientées au sud et jouissant d'une vue splendide sur le massif du Tanargue. Aux beaux jours, les petits-déjeuners bio sont servis sur la terrasse, en pleine nature. La cuisine est mise à disposition des hôtes.

Chambre d'hôte Mas de Bourlenc – *Rte de St-Andéol - 07200 St-Julien-du-Serre (3,5 km par la D 218 vers St-Andéol-de-Vals) - ✆ 04 75 37 69 95 - www.bourlenc.com - 🚭 - P - 🏊 - réserv. obligatoire - 5 ch. 76/80 € ☕ - table d'hôte 26 €.* Repos garanti dans cette adorable maison perdue au milieu des acacias, où les chambres, rénovées, offrent une vue splendide sur le col de l'Escrinet. À table, viandes « fermières », légumes biologiques du jardin et, au printemps, plantes sauvages.

UNE FOLIE

La Manufacture – *07110 Antraigues-sur-Volane (à 4 km au nord de Vals par la D 574) - ✆ 04 75 38 77 35 - www.la-manufacture-07.fr - fermé déc.-mars - P - piscine - 17 lofts (2-6 pers.) à partir de 840 € la sem. - nuit hôtelière (hors juil.-août) à partir de 160 € - petit-déj. 8 €.* Un lieu de vacances aussi original qu'historique ! Cet ancien moulinage de soie des bords de la Volane s'est reconverti en résidence hôtelière au style design industriel : balcons en acier, murs en béton peint, mobilier coloré. Espace bien-être et piscine.

RESTAURATION

À Vals-les-Bains

BUDGET MOYEN

Le Carré des Maîtres – *Quartier thermal - ✆ 04 75 88 93 64 - fermé lun., sam. midi - menu unique 21 €.* Ce bar à vin-caviste (vente des vins servis en salle) élabore une cuisine à base de produits frais de saison. Le menu change quotidiennement, et la dégustation se fait aux beaux jours sur une agréable terrasse près de la rivière. Un autre établissement a ouvert ses portes à Aubenas.

POUR SE FAIRE PLAISIR

Le Vivarais – *Hôtel Helvie (Hébergement) - ✆ 04 75 94 65 85 - P - ♿ - ouv. mar.-vend. et dim., sam.soir - fermé lun., sam. midi, en nov. et 2 sem. en fév. - menus 35/89 €.* La table d'un véritable artisan, scrupuleux dans le choix de ses produits (fournisseurs locaux), rigoureux et élégant dans l'exécution de ses recettes, et entier dans son envie de satisfaire les clients. Stéphane Polly a hissé son restaurant parmi les meilleurs du département. Tout le terroir ardéchois est gagnant !

À proximité

BUDGET MOYEN

Le Tanargue – *Au village - 07110 Valgorge - ✆ 04 75 88 98 98 - www.hotel-le-tanargue.com - P - ♿ - fermé de mi-nov. à mi-mars - menus 11,50/35 € - 22 ch. 68 € - petit-déj. 9,50 €.* Chaleureuse hostellerie située dans une région sauvage de la montagne vivaroise. La carte du restaurant propose un bon choix de plats au goût du jour, à savourer dans une plaisante salle à manger agrémentée d'une cheminée et de vieux objets. Les chambres ouvrent sur le parc ou la vallée.

Hôtel du Levant – *07380 Meyras - (à 2 km au nord-est de Neyrac-les-Bains par la N 102 et la D 26) - ✆ 04 75 36 41 07 - www.hotel-levant.com - restaurant ouv. de déc. à fin mars du jeu. au dim. midi ; d'avr. à mi-nov. du merc. au dim. midi. -menus 10/67 € - 17 ch. 48/65 € - petit-déj. 9 €.* Dans la même famille depuis 1885, cette auberge vous réserve de bons plats du terroir revisités (viandes, fruits et légumes de l'Ardèche, poissons de Bretagne) et une intéressante carte de vins. Salle panoramique, terrasse.

PETITE PAUSE

Glacier Béatrix – *3 av. Paul-Ribeyre - ✆ 04 75 37 52 90 - www.glacierbeatrix.fr - 9h-12h, 14h-17h.* Fondée en 1930, la maison propose, dans le respect des traditions artisanales, des coupes glacées aux parfums originaux, à déguster sur la grande terrasse à l'ombre des marronniers. Un régal ! Autre adresse à Vallon-Pont-d'Arc.

EN SOIRÉE

Casino – *Av. Claude-Expilly - Vals-les-Bains - ✆ 04 75 88 77 77 - www.casinodevals.fr - 10h-2h, vend., sam. et veille j. fériés 10h-3h.* Dans un joli parc de verdure, ce casino met à votre disposition 100 machines à sous, une salle de jeu (black-jack, roulette anglaise), un bar et un restaurant. Concerts avec orchestre et dîners dansants sur la terrasse du restaurant *(du jeu. au dim. en été).*

ACHATS

Brasserie Bourganel – *7 av. Claude-Expilly - ✆ 04 75 94 03 16 - www.bieres-bourganel.fr - visite guidée (1h) juil.-août : 10h30, 15h, 16h, 17h et 18h ; reste de l'année : vend.-sam. 16h - fermé dim., de mi-nov. à mi-fév. - 3 € (-16 ans gratuit).* Située au bord de la Volane, cette brasserie, née en 2000, organise des visites d'une heure, suivies d'une dégustation, afin de faire connaître les secrets de fabrication de ses bières blondes. Parmi les produits vedettes : la bière aux myrtilles, la bière au nougat, la bière aux marrons, et Cola'rdèche, un cola aux extraits de châtaigne.

Pastillerie des Thermes – *12 av. Paul-Ribeyre - ✆ 04 75 87 51 98 - pastillerie-des-thermes.com - 9h-12h, 14h-17h.* Fabriquées depuis le 16e s., les pastilles de Vals sont enrichies de sels obtenus par évaporation de l'eau minérale locale depuis le milieu du 19e s. La recette n'a pas changé et les confiseries sont fabriquées artisanalement sur place. La boutique offre aussi une grande sélection de spécialités gourmandes de la région.

ACTIVITÉS

Thermalisme

Vals-les-Bains – Station thermale, culturelle et sportive ; remise en forme. Spécialités : diabète, troubles digestifs. La ville possède également un théâtre, un casino, 3 ha de parc.

Neyrac-les-Bains – Spécialités : dermatologie (eczéma, psoriasis), rhumatologie, remise en forme. *Thermes - 07380 Neyrac-les-Bains - ✆ 04 75 36 46 00 - www.thermesdeneyrac.com.*

Ski

Station de ski – *07590 St-Étienne-de-Lugdarès - ✆ 04 66 46 65 36 - rens. au syndicat d'initiative de St-Étienne-de-Lugdarès.* Station de ski et de loisirs située au pied des pentes du Tanargue sur la D 319, entre La Souche et St-Étienne-de-Lugdarès. Le Tanargue fait aussi le bonheur des amateurs d'escalade, de tous les niveaux.

Station de ski – *07590 Borne (à env. 10 km au sud-ouest de la précédente, sur la D 301) - ✆ 04 66 46 62 93 - www.croixdebauzon.com - également rens. à l'office de tourisme de Mende (Lozère) - ✆ 04 66 94 00 23.* Le domaine, qui évolue entre 1 250 et 1 511 m, compte neuf pistes de ski alpin, cinq de ski de fond, et des sentiers de randonnée aménagés pour la belle saison.

2

Aubenas

11 586 Albenassiens – Ardèche (07)

Une acropole en Ardèche ? Rien à voir, bien sûr, avec les célèbres cités grecques, mais la vieille ville a fière allure sur son large éperon rocheux qui domine l'Ardèche. Les robustes silhouettes du château et du dôme St-Benoît se dressent toujours au-dessus des remparts, immuables témoins du riche passé de la ville.

NOS ADRESSES PAGE 160
Hébergement, restauration, achats, activités, etc.

S'INFORMER

Office du tourisme du pays d'Aubenas-Vals-Antraigues – *4 bd Gambetta - 07200 Aubenas - ✆ 04 75 89 02 03 - www.aubenas-vals.com - juil.-août : 9h-12h30, 14h-19h, dim. 9h-13h ; reste de l'année : tlj sf dim. 9h-12h, 14h-18h - fermé 1er janv., 1er Mai, 25 déc. - visite guidée du vieux centre en été.*

SE REPÉRER

Carte de microrégion C2 (p. 130-131).
En voiture depuis l'A 7 sortie Loriol ou Montélimar Sud, depuis l'A 75 sortie Brioude. En train, gares TGV Valence ou Montélimar, puis bus/TER. Aubenas est une ville carrefour située à l'ouest de Montélimar (N 102), au sud-est du Puy-en-Velay (N 102 et N 88), au sud-ouest de Privas (D 104), au nord des gorges de l'Ardèche (D 579 et D 1) et d'Alès (D 104).

À NE PAS MANQUER

Le point de vue depuis la table d'orientation d'Aubenas, de même que celui de Jastres ; les reliefs des défilés, de la montagne et de la haute vallée de l'Ardèche.

ORGANISER SON TEMPS

Profitez des couleurs et saveurs du marché chaque samedi matin.

Se promener

Porte principale de la vallée de l'Ardèche, Aubenas se dresse sur un **site★** perché remarquable. La vieille ville est contrainte par l'emplacement des remparts.

Vieilles maisons

La **maison aux Gargouilles** (16e s.) fait face au château ; sa haute tourelle polygonale est ornée de magnifiques gargouilles et sa façade présente de belles fenêtres à meneaux. Place Parmentier, jolie tourelle d'escalier (16e s.) dans la cour de la « maison de Castrevieille », et belles façades d'hôtels particuliers rue Jourdan. La rue Delichères est amusante avec ses vieux arceaux.

★ Château

Place de l'Hôtel-de-Ville - ✆ 04 75 87 81 11 - www.aubenas.fr - visite guidée (1h40) juil.-août : 11h, 14h, 15h et 17h ; juin et sept. : tlj sf dim.-lun. 10h30 et 14h30 ; reste de l'année : tlj sf dim.-lun., merc. et j. fériés 14h - fermé nov. - 4,50 € (-18 ans 1,75 €).

C'est un bel ensemble architectural. Les plus anciennes parties datent du 12e s. Les familles illustres qui s'y sont succédé, Montlaur, Ornano, Vogüé notamment, ont tour à tour agrandi et embelli la demeure.

La **façade★** principale du château, encadrée de tours rondes à mâchicoulis, est devenue au 18e s. l'entrée principale par l'ouverture des deux grandes portes à fronton. La cour intérieure est ornée de tourelles des 15e et 16e s. À l'étage, desservi par des escaliers à vis et un bel escalier du 18e s., la succession de **salles lambrissées et meublées** garde le charme des ensembles du 18e s. L'une d'elles abrite des œuvres du peintre symboliste Chaurand-Naurac (1878-1948) et les bronzes du sculpteur Marcel Gimond.

Dôme St-Benoît

Pl. de la Grenette - ✆ 04 75 87 81 11 - www.aubenas.fr - juil.-août : mar. 17h-18h40 - 4,50 € (-18 ans 1,75 €) - le dôme St-Benoît se visite au cours de la visite guidée du centre ancien, thématique patrimoine religieux (1h45).

La chapelle des bénédictines (17e-18e s.), de forme hexagonale, abrite le mausolée (1640) du maréchal et de la maréchale d'Ornano.

Église St-Laurent

6 r. Champalbert.

Fondée au début du 13e s. et plusieurs fois remaniée par la suite, elle semble enchâssée au cœur de la vieille ville. Le chœur est revêtu d'un monumental ensemble de trois retables de style jésuite. Belle chaire en bois sculpté du 17e s.

Table d'orientation

Pl. de l'Airette (à l'est du château).

D'ici, la vue s'étend sur la montagne Ste-Marguerite, la trouée de Vals, le roc de Gourdon, le col de l'Escrinet et les barres du Coiron.

2

À proximité Carte de microrégion

★ Panorama de Jastres C2

7,5 km au sud-est par la N 102. 4 km après le pont sur l'Ardèche, prenez à gauche la voie d'accès à la zone industrielle, puis, 200 m plus loin, empruntez à droite un chemin revêtu, suivez-le pendant 1,2 km et tournez à gauche dans un chemin rocailleux en montée ; au sommet, laissez la voiture.

On atteint le rebord du plateau *(30mn à pied AR)*, lieu d'habitat préhistorique. Au terme du chemin, le panorama embrasse, jusqu'au Guidon du Bouquet, toute la Basse-Ardèche, le bassin d'Aubenas et, au nord-est, la chaîne du Coiron. Le lieu est parfait pour observer les migrations d'oiseaux au printemps et en automne.

NON À L'IMPÔT !

Après l'hiver de 1669-1670 qui fit périr tous les oliviers, des rumeurs concernant des impôts nouveaux créent un mécontentement profond. Le 30 avril 1670, un commis des fermes est lapidé à Aubenas. Le meneur des émeutiers, jeté en prison, est délivré le lendemain par les manifestants qui se donnent pour chef un gentilhomme de Lachapelle-sous-Aubenas, **Antoine du Roure**. Tandis que le gouverneur du Languedoc cherche à gagner du temps par des négociations, les hommes de Roure s'emparent d'Aubenas. Fin juillet, la rencontre avec l'armée royale a lieu à Lavilledieu. Les paysans sont massacrés ; Roure est exécuté à Montpellier. La colère royale s'exerça particulièrement sur Aubenas et Lachapelle, condamnées à de lourdes amendes.

Circuit conseillé Carte de microrégion

★ LES DÉFILÉS DE L'ARDÈCHE

44 km d'Aubenas à Ruoms. Circuit tracé sur la carte de microrégion (p. 130-131). Comptez environ 2h. Quittez Aubenas par la D 104. À St-Étienne-de-Fontbellon, empruntez à gauche la D 579 vers Vogüé.

Les défilés, dans la moyenne vallée de l'Ardèche, présentent une succession de bassins fertiles, où la rivière décrit des méandres dans lesquels elle s'encaisse profondément ; ses eaux vertes contrastent avec les bancs de graviers clairs et les berges de sable doré.

La route, au milieu des vergers et des vignobles, se rapproche de la rivière.

★ Vogüé C2

Office de tourisme – *Le Village - 07200 Vogüé - 04 75 37 01 17 - www.vogue-tourisme.com - juil.-août : 10h-17h, sam. 10h-12h, 14h-16h, dim. et j. fériés 10h-12h ; mai-juin et sept. : 10h-16h, w.-end et j. fériés 10h-12h ; reste de l'année : tlj sf dim. 10h-16h, sam. 10h-12h - fermé 1er janv., 25 déc.*

Station verte et Village de caractère comptant parmi les plus beaux villages de France, Vogüé a conservé ses vieilles ruelles coupées d'arcades et de passages couverts. La promenade est pittoresque – et sportive (prévoyez de bonnes chaussures !) –, dans le dédale de pierre qui s'étage sur la falaise surplombant l'Ardèche, jusqu'au **château** dominant *(accessible en voiture).*

Cette vaste demeure a remplacé, au 16e s., la forteresse féodale primitive et appartient encore à la famille de Vogüé. L'édifice sert de cadre à des expositions d'art plastique (du printemps à l'été), à des expositions sur le Vivarais à travers les âges, ainsi qu'à des manifestations culturelles. *04 75 37 01 95 - www.chateaudevogue.net - de juil. à mi-sept. : 10h-19h ; reste de l'année : tlj sf lun.-mar. et j. fériés 10h30-13h, 14h-18h - fermé dernière sem. de juin et nov.-mars - possibilité de visite guidée (1h) - 5 € (-18 ans 2,50 €).*

Rejoignez la D 1 au sud, puis la D 401 à gauche vers Rochecolombe.

★ Rochecolombe C2

Le village féodal de Rochecolombe domine un petit ruisseau aux eaux limpides jaillissant au fond d'un cirque calcaire. Le **site★** est très retiré. Rochecolombe est formé de deux villages bien distincts. En arrivant au premier groupe de maisons serrées autour de l'église du bas, construite en 1858, on aperçoit sur un piton les vestiges d'une tour carrée.

Sur la première place rencontrée, où se dresse un petit monument aux morts, tournez à gauche dans un chemin goudronné qui mène à un pont franchissant le ruisseau.

Laissez la voiture à environ 300 m, à hauteur d'un virage. Un sentier descend vers le lit du torrent qu'enjambent des ponceaux en dos d'âne. À droite s'élève le **village féodal**.

Gagnez le fond du cirque rocheux fermé par de hautes falaises. À leur pied sourdent deux **fontaines de type vauclusien**. Les parois calcaires sont forées de cavités où s'agrippent des buis sauvages. La vue sur le village ruiné, les restes de piliers d'un moulin disparu, la transparence de l'eau verte – réduite à de simples vasques en été – composent un décor paisible.

Revenez à Vogüé. Au pont de Vogüé, prenez la D 114 qui suit la rive droite.

À Lanas, la route franchit la rivière par un pont étroit : jolie vue sur l'Ardèche, à son confluent avec l'Auzon.

SEIGNEURS DU VIVARAIS

Les seigneurs de Vogüé figurent parmi les plus célèbres du Vivarais ; ils ont été honorés des titres de baron des états du Languedoc, de grand bailli du Vivarais et de gouverneur de Provence. À la fin du 19e s., deux de leurs descendants ont continué à illustrer le nom de Vogüé : le marquis Charles-Jean-Melchior de Vogüé (1829-1916), diplomate, historien et archéologue, qui écrivit l'histoire de sa famille vivaroise, ouvrage riche en renseignements sur le Vivarais d'autrefois ; et le vicomte Eugène Melchior de Vogüé (1848-1910), auteur de l'essai *Le Roman russe*.

À St-Maurice-d'Ardèche, empruntez à droite la D 579, puis, 300 m après la gare de Balazuc, tournez dans la D 294.
À la montée, **vue★** sur le bassin, dominé par le Coiron.

★ Balazuc C2

En période estivale, laissez la voiture sur le parking à l'entrée du village.
Si vous le pouvez, abordez Balazuc, l'un des plus beaux villages de France, labellisé Village de caractère, par l'ouest *(c'est-à-dire en arrivant par la D 104, puis la D 294)* pour le découvrir sous son meilleur jour.
Situé dans un défilé retiré, ce village de calcaire, autrefois fortifié, semble accroché à la falaise, ses ruelles fleuries offrant l'ombre de ses passages couverts. Une fois le pont franchi *(laissez la voiture au bord de la route qui monte à gauche),* on a le meilleur point de vue sur Balazuc, dominé par le clocheton de son église romane et les vestiges de ses tours. Aux 8e et 9e s., Balazuc fut occupé, comme certains villages du Bas-Vivarais, par une colonie de Sarrasins.
Le pont, au pied du village, permet de rejoindre le sentier muletier qui conduit au hameau coopératif du **Viel Audon★** *(15mn, sur place, découverte des savoir-faire locaux et boutique paysanne avec les produits de la ferme).* Il est aussi le point de départ *(prenez le chemin de terre sur la gauche)* d'une très jolie promenade à pied, en aval, au bord de l'Ardèche resserrée entre les falaises ; celle de droite porte les vestiges de la tour de la Reine-Jeanne. Au cours de la montée sur le plateau rive droite, la **vue★** embrasse tout le défilé. Du plateau rocailleux, très aride (buis, genévriers), la route redescend vers la dépression d'Uzer ; en face, on aperçoit les hauts de Largentière et une des tours de Montréal, dominés par le Tanargue, et, à gauche, le sommet du Lozère. Le site autour du pont est aussi un lieu de baignade très apprécié.
Empruntez la D 294, puis la D 104 vers Uzer et enfin, à Bellevue, la D 4 en direction de Ruoms.

★ Défilé de Ruoms C2

Aux **gorges de la Ligne** succède le défilé de Ruoms. Au confluent des deux rivières (Ligne et Ardèche), dominé par des falaises hautes de 100 m, s'ouvre une belle **perspective** sur l'Ardèche en amont. La régularité des strates est frappante. La route offre de jolis passages en tunnel et la vue plonge sur la rivière aux eaux vertes d'une belle transparence. À la sortie des tunnels, la silhouette du rocher de Sampzon (p. 179), en forme de calotte, se dresse en avant, dans l'axe de la vallée.
Prenez le pont à gauche vers Ruoms.

Ruoms (p. 178) C2

NOS ADRESSES À AUBENAS

HÉBERGEMENT

À Aubenas

BUDGET MOYEN

Hôtel Ibis – *42, rte de Montélimar - 04 75 35 44 45 - www.ibishotel.com - - - - 63 ch. 62/73 € - 10 €.* À la sortie de la ville, en direction de Montélimar, cet hôtel de chaîne est sans surprise : chambres modernes et nettes, mobilier plaqué, bonne insonorisation et climatisation. Sa salle à manger sous charpente ouvre ses baies sur la piscine.

POUR SE FAIRE PLAISIR

Villa Elisa M – *R. Jean-Beaussier - 04 75 93 23 16 ou 06 71 34 61 90 - www.villa-elisa-m.com - - - - 8 ch. dt 2 suites 95/175 € - 13 €.* Cette ancienne villa au cœur d'Aubenas a été restaurée avec beaucoup de goût à partir de produits écologiques, dans un style contemporain. La décoration à thème des chambres évoque subtilement l'Ardèche. Chacune est pourvue d'une terrasse ou d'un balcon où il fait bon se prélasser, tout comme dans le jardin ou dans l'espace bien-être pourvu d'une piscine avec Jacuzzi. Le petit-déjeuner servi en terrasse est élaboré avec des produits bio locaux.

À proximité

PREMIER PRIX

Camping Le Chamadou – *Balazuc - 07120 St-Maurice-d'Ardèche (3,5 km à l'est de Balazuc par la D 294, puis dir. St-Maurice et rte secondaire) - 0 820 366 197 - www.camping-le-chamadou.com - ouv. avr.-oct.- - réserv. conseillée - 86 empl. 27 € - chalets à partir de 490 € la sem.pour 4 pers. - restauration.* Un petit coin de campagne qui ravira les vacanciers en quête de nature… Très bien tenu, le terrain manque malheureusement d'un peu d'ombre. De confort simple, il met à votre disposition piscine, minigolf, étang de pêche et bungalows.

BUDGET MOYEN

Chambre d'hôte Le Mas de Mazan – *07200 Mercuer (5 km au nord-ouest d'Aubenas par la D 104 et la D 435) - 04 75 35 41 88 - www.masdemazan.com - - - fermé 15 nov.-mars - - 3 gîtes et 1 ch. 65 €.* Ce couple d'agriculteurs vous accueillera avec enthousiasme. Ravi de partager sa passion pour la région et d'ouvrir à ses hôtes les portes de sa ferme typiquement cévenole, il fera de votre étape en pleine campagne un moment délicieux. Décor simple et ambiance chaleureuse.

Chambres d'hôte Pierre et Eau – *Banne - 07200 Vogüé - 06 51 04 68 62 - www.pierre-et-eau.fr - - - 3 ch. 70/80 € - repas 17/25 € sur réserv.* On trouve beaucoup de charme à cette demeure ancienne, restaurée avec goût dans le respect des traditions. Les chambres sobres sont dotées du meilleur confort, et un espace spa avec Jacuzzi est accessible en permanence. Les petits-déjeuners et les repas de la maîtresse de maison sont légendaires.

POUR SE FAIRE PLAISIR

Les Roulottes de St-Cerice – *St-Cerice - 07200 Vogüé - 04 75 37 08 66 ou 06 11 49 75 33 - www.saintcerice.com - - - - 1 ch. et 10 roulottes à partir de 95 € pour 2/4 pers. - 1 ch. d'hôte 89 € - repas 24 €.* Une petite route serpentant au milieu de la garrigue nous mène au cœur d'un parc de 5 ha. Parmi les amandiers et les oliviers, Cédric a disposé dix roulottes pour des séjours

« nature » à l'esprit bohème, équipées de salle d'eau, WC et chauffage. Également, des « carrés d'étoiles », astucieux cubes abrités et coiffés de hublots en verre, qui permettent de dormir à la belle étoile *(95 € ☕)* et des cabanes écologiques *(à partir de 79 € ☕)*. Piscine en pleine végétation sauvage.

UNE FOLIE

Chambres d'hôte Château de Balazuc – *Le Village - 07120 Balazuc - ✆ 09 51 39 92 11 - chateaudebalazuc.com - P - 🚭 - 4 ch. 160/170 € ☕*. Envie de goûter à la vie de château ? Direction Balazuc et cette maison d'hôte aménagée dans un édifice qui a pour origine un donjon du 11e s. Mille ans d'histoire et un décor moderne réussi, jusqu'au Jacuzzi en terrasse. L'apéritif est offert tous les soirs par les propriétaires.

RESTAURATION

À Aubenas

BUDGET MOYEN

Le Coyote – *13 bd Mathon - ✆ 04 75 35 01 28 - www.restaurantlecoyote.com - fermé 6-13 juil., 25 déc.-11 janv., dim. et lun. - P - formule déj. 16 € - menus 25/32,50 €*. Ce qui fait toute la valeur de cette petite table au cadre simple ? Son talentueux chef, incontestablement. Les fidèles se régalent de ses recettes de marché, traditionnelles.

Le Carré des Maîtres – *Pl. du Château - ✆ 04 75 94 00 89 - ouv. tlj avr.-sept., mar.-sam. le reste de l'année - menu unique 21 €*. Ce bar à vin-caviste (vente des vins servis en salle) élabore une cuisine à base de produits frais de saison. Le menu change tous les jours et affiche généralement deux entrées, deux desserts (au choix) et un plat. Victime de son succès, le chef propose parfois un plat de remplacement de dernière minute, mais tout est toujours très bon. Autre établissement à Vals-les-Bains.

POUR SE FAIRE PLAISIR

La Villa Tartary – *64 r. de Tartary - ✆ 04 75 35 23 11 - www.restaurant-ardeche.com - fermé vacances de Noël., dim., lun. - P - formule déj. 21 € - menus 31/45 €*. Des voûtes en pierre de taille, un mobilier design, une terrasse face au château d'Aubenas, ce moulin à eau – qui intervenait dans la fabrication de la soie – ne manque pas de charme. Belles saveurs de saison à la carte.

EN SOIRÉE

Boulevard de Vernon – Nombre de bars sont regroupés le long de ce boulevard. Si le bruit des flippers et des scooters vous agace, évitez la brasserie du Champ-de-Mars (le repaire des jeunes de la région) et découvrez plutôt le bar de La Coupole qui organise des concerts l'été.

ACHATS

Maison Sabaton – *42 r. Paul-Sabaton, ZA la Plaine (par la rte de Montélimar) - accès à la boutique par le hall d'entrée de la fabrique - www.sabaton.fr - ✆ 04 75 87 83 87 - P - tlj sf w.-end 8h-12h30, 13h30-18h30 (ouv. le sam. en déc.)*. La famille Sabaton cultive son savoir-faire depuis 1907 : difficile de trouver mieux dans la région en matière de marrons glacés et de fruits confits… Forte de son succès, l'entreprise s'est dotée d'une fabrique ultramoderne. À l'accueil, une vidéo évoque la réalisation de la crème de marrons et des marrons glacés.

La Musette – *4 pl. de l'Airette - ✆ 04 75 35 21 73 - tlj sf dim. et lun. 9h-12h30, 15h30-19h, sam. 8h-13h - fermé j. fériés*. Ouverte en 1996, cette boutique, tenue par 11 agriculteurs, organise tout au long de l'année des « journées dégustation » à thèmes (fromage de chèvre, foie gras, charcuteries, etc.) et propose un très grand choix de produits du terroir provenant de leurs propres exploitations : pains, viandes, châtaignes, miel…

Le Petit Ardéchois – *Rte d'Alès - quartier des Champs - 07200 St-Étienne-de-Fontbellon - ✆ 04 75 89 11 79 - nougat-lepetitardechois.com - ♿ - lun.-sam. 9h-19h.* Cette petite entreprise artisanale implantée à 4 km du centre d'Aubenas fabrique vingt-cinq sortes de nougat selon les méthodes traditionnelles, dans des bassines et poêlons en cuivre. À goûter : le nougat aux marrons, aux myrtilles, au miel de lavande ou aux amandes de Provence. Visite et dégustation gratuites.

La Table Gourmande – *16 r. de Bernardy - ✆ 04 75 93 37 22 - table-gourmande.ardeche.com - tlj sf dim. et sam. matin 8h-12h, 14h-18h.* Fondée en 1901, La Table Gourmande est une institution à Aubenas. Toutes les spécialités régionales y sont proposées, des marrons glacés et des saucissons de pays aux différentes eaux-de-vie, liqueurs de châtaigne et petits vins fruités de l'Ardèche. Très bon rapport qualité-prix.

Maison des artisans – *R. de la Tour-Carrée - 07120 Balazuc - ✆ 04 75 37 78 08 - maisondes artisansbalazuc.fr - juil.-août : 10h-12h, 15h-19h ; avr.-juin et sept. : jusqu'à 18h - fermé oct.-mars.* Ne quittez pas Balazuc sans faire un petit tour à la Maison des artisans qui expose une sélection de poteries et de produits régionaux.

Biscuiterie Les Châtaignettes– *Rte de Lussas - 2 r. Champ-de-Fayolle - 07200 St-Privat (à 7 km au sud-ouest d'Aubenas par la D25) - ✆ 04 75 35 93 02 - www.les-chataignettes.fr - lun.-vend. 9h-12h, 14h-18h, fermé vend. après-midi.* Cette fabrique artisanale propose dans sa boutique une quinzaine de produits différents, sans colorant ni conservateur, autour de la châtaigne : à noter, les macarons et tuiles 100 % farine de châtaigne, donc sans gluten. Si vous n'avez pas l'occasion de vous y rendre, consolez-vous : ces préparations sont en vente dans toutes les bonnes épiceries de la région.

Le Genêt d'or – *Quartier de la gare - 07200 Vogüé- ✆ 04 75 93 16 91 - www.ardeche-nougat.com - 9h-12h, 14h, 19h - fermé dim. après-midi.* On peut voir, à certaines périodes de l'année, les confiseurs à l'ouvrage dans cette fabrique artisanale de nougat *(avr.-sept. lun., merc. et vend. 10h-12h30)*, avec dégustation à la clé. En été et pendant les vacances scolaires de Pâques, des ateliers sont proposés pour les enfants entre 6 et 12 ans *(sur inscription préalable, 7 €)*.

ACTIVITÉS

Bon à savoir – Il est possible de découvrir les paysages des défilés de l'Ardèche de différentes façons. Un aménagement de la rivière permet de naviguer en **canoë** de Vogüé jusqu'à Vallon-Pont-d'Arc, ou d'effectuer des mini-descentes. *Rens. à l'office du tourisme de la basse vallée d'Ardèche - www.ardechepleinsud.com.* Des **sentiers de randonnée** et des **plages**, sur la rivière, ont été aménagés, notamment à Vogüé et Balazuc.

Largentière

1 822 Largentièrois – Ardèche (07)

Ce nom qui sonne laisse présager une ville agréable et prospère... La réalité n'est pas si éloignée, car Largentière, même sans ses mines d'argent désormais fermées, a su préserver le cadre de la cité médiévale, encore dominée par son puissant château et l'étonnant palais de justice aux allures de temple grec. Ce riche patrimoine s'intègre avec bonheur dans le séduisant val de Ligne dont elle est le principal atout.

NOS ADRESSES PAGE 167
Hébergement, restauration, achats, activités, etc.

S'INFORMER

Office de tourisme – *8 r. Camille-Vielfaure - 07110 Largentière - 04 75 89 33 30 - www.tourisme-valdeligne.fr - juil.-août : 10h-13h, 15h-19h, dim. 10h-13h ; avr.-juin et sept. : 10h-13h, 14h-18h, dim. 10h-13h ; reste de l'année : tlj sf w.-end 10h-12h, 14h-16h30 - fermé 1er janv., 25 déc. - visite guidée de la cité médiévale.*

SE REPÉRER

Carte de microrégion C2 (p. 130-131).
Largentière se trouve à 18 km au sud-ouest d'Aubenas.

SE GARER

La vieille ville ne se visite pas en voiture. De grands parkings longent ses remparts.

À NE PAS MANQUER

Les rues anciennes et pittoresques de Largentière, de Montréal, Chassiers et Joyeuse ; le paysage composite du sentier des Lauzes

AVEC LES ENFANTS

Les baignades sur les sites de la vallée de la Beaume.

2

Se promener

Le château et la route de Chassiers offrent de splendides belvédères sur la vieille ville. Ils permettent de bien distinguer ses contours et le tracé de ses voies.

★ LE VIEUX LARGENTIÈRE

La vieille ville reste typiquement médiévale, avec son dédale d'étroites et tortueuses ruelles pavées. Il faut s'y perdre pour découvrir des maisons anciennes, des hôtels particuliers, des terrasses surplombant de petites places.

Porte des Récollets

Très beau vestige des anciens remparts de la ville, cette porte du 15e s. contrôle toujours l'accès à la vieille ville. Des vestiges des remparts se rencontrent aussi dans l'avenue des Marronniers.

Hôtel de ville

Il est installé, en partie, dans une sobre demeure du 15e s., flanquée d'une tourelle d'angle et d'une fenêtre à anse de panier.

Église N.-D.-des-Pommiers

Située sur une plate-forme, cette église gothique (13e s.) est intéressante par sa haute abside à trois pans. La flèche est néogothique.

La « calade » (montée) Albin-Mazon, bel escalier en forte pente, descend jusqu'au pont des Remparts.

DE SOIE ET D'ARGENT

La cité doit son nom à ses mines d'argent qui furent exploitées du 10e au 15e s. Les évêques de Viviers, barons de Largentière, contrôlaient alors la ville – et ce, jusqu'au début du 18e s. –, un contrôle très relatif, car ils devaient partager pouvoir et revenus avec les comtes de Toulouse, fortement intéressés par l'exploitation des mines. Quand l'activité périclita, plusieurs tentatives de reprise eurent lieu, en 1863 et 1962, mais elles ne durèrent pas. Au 19e s., la ville fut aussi le plus grand centre de filature de soie en Ardèche.

Château

Av. des Marronniers - ✆ 04 75 36 83 44 - www.audeladutemps.fr - juil.-août : 10h-12h30, 15h-19h - fermé w.-end - possibilité de visite guidée sur demande (1h30) - 25 € billet famille (2 adultes + 2 enf.) - visite guidée historique juil.-août : dim. 15h. La demeure des barons de Largentière, du 15e s., domine la rivière et la vieille ville. Sa tour carrée (12e s.), qui constitue la base du château actuel, était une véritable forteresse. Tribunal et prison après la Révolution, il fut transformé en hôpital jusqu'en 1996. Expositions temporaires dans la cour du château.

À proximité Carte de microrégion

Montréal C2

1,5 km au sud par la D 5, la D 212 et la D 312.

Dominé par d'imposantes tours carrées, vestiges d'une forteresse (13e s.) qui défendait jadis les mines de Largentière, le village a conservé de belles et hautes maisons rurales, en moellons de grès soigneusement appareillés.

Château – *✆ 04 75 89 91 81 - www.chateau-montreal.com - juil.-août : tlj sf sam. 10h30-13h, 15h-19h ; reste de l'année : 9h-12h, 14h-18h, w.-end 14h-18h - fermé fév. - 9 € (-14 ans 4,50 €) - 25 € billet famille (2 adultes + 2 enf.).* À la tour maîtresse romane édifiée par les Montréal, les Balazuc ajoutèrent au 14e s. un château gothique doté d'une belle cour intérieure et d'un joli escalier. Remarquez l'appareillage de bossage en pointe de diamant. L'ensemble est en cours de restauration massive. Animations médiévales en saison.

Chassiers C2

1,5 km au nord-est par la D 103.

Une **église** fortifiée originale domine ce vieux bourg vivarois (Village de caractère) établi en terrasse face aux plateaux de la Basse-Ardèche. Elle remonte au 14e s. On en découvre la vue la plus imposante de la place centrale du bourg, au pied du chevet. Au-dessus du mur plat de l'abside fortifiée apparaît la flèche du clocher à arêtes dentelées ; une tour, ancienne pièce maîtresse des fortifications, constitue son soubassement. Un escalier, au sud de l'église, permet de gagner la petite esplanade au niveau de la façade. Celle-ci est surmontée d'une jolie bretèche armoriée.

La **chapelle St-Benoît** est située en contrebas de la rue principale. C'est un édifice roman très simple, avec ses deux nefs accolées et ses deux absides distinctes. Dans la nef de gauche, remarquez les anciennes lanternes, les ostensoirs de procession et les bougeoirs disposés sur les stalles. *Visite sur demande préalable à la mairie - ✆ 04 75 39 11 16.*

Château dominant le village de Largentière.
F. Guiziou/hemis.fr

À l'entrée sud du bourg, le **château de la Mothe-Chalendar** (14e-16e s.) est une construction basse, à l'allure de maison forte avec ses tours et ses échauguettes percées de meurtrières.

Tauriers B2

2 km au nord-ouest par la D 305, petite route s'amorçant place Mazon, près de l'église.
Village autrefois fortifié, perché sur un éperon au-dessus de la vallée de la Ligne.

Vinezac C2

8 km à l'est par la D 103 et la D 423.
L'**église** romane de ce vieux bourg (Village de caractère) est remarquable par sa haute abside polygonale et son clocher à gargouilles.

★ Sentier des Lauzes à St-Mélany B2

34 km à l'ouest, par la D 5, puis la D 24 à gauche, la D 203 à gauche et la D 220 à droite. Départ sous la mairie de St-Mélany. Circuit de 15 km, balisé en rouge et jaune, puis en jaune et blanc. Comptez au moins 5h et chaussez-vous en conséquence.
Suivant plus ou moins la courbe de niveau, le sentier caillouteux traverse quelques hameaux, se glisse entre deux maisons, débusque un moulin, une grange, une chapelle, longe les cultures en terrasses ou se faufile en sous-bois au gré des murets de lauzes. Le paysage, naturel ou façonné par l'agriculture, est beau en soi. Depuis dix ans, l'association « Sur le sentier des Lauzes », soucieuse de la conservation du patrimoine fragile de la vallée de la Drobie, accueille chaque année un artiste qui doit laisser une œuvre sur place. Le sentier offre à travers ces réalisations une réflexion sur le développement et la préservation du patrimoine paysagé local. Parmi elles, remarquez *Parole de lauzes*★ de Domingo Cisneros et *Silence de lauzes* de Christian Lapie et Erik Samakh. *www.surlesentierdeslauzes.fr - rens. à l'office du tourisme de Joyeuse au 04 75 89 80 92.*

LA FAMILLE JOYEUSE

Quel nom engageant et réjouissant que celui du village qui fut le berceau d'une illustre famille aux 16e et 17e s. Les fils du vicomte de Joyeuse, maréchal de France, se distinguèrent de diverses manières : l'aîné, favori d'Henri III, épousa la sœur de la reine ; le deuxième devint archevêque puis cardinal, présida les états généraux de 1614 et sacra Louis XIII à Reims ; un autre enfin, tour à tour soldat et capucin, commanda les ligueurs du Midi contre Henri IV, puis fut gouverneur du Languedoc avant de retourner au couvent.

Joyeuse B2

11 km au sud-ouest. Depuis St-Mélany, effectuez 20 km à l'est par les D 220 et 203.

Office de tourisme – *RD 104 - montée de la Chastelanne - 63 av. François-Boissel - 07260 Joyeuse - 04 75 89 80 92 - www.tourisme-beaumedrobie.fr - juil.-août : 9h-18h, dim. et j. fériés 9h-13h ; avr.-juin et sept. : tlj sf dim. 9h-12h, 14h-18h, mar. 9h-12h, 15h-18h, merc. 9h-12h30, 14h-18h ; reste de l'année : se rens. - fermé certains j. fériés.*

Le bourg est dominé par son château (l'actuelle mairie) et par la vieille ville qui a conservé ses maisons anciennes en pierre et ses passages couverts étonnants qui donnent sur la ville basse. Le plus impressionnant est sans aucun doute le **goulajou des Endettés** qui part un peu en dessous de la place de la Recluse (ville haute) et descend jusqu'à la rue principale qui traverse Joyeuse. Pour comprendre l'histoire de la bourgade, un **espace historique** a été aménagé dans les anciens abattoirs, illustrant les siècles au travers de maquettes, photos et vidéos. Une seconde salle est consacrée à la monnaie depuis l'époque romaine jusqu'à l'euro. *Pl. de la Peyre - 04 75 89 80 92 ou 06 70 72 18 07 - juil.-août : tlj sf sam. 14h-18h ; reste de l'année : sur RV - 2 €.*

Complémentaire de la Maison du châtaignier à St-Pierreville (*p. 105*), le **musée de la Châtaigneraie** de Joyeuse expose une collection d'outils, mais

Le musée de la Châtaigneraie, à Joyeuse.

F. Guiziou / hemis.fr

aussi et surtout de très beaux meubles en châtaignier présentés dans une salle voûtée du 17e s. *Parvis de l'Église - ✆ 04 75 39 90 66 - www.musee-chataigneraie.fr - juil.-août : 10h-12h, 14h-18h, dim. et j. fériés 14h-18h ; mai-juin et sept.-oct. : 14h-18h ; vac. de fév. et avr. : tlj sf w.-end 14h-18h - fermé lun., nov.-janv., certains j. fériés - 5 € (-18 ans 3,50 €).*

NOS ADRESSES À LARGENTIÈRE

HÉBERGEMENT ET RESTAURATION

À Largentière

POUR SE FAIRE PLAISIR

Chambre d'hôte Le Mas de la Madeleine – *Chemin de la Madeleine (600 m à l'ouest de Largentière centre par la D 305 rte de Tauriers) - ✆ 04 75 39 23 18 - www.masdelamadeleine.com - fermé déc.-mars - P - ♿ - 🏊 - 4 ch. 95/105 € ☕ - repas 25/30 €.* Cette ferme-auberge qui vit au rythme de ses chèvres et de ses brebis ravira les amateurs de fine cuisine provençale, préparée en majeure partie avec des produits issus de l'exploitation. Parmi les pins et les oliviers, une superbe piscine donne sur la vallée de la Ligne. Les chambres allient caractère et confort avec leur mobilier au cachet rustique.

À proximité

PREMIER PRIX

Camping Le Moulinage – *07110 Montréal (à 5,5 km au sud-est de Montréal par la D 5, la D 104, puis la D 4 vers Ruoms) - ✆ 04 42 54 27 68 - www.ardeche-camping.com - fermé de mi-sept. à avr. - 🏊 - réserv. conseillée - 510/750 €/sem. pour 4 à 6 pers. - restauration.* Ce camping au bord de l'eau est réservé à la location de bungalows, chalets, roulottes, mobil-homes et mazets pour 4 à 6 pers. Le terrain n'a cessé de changer ces dernières années : des réalisations comme le minigolf ou l'aménagement de la berge le rendent de plus en plus agréable. Piscine, snack et libre-service.

BUDGET MOYEN

Mas des Faïsses – *Chalabrèges 07110 Chassiers (à 2,8 km au nord de Largentière par les D 103 et 503) - ✆ 04 75 88 34 51 - www.masdesfaisses.com - fermé nov.-avr. - rest. ouv. mai-juin et sept.-nov. : vend. soir, sam. soir et dim. midi ; juil.-août : midi (soir résidents seult.) - P - 5 ch. 74 € ☕ - 1 studio, 1 gîte - menu 26 €.* Demeure du 17e s. environnée de potagers et de vergers, cette ferme-auberge écologique sert une gastronomie étonnante, basée uniquement sur les récoltes de la propriété. C'est l'occasion de goûter une fricassée d'aubergines aux châtaignes, un aïlade de pâtisson ou un sorbet aux fleurs. Sans téléphone ni télévision, les chambres sont propices à la détente.

POUR SE FAIRE PLAISIR

Hôtel Le Chêne Vert – *07110 Rocher (4 km au nord de Largentière par la D 5) - ✆ 04 75 88 34 02 - www.hotellechenevert.com - fermé 1er nov.-1er avr., lun. et mar. en oct. - P - 🏊 - 25 ch. 88/103 € - ☕ 11 € - rest. (fermé lun. midi) 20/45 €.* Cet hôtel de campagne, situé au bord d'une petite route, est une adresse bien tranquille. Ses chambres, plus grandes dans l'annexe récente, sont fonctionnelles, bien tenues et parfois dotées de balcons tournés vers la piscine. Fitness. Cuisine familiale.

Auberge de la Tour de Brison – *La Chapelette - 07110 Sanilhac - ✆ 04 75 39 29 00 - www.belinbrison.com - fermé nov.-mars* *et merc. sf juin-août - P - ♿ - piscine - rest. réserv. obligatoire - 14 ch. 70/120 € - ☕ 10 € - menu 29,50 €.* L'accueillante auberge bâtie à flanc de colline jouit d'une jolie vue sur la vallée et sur le plateau du Coiron. Bons petits plats de saison réalisés avec les produits du terroir et charcuteries maison à savourer dans une salle-véranda panoramique. Si vous voulez y dormir, aucun problème : les chambres, actuelles, sont confortables.

Mas de Baume – *Lieu-dit Beaume - 07260 Rosières - ✆ 04 75 93 76 88 - mas-de-baume.com - fermé nov.-mars - P - ♿ - piscine - 11 ch. 105/190 € - ☕ 8/10 €.* Un mas traditionnel admirablement restauré et meublé avec goût, en pleine nature, entre vignes et forêt. Les chambres sont vastes, certaines prolongées par une grande terrasse. Idéal pour se reposer, par exemple au bord de la piscine naturelle. Activités au départ de l'hôtel.

ACHATS

Maison Charaix – *Av. François-Boissel - 07260 Joyeuse - ✆ 04 75 39 66 70 - www.maisoncharaix.com - mar.-sam. 9h-12h,14h-19h.* Pâtisserie à Joyeuse, la maison Charaix produit de délicieux macarons. Pour la petite histoire, sachez qu'en 1581 Catherine de Médicis fit venir en France, pour le mariage du duc de Joyeuse, des macarons d'Italie. Séduit par cette friandise inconnue des Français, le duc demanda à ses pâtissiers d'apprendre cette recette. Et c'est ainsi que la cité de Joyeuse devint une spécialiste des macarons.

Les Bourrons couchus – *Pl. de la Gare - 07260 Joyeuse - ✆ 04 75 39 92 21 - lun.-sam. 9h-12h30, également w.-end et j. fériés en été.* Dans cette épicerie fine tenue par un groupement de producteurs, on trouve toutes les bonnes choses de la région : charcuterie, fromages de chèvre, miel, châtaignes, olives et huiles, vin, légumes et fruits de saison, confitures, etc.

ACTIVITÉS

Baignade – À partir des Deux-Aygues, au nord de Joyeuse, la vallée de la Beaume offre quelques sites de baignade très agréables. Mais il faut, de préférence, venir de bonne heure, car les endroits assez profonds sont vite occupés.

Spa – *NaturSpa, Domaine Les Ranchisses - Rte de Rocher - 07110 Largentière - ✆ 04 75 88 31 97 - spa.lesranchisses.fr - 10h-18h (21h jeu. et vend.).* Ce magnifique espace bien-être, installé au sein d'un camping 5 étoiles, propose soins de balnéothérapie, de beauté et massages de qualité dans un cadre des plus agréables.

Les Vans

2 831 Vanséens – Ardèche (07)

Au cœur de l'Ardèche cévenole, dominés à l'ouest par l'échine déchiquetée du serre de Barre, Les Vans occupent le centre d'un bassin riant qu'arrose le Chassezac. Un ensoleillement exceptionnel, la culture de l'olivier, un marché très coloré, une grande place ombragée de platanes : on est déjà dans le Midi ! Les paysages viennent confirmer cette impression : à l'âpre décor de serres schisteuses succède l'éclatante blancheur du bas pays calcaire. Son succès auprès des visiteurs est assuré par le bois magique de Païolive et les inoubliables gorges du Chassezac.

NOS ADRESSES PAGE 175
Hébergement, restauration, achats, activités, etc.

S'INFORMER

Office de tourisme – *Pl. Léopold-Ollier - 07140 Les Vans - ✆ 04 75 37 24 48 - www.les-vans.com - juil.-août : 9h-19h, dim. et j. fériés 9h30-13h ; mars-juin et sept.-oct. : tlj sf dim. 9h-12h, 14h-18h, jeu. 10h30-12h, 14h-18h, sam. 9h-12h30, 14h-17h30 ; reste de l'année : tlj sf dim. et j. fériés 9h-12h, 14h-17h, jeu. 10h30-12h, 14h-17h, sam. 9h-12h30 - fermé 1er Mai.*

SE REPÉRER

Carte de microrégion B3 (p. 130-131).
Les Vans se trouvent à 38 km au sud-ouest d'Aubenas.

À NE PAS MANQUER

Le bois de Païolive avec ses chênes rouvres et ses roches calcaires sculptées par la nature ; la vue plongeante depuis la corniche du Chassezac ; le village de Thines perché au-dessus du torrent du même nom.

AVEC LES ENFANTS

Baignade à Mazet-Plage ; parcours découverte de la vie rurale à Gravières ; promenade-escalade sur les traces des chauves-souris au circuit de la Vierge ; une balade en compagnie d'un âne.

2

Se promener

Les Vans *(prononcez « vance »)* vient d'une racine pré-indo-européenne qui désigne une pente pierreuse. Il n'y a qu'à regarder autour de soi pour s'en convaincre. À partir du 16e s., la ville fut l'objet de nombreux conflits entre catholiques et protestants. Aujourd'hui, ces conflits sont apaisés et la cité est célèbre pour le dynamisme de son marché (samedi matin). Elle s'enorgueillit des découvertes d'un Vanséen de naissance : le chirurgien spécialiste des os Léopold Ollier (1830-1900), qui a accumulé les découvertes et contribué à la modernisation des techniques opératoires.

Le centre ancien, égayé de fontaines et de belles maisons de caractère, est une invitation permanente à la flânerie. Édifiée sans grands moyens au 17e s., dans le style jésuite, l'**église** est très bien restaurée. Les deux **retables★**, dont le grand du chœur, ont été réalisés sous la direction d'un artiste anversois, Jean Enguelbert, en 1682. Remarquez également les **stalles** (18e s.) provenant de l'abbaye des Chambons.

Découvrir Carte de microrégion

★ LE BOIS DE PAÏOLIVE B3

Couvert de chênes rouvres verts ou blancs et d'arbousiers, jalonné de curieux rochers blancs sculptés par le vent et la pluie, ce lieu baigné de silence et de mystère semble recéler un secret que seuls connaissent les innombrables lézards verts : à moins d'en adopter un, limitez-vous donc aux sentiers balisés si vous souhaitez retrouver votre chemin.

Ce chaos calcaire du Bas-Vivarais s'étend sur environ 16 km², au sud-est des Vans, de part et d'autre du Chassezac. Le calcaire de Païolive est une roche grisâtre d'époque jurassique, dure mais sensible à l'érosion chimique. Les eaux de pluie ont transformé de simples fissures en crevasses profondes, donnant naissance à des rochers aux formes évocatrices. Les sentiers de la Vierge, de la Corniche ou la boucle du randonneur vous dévoileront les roches étonnantes – la tortue, l'éléphant, l'oiseau et son nid – de ce bois merveilleux.

La D 252 traverse le bois d'ouest en est.

À environ 300 m de la D 901, on découvre à une vingtaine de mètres, à droite en venant des Vans, un rocher caractéristique : « l'ours et le lion ».

Circuit de la Vierge

Comptez 1h. Au départ d'un parking au bord de la D 252, sentier non sécurisé, balisé en vert.

De passages étroits en petites escalades, de formes étranges où l'on croit reconnaître tout un bestiaire en mini-belvédères sur un bois d'arbres et de pierres, la promenade dévoile divers visages du relief karstique. Des panneaux et des imitations rappellent le souvenir de ses hôtes d'hier, les chauves-souris.

★ Clairière

Une clairière est accessible aux voitures près de la D 252, dans un grand virage à droite en venant des Vans, par une rampe non revêtue. Cette clairière est établie sur une doline. La dimension des arbres permet d'y pique-niquer à l'ombre. De là, on peut partir à la découverte des rochers les plus proches *(sentier balisé)*.

★★ Corniche du Chassezac

30mn à pied AR. Garez-vous sur le premier grand parking à gauche de la route en direction de Mazet-Plage. Un sentier balisé « Corniche » conduit sur les bords des grandes falaises qui dominent les profondes gorges.

On découvre soudain la grandiose tranchée du Chassezac, serpentant au pied de falaises forées de cavités. La corniche, formant un à-pic de 80 m, se poursuit à gauche, face au château de Casteljau, jusqu'à un belvédère situé en amont.

Revenez par le même chemin.

Mazet-Plage

Un chemin revêtu, partant de la D 252, mène à un camping proche de la rivière.

Le site de Mazet est situé à la sortie des gorges de Chassezac dont il est un accès privilégié. Pour rejoindre des zones plus éloignées dans les gorges, les sites de baignade et d'escalade par exemple, traversez la rivière en direction de Casteljau et garez-vous dans les parkings aménagés.

À proximité Carte de microrégion

Naves B3

À la sortie des Vans à l'ouest, direction Villefort, tournez à gauche dans la D 408.
Ce vieux village de caractère qui domine le bassin des Vans a conservé son aspect médiéval. Difficile de ne pas être séduit par ses ruelles à arceaux, ses maisons où s'allient le schiste et le calcaire, et sa charmante église romane située à l'extrémité du village.
On peut longer le Chassezac vers la gauche, sur environ 500 m, parmi les gros galets et les petits saules, face aux étranges falaises criblées de cavités *(15mn à pied AR).*

Banne B3

À 6 km au sud-est. Laissez la voiture et gravissez la rampe derrière le calvaire.
On accède à une plate-forme gazonnée dominant la dépression du Jalès. Du sommet des rochers, portant les vestiges de la citadelle de Banne, vaste **panorama★** sur les confins du Gard et de la Basse-Ardèche.
À demi enfoncée dans la plate-forme, une longue galerie voûtée servait autrefois d'**écuries** au château de Banne, abattu après le drame de Jalès.

Circuits conseillés Carte de microrégion

★ VILLAGES DU VIVARAIS CÉVENOL

34 km. Circuit tracé sur la carte de microrégion (p. 130-131). Comptez 2h30. Quittez Les Vans au nord par la D 10. Prenez à droite la D 250.

Chambonas B3

On accède au village par un vieux pont pointant ses avant-becs dans les eaux vertes du Chassezac.
L'église, en partie romane, est un robuste édifice dont la corniche du chevet s'orne d'une frise sculptée.
Près de l'église, le château (12e-17e s.) se signale par ses tours à tuiles vernissées ; jardins à la française dont le dessin est attribué à Le Nôtre.
Poursuivez par la D 250.
Après avoir longé le Chassezac, la route franchit le ruisseau de Sure et s'élève sur le versant gréseux parmi les vignobles et les pins ; jolie vue sur le serre de Barre et le clocher de St-Pierre-le-Déchausselat.

Payzac B2

Ne manquez pas la charmante église rurale (12e-15e s.) campée sur le plateau gréseux ; à l'intérieur, à gauche du retable, statue en bois de saint Pierre, vigoureusement traitée.
Prenez la D 207, direction St-Jean-de-Pourcharesse.
À partir de Payzac, le grès, de grisâtre, devient rouge : vue sur l'église de St-Pierre, l'arête du serre de Barre. Après le village de Brès, construit en grès rouge, nouveau changement d'aspect : le grès cède la place au schiste. La route serpente au flanc de versants ombragés de châtaigniers.

St-Jean-de-Pourcharesse B2

Le village compte une église typique du pays du schiste avec son toit de lauzes et son clocher-peigne. De la terrasse, vue en direction des Vans, des « becs » de la Bannelle et du Guidon du Bouquet.

Rebroussez chemin jusqu'à l'entrée du village. Prenez à droite la route de Lauriol. À partir de ce hameau, la route se poursuit parmi les châtaigniers, dans un décor de ravins abrupts où s'agrippent de pauvres hameaux.

St-Pierre-le-Déchausselat B2

Ce village étagé en terrasses mérite une visite. Laissez la voiture devant l'église et gagnez les vignobles de la ferme en contrebas : vue, de gauche à droite, vers la dent de Rès, le rocher de Sampzon, le mont Ventoux, le Guidon du Bouquet, la Bannelle et le serre de Barre.

De St-Pierre, la D 350, tracée au flanc d'un vallon, descend vers le Chassezac. *Revenez aux Vans par Chambonas.*

★ CORNICHE DU VIVARAIS CÉVENOL

113 km. Circuit tracé sur la carte de microrégion (p. 130-131). Comptez 5h. Quittez Les Vans par la D 901 vers Villefort et tournez à droite dans la D 113.

La route, tracée en corniche, passe d'un versant à l'autre dans les montagnes du Vivarais cévenol. Elle longe le Chassezac puis la Thines qui s'écoulent dans de magnifiques paysages.

Gravières B3

L'**église** (12e-15e s.) se caractérise par un clocher puissant; elle abrite dans le mur du chœur, à gauche, un arbre de Jessé en pierre sculptée (14e s.), malheureusement mutilé. Retable en bois doré et chapelles gothiques.

La **Virade du Batistou**, circuit en boucle de 6 km tracé tout autour du village, entraîne les enfants à la découverte de la vie rurale au début du 20e s. *Comptez 3h. Balades accompagnées juil.-août : mar. 9h-13h (gratuit). Livret disponible sur place les jours de balade ou à l'office du tourisme des Vans (4 €).*

Poursuivez par la D 113. Après le pont sur le Chassezac, prenez à droite la D 413.

Les Salelles B3

Sur une plate-forme dominant un méandre du Chassezac, l'**église** St-Sauveur, gothique, est construite en beaux moellons de grès rose. Le clocher fortifié, détruit par la foudre, a été reconstruit au début du 20e s.

Revenez à la D 113 que vous prenez à droite.

Le cours de la rivière est jalonné de barrages de retenue, de conduites forcées et d'usines appartenant à l'ensemble hydroélectrique du Chassezac.

Usine de Pied-de-Borne A2

Au confluent de l'Altier, du Chassezac et de la Borne, l'usine de Pied-de-Borne est alimentée par le barrage de Villefort et celui de Roujanel, plus au nord sur la Borne.

Cette usine, pièce maîtresse de l'ensemble hydroélectrique du Chassezac, produit plus de la moitié de l'énergie fournie par ce bassin.

Après avoir traversé la Borne et contourné l'usine, prenez à droite la D 151 vers La Bastide-Puylaurent.

La Bastide-Puylaurent A2

Le village a été créé au 19e s. lors de la construction de la ligne de chemin de fer Paris-Nîmes. C'est une agréable et fraîche station estivale située dans la haute vallée de l'Allier dont les versants sont couverts de bois et de pâturages.

Quittez La Bastide à l'est par la D 906 et prenez à gauche la D 4.

Village de Thines dans les monts d'Ardèche.
Ph. Bousseaud / Biosphoto

Trappe de N.-D.-des-Neiges A2

Cette abbaye cistercienne, fondée en 1850, est isolée au milieu des bois de résineux et de hêtres, dans un cirque de montagnes, à l'abri des vents qui balaient les hauts plateaux du Vivarais. Les bâtiments actuels ont été construits à la suite d'un incendie survenu en 1912 à l'ancien monastère édifié sur la hauteur.

C'est à la trappe de N.-D.-des-Neiges que **Charles de Foucauld**, explorateur et religieux (1858-1916), fit son noviciat, de janvier à juin 1890. Cet ancien officier à la vie tumultueuse est l'auteur de divers ouvrages, dont un dictionnaire touareg-français. Il a été béatifié en 2005.

Au cours de la descente rapide sur St-Laurent-les-Bains, un virage à gauche offre une **vue★★** à l'entrée de la trouée de la Borne.

St-Laurent-les-Bains A2

Resserrée au creux d'un étroit vallon, cette petite station thermale traite les différentes formes de rhumatismes et propose des soins bien-être. De la rue principale, où se trouve une fontaine chaude (53 °C), jolie vue sur l'arête portant les vestiges d'une vieille tour.

Continuez sur la D 4.

La route franchit la Borne par une descente puis une remontée impressionnantes ; elle traverse ensuite une belle forêt de pins, à laquelle succède le paysage désolé des hautes serres schisteuses. Remarquez, à droite, le **Petit Paris** (B2), hameau isolé au-dessus de blocs granitiques.

Tournez à droite vers Montselgues.

Montselgues A-B2

Ce petit village isolé au milieu d'un vaste plateau ondulé, parsemé en juin de narcisses sauvages et de genêts, possède une robuste église au beau porche roman, accolée à une maison cévenole. Montselgues est un centre de ski de fond.

Revenez à la D 4 que vous prenez à droite, puis suivez à droite la D 513.

★★ Thines B2

Il faut laisser sa voiture au parking, 600 m plus bas. Vous pouvez monter en suivant la route ou en prenant le chemin sous bois un peu plus loin sur la droite.

Au terme d'une charmante route remontant le ravin de la Thines, cet humble village vivarois occupe un **site★★** perché au-dessus du torrent. Dans un âpre décor de terres schisteuses, il conserve ses vieilles maisons accrochées au rocher, ses ruelles étroites enchevêtrées et une belle église romane.

Église – Le portail latéral construit en blocs de grès de différentes couleurs compte quatre belles statues-colonnes. Sur le linteau, une frise à petits personnages sculptés représente, de gauche à droite, l'entrée à Jérusalem, la Cène et le baiser de Judas. À l'extérieur, la décoration des parties hautes de l'édifice, particulièrement celle du **chevet★**, frappe d'admiration en ce site perdu. L'alternance des claveaux en grès rouge et en granit gris, les chapiteaux en calcaire blanc, les pilastres, les arcades et les motifs géométriques ou floraux créent une harmonie colorée (pour contempler ce décor, il vous faut contourner l'église par le cimetière). À l'intérieur, l'appareil de l'abside montre la même recherche de polychromie qu'à l'extérieur.

C'est à la **Maison du Gerboul** que vous pourrez découvrir, à travers quelques documents, Thines et le PNR des Monts d'Ardèche ainsi que des productions locales.

Faites demi-tour jusqu'au croisement avec la D 4 que vous prenez à droite.

Sur un replat, peu avant Peyre, **vue★**, à droite, sur Thines, en contrebas, isolé sur un piton.
Non loin de Peyre, on aperçoit, à gauche de la route et près d'une ferme, un curieux ensemble de ruches creusées dans les troncs de châtaigniers et simplement couvertes d'une lauze (dalle) de schiste.
Suivant le tracé de la corniche alternant d'un versant à l'autre, le panorama se révèle tantôt sur les serres désolées s'étendant de la Drobie au Tanargue, tantôt vers les bassins de la Basse-Ardèche.
Après un long parcours parmi les pins, on atteint Seyras où apparaît la vigne annonçant la nature méridionale.
Regagnez Les Vans par le pont de Chambonas.

NOS ADRESSES AUX VANS

HÉBERGEMENT

Aux Vans

BUDGET MOYEN

Hôtel Le Vanséen – *Rte des Gras - ✆ 04 75 94 91 88 - www.hotel-le-vanseen.com - P - ♿ - 🏊 - 32 ch. 62 € - ☕ 7 €.* Un hôtel aux chambres modernes et simples, sans charme particulier mais bien équipées.

Le Carmel – *Montée du Carmel - ✆ 04 75 94 99 60 - www.le-carmel.com - fermé de mi-nov. à mars - P - ♿ - 🏊 - 26 ch. 82/92 € - ☕ 10,50 € - formule déj. en semaine 16,50 €, menus 25,50/45 €.* Dominant le bourg médiéval, cet ex-couvent carmélite propose des chambres rénovées avec salle de bains, décorées de tissus provençaux et de mobilier en fer forgé. Joli jardin, salle à manger aux couleurs ensoleillées, terrasse ombragée et, à table, des plats du marché.

POUR SE FAIRE PLAISIR

La Seigneurie de Naves – *Village de Naves - ✆ 09 83 04 67 55 - www.ardeche-chambres-hotes.com- 🏊 - 5 ch. 105/135 € ☕ - table d'hôte certains soirs 25 €.* Dans le village de Naves, vous serez accueilli dans une jolie maison aux chambres spacieuses et agréables avec leurs murs de pierres apparentes. Dîner dans la salle voûtée ou en terrasse : le maître des lieux vous concoctera quelques plats délicieux. Dans le jardin, la piscine n'attend que vous.

À proximité

PREMIER PRIX

Camping La Source – *07460 Berrias-et-Casteljau (12 km au sud-est des Vans par les D 901 et D 202) - ✆ 04 75 39 39 13 - www.camping-source-ardeche.com - ouv. de fin avr. à mi-sept. - P - ♿ - 🏊 - 🚭 - réserv. conseillée - 81 empl. 26,50 € - restauration.* Ce terrain est bien aménagé : les emplacements délimités sont ombragés ; le bar, la pizzeria et le magasin d'alimentation sont regroupés dans une seule maison. Piscine, mobil-homes et chalet.

POUR SE FAIRE PLAISIR

Hôtel La Santoline – *07460 Beaulieu (13 km au sud-est des Vans par les D 901, D 202 et D 252) - ✆ 04 75 39 01 91 - www.lasantoline.com - fermé du 15 sept. à fin mai - P - 🏊 - 7 ch. 80/150 € - ☕ 12 €.* Isolée au milieu de la garrigue, cette bâtisse du 16e s. ravira les amateurs de tranquillité. Couleur et raffinement dans les chambres au décor personnalisé, piscine et joli jardin.

UNE FOLIE

Domaine de Chalvèches– *Quartier de Chalvèches - 07230 Faugères (à 13 km au nord des Vans par les D 250 et D 207) - ✆ 04 75 35 76 16 - 🅿 - 🏊 - 10 lodges 310/340 € (tarifs promotionnels sur le site internet) - ☕ 22 € - menus 30/45 €.* Un lieu atypique dans la région. Véritable oasis de luxe et de calme, cet hôtel-spa est parfait pour se ressourcer. Toutes différentes, les chambres sont décorées avec goût dans un style contemporain. La piscine à débordement avec vue sur la nature est une réussite. Accès gratuit au hammam et sauna. Le restaurant Le Carré Rouve (ouvert aux non-résidents) propose une cuisine raffinée.

RESTAURATION

Aux Vans

UNE FOLIE

Likoké– *7 rte de Païolive - ✆ 04 75 88 09 74 - www.likoke.fr - fermé sam. et dim. en juil.-août, dim. et lun. le reste de l'année - menus 85/175 €.* Après une carrière en Belgique, Piet Huysentruyt poursuit sa route en Ardèche… et c'est tant mieux ! Des saveurs bien marquées, une harmonie dans les textures, des plats qui célèbrent le terroir, la fête, le savoir-vivre, bref, voilà une table bien dans sa peau, pleine de plaisir. Très beau décor, qui réalise une osmose réussie entre pierre calcaire et bois flotté.

À proximité

PREMIER PRIX

Chez Nathalie et Christian Moutet – *07230 Payzac (à 8 km au nord par la D 250) - ✆ 04 75 39 48 00 - fermé jeu., dim. et j. fériés apr.-midi - formule déj. 12 €.* Cette boulangerie-café propose la baguette ardéchoise (farines de seigle et de châtaigne). Petits plats, pain cuit au feu de bois, assiettes de tartines servies au bistrot ou en terrasse.

BUDGET MOYEN

Chez Francine – *07140 Montselgues (25 km au nord des Vans) - ✆ 04 75 36 94 44 - 12h-13h30, 19h-20h - fermé sam. midi - ♿ - 22 € (réserv. obligatoire).* À 1 000 m d'altitude, dans le petit village de Montselgues, voici une authentique maison de pays où vous dégusterez les délices de la ferme et les légumes du jardin en gratin ou en purée. Quiches au fromage de chèvre, charcuteries, gâteaux, confiture de châtaignes.

Carabasse– *07460 Beaulieu (à 13 km au sud-est des Vans par les D 901, D 202 et D 252) - ✆ 06 17 89 73 58 - www.restaurant-carabasse.fr - fermé dim. - ♿ - menu 26 € (dîner seult).* Un menu restreint mais succulent, élaboré selon les produits du jour au marché. Cuisine créative dans une belle salle aux murs en pierres apparentes.

Chez Vincent et Michèle « Le Lagon » – *07460 Berrias-et-Casteljau (à 10 km à l'est des Vans par les D 901 et D 252, suivez fléchage VVF) - ✆ 04 75 39 35 33 - www.vincentetmichele.com - ouv. de déb. mai à-mi-sept. (Le Lagon) et oct.-déc. (La Bastide) - ♿ - 🅿 - 🏊 - réserv. conseillée - 18,50/42 €.* Dans un décor naturel de rocaille, de gorges rocheuses et de végétation méridionale, vous savourerez la cuisine soignée du Lagon au bord de la piscine à cascade, ou une pizza à la terrasse du C4 à côté, et pendant les mois froids, un bon plat traditionnel au restaurant d'hiver La Bastide. Également des gîtes à louer.

POUR SE FAIRE PLAISIR

Auberge de Banne – *Pl. du Fort - 07460 Banne - ✆ 04 75 36 66 10 - www.*

aubergedebanne.fr - P - ⛱ - 12 ch. 165/285 € - ☕ 15 € - formule déj. en semaine 19,90 €, menus 29,90/36,90 €. Asseyez-vous en terrasse, près de la fontaine, sur la place du marché dominée par les ruines du château. Un vrai bonheur ! Dans l'assiette, une planche ardéchoise – caillette, saucisson, jambon et terrine –, une souris d'agneau confite, un tiramisu à la crème de marrons : une cuisine de tradition, franche et bien troussée. Si vous souhaitez dormir sur place, les chambres sont modernes et très agréables.

ACHATS

Marché – Marchés nocturnes (18h à 22h) en juillet et en août : artisanat régional et produits du terroir, afin de ramener chez soi quelques senteurs des vacances. Et toute l'année, le traditionnel marché du samedi matin.

Moulin à huile Froment – *10 rte des Cévennes - ✆ 04 75 37 34 88 - moulin.froment.free.fr - ♿.* Cinq générations de la même famille se sont succédé au moulin. L'actuel propriétaire élabore selon des méthodes traditionnelles une huile d'olive certifiée vierge extra, extraite à froid, qu'il sera heureux de vous faire déguster. *Visites en juil.-août sur demande à l'office de tourisme.*

N.-D.-des-Neiges – *Suivez « Abbaye Notre-Dame-des-Neiges » - 07590 St-Laurent-les-Bains - ✆ 04 66 46 00 02 - 10h-12h, 14h-18h, dim. 14h-17h30.* L'abbaye commercialise depuis 1890 ses vins du Gard. Vente de produits régionaux et « monastiques » : confitures, miels, biscuits, sirops… Espace librairie (ouvrages régionaux et religieux) et expositions.

ACTIVITÉS

Le Petit Âne Bleu – *Rte de Malbosc - 07140 Les Vans - ✆ 04 75 37 27 98 - www.lepetitanebleu.fr - réserv. en sais.* Promenades et circuits variés avec des ânes, de la demi-journée à 7 jours.

Terra Cabra – *Atelier d'affinage Peytot - quartier de l'Église - 07230 Planzolles (à 18 km au nord des Vans par les D 104A et D 4) - ✆ 04 75 39 92 31 - terracabra.com - avr.-sept., lun.-sam. 7h30-12h, 15h30-18h, fermé l'après-midi le reste de l'année - 3,50 € (7-10 ans 1,75 €, -7 ans gratuit).* Combien d'estomacs une chèvre possède-t-elle ? Combien de litres de lait produit-elle chaque jour ? Et surtout, comment fabrique-t-on le picodon ? Réponse à toutes ces questions et bien d'autres au cours de la visite de cette fromagerie, dégustation à l'appui.

Ruoms

2 256 Ruomsois – Ardèche (07)

De Ruoms on connaît les célèbres défilés, les campings, mais assez peu la ville qui s'anime au rythme de marchés colorés. Autrefois réputée pour ses carrières de pierre (à la fin du 19e s., jusqu'à cinq cents tailleurs y travaillaient) et ses brasseries, cette cité médiévale se découvre en flânant dans son centre historique.

NOS ADRESSES PAGE 180
Hébergement, restauration, achats, activités, etc.

S'INFORMER

Office de tourisme – *9 r. Alphonse-Daudet - 07120 Ruoms - ☎ 04 75 93 91 90 - www.otruoms.com - juil.-août : 9h-13h, 15h-19h, dim. et j. fériés 9h30-12h30 ; avr.-juin : 9h-12h, 14h-18h, dim. et j. fériés 9h30-12h30 ; reste de l'année : tlj sf dim. 9h-12h, 14h-17h, sam. 9h-12h - fermé certains j. fériés.*

SE REPÉRER

Carte de microrégion C2 (p. 130-131).
Porte des défilés de l'Ardèche, Ruoms bénéficie d'une position stratégique entre Aubenas (25 km au nord) et Vallon-Pont-d'Arc (9 km au sud).

À NE PAS MANQUER

Le panorama depuis le sommet du rocher de Sampzon ; le tunnel naturel du défilé de Ruoms ; le village de Labeaume et les paysages des gorges.

AVEC LES ENFANTS

Écouter grignoter les magnans de Lagorce…

Se promener

Petit centre commercial, Ruoms mérite une flânerie dans son quartier ancien, inscrit dans une enceinte carrée flanquée de sept tours rondes. Au centre de la ville close, l'**église** romane est intéressante pour son clocher percé d'arcatures et décoré de motifs incrustés en pierre volcanique ; la ruelle St-Roch, s'ouvrant sur la place de l'Église, en offre la meilleure vue.

Néovinum

Bd de l'Europe-Unie - ☎ 04 75 39 98 08 - neovinum.fr - ♿ - visite guidée (1h) avr.-sept. : 9h30-13h, 15h-19h, dim. et j. fériés 9h30-13h (caveau 9h30-19h) ; reste de l'année : tlj sf dim. et j. fériés 9h-12h, 14h-18h, lun. 14h-18h - 6,50 € (-18 ans gratuit).

Situé à l'entrée de la ville, ce lieu moderne dédié aux vins de l'Ardèche méridionale rassemble un espace de découverte œnologique interactif et le caveau des Vignerons ardéchois (UVICA), groupement de quatorze caves coopératives, qui coordonne la vinification de quelque 1 500 viticulteurs de la région. Succédant à l'ancien musée du Vin de Ruoms, la partie « Découverte » s'articule autour de trois grands thèmes : la connaissance des terroirs du sud de l'Ardèche et le travail de la vigne tout au long de l'année, la salle des chais où l'on aborde l'art de la vinification, les accords mets/vins. On découvre, sur de grands écrans, les acteurs de ce travail minutieux et complexe, et leurs nombreuses tâches. La visite se conclut par une dégustation pédagogique (trois vins), mais que les parents se rassurent : les enfants peuvent les attendre dans un espace ludo-éducatif mitoyen. Pour terminer, il est possible de faire des emplettes dans la boutique pour rapporter des vins du cru et des produits du terroir.

Promenade à cheval dans les environs de Ruoms.
C. Moirenc/hémis.fr

À proximité Carte de microrégion

2

★ Rocher de Sampzon C3

7 km au sud. Quittez Ruoms par la D 579 en direction de Vallon. Longez la rive droite de l'Ardèche par une route étroite en forte montée et en lacet.

Laissez la voiture au parking en contrebas de l'église du vieux village de Sampzon et gagnez le sommet (45mn à pied AR) par le chemin goudronné, puis par le sentier qui prend à hauteur de l'aire de retournement.

Du sommet (relais de télévision), le **panorama★★** embrasse le bassin de Vallon, l'entablement du plateau d'Orgnac et les méandres de l'Ardèche.

★ Défilé de Ruoms C2 (p. 159)

5 km au nord par la D 4.

★ Mas de la Vignasse - Musée Alphonse-Daudet à St-Alban-Auriolles C2

6 km au sud par la D 208. 710 chemin de la Vignasse - 04 75 39 65 07 - musee.daudet.free.fr - - juil.-août : 10h-18h30 ; reste de l'année : tlj sf lun. 14h-16h30 - fermé déc.-mars - possibilité de visite guidée (1h) - 6 € (-16 ans 4,50 €) - accueil enf. : sentier de découverte du domaine agricole (guide d'accompagnement gratuit), et pour les -12 ans, jeu-enquête durant la visite (un livret et récompense à la clé).

Maison maternelle d'Alphonse Daudet, ce mas authentique est une belle illustration de la vie ardéchoise d'autrefois. Une importante collection d'outils rythme la visite entre préparation du pain, travail de la vigne, fabrication d'huile d'olive ou encore élevage du ver à soie. L'étage supérieur de la bâtisse abrite un espace muséographique consacré à l'homme de lettres.

Sentier de découverte et aire de pique-nique sont aménagés au cœur d'un parc de 5 ha.

Ma Magnanerie à Lagorce C2

10 km à l'est par la D 559. Le Village - 04 75 88 01 27 - fermé pour rénovation, réouv. prévue courant 2016 - possibilité de visite guidée sur demande (1h) - 5 € (-18 ans 2 €) - élevages de vers à soie entre avr. et sept.

Le lieu offre une rare occasion de voir l'élevage du ver à soie selon la tradition et les conditions d'autrefois. Par temps calme, vous entendrez grignoter les « **magnans** », qui sont les vers dans leur dernière étape de croissance avant le cocon, ainsi nommés en référence à leur gourmandise. Une salle présente une collection de papillons du monde entier : magnifique !

★ Labeaume C2

3,5 km à l'ouest par la D 245. Laissez la voiture à l'entrée du village.
Ce vieux village de caractère s'accroche à la montagne rocheuse qui borde les gorges de la Beaume, affluent de l'Ardèche. Il faut prendre le temps de flâner dans les ruelles en pente ; les passages couverts et les maisons à galeries qui les bordent, certaines restaurées par des artistes, sont particulièrement agréables. Au pied du village, un pont submersible dépourvu de parapet, aux piles robustes, s'intègre de façon heureuse dans le site.
En prenant directement à gauche de l'église, vous arrivez à une esplanade ombragée, au bord de la rivière. Pour avoir le meilleur coup d'œil sur le village, franchissez le pont submersible et suivez sur quelques mètres le chemin qui s'élève sur la rive opposée. La promenade des **gorges de la Beaume★** (B2), rive gauche, vers l'amont, près des eaux transparentes et face à la falaise calcaire que l'érosion a rongée avec la plus grande fantaisie, est très attrayante.

NOS ADRESSES À RUOMS

HÉBERGEMENT

À Ruoms

BUDGET MOYEN

Chambre d'hôte Le Mas St-Michel – *Quartier St-Michel (la Roche) - ✆ 04 75 39 73 33 - www.le-mas-saint-michel.com - - P - - 4 ch. 63/66 € .* C'est dans l'une des chambres de l'ancienne magnanerie que vous pourrez poser vos bagages et profiter du calme des lieux. Vue imprenable sur le confluent de la Beaume et de l'Ardèche. S'il fait trop chaud, allez barboter dans la piscine. Confitures et pâtisseries maison au petit-déjeuner.

Le Savel – *38 rte des Brasseries - ✆ 04 75 39 60 02 - www.ardechehotelsavel.com - - P - 14 ch. 66/71 € - 8,50 € - menu 23,50 €.* Cette belle demeure en pierre de Ruoms (19e s.) était autrefois la maison des propriétaires des Brasseries générales du Midi. C'est aujourd'hui un hôtel agréable, sis au sein d'un parc, et un restaurant où l'on savoure une cuisine fraîche et légère. Salon de thé l'après-midi.

À proximité

PREMIER PRIX

Camping La Digue – *07120 Chauzon (à 6 km au nord de Ruoms par les D 579 et D 308) - ✆ 04 75 39 63 57 - www.camping-la-digue.fr - fermé nov.-mars - - réserv. conseillée - 106 empl. 32,50 €, bungalows et mobil-homes à partir de 102 €/nuit (4 pers.), 7 nuits minimum en haute saison - restauration.* Au bord de l'Ardèche, éloigné des routes. Piscine chauffée et activités sportives (canoë).

UNE FOLIE

Chambre d'hôte Villa St-Patrice – *R. des Pères - 07120 St-Alban-Auriolles - ✆ 04 75 39 37 78 - www.villastpatrice.com - P - - 4 ch. 125/135 € .* Cette vaste demeure à l'architecture florentine abrita autrefois la communauté religieuse de

St-Basile. Certains vestiges, comme la chapelle, rappellent ce passé mystérieux. Guillemette, la maîtresse des lieux, en a fait une agréable maison d'hôte. Coup de cœur pour la chambre bleue avec son plafond voûté, son mobilier cérusé et sa vue sur le village. Grande terrasse pour profiter du copieux petit-déjeuner. Autre coup de cœur pour le parc, rafraîchissant avec sa piscine alimentée par une cascade.

RESTAURATION

À proximité

BUDGET MOYEN

Auberge Les Murets – *D 104 - quartier Langarnayre - 07230 Chandolas (à 11 km au sud-ouest de Ruoms) - ✆ 04 75 39 08 32 - www.aubergelesmurets.com - fermé nov.-fév. sf vac. de Noël - P - ⛱ - menus 17/40 € - 10 ch. 75/100 € - ☕ 10 €.* Cet établissement occupe une ferme cévenole du 18e s., au milieu d'un parc ouvert sur les vignes. On déguste la cuisine familiale dans les caves voûtées ou sur la terrasse ombragée. Dix agréables chambres, aménagées au goût du jour.

Le Bec Figue – *Pl. de l'Église - 07120 Labeaume - ✆ 04 75 35 13 32 - fermé lun. hors saison, et janv.-fév. - P - ⛱ - assiette Bistrot 15 €, menus 22/26 €.* Au cœur du village, ce restaurant labellisé Bistrot de pays propose une cuisine de qualité, fraîche et de saison, réalisée avec des produits locaux et servie sur une jolie terrasse. Pour l'anecdote, le becfigue est un petit oiseau connu pour sa voix mélodieuse.

ACHATS

Melvita – *Marquenoux - 07150 Lagorce - ✆ 04 75 88 78 00 - fr.melvita.com - visite guidée lun.-vend. 10h-30, 14h30, 16h (gratuit) ; boutique haute saison lun.-sam. 10h-18h30, le reste de l'année lun. 14h-18h, mar.-vend. 10h30-13h15, 14h15-18h.* Née en 1977 en Ardèche, cette marque pionnière de cosmétiques bio basés au départ sur les produits de la ruche connaît un succès grandissant. On peut visiter l'éco-usine et découvrir les coulisses de la fabrication des crèmes et autres onguents. La boutique pratique une remise de 10 % sur les prix du commerce.

Gorges de l'Ardèche

★★★

Ardèche (07)

On ne présente plus le célèbre Pont d'Arc, monumentale arche de pierre qui offre une entrée grandiose à l'une des plus imposantes curiosités naturelles du midi de la France. La majeure partie des gorges a été constituée en réserve naturelle en 1980, et l'ensemble érigé en Grand Site d'intérêt national en 1993. La route touristique hardiment tracée sur la rive gauche s'élance à l'assaut de la corniche, et ses nombreux belvédères dévoilent des panoramas à couper le souffle !

NOS ADRESSES PAGE 191
Hébergement, restauration, achats, activités, etc.

S'INFORMER

Office du tourisme de Vallon-Pont-d'Arc et des gorges de l'Ardèche – *1 pl. de l'Ancienne-Gare - 07150 Vallon-Pont-d'Arc - ✆ 04 75 88 04 01 - www.vallon-pont-darc.com, www.gorgesdelardeche.fr - juin-sept. : 9h-19h, j. fériés 9h-17h ; avr. et oct. : tlj sf dim. 9h-12h, 14h-17h, sam. 9h-12h, 14h-16h, j. fériés 9h-13h ; mai : tlj sf dim. 9h-12h, 14h-18h, sam. 9h-12h, 14h-16h, j. fériés 9h-13h ; nov.-mars : tlj sf dim. 9h-12h, 14h-17h, sam. 9h-12h - fermé 1er Mai.*

SE REPÉRER

Carte de microrégion C3 (p. 130-131) – *carte p. 186-187.*

La D 290 suit le tracé des gorges de l'Ardèche, entre Vallon-Pont-d'Arc et St-Martin-d'Ardèche, soit 38 km au total.

À NE PAS MANQUER

La route panoramique avec ses nombreux belvédères qui offrent des points de vue fantastiques, notamment dans la partie appelée Haute Corniche, le Pont d'Arc, les grottes et avens, dont la caverne du Pont-d'Arc (*p. 194*) ; la descente d'une partie au moins de ces gorges en kayak.

ORGANISER SON TEMPS

Comptez une journée pour effectuer l'ensemble du circuit, baignade au Pont d'Arc et visite des grottes comprises.

Prudence à l'approche des belvédères : l'affluence automobile peut provoquer de petits embouteillages à la sortie et à l'entrée des espaces de stationnement aménagés.

Soyez également prudent sur les rives de l'Ardèche : la présence de barrages et d'usines hydroélectriques peut entraîner de brusques montées des eaux. Ne vous aventurez pas dans le lit de la rivière.

AVEC LES ENFANTS

La rivière en barque (attention, la descente en canoë est interdite aux enfants de moins de 7 ans) et les baignades ; l'impressionnante visite d'une grotte ; la caverne du Pont-d'Arc.

Le Pont d'Arc, impressionnante arche naturelle à l'entrée des gorges de l'Ardèche.
F. Waldhäus / IQ Images / age fotostock

UN GARDE FORESTIER BIEN TATILLON

En occitan, **marzal** désigne une graminée sauvage. Ce fut le sobriquet dont on affubla le garde forestier de St-Remèze, Dechame, qui avait infligé une amende à sa propre femme, coupable d'avoir cueilli cette plante dans le champ d'un voisin pour nourrir ses lapins. Or, peu après, Marzal fut tué par un habitant de la commune qui, pour se débarrasser du corps, le jeta dans un aven dit « trou de la Barthe ». Le crime découvert, le trou prit le nom de la victime. L'aven ne fut cependant véritablement connu qu'en 1892, lorsque le spéléologue **Édouard-Alfred Martel** (1859-1938) en fit la première exploration. Mais on oublia sa situation exacte et il ne fut redécouvert qu'en 1949.

Circuit conseillé Carte p. 186-187

ROUTE PANORAMIQUE

38 km au départ de Vallon-Pont-d'Arc. Circuit tracé sur la carte p. 186-187. Comptez 1h de route sans les arrêts.

Depuis des millions d'années, l'Ardèche a creusé son lit dans le calcaire, formant ainsi un immense canyon dont l'arche naturelle du Pont d'Arc marque l'entrée. La route touristique des gorges de l'Ardèche – la D 290 – domine la rivière. De Vallon-Pont-d'Arc à St-Martin-d'Ardèche, elle offre de magnifiques points de vue sur la rivière et ses méandres, sur les falaises et leur végétation. Après avoir franchi la rivière à St-Martin, il suffit de rentrer à Vallon par le plateau d'Orgnac.

Il est vivement conseillé de suivre la route panoramique dans le sens Vallon-Pont-d'Arc/St-Martin-d'Ardèche pour accéder facilement aux parkings des nombreux belvédères, d'où la vue est saisissante. Des totems nomment les belvédères, des plots en pierre décrivent la faune et la flore, et des dalles au sol reproduisent le tracé de la rivière et de la route panoramique.

Vallon-Pont-d'Arc

Fameuse pour son arche naturelle sur l'Ardèche *(voir ci-après)* et, depuis peu, pour l'extraordinaire **caverne du Pont-d'Arc** *(p. 194)*, Vallon est une station orientée vers les activités sportives et un agréable lieu de séjour… envahi en haute saison car offrant une base de départ idéale pour la découverte et la descente des gorges de l'Ardèche.

L'artère principale est bordée de commerces et de bars-restaurants. C'est le moment de faire vos emplettes si vous voulez pique-niquer dans les gorges de l'Ardèche voisines : vous ne trouverez plus de commerce alimentaire avant St-Martin-d'Ardèche (38 km à l'est). Au besoin, faites aussi provision d'essence et d'argent liquide.

Mairie – *Pl. de la Résistance - 04 75 88 02 06 - www.mairie-vallon.com - - visite guidée sur demande préalable 8h-12h, 13h30-17h - fermé j. fériés.* Dans l'ancienne résidence des comtes de Vallon (17e s.), la salle des mariages, au rez-de-chaussée, abrite sept **tapisseries** d'Aubusson (18e s.), remarquables par la fraîcheur de leurs coloris.

Quittez Vallon vers le sud en direction du Pont d'Arc.

★★ Pont d'Arc

Laissez la voiture sur le grand parking aménagé à gauche de la route. Un sentier de 200 m, s'amorçant de l'autre côté de la route, permet d'accéder à la plage (bondée l'été) située au pied du Pont d'Arc.

Cette impressionnante arche naturelle, haute de 34 m, large de 59 m, enjambe l'Ardèche qui contournait autrefois ce promontoire. À l'origine, la rivière formait un vaste méandre dans le cirque d'Estre. Sous l'arche ne se déversait alors qu'un simple cours d'eau souterrain.

On suppose que l'Ardèche, à la faveur d'une forte crue, aurait abandonné son ancien cours pour se glisser à travers l'orifice qu'elle a peu à peu agrandi, donnant naissance au Pont d'Arc, asséchant du même coup l'ancien méandre qui est aujourd'hui occupé par des cultures.

La **plage** est un site de baignade très fréquenté par les familles avec enfants, ce qui ne dispense pas de surveiller étroitement les petits nageurs.

Le paysage, à partir du Pont d'Arc, devient grandiose. Au fond d'une gorge déserte, longue de 30 km, cernée par des falaises dont certaines atteignent 300 m de hauteur, les eaux vertes de la rivière dessinent d'harmonieux méandres entrecoupés de rapides. Après Chames, la route effectue un long crochet au fond de l'imposant **cirque★** rocheux du **vallon de Tiourre**, avant de gagner, en corniche, le rebord du plateau.

★★ Belvédère du Serre de Tourre

Il est établi à la verticale de l'Ardèche qu'il surplombe d'une hauteur de 200 m. De là, la vue sur le méandre du **Pas du Mousse** est superbe. Seules traces d'occupation humaine, les ruines du château d'Ebbo (16e s.), vissées sur l'échine rocheuse, s'ajoutent à la grandeur du lieu.

Poursuivez le long des gorges.

Largement tracée dans le taillis de chênes verts des bois Bouchas puis Malbosc, la route épouse le relief tourmenté des falaises. Depuis les **belvédères de Gaud★★**, on découvre la partie amont du méandre de Gaud et les tourelles de son petit château (19e s.).

2

★ Balcon d'Autridge

Une boucle en déviation permet d'y accéder. Vues sur l'aiguille de Morsanne, semblable à la proue d'un navire.

500 m après la majestueuse combe d'Agrimont, du rebord de la route se développent de belles **perspectives★★** sur la courbe de l'Ardèche que domine l'aiguille de Morsanne.

★★ Belvédères de Gournier

À 200 m au-dessus de l'Ardèche, les belvédères de Gournier voient la rivière se frayer un passage parmi les rochers de la Toupine de Gournier.

Gagnez l'aven Marzal par la route qui court sur le plateau des Gras (D 590, face à la route d'accès au belvédère de la Madeleine).

★ Aven Marzal

Température intérieure : 14 °. Rte des Gorges - ✆ 04 75 04 12 45 - www.aven-marzal.com - visite guidée (50mn) juil.-août : 9h30-19h ; avr.-juin, sept. et vac. de la Toussaint : 10h30-17h30 ; oct. : w.-end 10h30-17h30 - 9 € (-12 ans 5,40 €) - 15,50 € billet combiné avec le zoo préhistorique.

S'enfonçant sous le plateau des Gras, cet aven est riche en concrétions de calcite, que colorient divers oxydes allant de l'ocre brun au blanc neigeux. On accède aux grottes par un escalier métallique *(parcours assez pénible)* qui emprunte l'orifice naturel et débouche dans la Grande Salle, ou salle du Tombeau. Tout près, remarquez les ossements d'animaux tombés dans la grotte (ours, cerfs, bisons).

La **salle du Chien**, dont une coulée de draperies blanches surmonte l'entrée, contient des concrétions très variées : orgues de couleurs vives, formations excentriques, en disques et en grappes de raisins.

Par la richesse de ses coloris, la **salle de la Pomme de pin** est un enchantement. Terme de la visite, la **salle des Diamants** (130 m au-dessous du sol) scintille de milliers de cristaux, en une féerie de reflets et de couleurs.

À la sortie de l'aven, un **musée du Monde souterrain** évoque les grandes étapes de la spéléologie en France : équipements ayant appartenu ou ayant été mis au point par les pionniers de cette spécialité tels Édouard-Alfred Martel, Robert de Joly, Élisabeth et Norbert Casteret ou Guy de Lavaur. *Rte des Gorges-de-l'Ardèche - ✆ 04 75 04 12 45 - www.aven-marzal.fr - ♿ - juil.-août : 9h30-19h ; avr., sept. et vac. de la Toussaint : 10h30-17h30 ; de déb. à mi-oct. : w.-end 10h30-17h30 - gratuit.*

On peut compléter la visite par un parcours ombragé de 800 m, aménagé en « **zoo préhistorique** », qui présente des reproductions, plus ou moins crédibles, de quelques spécimens de la faune locale d'autrefois. Dimétrodon, stégosaure, brachiosaure, tyrannosaure et mammouth… bref, de quoi réjouir les fans de *Jurassic Park*. *Rte des Gorges - ✆ 04 75 04 12 45 - www.aven-marzal.fr - ♿ - juil.-août : 9h30-18h30 ; avr.-juin et de déb. sept. à mi-nov. : 10h30-17h30 - possibilité de visite guidée sur demande (1h) - 8,50 € (-6 ans 3,80 €) - 15,50 € billet combiné avec l'aven-grotte de Marzal.*

Poursuivez sur le plateau des Gras par la pittoresque D 201.

Bidon

Dans ce minuscule village aux maisons traditionnelles de pierres sèches, la vie semble s'écouler paisiblement depuis des siècles.

Revenez aux gorges par la D 590 jusqu'au grand carrefour de la Madeleine.

Vous voici sur la **Haute Corniche★★★**, la partie la plus spectaculaire du parcours, où les belvédères offrent des vues parfois saisissantes sur les gorges.

★ Grotte et belvédère de la Madeleine

Rte touristique des Gorges de l'Ardèche - ✆ 04 75 04 22 20 - www.grottemadeleine.com - visite guidée (1h)

juil.-août : 10h-19h ; mars-juin et sept. : 10h-18h ; reste de l'année : 10h-17h30 - fermé nov.-mars - 9 € (-6 ans 5,50 €) - accès libre du belvédère de la Madeleine.
Pour parvenir à l'entrée de la grotte, le visiteur passe par un bâtiment qui renferme la billetterie et la **Maison de la Réserve**.
Prenez le temps de vous y arrêter, vous y découvrirez une très belle maquette des gorges de l'Ardèche ainsi que de nombreux panneaux explicatifs concernant la faune, la flore, la géologie et les spécificités de la « Réserve naturelle nationale des gorges de l'Ardèche » créée en 1980 pour préserver le site des gorges et du Pont d'Arc.
Découverte en 1887, la **grotte de la Madeleine** a été forée par un ancien cours d'eau souterrain qui drainait jadis une partie du plateau des Gras. On y pénètre par la Grotte obscure, puis un tunnel taillé dans le roc *(escalier assez raide)* permet d'atteindre la salle du Chaos.

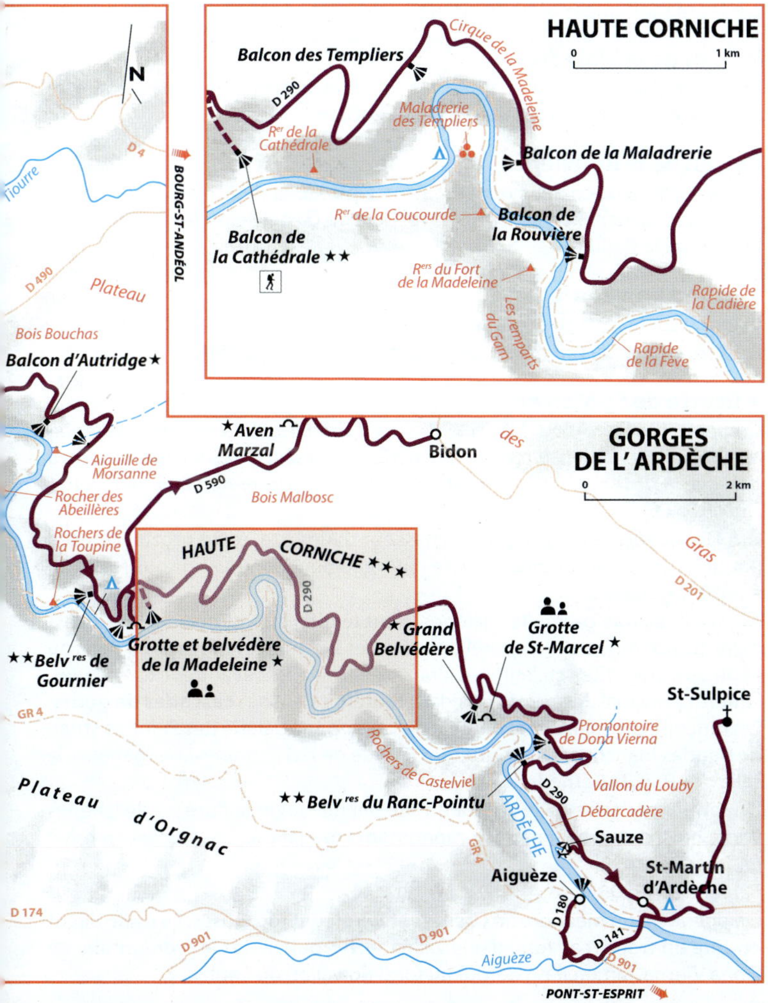

2

Une magnifique coulée blanche entre deux amas rouges de draperies évoque une cascade par sa fluidité et ses concrétions en forme de roses des sables. Les parois de la salle sont couvertes de petites cristallisations semblables à des coraux.
Depuis le **belvédère de la Madeleine**, très belle vue sur les gorges.

★★ Balcon de la Cathédrale

15mn depuis le point d'accès au belvédère de la Madeleine, à gauche, sous les petits bosquets, sur un chemin parfois rocailleux (soyez prudent !).
Point de vue imprenable sur un immense rocher ruiniforme : la « Cathédrale », qui dresse ses flèches de pierre en amont de la rivière.

Balcon des Templiers

Il doit son nom aux ruines d'une maladrerie des Templiers posée en contrebas sur un éperon. Vues saisissantes sur le méandre resserré de la rivière, dominé par les magnifiques parois du cirque.

Balcon de la Maladrerie

Il permet d'apercevoir la « Cathédrale » sous un autre angle ; le belvédère de la **Rouvière** donne sur les « remparts » du Garn.

Balcon de la Rouvière

Plus vertigineux, ce belvédère est situé à pic sur la rivière qui coule 180 m plus bas ; à gauche, on aperçoit les rochers de Castelviel et les rapides de la Fève et de la Cadière.

★ Grand Belvédère

Il donne sur la sortie des gorges et le dernier méandre de l'Ardèche.
À 200 m en aval du Grand Belvédère, sur la gauche de la D 290.

★ Grotte de St-Marcel

Gorges de l'Ardèche - ✆ 04 75 04 38 07 - www.grottesaintmarcel.com - visite guidée (1h) juil.-août : 10h-19h ; de déb. avr. à fin juin et sept. : 10h-18h ; de mi-mars à déb. avr. : 13h-18h ; reste de l'année : 13h-17h - fermé de mi-nov. à mi-mars - 10 € (-15 ans 7 €).
Découverte en 1835 par un chasseur d'Aiguèze, cette grotte, creusée par une rivière souterraine, s'ouvre naturellement par un abri sous roche au flanc des gorges.
Aujourd'hui, une partie des galeries (dont le total atteint près de 40 km) est ouverte aux visiteurs. Un tunnel donne accès à d'impressionnants couloirs où abondent stalactites, stalagmites, draperies, fistuleuses et autres excentriques, l'intérêt principal de la grotte résidant toutefois dans ses **cascades de gours**. On rencontre la salle de la Fontaine de la Vierge, la galerie des Peintres striée de bandes blanches (calcite), rouges (oxyde de fer) et noires (manganèse), la salle des Rois, la Cathédrale.
Un sentier pédestre tracé autour du site fait découvrir la flore locale (chênes verts, buis, cistes, etc.) et deux monuments mégalithiques *(dépliant remis à la caisse).*
Reprenez la D 290.
On découvre un méandre aux berges entièrement rocheuses. La route décrit ensuite un crochet au fond d'une vallée sèche, puis, après le promontoire de Dona Vierna, fait un long détour au fond du vallon du Louby.

Gorges de l'Ardèche, longues de 30 km de Vallon-Pont-d'Arc à St-Martin-d'Ardèche.
B. Rieger/hemis.fr

★★ Belvédère du Ranc-Pointu

Il permet de distinguer stries, marmites, grottes, différents phénomènes dus à l'érosion. Une vallée cultivée largement ouverte vers le Rhône succède brusquement au paysage tourmenté des gorges. Sur la droite, on aperçoit Aiguèze, agrippé à une crête rocheuse dominant l'Ardèche.

Plage de Sauze

À l'entrée de St-Martin-d'Ardèche, prenez à gauche la voie C 20, direction « Sauze ». Laissez votre voiture au parking aménagé, payant (horodateurs). À la sortie des gorges, cette petite plage de galets est une base d'arrivée pour de nombreux kayaks, mais aussi un endroit sympathique pour se reposer de la journée, les pieds dans l'eau.

St-Martin-d'Ardèche

Située au débouché des gorges, cette sympathique bourgade a su à présent se lier d'amitié avec la rivière dont les facéties fréquentes avaient, par le passé, fait surnommer ses habitants les « trempe-culs ».

La cité, où Max Ernst séjourna de 1937 à 1940, accueille aujourd'hui aux beaux jours nombre d'adeptes de la baignade ou de la pêche, randonneurs et canoéistes.

Par une petite route à gauche de St-Martin-d'Ardèche *(direction Trignan)*, on accède, au milieu des vignes, à la chapelle romane de **St-Sulpice**.

De St-Martin, franchissez l'Ardèche sur le pont suspendu (des plus étroits !), puis prenez à droite la D 901 et tout de suite à droite la D 180.

Aiguèze

Stationnez dans le parking aménagé à l'entrée. Ce village médiéval aux rues pavées couronne les dernières falaises des gorges. On pénètre dans l'ancienne forteresse du 14e s. par un arc taillé dans le rocher : depuis le chemin de ronde, **coup d'œil★** sur la sortie du canyon, les tours en ruine et, en contrebas, le pont suspendu que l'on vient de franchir.

Randonnées

La **descente des gorges★★★**, de Vallon-Pont-d'Arc à St-Martin-d'Ardèche, est une expérience inoubliable.

En barque ou en canoë

Voir les conditions dans Nos adresses, p. 192.

Après un calme plan d'eau, l'Ardèche pénètre en méandre dans les gorges. L'impressionnant rapide du Charlemagne, que domine le monumental rocher du même nom, précède le passage sous le porche naturel du Pont-d'Arc. Sur la gauche se déploie le cirque d'Estre où s'ouvre la grotte ornée du Pont d'Arc; puis, peu après, on aperçoit sur la droite l'entrée de la grotte ornée d'Ebbo, avant l'étroit Pas du Mousse qui donne accès au plateau. Sur la gauche se détache le rocher de l'Aiguille.

Après les falaises de Saleyron, quelques battements de cœur au passage du rapide de la Dent Noire... Puis, retour au calme dans le méandre du cirque de Gaud. Les rapides alternent alors avec de magnifiques plans d'eau, surplombés par d'impressionnantes parois : aiguille de Morsanne à gauche et, à droite, les arrachements rouges et noirs des Abeillères. Après les rochers et les trous de la Toupine de Gournier (le fond peut y atteindre 18 m), on aperçoit au loin, après environ 4h de navigation, la majestueuse « Cathédrale » et, sur la gauche, une des entrées naturelles de la grotte de la Madeleine. Peu après la « Cathédrale », on contourne la presqu'île des Templiers, ces derniers ayant aujourd'hui cédé le terrain aux naturistes.

Au pied d'énormes falaises, le cirque de la Madeleine est l'un des plus beaux passages des gorges. Détroits, rapides et plans d'eau irisés se succèdent tandis que les chênes verts contrastent avec les parois dénudées. Le singulier rocher de la Coucourde (de *cogorda*, mot désignant en provençal une « courge » et, donc, un crâne!) et le surplomb de Castelviel précèdent l'entrée de la grotte de St-Marcel. Puis, après le promontoire de Dona Vierna et le belvédère du Ranc-Pointu, les falaises s'abaissent à l'entrée de la percée finale.

Sur la droite, la tour d'Aiguèze domine la vallée, désormais élargie.

À pied

Randonnée de 2 jours avec étape au bivouac de Gournier (réserv. nécessaire).

Voir les conditions dans Nos adresses, p. 192.

Les premières heures de la matinée sont un vrai bonheur et le moment idéal pour découvrir, avant l'arrivée des canoéistes, la vie dans les gorges. Parmi les occupants permanents des lieux, les moins discrets sont les sangliers qui labourent régulièrement les abords du sentier et quelques chèvres sauvages qui jouent les acrobates; la présence de castors est également très visible sur les arbres et arbustes abattus, ou par leurs traces sur le sable. Avec beaucoup de chance et de bonnes jumelles, vous pourrez peut-être observer le très rare aigle de Bonelli qui règne sur les gorges. Dans ce milieu pourtant difficile se développe une flore très variée : genévriers, genêts, sarriettes, chênes blancs et verts... Repérez les très vieux **genévriers de Phénicie**, véritables bonsaïs naturels accrochés aux hautes falaises calcaires, qui font actuellement l'objet d'une étude.

NOS ADRESSES DANS LES GORGES

Voir aussi Nos adresses à Orgnac-l'Aven, p. 201.

HÉBERGEMENT

Le village et ses environs comptent de nombreux **campings**, des établissements 5 étoiles avec piscine et restaurant, comme le camping de la Roubine *(www.camping-roubine.com)* sur les bords de l'Ardèche ou le camping de l'Ardéchois, route des gorges *(www.ardechois-camping.com)*, aux endroits les plus simples.

PREMIER PRIX

Ferme du Torrent – *Chemin Torrent - 07150 Vallon-Pont-d'Arc - 04 75 88 02 22 - camping-le-torrent.com - fermé de nov. à mi-avr. - - - - camping 25 empl. 13,70 €, bungalow 330 €/sem., gîte 340 €/sem.* Un camping tout simple a été aménagé dans les prés ombragés de cette propriété agricole (possibilité de se ravitailler). L'Ardèche se trouve à 400 m environ.

BUDGET MOYEN

Chambre d'hôte Les Clapas – *Le village - 07120 Chauzon - 04 75 39 79 67 - lesclapas.com - - - - - 5 ch. 61 € .* Les propriétaires de cette ferme du 18e s. ont aménagé des chambres d'hôte dans une partie indépendante de la propriété. Celles-ci sont à la fois simples, fonctionnelles et décorées avec goût. La piscine se trouve sur le terrain mitoyen.

Chambre d'hôte La Martinade – *Rte de Gras - 07700 St-Remèze - 04 75 98 89 42 - www.lamartinade.fr - fermé de mi-nov. à mi-mars - - - - 4 ch. 65 € - table d'hôte 25 €.* Entre champs de lavande et chênes truffiers, cette ferme deux fois centenaire ne fait pas son âge tant il est agréable d'y vivre. On se prélasse avec bonheur près de la cheminée du salon, en attendant de se régaler de bons petits plats provençaux, puis de rejoindre l'une des jolies chambres logées dans les dépendances.

POUR SE FAIRE PLAISIR

Hôtel Le Clos des Bruyères – *Rte des Gorges - 07150 Vallon-Pont-d'Arc - 04 75 37 18 85 - www.closdesbruyeres.fr - fermé oct.-mars - - - - 32 ch. 114/124 € - menus 26,50/39 €.* Un hôtel idéalement situé à 100 m de l'Ardèche (location de canoës). Les chambres, avec balcon ou terrasse en rez-de-jardin, sont spacieuses et simplement décorées. Bon restaurant, avec une sélection restreinte à l'heure du déjeuner, et des menus complets qui mettent à l'honneur des spécialités régionales le soir.

Hôtel Le Belvédère – *Rte des Gorges - 07150 Vallon-Pont-d'Arc - 04 75 88 00 02 - www.hotel-ardeche-belvedere.com - fermé déc.-mars - - - 30 ch. 99 €/125 € 9 € - rest. ouv. le soir, menu 22 €.* Un établissement agréable situé non loin de la fameuse arche de pierre, hors du village. Les chambres sont modernes et confortables. Le restaurant offre un menu d'un excellent rapport qualité-prix. Accueil sympathique.

UNE FOLIE

Prehistoric Lodge – *Rte des Gorges - 07150 Vallon-Pont-d'Arc - 04 75 87 24 42 - www.prehistoric-lodge.com - fermé oct.-mars - - - 7 lodges (jusqu'à 4 pers.) et 4 ch. 125/165 € - rest. ouv. le soir et réservé à la clientèle, menus 25/35 €, poss. de paniers-repas.* Pour jouer aux Robinson tout confort, on peut séjourner dans l'un de ces lodges qui possèdent une grande terrasse et sont plantés non loin de l'Ardèche. Exotisme et intimité garantis ! Les chambres, décorées dans le même esprit naturel, disposent aussi d'une terrasse au-dessus de la rivière. Possibilité de s'inscrire à des descentes de l'Archèche *(1h-3 jours)*. Pour un séjour original.

RESTAURATION

La plupart des restaurants de Vallon-Pont-d'Arc se trouvent dans la rue du Château. Une riche variété de cuisines différentes qui ne laisse que l'embarras du choix. La Cave à Cochon, située en bas du village, comblera les petites faims avec ses tartines, sa charcuterie et ses vins ardéchois.

Dans les environs

BUDGET MOYEN

Auberge La Farigoule – Le Village - *07700 Bidon - ✆ 04 75 88 00 02 - www.auberge-lafarigoule.com - fermé lun.-merc. d'oct. à mars, dim. soir et lun. en avr.-juin et en sept., ouv. tlj juil.-août - assiette Bistrot 13 €, formule déj. 16 €, menus 20/27 € - 3 ch. d'hôte 55/85 €*. Dans cette auberge traditionnelle, labellisée Bistrot de pays, produits de région et fabrication maison sont de rigueur. Il fait bon prendre place devant la cheminée de la salle à manger ou sur la terrasse face aux vignes et à l'ombre des platanes. Au menu, charcuteries, cuissot de cochon au miel, fondant aux châtaignes et, de janvier à mars, les spécialités à base de truffe. Une petite épicerie sur place vend des souvenirs gourmands.

ACHATS

Comme dans une station balnéaire, vous trouverez dans le centre-ville de Vallon-Pont-d'Arc des boutiques d'artisanat local, de vêtements, de matériel de baignade et de produits du terroir (rue du Miarou).

ACTIVITÉS

La Réserve naturelle des gorges de l'Ardèche (zone comprise entre Charmes et Sauze) fait l'objet de mesures de protection : on s'abstiendra donc d'y faire du feu, d'y abandonner des détritus, d'arracher les plantes ou d'ébrancher les arbres et de s'écarter des sentiers. Campings et bivouacs interdits en dehors des aires autorisées.

Association des guides nature des gorges de l'Ardèche – *Vallon-Pont-d'Arc - ✆ 04 75 88 07 87 - www.guides-nature-gorges-ardeche.net.*

Descente à pied

Conseils – De nombreux passages nécessitent un sens exercé de la reconnaissance de terrain : vires étroites et glissantes, traversées de grottes et de gués. Équipement de randonnée performant recommandé. Le plan-guide édité par l'association Tourena donne de précieux renseignements sur les parcours à pied dans les gorges.

Prudence – Si vous entreprenez la promenade à partir de la rive gauche, renseignez-vous auparavant sur le niveau des eaux auprès des gendarmeries locales ou du service de prévision des crues Gand Delta *(www.vigicrues.gouv.fr)*, les gués « des Champs » et « de Guitard » étant inévitables.

Descente en barque ou en canoë

Conseils – Elle peut s'effectuer toute l'année. En période froide *(oct.-avr.)*, se munir d'une combinaison étanche et isotherme. Privilégier les mois de mai, juin (à l'exclusion des w.-ends, très chargés) et sept. (tous les jours).

La descente complète représente 30 km en partant avant le Pont d'Arc, mais il est possible de commencer vers Charmes (derniers loueurs) afin de réduire la descente à 24 km.

Prévoyez 2 jours si vous voulez profiter de la descente sans vous soucier de l'heure d'arrivée.

Si vous préférez éviter l'effort physique, demandez les services de la **Confrérie des bateliers de l'Ardèche** *(t 04 75 93 91 70 - www.bateliers.net)*.

Prudence – Selon la saison et la hauteur des eaux, prévoyez de 6h à 9h pour la descente (dép. interdit après 18h). Quelques passages difficiles nécessitent un minimum d'initiation (et une expérience confirmée en zone orange) à demander avant votre départ auprès de votre loueur de canoës. Il est impératif de savoir nager. Gilet de sauvetage exigé, sous peine de lourdes amendes.

Un règlement de la navigation est consultable chez tous les loueurs de canoës, dans les mairies, les offices de tourisme et les gendarmeries.

Bivouacs – Pour séjourner sur les aires de bivouac de la Réserve naturelle (aires de Gaud et de Gournier), il est nécessaire de réserver sa place à l'avance auprès de la centrale de réservation *(✆ 04 75 88 00 41)*.

Location de canoës – Une soixantaine de loueurs implantés à Vallon-Pont-d'Arc, Salavas, Ruoms, St-Martin et St-Remèze proposent la descente des gorges en location libre ou accompagnée, de 1 à 2 j., pour un forfait moyen de 26 €/j. ou 36 € par pers. (2 j. sans hébergement, bivouac obligatoire 5 € et 7 € sous tente collective). La liste des loueurs est disponible auprès de l'office du tourisme de Vallon-Pont-d'Arc et des gorges de l'Ardèche.

La descente complète des gorges de l'Ardèche en canoë représente 30 km.

G. Giuglio / hemis.fr

Caverne du Pont-d'Arc

★★★

Ardèche (07)

En 1994, la découverte de la grotte Chauvet-Pont-d'Arc marquait un tournant dans la connaissance des sociétés préhistoriques. La cavité ornée d'œuvres figées dans leur écrin de calcite et d'argile remettait en question la chronologie. L'art était plus ancien qu'on ne le pensait, plus ancien que Lascaux par exemple (-18000 ans) : il y a 36 000 ans en Ardèche, les hommes imaginaient déjà un chef-d'œuvre. Forte de trois caractéristiques rarement réunies – ancienneté, qualité de la conservation, richesse des représentations –, la grotte Chauvet est la première manifestation artistique d'envergure connue à ce jour dans le monde. Sa valeur à la fois unique et universelle a justifié son inscription au patrimoine de l'Unesco en 2014, avant que l'ouverture de sa réplique en 2015 ne mette à la portée de tous le contenu d'un espace destiné au silence de l'Histoire.

NOS ADRESSES PAGE 191
Hébergement, restauration, achats, activités, etc.

S'INFORMER

Caverne du Pont-d'Arc – *www.cavernedupontdarc.fr.*
Office du tourisme de Vallon-Pont-d'Arc et des gorges de l'Ardèche – *www.vallon-pont-darc.com. Voir p. 182.*

SE REPÉRER

Carte de microrégion C3 (p. 130-131) – *carte p. 186-187.*

Accessible par la D 4, la caverne se trouve à 6 km à l'est de Vallon-Pont-d'Arc.

ORGANISER SON TEMPS

Entre la visite de la galerie de l'Aurignacien et celle de la caverne *(55mn)*, comptez au moins 3h. Bon restaurant La Terrasse sur place. Vaste boutique et librairie.

Visiter

L'**Espace de restitution de la grotte Chauvet-Pont-d'Arc** est installé sur les hauteurs de Vallon-Pont-d'Arc, à 2 km du site d'origine. Au cœur d'une zone boisée de 29 ha se déploient plusieurs bâtiments : la réplique de la grotte (caverne), un centre de découverte (galerie de l'Aurignacien), un pôle pédagogique, un espace d'exposition temporaire et de conférences, une boutique et un restaurant. L'ensemble est particulièrement réussi, en particulier l'intégration des bâtiments dans le paysage.

Plateau du Razal – *✆ 04 75 88 04 01 - www.cavernedupontdarc.fr - fév.-mars et d'oct. à mi-nov. 10h-18h, avr.-juin et sept. 10h-19h, juil.-août 8h30-22h, de mi-nov. à janv. 10h-17h - 13 € (10-17 ans 6,50 €, -10 ans gratuit) - caverne : visite guidée obligatoire (55mn), audioguides en langues étrangères ; galerie de l'Aurignacien : visite libre - le billet donne accès gratuitement à la Cité de la préhistoire de l'aven d'Orgnac (p. 199), pendant une durée de 7 jours après son achat.*

Les dernières entrées sur le site ont lieu 2h avant la fermeture. La visite de la caverne se fait par groupe de 28 personnes maximum ; n'arrivez pas après

Le remarquable panneau des Chevaux de la caverne du Pont-d'Arc.
Ph. Clément / ArTerra Picture Library /age fotostock

l'horaire indiqué sur votre billet d'entrée, il vous faudrait attendre qu'une place se libère dans un autre groupe. Soyez plutôt sur place 30mn avant le départ, surtout si vous devez retirer vos billets à l'accueil *(depuis la billetterie à l'entrée, comptez 10mn pour rejoindre la caverne)*. En haute saison, venez plutôt en début ou en fin de journée pour éviter la foule.

2

Le grand parking où vous pouvez garer votre véhicule est également accessible en **navette gratuite** depuis la gare routière de Vallon-Pont-d'Arc *(w.-ends et j. fériés de fin avr. à fin sept., tlj en juil.-août, horaires variables, disponibles sur le site Internet de l'office de tourisme)*.

« Après l'émotion, l'explication ! », dit-on à la caverne du Pont-d'Arc, suggérant de visiter d'abord la caverne (reconstitution de la grotte) puis la galerie de l'Aurignacien (centre de découverte). Rien ne vous empêche de faire le contraire et d'acquérir les connaissances nécessaires à une lecture contextualisée des dessins avant votre visite.

Caverne

La re-création de la grotte vise à donner au visiteur l'impression de se trouver dans l'espace originel. Le long d'un parcours tracé sur une passerelle que ponctuent **dix stations d'observation**, et au milieu des stalagmites et stalactites, les dessins, fidèlement reproduits, surgissent de la pénombre. Dans la fraîcheur et l'humidité – la température est de 6 à 8° inférieure à celle qui règne à l'extérieur –, les univers sonore et olfactif ont été fidèlement reconstitués. La **scénographie** restitue le caractère monumental de la grotte, sa puissance spirituelle et ses qualités esthétiques hors du commun. D'importants moyens ont été déployés afin d'en recréer la spécificité acoustique, son ambiance silencieuse, propice au recueillement et à la concentration… mais il faut bien avouer que la visite en groupe nuit quelque peu à l'effet escompté.

Comptant quatorze espèces différentes, dont une majorité d'animaux dangereux (ours des cavernes, rhinocéros laineux, mammouths, félins), le **bestiaire de la grotte** est inédit. Certaines représentations sont rares, voire uniques dans

La caverne du Pont-d'Arc.
Fabre Speller Architectes et Atelier-3A / F. Neau (paysagiste) / Scène (scénographie) / SYCPA / photo : Patrick Aventurier

l'art pariétal paléolithique (panthère, hibou, partie inférieure du corps féminin). Les artistes de l'Aurignacien ont convoqué un vaste éventail **technique** : gravure à la pierre ou au doigt, peinture par soufflage de pigments, par apposition de la paume des mains ou au pinceau, dessins au charbon de bois ou à l'ocre rouge… Ils ont travaillé le relief et l'estompe, se sont servi de la topographie pour obtenir différents effets, ont réussi à exprimer la perspective, le rythme et le mouvement grâce à la superposition d'images, développé des procédés de narration graphique au cours d'amples scènes de chasse…

Le parcours passe par les œuvres majeures les plus emblématiques. Particulièrement intéressant, le **panneau de la Panthère** s'inscrit sur une épaisse lame rocheuse tombant de la voûte. On y aperçoit des animaux réalisés à l'ocre rouge, parmi lesquels des ours et un bouquetin. D'une beauté saisissante, la fresque dite **panneau des Chevaux** (7 m de long) figure une cinquantaine d'animaux parmi lesquels se détachent quatre ongulés de profil ; ils ont été dessinés au fusain, détourés par un trait gravé au silex, et présentent des effets d'estompe et des nuances remarquables. Autre scène unique dans l'art pariétal, le **panneau des Lions** comprend une multitude d'animaux, dont un groupe de bisons suivi par seize lions et lionnes. Cette scène de chasse spectaculaire à l'ordonnancement si bien pensé serait le fruit du travail d'un seul artiste maîtrisant un grand nombre de techniques.

RÉVÉLER L'INVISIBLE

La caverne du Pont-d'Arc est la plus grande réplique de grotte ornée au monde. Les 8 500 m^2 de la grotte Chauvet-Pont-d'Arc (*p. 60*) ont été restitués sur 3 500 m^2 (au sol) en une réplique scientifique et artistique jusqu'alors inédite. Le relief des parois a été copié au millimètre près, grâce à un modèle numérique 3D de la cavité. Quant aux peintures, gravures, représentations les plus remarquables, éléments paléontologiques et géologiques essentiels, ils ont été reproduits à l'échelle 1/1 à partir des originaux numérisés. Pari réussi !

LES ALÉAS DE LA RECHERCHE ARCHÉOLOGIQUE

Il y a plus de 20 000 ans, l'effondrement de la falaise surplombant la grotte Chauvet scellait l'entrée qu'empruntaient les peintres de l'aurignacien. À l'abri des intrusions et des aléas climatiques, les trésors de la cavité sont demeurés intacts. Afin d'éviter les erreurs de Lascaux, un protocole de préservation a été mis en place. Il n'a donc jamais été question d'ouvrir au public la précieuse grotte. Elle n'en fait pas moins l'objet de recherches menées avec les plus grandes précautions car, si elles livrent des informations aux scientifiques, les fouilles perturbent nécessairement le terrain d'investigation. Heureusement, la nature faisant bien les choses, la caverne s'autoprotège : la montée de la température extérieure provoque, à l'intérieur, des émanations de gaz carbonique et de radon. Ce phénomène réduit les possibilités de recherche à quelques mois par an, entre janvier et début mai et, certaines années, entre octobre et décembre. Dans ces intervalles, les dessins ont été relevés, de petites surfaces fouillées ont révélé des niveaux d'occupation humaine anciennement enfouis, des recherches sur l'état de conservation des parois ont été effectuées, les datations de stalactites affineront le cadre chronologique relatif aux phases d'occupation animale et humaine et aux variations climatiques, enfin l'étude des ossements des ours et des loups apportera son lot de renseignements.

Galerie de l'Aurignacien

Le parcours débute par une intervention filmée du préhistorien Jean Clottes qui revient sur l'importance scientifique de la grotte. Puis, dans la salle de projection, un film plonge le visiteur dans une scène de l'époque aurignacienne où l'on retrouve le décor du Pont-d'Arc, ses animaux, la grotte et ses peintures. L'exposition qui suit est organisée autour de trois thèmes. L'**Ardèche il y a 36 000 ans** : à quoi ressemblait la région alors que la Terre traversait un âge glaciaire, quels paysages et quels animaux connaissaient alors nos ancêtres ? Les **aurignaciens** : qui étaient-ils, comment vivaient-ils ? L'**art pariétal**, plus précisément à travers la grotte ornée du Pont-d'Arc : quels moyens techniques les hommes ont-ils mis en œuvre dans la pratique de leur art, quel sens donner à ces représentations ? Les différents niveaux de lecture de la scénographie moderne livrent des approches plus ou moins approfondies des sujets grâce aux technologies interactives (tables, écrans tactiles, jeux pour tester ses connaissances, etc.).

La visite est tout simplement passionnante. Ici, on tombe nez à nez avec les **animaux des temps glaciaires** reproduits grandeur nature dans leur environnement : l'imposant mammouth laineux, plus grande créature vivante de l'époque, l'impressionnant ours des cavernes que l'homme évite et respecte, le bison des steppes, l'un des animaux les plus chassés et les plus représentés… Là, on découvre l'**organisation sociale** des hommes du paléolithique supérieur et certains aspects de leur vie quotidienne, des vitrines contenant des **trouvailles archéologiques**. Des bornes sont à disposition pour **consulter les experts**, qui répondent, selon l'état des connaissances, à des questions autour d'un thème : les outils de la préhistoire, la spiritualité des aurignaciens… Ils n'hésitent pas à avouer leur ignorance face à certains sujets, notamment celui du rôle des ornements des grottes : s'agit-il d'une forme de chamanisme ou d'un art symbolique inspiré par les mythes fondateurs d'une société ?

Les grottes, si elles constituent les archives les plus anciennes de l'humanité, sont loin d'avoir livré tous leurs secrets.

Aven d'Orgnac

Grotte et Cité de la préhistoire

★★★

Ardèche (07)

On reste sans voix quand on pénètre au cœur de l'aven d'Orgnac, classé Grand Site de France. Ce sombre gouffre, découvert en août 1935 par Robert de Joly, recèle un réseau de salles où la nature a lentement façonné ses colonnes minérales aux mille formes. Creusées par les eaux souterraines, les immenses cavités témoignent des changements climatiques de l'ère quaternaire. Stalactites, stalagmites et draperies, remarquablement mises en lumière, rivalisent de beauté et d'invention.

NOS ADRESSES PAGE 201
Hébergement, restauration, achats, activités, etc.

SE REPÉRER

Carte de microrégion C3 (p. 130-131).

À 15 km de Vallon-Pont-d'Arc, l'aven est situé à l'extrémité sud de l'Ardèche, sur le territoire de la commune d'Orgnac-l'Aven.

ORGANISER SON TEMPS

Comptez 3h pour l'aven et la Cité de la préhistoire ; le reste du circuit peut s'effectuer en 2h sans compter les visites.

AVEC LES ENF3ANTS

L'aven, en visite guidée traditionnelle ou en randonnée souterraine ; la Cité de la préhistoire et ses animations ; le musée de la Soie à Labastide-de-Virac.

Visiter

Figurant au nombre des quatorze « grands sites de France », l'aven d'Orgnac a été entièrement aménagé. Il inclut l'accès à l'aven lui-même et à la Cité de la préhistoire, des boutiques de produits du terroir, un restaurant-snack, une aire de jeux et de pique-nique, le tout dans un cadre arboré très agréable.

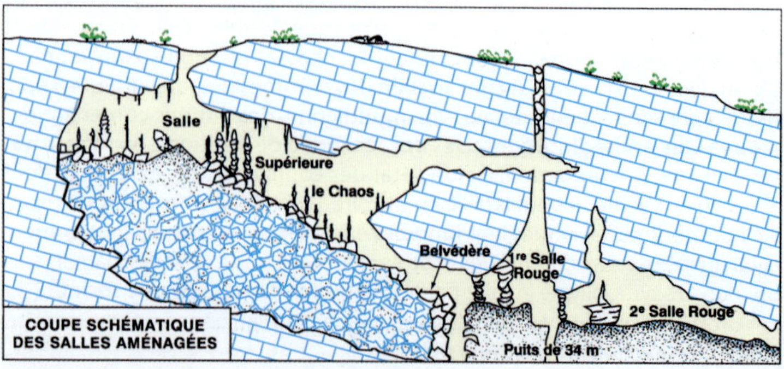

Aven

Température intérieure : 11 °. Il faut descendre 700 marches avant de débuter la visite ; la remontée des 120 m de déclivité s'effectue en ascenseur.

Pl. Robert-de-Joly - ✆ 04 75 38 65 10 - www.orgnac.com - visite guidée (1h) juil.-août : 9h30-18h ; avr.-juin et sept. : 9h30-12h, 13h30-17h30 ; fév.-mars : 10h-12h, 14h-16h45 ; reste de l'année : 9h30-12h, 14h-16h30 ; vac. de Noël : 14h-16h45 - fermé janv. et de mi-nov. aux vac. de Noël - 12,50 € (-14 ans 8,20 €) - 15 € billet combiné avec la Cité de la préhistoire - possibilité de visite guidée en langues étrangères.

S'infiltrant par les calcaires fissurés, les eaux sont à l'origine de la formation de l'aven et de ses concrétions, formés depuis 15 000 ans. Une faible lumière bleutée baigne la **salle supérieure** d'une atmosphère irréelle. Haute de 17 à 40 m, longue de 250 m et large de 125 m, cette salle possède de magnifiques stalagmites, de tailles imposantes. Comme des poissons parmi les coraux, on sillonne le gouffre en suivant le petit sentier balisé. Un jeu de lumière sans cesse renouvelé met en valeur successivement les multiples points d'intérêt du site. Au centre, les plus grosses stalagmites montrent des excroissances qui leur donnent l'aspect de « pommes de pin ». Elles n'ont pu, à cause de la hauteur de la voûte, se souder aux stalactites pour former des colonnes, mais elles se sont épaissies à la base, atteignant parfois un diamètre imposant. D'autres, plus récentes et plus grêles, en forme d'« assiettes empilées », les surmontent. Leur lente construction étant toujours en cours, vous aurez la chance, grâce à un savant éclairage, de voir « l'ouvrier au travail » : la goutte perlant au plafond, s'en décrochant pour une trajectoire vertigineuse achevée en éclaboussures. Sur le pourtour de la salle, on remarque de frêles colonnettes. Certaines ont atteint une grande hauteur, les unes « en baïonnette », d'autres très droites. L'ensemble constitué de cristaux de calcite scintille sous le feu des éclairages.

Dans la **salle du Chaos**, encombrée de concrétions tombées de la salle supérieure, les parois suintent d'une multitude de gouttes glissant cette fois-ci lentement sur des formes molles : elles forment alors les magnifiques « draperies » blanches ou colorées. Les couleurs sont issues des minerais présents dans le sol en surplomb : tons de vert pour le cuivre, de rouge et d'ocre pour le fer.

Au niveau du belvédère de la **Salle rouge**, les eaux d'infiltration, enrichies en carbonate de chaux par la traversée de la couche calcaire, ont permis aux concrétions de se multiplier.

Vous atteignez enfin le **Grand Théâtre**, tout d'abord plongé dans une obscurité totale. Vous êtes installé sur le belvédère quand toutes les lumières s'éteignent pour laisser place au clou du spectacle : le **son et lumière★★**. Sur fond de chant choral, un jeu d'éclairages, presque une chorégraphie, révèle par d'adroites touches successives, de plus en plus spectaculaires, la profondeur sans limites et le paysage tourmenté de la plus grande salle d'Orgnac.

Cité de la préhistoire

Pl. Robert-de-Joly - ✆ 04 75 38 65 10 - www.orgnac.com - ♿ - juil.-août : 10h-19h30 ; avr.-juin et sept. : 10h-19h ; de déb. oct. à mi-nov. : 10h30-13h, 14h30-18h ; vac. de Noël : 14h-18h ; reste de l'année : 10h30-12h30, 14h-18h - fermé de mi-nov. aux vac. de Noël et de déb. janv. à déb. fév. - possibilité de visite guidée sur demande - 12,50 € billet combiné avec l'Aven-d'Orgnac.

Le billet donne droit à une réduction d'1 € sur le billet adulte et 0,5 € sur le billet enfant à la Caverne du Pont-d'Arc (p. 194) pendant une durée de sept jours après son achat.

Inaugurée en 2014 et installée dans un beau bâtiment moderne non loin de la grotte, la Cité de la préhistoire succède à un musée qui présentait de manière traditionnelle les produits des fouilles pratiquées en Ardèche et dans

ROBERT DE JOLY, UN SPÉLÉOLOGUE INNOVANT
Ce pionnier de la spéléologie (1887-1968) explora l'aven le 19 août 1935 et visita bon nombre de gouffres de la région. Il joua un rôle fondamental dans la mise au point du matériel et de la technique d'exploration. À tel point qu'en dernier hommage l'urne contenant son cœur fut placée dans la niche d'une concrétion de la salle supérieure.

le nord du Gard, depuis le paléolithique inférieur jusqu'au début de l'âge du fer, soit de 350 000 à 600 ans av. J.-C. La Cité est à la fois un pôle de conservation – seule une infime partie des collections est exposée – et un centre de recherches actif. Avec les travaux, la surface d'exposition est passée de 900 m² à 1 400 m², et s'est enrichie d'une muséographie extrêmement attractive. Le public est invité à découvrir un monde mal connu à propos duquel bien des idées reçues circulent – on apprend par exemple que les « hommes des cavernes » n'ont jamais vécu dans les profondeurs obscures des grottes et que Néandertal n'était pas la brute épaisse que l'on imagine mais un grand chasseur et un athlète hors norme. Quel que soit son niveau de connaissance et sa capacité d'attention, le visiteur trouve à satisfaire sa curiosité, grâce à des niveaux de lecture à géométrie variable et à un parcours « enfant » destiné aux plus jeunes.
La visite commence par une grande frise chronologique bien utile pour replacer l'Homme à l'échelle du temps ! Le parcours, à la fois chronologique et thématique, présente nos ancêtres, des chasseurs-cueilleurs aux agriculteurs sédentarisés, et explique leur vie quotidienne et leurs pratiques, notamment face à la mort. Aux côtés des objets en vitrine, cartes, maquettes, dioramas et animaux grandeur nature apportent leur complément d'informations, ainsi que des tables tactiles grâce auxquelles on « entre dans la peau » d'un homme préhistorique ou d'un archéologue. Des vidéos donnent la parole aux acteurs du savoir préhistorique, et ils sont nombreux : anthropologues, archéozoologues, spécialistes du climat, etc. Ils expliquent leur travail, font part de leurs doutes et exposent leurs lacunes. On découvre également les principes de l'archéologie expérimentale grâce à laquelle les scientifiques reproduisent les gestes des hommes du passé pour mieux les comprendre. Une expérience à prolonger en été grâce aux ateliers et aux démonstrations (tir de sagaie au propulseur, secrets du feu, taille du silex, etc.).

Circuit conseillé

Carte p. 186-187 et carte de microrégion p. 130-131

PLATEAU D'ORGNAC

Circuit de 45 km au départ de l'aven d'Orgnac. Cicuit tracé sur la carte p. 186-187 et sur la carte de microrégion (p. 130-131).
Prenez la D 317 vers l'ouest jusqu'à Barjac.

Barjac

Célèbre dans toute la région pour ses deux brocantes annuelles, Barjac (Gard) possède un quartier haut qui mérite une flânerie dans les ruelles que bordent des demeures 18ᵉ s., autour de son noble château reconverti en centre culturel. De l'esplanade qui domine la plaine, belle vue sur les Cévennes.
Prenez au nord la D 979. À Vagnas, empruntez à droite la D 355.

Labastide-de-Virac

Au nord de cette bastide fortifiée constituée de calades et de ruelles sous voûtes (point de départ d'excursions sur le plateau et dans les gorges) se dresse le **château des Roure**, édifié au 16e s. pour contrôler le passage des gorges de l'Ardèche au niveau du Pont d'Arc. Il comporte une cour de style florentin, une belle cheminée dans la grande salle du 1er étage et une **magnanerie** en activité (exposition des productions de soieries locales). Après avoir subi les assauts des camisards de Jean Cavalier en 1703, ce château est passé en 1825 aux métayers des comtes de Roure. La famille comptait alors dans ses membres le sculpteur James Pradier, auteur du décor de l'Arc de triomphe à Paris.

Vous pouvez compléter la visite de la magnanerie par celle du **musée de la Soie**, également dans l'enceinte du château. Vous y découvrirez les étapes du travail du fil de soie, activité qui a permis à de nombreuses familles huguenotes de survivre après 1685, date à laquelle elles furent exclues des emplois publics. Les machines étant automatisées, vous pourrez les faire fonctionner. *Pl. du Château - ✆ 04 75 38 61 13 - www.chateaudesroure.com - visite guidée (1h30) juil.-août : 10h-19h ; avr.-juin et sept. : tlj sf merc. 14h-18h - 8,70 € (-13 ans 5 €).*

Après Labastide, sur la D 217, tournez à gauche.

La route permet de traverser **Les Crottes**, village martyr dont les habitants furent massacrés par les Allemands le 3 mars 1944. Au **belvédère du Méandre de Gaud★★**, belle vue sur l'Ardèche et le cirque de Gaud.

Faites demi-tour et prenez la D 217 à gauche. Bientôt, sur la droite, une petite route permet d'accéder à l'aven de la Forestière.

★ Aven de la Forestière

Col de la Forestière - ✆ 04 75 38 63 08 - www.avengrottelaforestiere.com - visite guidée (45mn) juil.-août : 10h-19h ; reste de l'année : tlj sf merc. 10h-18h - fermé de déb. oct. aux vac. de la Toussaint et de mi-nov. à fin mars - 8 € (-15 ans 5,50 €).

On remarquera l'extrême finesse des concrétions de la grande salle : cristallisations en forme de chou-fleur, longs macaronis pendant de la voûte, excentriques aux formes capricieuses, draperies de stalactites aux couleurs variées et imposant plancher de stalagmites mis en lumière.

2

NOS ADRESSES À ORGNAC-L'AVEN

HÉBERGEMENT

PREMIER PRIX

Hôtel-restaurant Les Stalagmites – *✆ 04 75 38 63 12 - www.lesstalagmites.com - fermé nov.-mars - P - ♿ - 29 ch. 53/66 € - ☕ 7,50 € - menus 13/24 €.* Un petit hôtel aux chambres simples, proche de l'aven d'Orgnac (attention, toutes ne sont pas climatisées). La terrasse ombragée est bien agréable pour déjeuner ou dîner.

À proximité

PREMIER PRIX

Chambre d'hôte Le Mas des Roches – *07150 Labastide-de-Virac - ✆ 04 75 38 63 12 - www.masdesroches.com - ouv. de mai à mi-sept. - P - 🚭 - 🏊 - 6 ch. 48/58 € - ☕ 6 € - 5 gîtes (4-6 pers.) à partir de 840 €/sem.* Ensemble d'hébergements au sein d'une propriété de plusieurs hectares. Au choix : chambres d'hôte (logées dans la maison principale) ou 9 maisonnettes neuves, sans vis-à-vis et accessibles par un petit chemin de terre. Belle piscine chauffée et terrasse fleurie.

Au vieux porche – *07150 Labastide-de-Virac - ✆ 04 27 52 07 67 - www.auvieuxporche.com - fermé nov.-mars, et parfois le sam. en haute saison - 2 ch. (2-5 pers.) 55/60 € - ☕ 7,50 € - carte env. 23 €, le soir (réserv. conseillée) menu 25 €.* Au cœur du village, cette belle maison abrite deux chambres simples et un très bon restaurant, où la cuisine est concoctée sur place avec des produits frais de la région. La terrasse est très agréable, l'accueil charmant mais les impatients passeront leur chemin !

POUR SE FAIRE PLAISIR

Hôtel La Bastide d'Iris – *07150 Vagnas - D 579 - ✆ 04 75 88 44 77 - www.labastidediris.com - ♿ - 🏊 - 12 ch. 110/132 € - ☕ 13,60 €.* Murs joliment colorés, tissus assortis, mobilier personnalisé et salles de bains gaies caractérisent les chambres de cette charmante bastide. Agréable jardin.

UNE FOLIE

Chambre d'hôte Le Mas Rêvé – *07150 Labastide-de-Virac - ✆ 04 75 38 69 13 - www.lemasreve.com - fermé oct.-15 avr. - 🅿 - 🚭 - 🏊 - 5 ch. 130/160 € ☕ - séjour de 5 jours minimum en juil.-août.* Profitez des charmantes chambres de cette ferme ardéchoise dont la partie la plus ancienne date du 16e s. L'ensemble a été restauré et meublé avec goût. Piscine dans le très beau jardin.

ACTIVITÉS

Spéléogie

Il existe trois parcours spéléo. *✆ 04 75 38 65 10 - www.orgnac.com - réserv. avec infos@orgnac.com.*

👪 **Rando souterraine** – *41 € - 3h - 8 pers. maxi.* Possibilité d'un contact privilégié avec l'aven dans les premières salles des réseaux non aménagés (donc fermées habituellement à la visite). Cette promenade présente peu de difficultés et ne requiert aucun effort physique particulier.

Odyssée souterraine – *66 € - 8h - 8 pers. maxi, public sportif.* Une journée d'aventure spéléologique dans une partie non aménagée de ce vaste réseau souterrain. Accompagné d'un guide, on découvre un monde grandiose et magique peuplé de myriades de concrétions aux formes les plus étonnantes. Inoubliable.

Vertige souterrain – *45 € - 3h - 6 pers. maxi, public sportif.* Parcours tracé dans les plafonds de la partie aménagée, sur les traces de Robert de Joly. Impressionnant !

Randonnée

👪 Indiqué à l'entrée de l'aven, le **sentier pédestre du Maubois** se décline en deux boucles, flèches noires *(30mn)* ou flèches noires et bleues *(1h)*. Il sillonne les bois d'Orgnac, bel exemple de géologie, de faune et de flore de l'Ardèche méridionale. *Prévoyez de bonnes chaussures et de l'eau. Pas de difficulté particulière.*

Bourg-Saint-Andéol

7 233 Bourguésans – Ardèche (07)

Un bas-relief de Mithra usé par le temps : voilà tout ce qui reste de ce culte pourtant florissant avant l'évangélisation plutôt efficace de saint Andéol. Très appréciée des évêques de Viviers, la ville a bien vécu de ses activités portuaires, comme en témoignent les agréables hôtels particuliers épargnés par les bombardements de 1944.

NOS ADRESSES PAGE 208
Hébergement, restauration, achats, activités, etc.

S'INFORMER

Office de tourisme – *Pl. du Champ-de-Mars - 07700 Bourg-St-Andéol - ✆ 04 75 54 54 20 - www.rhone-gorges-ardeche.com - juil.-août : 9h-12h30, 14h-18h30, sam. 9h-13h, 15h-18h30, dim. 9h-13h ; reste de l'année : tlj sf dim. 9h30-12h30, 14h-18h, sam. 9h-13h - fermé 1er janv., lun. de Pâques, 1er Mai, 25 déc.*

SE REPÉRER

Carte de microrégion D3 (p. 130-131).
Bourg-St-Andéol est situé au bord du Rhône, à 28 km au sud de Montélimar. La ville est desservie par la D 86.

SE GARER

Stationnez sur la place du Champ-de-Mars pour visiter la ville.

À NE PAS MANQUER

L'architecture de l'église St-Andéol ; le palais des Évêques ; les paysages contrastés du plateau des Gras ; le panorama depuis le belvédère du bois de Laoul et la dent de Rez.

ORGANISER SON TEMPS

Comptez une demi-journée pour la promenade en ville suivie d'une excursion sur le plateau des Gras.

AVEC LES ENFANTS

Le musée de la Lavande et la Forêt des Jeux à St-Remèze.

Se promener

Dominé par la flèche de son église, Bourg-St-Andéol constitue une étape plaisante sur la rive droite du Rhône. N'hésitez pas à flâner au cœur de la vieille ville qui a conservé de beaux hôtels particuliers, des couvents restaurés – la mairie est installée dans le **couvent des Ursulines** (18e s.) – et de nombreuses fontaines, dont la monumentale **fontaine de Dona Vierna**. Elle est surmontée d'une grande statue en marbre de Carrare représentant le personnage légendaire de Dame Vierne de Balazuc, bienfaitrice de la ville.

★ Palais des Évêques

10 r. Poterne - ✆ 04 75 54 41 76 - www.palais-des-eveques.fr - juil.-sept. : merc.-vend. et j. fériés 15h-19h, dim. 10h-12h, 15h-19h - 9 € (-18 ans 5 €) - nocturne 10 € (-18 ans 5 €) - poss. de visite guidée - nocturne aux chandelles juil.-août : vend. 21h.

STENDHAL EN GOGUETTE

Au 19e s., après avoir visité la chartreuse de Valbonne (Gard), **Alfred de Musset** et **George Sand**, habillée en homme, prennent la route de Venise. Ils s'arrêtent dans une auberge de Bourg-St-Andéol où ils retrouvent Stendhal qui regagne son consulat en Italie. Le soir, grisé par le vin du pays, Stendhal exécute avec la servante une série de pas d'une fantaisie si échevelée que Musset en fait un croquis passé à la postérité.

Il est possible de découvrir le palais seul, mais la visite guidée livre des détails sur les coulisses du bâtiment et les secrets des lieux.

L'ensemble que l'on découvre aujourd'hui est en constante évolution et chaque campagne de travaux apporte son lot de surprises et de découvertes. La **cour d'honneur** aménagée en jardins à la française abrite une roseraie et quatre parterres, dont l'un planté de simples, qui s'appuient sur une belle calade du 18e s. Sur le mur à droite de l'entrée, une inscription lapidaire, révélée en 2003, rend hommage aux travaux menés par Claude de Tournon entre 1532 et 1536. C'est à lui que l'on doit l'imposante façade sur le Rhône et sa grande terrasse.

Au rez-de-chaussée, la vaste salle rectangulaire et voûtée du **grenier d'abondance** (fin 15e s.) servait à l'origine de grenier à blé pour l'évêque qui avait droit de péage sur le Rhône. La **salle des Banquets**, où se réunirent plusieurs fois les États du Vivarais, conserve plusieurs éléments du 15e s. dont une cheminée monumentale et deux grandes fenêtres à meneaux. Sa restauration en 2010 a révélé des décors peints du 17e s., que l'on distingue encore de manière fragmentaire. Mitoyennes, les **grandes cuisines** constituent l'un des espaces les plus impressionnants du palais. Datant du milieu du 15e s., elles comptent parmi les mieux conservées de France et sont en parfait état de marche.

On accède au premier étage par le grand escalier du 18e s. En face, la **chambre de Mazarin** est ornée d'un plafond à la française et de peintures à l'huile réalisées à l'occasion de la visite du cardinal. À l'opposé, la **chambre épiscopale** est judicieusement placée au-dessus de la chaleur des cuisines. Les magnifiques décors peints, où se succèdent cartouches, médaillons et corbeilles, révèlent un programme iconographique, sans égal en France, où se lit une véritable encyclopédie des connaissances du 17e s.

Pour finir, arrêtez-vous dans la **chapelle** néogothique (19e s.) qui abrite un musée dédié à **René Margotton** (1915-2009), peintre de l'école de Paris et élève de Fernand Léger. On découvre cinq vitraux monumentaux réalisés à partir de ses cartons et plusieurs de ses œuvres empreintes d'un mysticisme expressionniste.

HISTOIRE D'UN PALAIS

Le palais des évêques de Viviers, seigneurs de Bourg-St-Andéol, doit sa renaissance au travail de M. et Mme Lextreyt, ses propriétaires depuis 2000, et d'une poignée de passionnés. Lorsqu'ils achètent le bâtiment à la congrégation enseignante qui occupe les lieux depuis près d'un siècle et demi, il est communément admis qu'il remonte à la Renaissance. Les campagnes de travaux menées depuis ont révélé une tout autre histoire. Le palais, construit sur des vestiges romains, aurait pour origine un château du 12e s. Les évêques de Viviers en font leur résidence au début du 13e s., et s'y établissent de façon permanente en 1378. Vers 1450, l'évêque Guillaume de Poitiers donne à l'édifice une nouvelle ampleur en ajoutant une salle d'apparat. Ses successeurs continuent les travaux d'embellissement, mais c'est surtout **Louis-François de La Baume de Suze**, dont l'épiscopat dure 70 ans, qui transforme le palais, en y faisant notamment réaliser de somptueuses peintures murales. En 1732, l'évêque retourne à Viviers et laisse le palais au petit séminaire, qui l'occupe de nouveau après la Révolution, puis à partir de 1854 à la congrégation des sœurs de la Présentation de Marie.

Bourg-St-Andéol au bord du Rhône.
F. Guiziou/hemis.fr

★ Église St-Andéol

Elle date dans son ensemble de la fin du 11e s. et du début du 12e s. Au-dessus de la façade, refaite au 18e s., on aperçoit le pignon primitif de la nef romane, surmonté d'un clocheton de style flamboyant.

2

L'intérieur séduit par sa simplicité toute romane ; remarquez dans la chapelle à droite du chœur le sarcophage en marbre blanc de saint Andéol, martyr du début du 2e s. et évangélisateur du Vivarais. Il renfermait, à l'origine, la dépouille d'un jeune Gallo-Romain, comme l'indique l'inscription païenne du cartouche tenu par deux amours *(côté mur)*, tandis que l'inscription chrétienne *(côté autel)* évoque le martyre du diacre. Les vitraux du 19e s., entièrement détruits pendant les bombardements de la LIbération, ont été remplacés au début des années 1990, après la restauration complète de l'église, par des créations de Jean-Pierre Bertrand.

Hôtel de Nicolaÿ

Pl. Louis-Pize

L'hôtel fut construit en deux temps, entre la fin du 15e s. – façade est et tour de style gothique – et le début du 16e s., époque de la double galerie et de sa clé pendante de style Renaissance. La tour octogonale abrite un escalier à vis et noyau évidé. Une partie de l'édifice a été détruit lors des bombardements du 15 août 1944.

Vallon de Tourne

Ce site pittoresque a inspiré les poètes, notamment Frédéric Mistral, qui lui a consacré un chant dans *Le Rhône*. Au débouché du vallon, entre les deux sources du ruisseau de Tourne, auxquelles on attribuait des vertus diverses dès l'époque antique, un **bas-relief gallo-romain** (2 m x 2 m) représentant **Mithra** a été taillé à même la paroi calcaire. Il constituait le fond du Mithreum, temple consacré à la divinité. Malgré son aspect émoussé, on distingue encore la silhouette du dieu, manteau flottant et coiffé du bonnet phrygien, en train

d'immoler le taureau primordial. De l'animal jaillit une vie nouvelle, illustrée par l'épi de blé que l'on distingue à l'extrémité de la queue du taureau.
À deux pas, on remarque un temple antique… C'est en réalité un **lavoir★** construit au milieu du 19e s. par l'architecte local Auguste-Siméon Baussan, qui se serait inspiré de Paestum. Jusqu'au début du 20e s., l'endroit comptait également des moulins à blé ou à drap, puis des tanneries.

Circuit conseillé Carte de microrégion

★ PLATEAU DES GRAS

Circuit de 51 km tracé sur la carte de microrégion (p. 130-131). Comptez environ 3h.
Quittez Bourg-St-Andéol par la D 4 en direction de St-Remèze.
Le plateau des Gras, dominé par la dent de Rez, se déroule entre le Rhône, à l'est, la montagne de Berg et l'Escoutay, au nord, les gorges de l'Ardèche, au sud, les défilés de Ruoms et de Balazuc, à l'ouest. Les « **assibrats** », qui signifie « assoiffés », est le surnom donné à ses habitants, en raison des dures sécheresses qu'ils doivent supporter. Contrastant avec les fourrés de chênes verts du bois de Laoul et du bois Bouchas, les dépressions du plateau offrent un visage plus riant. Les vieux vergers d'amandiers, les lopins de lavande, les troncs noueux des derniers mûriers, les petites haies de buis taillés bordant parfois ses routes, comme entre Les Hellys et St-Remèze, et les nombreux vignobles aux ceps à ras du sol composent un paysage original.
Au cours de la montée, belle vue sur le Rhône et la plaine de Pierrelatte.

★ Belvédère du bois de Laoul D3

Table d'orientation (alt. 340 m). Aménagé en bordure de la route, il offre une **vue** sur la vallée du Rhône, la plaine de Pierrelatte et son complexe industriel, les collines du Tricastin et le mont Ventoux.
Poursuivez la montée et passez au pied de la tour de relais hertzien de télédiffusion. À environ 1 km du relais, laissez, à gauche, une petite route s'embranchant en face de l'auberge de la Belle Aurore et menant à la chapelle retirée de N.-D. de Chalon. Sur le plateau, de petits chênes rouvres succèdent aux chênes verts.

St-Remèze C3

Musée-distillerie de la Lavande – *Rte touristique des Gorges - ☏ 04 75 04 37 26 - www.ardechelavandes.com - ♿ - visite guidée (1h) avr.-sept. : 10h-19h - 6,50 € (-15 ans 3 €).* Les curieux qui feront ce détour ne le regretteront pas. Installée dans un mas sur le plateau des Gras, entourée de champs de lavande et de lavandin, cette distillerie se double d'un intéressant petit musée. Film, collection d'anciens alambics et de vieux outils, démonstration de distillation, espace boutique et aire de pique-nique.
Revenez sur vos pas et tournez à gauche dans la D 362. Au carrefour du Mas-de-Gras, prenez à gauche la D 262 qui descend vers Gras.
La Forêt des Jeux – *Plaine d'Aurèle - ☏ 06 52 23 18 49 - www.laforetdesjeux.com - juil.-août : 10h-19h ; vac. scol. : 10h30-18h ; reste de l'année : merc. et w.-end 10h30-18h30 - fermé oct.-mars - 7 € (-3 ans gratuit).* Dans une vaste forêt naturelle ont été aménagés une soixantaine de jeux en bois, en pierre, et en galets, destinés aux petits mais aussi aux grands : jeux d'agilité, d'eau, de réflexion, quilles, marionnettes, damiers… Au détour des chemins, des sculptures étonnantes attendent les visiteurs curieux. De même qu'une buvette où l'on peut se restaurer.

Gras C2

Petit hameau aux maisons anciennes. La voûte de l'**église** a été décorée, à une époque tardive, de curieux médaillons aux couleurs vives.

Sur l'éperon rocheux à gauche du village, remarquez la **chapelle** du 11e s., restaurée, avec petit clocher à peigne et son abside en cul-de-four. *Été : tte la journée ; hiver : apr.-midi - fermé 15 août.*

Pour l'approche de la dent de Rez, rejoignez le hameau de Gogne à l'ouest de Gras.

★ **Dent de Rez** C2

Son curieux profil, sectionné par le col d'Eyrole séparant la dent proprement dite (alt. 719 m) du sommet de Barrès (alt. 670 m), domine tout le plateau.

On peut faire l'ascension du môle le plus élevé par un sentier partant de Gogne et suivant une ancienne piste de chars *(1h30 à pied AR)*. Du belvédère au sommet de la dent de Rez, le **panorama★** s'étend, d'un côté, du Ventoux au Guidon du Bouquet, de l'autre, du Tanargue au Coiron.

De retour au Mas-de-Gras, empruntez à gauche la D 262.

Larnas D2

L'**église★** romane, sobre, s'élève près du vieux cimetière planté de cyprès. De l'extérieur, on peut voir les lignes harmonieuses du chevet et de la coupole octogonale du transept, assise sur un soubassement carré.

Si vous êtes dans la région au mois de mai, faites un tour par l'**iriseraie de Larnas** *(hameau de Gerbaux sur la D 362 - ✆ 04 75 04 92 33)* où M. Laporte cultive des espèces rares (c'est la plus grande collection de France) : pendant la période de floraison, le spectacle des champs d'iris est un régal pour les yeux.

★ **Gorge de la Sainte-Baume** D2

À la sortie de Larnas, la route s'enfonce dans une gorge pierreuse. Les paysages de pierre grise et de végétation vert foncé sont à la fois rustiques et sauvages. La chaleur qui règne dans cette gorge en été lui a valu le nom de « **Val Chaud** ». À l'orée du ravin, à hauteur de la **chapelle de San Samont★** (11e-14e s.), apparaît brutalement St-Montan, sur une échine rocheuse.

★ **St-Montan** D2

Les ruines de la citadelle féodale dominent le village construit sur le flanc de la montagne. Les maisons en pierre, collées les unes aux autres, s'accrochent à la roche, et les ruelles tortueuses coupées d'escaliers et de passages voûtés se perdent entre les murs de pierre. Le site, qui doit son nom à l'ermite Montanus, est en partie restauré par des bénévoles qui travaillent sur la remontée du château. Très attachant par son côté un peu hors du temps, il invite à la flânerie au hasard de ses ruelles. *Attention, plus vous approcherez du vieux village et plus il vous sera difficile de vous garer.*

Chapelle St-André-de-Mitroys D2

Cette église romane est mise en valeur par les cyprès de son vieux cimetière.

Regagnez Bourg-St-Andéol par la D 262 et la D 86.

NOS ADRESSES À BOURG-SAINT-ANDÉOL

HÉBERGEMENT/RESTAURATION

BUDGET MOYEN

Hôtel Le Clos des Oliviers – *Pl. du Champ-de-Mars - ✆ 04 75 54 50 12 - fermé vac. de Noël., dim. soir et lun. midi - 24 ch. 50/70 € - ☕ 7,50 € - formule déj. 11,50/13,50,€, menus 17,50/32 €.* Dans une maison ancienne, les chambres fonctionnelles et colorées sont assorties de salles de bains neuves. Aux beaux jours, la cuisine aux accents du Sud est servie sur la terrasse où sont plantés quelques oliviers : des saveurs simples, des produits de qualité bien travaillés, et une carte des vins réalisée avec le caviste voisin.

Hôtel Le Prieuré – *2 r. Poterne - ✆ 04 75 54 62 99 - www.hotel-restaurant-leprieure.com - fermé sept. et 25 déc.-1er janv. - 15 ch. 56/80 € - ☕ 9 € - formule déj. 15,50 € - menus 28 €/50 €.* Sur les quais du Rhône, ce prieuré converti en hôtel-restaurant porte encore en lui l'héritage de 900 ans d'histoire. Ses chambres possèdent chacune un décor particulier, et sa cuisine raffinée fera oublier les régimes… au moins le temps d'un repas.

Mas St-Pancrace – *Le Haut-Derbousset - ✆ 09 51 28 55 56 - www.massaintpancrace.fr - fermé de mi-déc. à fév. - P - ⊭ - 2 ch. 75 € ☕.* Sur les hauteurs de la ville, cette belle maison entourée par la garrigue, les vignes et les champs de lavande est parfaite pour une halte reposante. Les chambres sont vastes et bien décorées, la « Sienne » possède même une terrasse privative.

UNE FOLIE

Chambres et table d'hôte Côté Cour – *23 r. Poterne - ✆ 04 75 91 02 18 - www.hotelcotecour.fr - 3 ch. 130/150 € ☕ - repas (sur réserv. 48h à l'avance) 35/40 €.* Situé face au palais des Évêques, l'hôtel Doize (18e s.) abrite, au terme de travaux minutieux, de magnifiques chambres d'hôte, dotées d'immenses salles de bains modernes. L'ensemble, meublé avec goût par des propriétaires particulièrement accueillants et de bon conseil, respire le confort. N'hésitez pas à dîner sur place : le cadre agréable de la terrasse fleurie, les mets d'une grande finesse et les vins choisis avec soin composent un repas mémorable. Le petit-déjeuner est aussi un grand moment.

À proximité

BUDGET MOYEN

Chez Bacchus– *Les Apostolys, hameau St-Vincent - 07700 Gras - ✆ 04 75 04 18 69 - www.chezbacchus.fr - fermé vac. de Noël - P - ⊭ - 4 ch. 64/74 € ☕ - 1 gîte 650 €/sem. (4 pers.) - table d'hôte 24 €, poss. de panier-pique-nique.* Encore une bastide entourée de champs de lavande et de vignes ! Celle-ci date du 18e s. et jouit de vues sur le mont Ventoux. Le gîte et les chambres, dont certaines disposent d'une terrasse privative, sont équipés simplement. La maîtresse de maison, passionnée de cuisine et organisatrice d'ateliers culinaires, régale ses hôtes et leur apprend même certains de ses secrets.

RESTAURATION

À proximité

PREMIER PRIX

La Robe rouge– *R. du Château - 07220 St-Montan - ✆ 04 75 52 11 59 - fermé dim. soir, merc. et vac. de Noël - formule déj. 13 €, menu 15 €.* Une cuisine traditionnelle, simple et copieuse, est servie dans ce lieu multifonctionnel, qui fait office d'épicerie, de bureau de tabac, de dépôt de pain, de caviste, de salle de concert… et de restaurant. Très bon rapport qualité-prix.

BUDGET MOYEN

La Cigale et la Fourchette – *Pl. du Village - 07220 Larnas - ✆ 06 33 61 86 24 - www.lacigaleetlafourchette.com - fermé merc. - menu 17/24 € - réserv. conseillée.* « Les produits de l'Ardèche dans votre assiette » ? Promesse tenue par ce restaurant qui fait partie du réseau Goûtez l'Ardèche. On vous apporte la carte, qui change selon le marché, sous la tonnelle de la terrasse.

ACHATS

Bleu de Blancard – *Blancard - 07700 Gras - ✆ 06 22 95 86 52 - www.bleudeblancard.fr - horaires irréguliers : téléphoner.* L'aventure a commencé en 2000 pour Claude Chautard. Il s'est installé dans cette ferme en vue de cultiver des plantes dont il extrait des huiles essentielles bio et qu'il utilise dans sa ligne de cosmétiques. Sur place, on vous renseigne sur la culture, les vertus des plantes, et sur l'élaboration des produits. Huiles, crèmes et savons sont en vente.

Vin – La région est riche en caveaux et en domaines. Citons, parmi ceux qui ont retenu notre attention : **Terres des Amoureuses** *(quartier de Vinsas - 07700 Bourg-St-Andéol - ✆ 04 75 54 51 85- www.terresdesamoureuses.com)*, de grande qualité et atypique en Ardèche car ses vins sont classés IGP Vins de pays de Méditerranée ; **Notre-Dame de Cousignac** *(quartier Cousignac - 07700 Bourg-St-Andéol - ✆ 06 27 30 69 92 - www.ndcousignacvillegiature.fr)* qui produit des vins bio et compte également quelques chambres d'hôte ; **Vignerons des gorges de l'Ardèche** *(r. Marius-Vincent - Les Auches - 07700 Bourg-St-Andéol - ✆ 04 75 54 51 34)* qui organise un petit marché de producteurs *(vend. 15h-19h)*.

ACTIVITÉS

La Cascade – *Pôle national des arts du cirque - av. de Tourne - 07700 Bourg-St- Andéol - ✆ 04 75 54 40 46 - lacascade.org.* Lieu de référence connu pour sa formation auprès des professionnels du monde du cirque, la Cascade ouvre aussi ses portes au grand public lors de stages pour adultes ou enfants, organisés au cours de l'année scolaire ou en été. On peut voir des spectacles en juillet, lors du festival d'Alba-la-Romaine, notamment dans le cadre du théâtre antique *(p. 216)*.

Viviers

★

3 895 Vivarois – Ardèche (07)

Cette cité épiscopale créée au 5e s. doit à son site resserré entre la colline de la Joannade et le piton rocheux qui porte la ville haute d'avoir échappé au développement industriel. La ville ecclésiastique, construite au pied de sa cathédrale, domine l'entrée du Rhône dans le défilé de Donzère. Le contraste des falaises d'une rive à l'autre, les pitons détachés au milieu de la trouée, la puissance maîtrisée du fleuve en aval de la centrale de Châteauneuf composent un tableau pittoresque.

NOS ADRESSES PAGE 218
Hébergement, restauration, achats, activités, etc.

S'INFORMER

Office de tourisme intercommunal du Rhône aux gorges de l'Ardèche, agence de Viviers – *2 av. Pierre-Mendès-France - 07220 Viviers - ✆ 04 75 49 86 61 - www.rhone-gorges-ardeche.com - juil.-août : 9h-13h, 14h-18h30, sam. 9h-13h, 15h30-18h30, dim. 9h-13h ; avr.-juin et sept.-oct. : tlj sf dim. 10h-13h, 14h-18h, sam. 9h-12h ; reste de l'année : tlj sf w.-end 10h-13h, 14h-18h - fermé certains j. fériés.*

SE REPÉRER

Carte de microrégion D2 (p. 130-131).

Par l'A 7 et la N 7, on rejoint facilement Viviers qui se situe sur la D 86, au bord du Rhône. Montélimar se trouve à 17 km au nord, Bourg-St-Andéol à 14 km au sud.

SE GARER

La vieille ville se découvre à pied. Laissez votre véhicule à l'un des parkings proches de l'office de tourisme ou de la mairie, aux parkings de la Roubine ou de l'Esplanade.

À NE PAS MANQUER

Le contraste entre les parties haute et basse de la ville ; le défilé de Donzère ; le bourg médiéval et le site archéologique d'Alba-la-Romaine.

Se promener Plan de ville

Coiffé d'une statue de la Vierge érigée en 1862, le sommet de la colline dite la « **Joannade** » (A2), qui doit son nom aux feux de la St-Jean, offre un beau **point de vue**★ sur la cité. On y accède par un sentier qui s'amorce en face de l'évêché à l'ouest de la D 86 *(15mn à pied AR)*. Au cours de la montée, retournez-vous pour admirer les vieilles maisons de Viviers serrées autour de la cathédrale et de la tour-clocher. Du sommet se déploie une ample **vue** sur la cité, puis de gauche à droite, sur les carrières de Lafarge, la centrale de Cruas, l'usine de Châteauneuf et le robinet de Donzère. Une magnifique allée de platanes mène au petit port de plaisance aménagé au confluent du Rhône et de l'Escoutay.

★ VIEILLE VILLE

La ville ecclésiastique dressée sur son piton rocheux domine la ville basse massée sur le versant occidental moins abrupt. Elles communiquent par la **porte de la Gâche** (B1-2) à l'ouest et la **porte de l'Abri** (B2) au sud. Les maisons de la ville basse, serrées les unes contre les autres, sont couvertes de tuiles creuses ; leurs murs gouttereaux (ceux qui portent les gouttières) sont souvent couronnés de génoises. Aux mœllons de calcaire se mêlent parfois quelques éléments de basalte. Les maisons, relativement hautes, comprennent généralement deux étages au-dessus du rez-de-chaussée occupé par une cave haute ou une échoppe : elles ont gardé en partie leur aspect médiéval.

À l'inverse, les demeures de la ville ecclésiastique, massées autour de la cathédrale, cachent leurs jardins et leurs cours derrière de hauts murs nus où s'ouvrent des portes souvent en plein cintre, parfois surmontées de blasons.

Circuit tracé en vert sur le plan ci-dessous à partir du parking de la Roubine. De la place de la Roubine, la rue Jean-Baptiste-Serre puis la Grande-Rue mènent à la place de la République.

★ Maison des Chevaliers A1

Construite en 1546, cette demeure possède une belle façade Renaissance commandée par le sieur Noël Albert. Les trois étages sont pourvus de fenêtres rectangulaires dont le riche encadrement se compose de colonnes et de pilastres cannelés aux chapiteaux ioniques ou corinthiens. Le premier niveau est souligné par quatre personnages en haut relief séparés par des consoles décorées d'acanthe et des écussons armoriés surmontés chacun d'un heaume. Aux linteaux, entre les consoles, des crânes de béliers alternent avec des guirlandes de feuillages. Au deuxième niveau, deux bas-reliefs sculptés sous les fenêtres montrent, à gauche, une chevauchée de

cavaliers, et à droite un tournoi de chevalerie. Le troisième niveau est également orné de bas-reliefs qui représentent des guirlandes décoratives. Sur la droite, franchissant la rue de la République, un balcon fermé s'ouvre sur l'extérieur par de petites baies gothiques soulignées de plusieurs têtes sculptées, humaines ou animales.

Grande-Rue A1-B2

Cette rue est très étonnante. Elle conserve de belles demeures anciennes qui, si elles étaient restaurées, donneraient beaucoup de caractère au centre-ville. Malheureusement, nombre d'entre elles semblent plus ou moins laissées à l'abandon. Certaines ont néanmoins conservé leurs façades soigneusement appareillées pourvues de portails cossus surmontés de balcons en fer forgé : c'est le cas notamment des **hôtels de Tourville** (A2) **et de Beaulieu** (18e s.) (B2). Parfois, des détails pittoresques agrémentent les demeures, comme les belles fenêtres romanes géminées réunies par une colonne à chapiteau, ou une tour ronde qui occupe un angle de la maison.

De la Grande-Rue part un réseau de ruelles transversales, étroites, coupées d'escaliers surmontés d'arcs en pierre.

En passant l'emplacement de l'ancienne porte de la Trau, on débouche sur une place plantée de platanes.

Place Prosper-Allignol B2

Elle est bordée par deux bâtiments élevés entre 1732 et 1738 par J.-B. Franque, qui, par leur symétrie classique et leur appareillage soigné, forment de beaux exemples de l'architecture du 18e s. à Viviers : l'ancien évêché, précédé d'un jardin, abrite l'**hôtel de ville** ; l'**hôtel de Roqueplane** est le siège de l'actuel évêché.

Prenez à gauche la montée de l'Abri, plutôt raide, pour atteindre la ville ecclésiastique.

De là, belle vue sur l'entrée du défilé de Donzère et la chapelle N.-D.-du-Rhône, reconstruite par J.-B. Franque.

Place de l'Ormeau B2

Il faut passer la porte de l'Abri pour rejoindre la place de l'Ormeau bordée d'anciennes maisons de chanoines du 17e s., qui doit son nom à un ormeau plusieurs fois centenaire, remplacé depuis 1976 par un nouvel arbre. De la place, on aperçoit la riche décoration flamboyante du chevet de la cathédrale.

Contournez la cathédrale par la droite par le chemin de Ronde ; de la place de la Plaine, un passage au fond à droite mène à une vaste terrasse.

Belvédère de Châteauvieux B1

Établi sur une acropole naturelle, autrefois battu par le Rhône en période de crue, il domine de 40 m la place de la Roubine. La **vue** s'étend d'ouest en est sur les vieux toits de la cité, la tour de l'Horloge, l'énorme entaille des carrières de Lafarge, les tours réfrigérantes de la centrale de Cruas, l'usine de Châteauneuf. Par beau temps se profilent les Trois Becs et le col de la Chaudière, premiers contreforts du Vercors.

À l'angle sud-ouest de la terrasse se dresse une tour médiévale, en ruine.

Revenez sur vos pas et descendez à droite, par un passage en partie couvert, la rue de Châteauvieux jusqu'à la porte de la Gâche. Avec son pavement en galets roulés, ses passages couverts et ses arceaux, la rue de Châteauvieux a conservé un pittoresque cachet moyenâgeux.

Tout savoir sur Viviers

AU TEMPS DES ROMAINS

D'où la *Vivarium* romaine tire-t-elle son nom ? Pour les uns, des viviers à poissons y auraient été installés ; pour d'autres, du gaulois *beber*, allusion aux nombreux castors qu'on trouvait alors sur les rives du Rhône. Toujours est-il que Viviers a donné son nom à la région dont elle fut la capitale, le Vivarais. Après qu'Alba, capitale romaine de l'Helvie, fut tombée en ruine, l'évêque Ausonne se fixe au confluent de l'Escoutay et du Rhône où la cité avait son port, Vivarium, au pied d'un rocher portant un castrum romain.

LE MOYEN ÂGE

Une première cathédrale est bâtie sur le rocher et, dès le 5e s., la ville haute est fortifiée. En 1119, le pape Calixte II inaugure une nouvelle cathédrale romane. Un collège de chanoines s'installe au Château-Vieux, qui, ceint de remparts encore visibles, devient un quartier ecclésiastique. De nombreuses donations, une politique habile font peu à peu des évêques de Viviers les suzerains d'un immense domaine, sur la rive droite du Rhône : le Vivarais. Ils défendent âprement son indépendance contre le voisin du Sud, le comte de Toulouse, partageant avec lui la propriété des mines de Largentière et battant leur propre monnaie.

En 1248, Saint Louis, en partance pour la 7e croisade, est leur hôte au Château-Vieux, mais à la fin du 13e s. la monarchie française cherche à s'étendre dans la vallée du Rhône. Finalement, l'évêque de Viviers reconnaît, en 1308, la suzeraineté du roi de France : une grande partie du Vivarais devient terre de « royaume », la rive gauche du Rhône demeurant terre d'« Empire », sous la lointaine tutelle des empereurs d'Allemagne.

Au pied du rocher, à l'intérieur d'un second système de remparts, s'était développée une cité médiévale. Des tours de défense et des principales portes ne subsiste que l'actuelle tour de l'Horloge, très remaniée au 19e s. En 1498, Claude de Tournon, devenu évêque de Viviers, fait détruire la cathédrale romane et élever un chœur gothique flamboyant.

GUERRES DE RELIGION

Noël Albert, commerçant enrichi dans le commerce du sel et la perception des impôts, charge alors fort lucrative, prend au 16e s. la tête du parti protestant de la cité basse. Les esprits s'étant quelque peu échauffés, il attaque la cité ecclésiastique : la cathédrale est en partie ruinée, le cloître et les bâtiments canoniaux sont détruits. Arrêté, Noël Albert est décapité. Après l'assaut sanglant des protestants, l'évêque quitte Viviers et il faudra attendre 1731 pour qu'il revienne. Cette année-là, François Reynaud de Villeneuve entreprend la construction de l'actuel évêché sur les plans de l'architecte avignonnais J.-B. Franque.

Tour B2

Au 12e s., elle constituait la porte d'entrée de la ville haute. Seule la partie carrée de l'édifice existait alors avec, à l'étage, une chapelle romane dédiée à saint Michel. La tour, devenue le clocher de la cathédrale, est reliée à celle-ci par un portique quadrangulaire aux ouvertures ogivales. L'étage supérieur, du 14e s., octogonal, est recouvert d'une plate-forme dallée et surmontée d'une tourelle de guet, la « Bramardière », d'où le « brameur » pouvait donner l'alerte.

★ Cathédrale Saint-Vincent B2

De l'édifice roman du 12e s. subsistent le porche, la façade et la partie basse des murs de la nef. Le chœur, élevé à la fin du 15e s. par l'évêque Claude de Tournon, est remarquable par le **réseau★** des nervures flamboyantes de sa voûte et par le fenestrage de ses verrières. La nef, reconstruite au 18e s., présente une voûte plate de pierres soigneusement appareillées, due à J.-B. Franque. À la Révolution, l'évêque de Viviers fut le premier du pays à accepter la Constitution civile du clergé, ce qui sauva sans doute la cathédrale des destructions. La cathédrale de Viviers est aujourd'hui la plus petite encore en excercice en France.

Du 17e s. datent une **Annonciation** attribuée à Mignard (à gauche de l'orgue), les tapisseries des Gobelins figurant des scènes de l'Évangiles (La Pêche miraculeuse, La Résurection de Lazare, les Marchands chassés du Temple, Le Baptême de Jésus, Le Lavement des pieds), les stalles en noyer, un Christ en croix polychrome (1609) et des statuettes en albâtre (La Vierge et l'Enfant, Ecce Homo). L'autel est du 18e s.

Revenez sur vos pas par la rue de Châteauvieux, passez la porte de la Gâche et prenez à droite la rue du Château qui vous ramène sur la Grande-Rue.

À proximité Carte de microrégion

★ Belvédère de la chapelle N.-D. de Montcham D2

6 km à l'est par les D 73 et D 126 jusqu'à Malataverne, où une petite route en forte montée mène à la chapelle.

Aménagé à droite de la chapelle, il offre une belle **vue** sur le mont Ventoux.

Donzère D2

5 km au sud par la D 86 et la D 486.

Le bourg étagé sur les flancs d'une colline, au pied du château du 15e s., fit partie du fief des évêques de Viviers ; il conserve encore quelques vestiges médiévaux : église du 12e s., de style roman provençal, remaniée au 19e s., enceinte percée de portes, ruelles sous voûtes. Remarquez dans la Grande-Rue, à un angle, sous un porche, des mesures à blé en pierre.

★★ **Défilé de Donzère** – Ce très beau passage encaissé marque l'entrée en Provence. Le Rhône fonce par la brèche ouverte : la paroi verticale de la rive gauche contraste avec l'aspect de la rive droite d'où se détachent des pitons isolés. Les ponts qui franchissent le Rhône, à l'amont et à l'aval du défilé, offrent de beaux points de vue.

Le piton le plus aigu du défilé porte à son sommet une statue de saint Michel, protecteur de ce passage jadis redouté des mariniers.

Arrêt conseillé à l'entrée des ponts, sur lesquels vous vous rendrez à pied. Laissez la voiture après avoir franchi le premier pont, en vue de Viviers, et descendez au bord du Rhône par le chemin d'accès au camping (15mn à pied AR). Les eaux, divisées en amont par la dérivation, se rejoignent ici ; leur masse, le « souffle » de la course, les bouillonnements de la surface sont impressionnants.

Vieux toits de la ville de Viviers.
E. Rooney/Robert Harding Picture Library/age fotostock

Le Teil D2

11 km au nord par la D 86.

Office de tourisme intercommunal Sud-Ardèche Rhône et Villages - pl. Pierre-Semard - 04 75 49 10 46 - www.sud-ardeche-tourisme.com.

2

Sur la rive droite du Rhône, dominée par les ruines du château d'Adhémar de Monteil (13e s.), cette cité industrielle doit son développement à l'exploitation des falaises calcaires du talus vivarois.

Au début du 19e s., de petites entreprises locales exploitaient déjà des carrières à ciel ouvert pour la fabrication de chaux et de ciment. Le site était depuis longtemps réputé pour la qualité de sa pierre à chaux quand, au milieu du 18e s., le receveur des gabelles Claude-François Pavin le racheta, avec son château, à la seigneurie locale. Presque un siècle plus tard, grâce à l'achat d'un brevet américain, à la construction du chemin de fer et au percement du canal de Suez, son descendant Édouard Pavin en fit une société de rang mondial. Il lui donna le nom qu'il porte, et qui est lié à la terre et au château, **Lafarge**. De part et d'autre du Teil, en particulier à Lafarge, en aval, et à Cruas, en amont, le paysage rhodanien est profondément marqué par cette activité. À proximité des fours à chaux, une pellicule blanchâtre recouvre végétation et maisons.

Église de Mélas – *Laissez la voiture sur la place d'où l'on domine l'église. Accès par la porte de côté à droite.* De dimensions modestes, cet édifice présente une nef centrale (12e s.), en berceau brisé sur doubleaux, flanquée de collatéraux en demi-berceaux; celui de gauche est du 11e s. Une coupole sur trompes, très creuse, couvre le chœur. Remarquez, à gauche, dans la nef, deux beaux chapiteaux sculptés : le Sacrifice d'Abraham et le Pèsement des âmes (12e s.).

★ **Baptistère** – Sur le bas-côté gauche de l'église s'ouvre le baptistère (cette vocation a été parfois mise en doute) du 10e s., bâti à l'emplacement d'une nécropole primitive. L'intérieur se singularise par son plan alvéolé, inscrit dans l'octogone de la construction; d'étroites et hautes niches (qui abritaient, peut-être, des reliques de saints) alternent avec les absides en cul-de-four, un peu plus profondes.

ALBA ROMAINE ET MÉDIÉVALE

Au pied du village actuel, dans la plaine de l'Escoutay, s'élevait, sous l'Empire romain, *Alba Helviorum*, la **capitale des Helviens**, tribu celtique de la Gaule, dont le territoire couvrait à peu près l'actuel Bas-Vivarais. Son nom, Alba, désignait une petite montagne. Embellie sous Auguste, elle offrait le visage d'une cité gallo-romaine traditionnelle, mais particulièrement dynamique entre le 1er et le 2e s. de notre ère avec forum, thermes privés, aqueduc, théâtre, curie et temples. Vers la fin du 4e s. ou au début du 5e s. fut établi à Alba un siège épiscopal qui, aux alentours de 475, fut transféré à Viviers. La ville, déchue de son rang de cité, sombra dans un lent déclin, après l'abandon partiel de la voie d'Antonin, route qui reliait *Valentia* (Valence) à *Nemausus* (Nîmes) via Alba. Ce n'est qu'au Moyen Âge que l'on retrouve trace d'une communauté villageoise groupée autour d'un donjon et protégée par une solide enceinte. La ville a été marquée par la famille d'Aps, propriétaire des lieux, au point de porter son nom des siècles durant. En 1903, elle retrouve finalement son nom « Alba », puis en 1986 « Alba-la-Romaine ».

Alba-la-Romaine D2

14 km au nord-ouest par la D 107. Rens. : office de tourisme du Teil.

Comment ne pas être surpris, en arrivant à Alba (Village de caractère), par l'austère silhouette du château qui se détache au-dessus du vignoble et de la ville ? Il domine un lacis de ruelles qui recèlent d'anciennes maisons du 15e s. et l'un des sites archéologiques les mieux conservés de l'époque gallo-romaine, restauré par les Monuments historiques. Parmi les nombreux vestiges (temples, édifices publics, ancienne voie principale), le théâtre romain revit lors de très belles représentations estivales *(Nos adresses)*. Alba se regroupe dans l'ancienne enceinte du château au-dessus de la Roche et de la ville romaine qui couvre quelque 30 ha autour de la D 107.

★ **Bourg médiéval** – De nombreuses maisons du 15e s., avec escalier extérieur, sont reliées par un ensemble de ruelles sous voûtes, notamment la Grande-Rue et la rue du Four. Remarquez les inscriptions, linteaux datés et sculptures en réemploi.

Établi sur un neck basaltique, le **château**, élevé au 17e s. à l'emplacement d'un donjon du 11e s., dresse sa silhouette de grosse bastide méridionale au-dessus de la rivière et du bourg. À l'intérieur, certaines salles abritent des expositions de peinture. *04 75 52 42 90 - www.chateaudalba.com - de déb. juil. à mi-sept. : 11h-18h ; mai-juin : w.-end et j. fériés 14h-18h ; reste de l'année : tlj sf lun.-mar. 14h-18h - fermé nov.-mars - possibilité de visite guidée (1h) - 6 € (-16 ans 3 €).*

Église St-André – Bâtie au 16e s., avec réemploi de matériaux gallo-romains, elle abrite de beaux objets religieux des 16e et 17e s. et une Annonciation du 17e s.

★★ **MuséAl** – *Quartier St-Pierre - 04 75 52 41 59 - museal.ardeche.fr - juil.-août : 10h-13h, 14h-18h 30, fermé sam. ; fév.-juin et sept.-nov. 10h-12h, 14h30-18h, fermé mar., jeu., sam. matin, dim. matin ; vac. scolaires hors été : 10h-12h, 14h30-18h, fermé sam. matin, dim. matin ; fermé en déc. et janv. sf vac. scolaires - 5 € (6-16 ans 3 €), avec visite guidée + 2 €.*

Les mercredis en été, une **balade archéo-viticole** en compagnie d'un vigneron et d'un guide du musée invite les visiteurs à découvrir l'histoire d'Alba et le travail de la vigne, de l'Antiquité à nos jours *(départ 16h30 du Caveau, 3 €, Nos adresses).*

Le château d'Alba-la-Romaine.
H. Lenain / hemis.fr

Les enfants peuvent s'initier à une technique ou comprendre un aspect de la vie gallo-romaine en suivant un **atelier** : décor du verre, confection de masques de théâtre, etc. *(merc. en juil. et août, 14h30-16h pour les 7-12 ans, 16h30-18h pour les 4-6 ans, 6 €).*

2

Petit par la taille, ce musée, inauguré en 2013 et labellisé « musée de France », n'en présente pas moins un immense intérêt. Il expose le produit des fouilles effectuées sur le site antique voisin et montre la ville à son apogée, au 2e s., ses habitants et leur vie quotidienne selon une muséographie particulièrement réussie.

Dès l'entrée, l'auvent sur le parvis évoque le vélum d'un théâtre antique. La première salle ou **couloir des déambulations** rappelle les réserves d'un musée ; on y observe des matériaux trouvés sur le site. Dans la grande salle d'exposition, les vitrines posées sur des tables abritent des objets qui semblent sortis de terre, comme s'ils avaient été trouvés lors de fouilles. Les panneaux explicatifs fournissent plusieurs niveaux de lecture que complètent les bornes interactives. Comment était organisée Alba ? Comment ses habitants vivaient et mourraient-ils ? Ils vivaient apparemment bien, disposaient d'un approvisionnement en eau via des canalisations en plomb et un aqueduc situé au départ des sources sur les versants du massif du Coiron ; certaines demeures étaient chauffées par hypocauste.

On découvre une foule d'**objets du quotidien** : fibules, clochettes, aiguilles, serrures, dés, poteries, etc. Découverte en 1967, la superbe **mosaïque aux poissons** (2e s.) ornait le sol d'une salle à manger et nous renseigne sur les poissons appréciés à l'époque. Une **inscription** (2e s.) évoque les corporations présentes à Alba. Les fouilles ont mis au jour la **boutique d'un verrier**, une découverte exceptionnelle car elle est unique en France et on n'en connaît à ce jour que sept dans le monde romain. Son inventaire a été reconstitué à partir de 15 kg de débris de verre ! Des **stèles funéraires** évoquent par ailleurs les deux nécropoles de la ville. Une autre salle est dédiée à une exposition temporaire (en général une chaque année), toujours animée par l'idée de faire un pont entre passé et présent.

Site archéologique – Voisin du musée, ce site inscrit au titre des Monuments historiques offre l'occasion d'une belle balade dans la nature au son des cigales. Délimitée par des nécropoles et des sanctuaires, la ville romaine couvrait une superficie de 30 ha. Les fouilles ont mis en évidence la trame urbaine qui suivait un **plan orthogonal** classique et ont découvert le centre de la cité que l'on peut parcourir aujourd'hui au fil d'une promenade aménagée *(dépliant à prendre au musée)*. Bordé de boutiques (dont celle du verrier), le **cardo maximus**, axe de circulation nord-sud, est encore bien visible, tout comme les vestiges d'un vaste complexe d'édifices à vocation religieuse, administrative, civique et économique autour du **forum**. Plus loin, on atteint le **théâtre antique** dont la scène surplombait le ruisseau du Massacre ; il pouvait accueillir jusqu'à 3 000 spectateurs et a retrouvé une animation estivale grâce au festival d'Alba *(Nos adresses)*.

Vestiges paléochrétiens – Le croisement de la D 263 et de la D 107 délimite un enclos de fouilles révélant un ensemble de ruines paléochrétiennes et d'églises. La plus récente, paroissiale jusqu'au début du 16e s., date du 12e s.

NOS ADRESSES À VIVIERS

HÉBERGEMENT

À Viviers

BUDGET MOYEN

Le Relais du Vivarais – *31 fg des Sautelles - D 86 - 04 75 52 60 41 - www.relaisduvivarais.fr - fermé mars, vac. de Noël, dim. soir et lun. midi - P - - - 6 ch. 78/95 € - 9,50 € - formule déj. en sem. 15,50/19,50 €, menus 27/35 €.* Accueil charmant dans cet établissement familial installé dans la ville basse. Décorées dans des couleurs naturelles, les chambres, récemment restaurées, sont insonorisées et climatisées. Salle à manger rustique et agréable terrasse d'été dressée sous les saules et les tilleuls. La cuisine fleure bon le terroir. Parmi les spécialités : le foie gras pressé au beaume-de-venise.

À proximité

BUDGET MOYEN

Chambre d'hôte Le Jeu du Mail – *04 75 52 41 59 - 07400 Alba-la-Romaine - lejeudumail.free.fr - fermé 15 nov.-15 mars - P - - - 4 ch. 65/90 €.* Dans les années 1970, ils furent parmi les premiers à ouvrir des chambres d'hôte en Ardèche… Depuis, ils n'ont jamais cessé de recevoir, avec un plaisir évident, dans leur chaleureuse demeure. En lisière du village, calme de la campagne garanti et petit-déjeuner sous la treille…

UNE FOLIE

Chambre d'hôte Le Moulinage – *Chemin des Carmes - 07220 St-Thomé - 04 75 52 62 11 - www.le-moulinage.com - P - - - 3 ch. 140 € (séjour de deux nuits minimum), 1 gîte 1 190 €/sem. pour 4 pers. - table d'hôte 38 € - pique-nique 25 €.* Dans un cadre sauvage, aux portes de l'Ardèche méridionale, cet ancien moulinage où l'on élaborait le fil de soie au 18e s. propose de confortables chambres, décorées avec raffinement. Table d'hôte gourmande aux spécialités régionales et produits frais de saison. Ici, on peut se baigner toute l'année : en hiver dans l'originale piscine située à l'entresol, en été dans les vasques naturelles du Carme, un véritable jardin d'Éden !

RESTAURATION

À Viviers

PREMIER PRIX

La Marguerite rouge – *4 r. du Portail-Neuf - ✆ 06 40 23 51 11 - www.lamargueriterouge.fr - fermé lun., mar., et dim. hors saison - ⊠ - repas complet moins de 13 €.* Situé au cœur de la vieille ville, ce restaurant ne ressemble à aucun autre. Dans une salle voûtée (dont l'un des murs n'est rien de moins qu'un rempart du 13e s.) ou dans la courette protégée, dans un décor de brocante, on déguste une cuisine de qualité préparée avec des ingrédients si possible bio et provenant de producteurs locaux. Le menu change tous les jours. Le lieu accueille à l'occasion concerts ou expositions, et propose aussi des chambres d'hôte *(54 €).*

BUDGET MOYEN

Les Chevaliers – *Pl. de la République - ✆ 04 75 54 83 70 - fermé de mi-nov. à mars, 1 jour de fermeture hebdomadaire sauf en juil.-août. - formule déj. 15 €, carte 22/30 €.* Dans la vieille ville, cette crêperie propose des galettes servies avec une salade qui composent un repas complet. Jolie terrasse à la belle saison.

À proximité

BUDGET MOYEN

Saveurs d'Alba – *Pl. du Château - ✆ 04 75 46 32 79 - 07400 Alba-la-Romaine - restaurant-saveurs-d-alba.com - fermé merc. et vac. de Noël, ainsi que mar. soir hors saison - menu 18,50 €.* Ce petit restaurant sans prétention est une des bonnes adresses d'Alba. La cuisine, fraîche et raffinée, privilégie les produits de la région, et la carte des vins les productions du village. Jolie salle aux murs de pierre apparente.

ACHATS

Caveau des vignerons – *La Planchette - 07400 Alba-la-Romaine - ✆ 04 75 52 40 23 - www.caveau-alba.fr - 9h-12h, 14h-19h, fermé dim.* Outre la production de ses excellents vins, la cave coopérative organise des activités en juillet et en août, parmi lesquelles une visite guidée qui mêle découverte du vignoble et du site antique *(p. 216).*

AGENDA

Festival d'Alba – *Alba-la-Romaine, 2e sem. juil.* Une grande fête du spectacle vivant réunit circassiens, musiciens, acrobates, clowns et autres acteurs de cirque dans le village médiéval et sur le site antique d'Alba.

Villeneuve-de-Berg

2 836 Villeneuvois – Ardèche (07)

Ancienne capitale du Bas-Vivarais, un temps bastide royale, la cité florissante a vu son rayonnement décliner brutalement avec la fin de la royauté à la Révolution. De son histoire prestigieuse, la ville a gardé de nombreux monuments et quelques vestiges de ses remparts du 14e s.

NOS ADRESSES PAGE 223
Hébergement, restauration, achats, activités, etc.

S'INFORMER

Office du tourisme de Berg et Coiron – *Quartier de la Gare-Montfleury - 07170 Mirabel - ✆ 04 75 94 89 28 - www.berg-coiron-tourisme.com - juil.-août : 9h30-13h, 15h-18h30, w.-end et j. fériés 9h30-13h ; reste de l'année : tlj sf dim. et j. fériés 9h30-12h30, 14h30-18h, sam. 9h30-12h30.*

SE REPÉRER

Carte de microrégion C2 (p. 130-131).

Contournée par une déviation de la N 102, Villeneuve-de-Berg est établie au nord du plateau des Gras, 33 km à l'est de Montélimar et 14 km à l'ouest d'Aubenas.

À NE PAS MANQUER

Le souvenir d'Olivier de Serres ; le village perché de Mirabel.

AVEC LES ENFANTS

La Forêt des Sens.

Se promener

LA VIEILLE VILLE

La vieille ville vaut surtout par la physionomie du quartier qui s'étend au sud de la N 102 : rues intactes avec leurs alignements de portes cochères, d'hôtels à tourelle d'escalier Renaissance, à balcons ou à impostes en fer forgé.

Laissez la voiture sur la place Olivier-de-Serres ou sur la place de l'Esplanade.

Point de vue

Du terre-plein, où est érigée la statue d'Olivier de Serres, on découvre un bel horizon, du mont Lozère au plateau du Coiron. La tour de Mirabel se détache au premier plan à droite.

Prenez en contrebas de la place Olivier-de-Serres la rue du Barry qui longe l'enceinte de l'ancienne bastide royale.

Porte de l'Hôpital

Du 14e s., elle montre un écusson aux armes fleurdelisées à côté de la crosse des abbés de Mazan.

Maison natale d'Olivier de Serres

Située à l'angle de la rue St-Louis et de la Grande-Rue, elle est ornée d'une statue de la Vierge abritée dans une niche.

Hôtel de Barruel

Au n° 4 de la Grande-Rue. Bâti au 15e s. par Charles des Astars, bailli du Vivarais, cet hôtel seigneurial abrita l'assemblée des états généraux de 1789.

Église St-Louis

L'édifice (13e s.) laisse apparaître, par ses lignes sobres, l'influence cistercienne de Mazan. À l'intérieur, deux retables baroques des 17e et 18e s. et une chaire en bois sculpté ornée à la base d'un magnifique aigle du 17e s.

À proximité Carte de microrégion

Grottes de Montbrun C2

13 km au nord. Quittez Villeneuve-de-Berg par la N 102 en direction de Montélimar; à St-Jean-le-Centenier, prenez à gauche la D 7; à environ 6 km, sur le plateau, s'embranche à droite la route d'accès aux balmes. Laissez la voiture à hauteur d'une ferme (panneau). 45mn à pied AR.

Pour découvrir ces mystérieuses grottes, descendez sur le flanc gauche du ravin par un sentier difficile. Sur ce versant se trouvent les balmes les plus curieuses, à deux étages; la plus vaste s'ouvre sur un petit replat gazonné et montre, à l'intérieur, des banquettes taillées à même le roc.

Sceautres D2

15 km au nord-est par la D 263.

Ce minuscule village, blotti sur un replat herbeux en bout de vallée, semble écrasé contre le rocher de basalte noir qui le domine. Ce **site★** étrange est constitué d'un piton de lave (neck) dégagé de la cheminée d'un ancien volcan par le tumultueux torrent qui coule à son pied.

Par un sentier escarpé, on peut accéder *(30mn)* au sommet que coiffe une statue de la Vierge. Par temps dégagé, beau **panorama★** sur la coulée basaltique du Coiron à l'ouest et la plaine d'Alba au sud.

2

Circuits conseillés Carte de microrégion

HAUTE VALLÉE DE L'IBIE

12 km par la D 558, au sud, qui suit la haute vallée de l'Ibie sur la bordure ouest du plateau des Gras (p. 206). Circuit tracé sur la carte de microrégion (p. 130-131). Comptez 1h.

St-Maurice-d'Ibie C2

Flânez dans les ruelles médiévales de ce petit village, à l'écart des circuits touristiques pourtant proches, et découvrez son **église** romane dont l'abside est décorée de curieux médaillons peints aux couleurs vives (17e-18e s.).

Les Salelles C2

Ce village est remarquable par l'ensemble de ses maisons montrant différents types de couradous (mas traditionnels avec terrasse couverte posée sur des arches) qui comptent parmi les plus beaux du Vivarais.

VILLAGES-BELVÉDÈRES DU COIRON

45 km. Circuit tracé sur la carte de microrégion (p. 130-131). Comptez environ 2h30. Quittez Villeneuve-de-Berg par la D 258 en direction de Mirabel et empruntez, à droite, la route du Pradel, D 458 et D 458A.

Le Pradel C2

Dans ce domaine, Olivier de Serres perfectionna des méthodes de culture qui allaient transformer l'agriculture française au début du 17e s.; il abrite aujourd'hui une ferme-école, qui délivre des formations en agriculture, et un

AUX PREMIÈRES LOGES…

La crosse et les lys – Une crosse et les armes du roi (trois fleurs de lys) illustrent bien l'accord de « pariage » conclu en 1284 par Philippe le Hardi et l'abbaye de Mazan, propriétaire de la terre de Berg. Le traité prévoit la création d'une ville forte pourvue d'une charte avantageuse pour les habitants. Droits de propriété et de juridiction sont partagés entre les deux cosignataires. La ville, bâtie en six ans, resta capitale judiciaire du Bas-Vivarais jusqu'à la Révolution.

Guerres de Religion – Elles furent particulièrement meurtrières dans la région, malgré les efforts d'apaisement prodigués par Olivier de Serres. Villeneuve-de-Berg est également la patrie d'**Antoine Court** (1695-1760) qui s'efforça de restaurer le protestantisme en Vivarais après la guerre des camisards.

espace culturel, lieu de manifestations et d'accueil, où des artistes plasticiens viennent travailler sur le thème de la nature. Un parcours sur le domaine permet d'admirer quelques œuvres exposées. Le mas a été reconstruit au 17e s. par Denis de Serres, fils d'Olivier. *Le Pradel - ✆ 04 75 36 76 56 - http://epl.aubenas.educagri.fr - ♿ - juil.-août : 15h-19h - fermé w.-end, lun. ; reste de l'année : jeu. 13h-18h - fermé j. fériés - possibilité de visite guidée (1h15) - 5,50 € (-6 ans gratuit).*
Revenez sur la D 258 que vous prenez à droite en direction de Mirabel.

★ Mirabel C2

Place forte qui commandait jadis la grande route du Rhône aux Cévennes, Mirabel joua un rôle stratégique important pendant les guerres de Religion. En 1628, le duc de Montmorency prit et démantela la forteresse. Aujourd'hui, seul subsiste le donjon carré *(propriété privée)* construit en moellons de basalte sombre, aux chaînages d'angle en calcaire blanc.

Du rebord du plateau basaltique dominant le village, le **panorama★★** s'étend sur la dépression de l'Auzon, l'ensemble du Bas-Vivarais, la trouée de l'Ardèche et les crêtes du Tanargue. À droite, St-Laurent-sous-Coiron occupe une situation analogue à celle de Mirabel.

Par la D 258, gagnez ensuite le village de Darbres où vous prenez la direction de Lussas, puis, tout de suite à droite, suivez une petite route, la D 324.

Saint-Laurent-sous-Coiron C2

Maisons de basalte noir. De la terrasse proche de l'église, on découvre, s'encadrant entre la tour de Mirabel, à gauche, et la montagne Ste-Marguerite, à droite, une **vue★** superbe sur le bassin d'Aubenas dominé à l'arrière-plan par le Tanargue.

Retour à Villeneuve-de-Berg par Lussas et les D 259 et D 258.

Les deux routes alternent les points de vue sur le Tanargue et les calottes basaltiques du Coiron.

NOS ADRESSES À VILLENEUVE-DE-BERG

HÉBERGEMENT

À proximité

BUDGET MOYEN

Chambre d'hôte de Laudun – *Le Petit-Tournon (à 1 km au sud de Villeneuve-de-Berg par la D 558) - 04 75 94 75 63 - www.laudun.com - P - ♿ - réserv. conseillée - 5 ch. 62/82 € - table d'hôte 23 €.* Nichée au cœur d'un parc, cette ancienne ferme a l'avantage d'être facile à trouver. Chaque chambre, équipée de douche et de WC, est décorée de façon unique et particulière. Un bon accueil et un lieu de séjour très calme, bien que proche du village.

POUR SE FAIRE PLAISIR

Hostellerie gourmande Mère Biquette – *Les Alignols - 07580 Saint-Pons (à 9 km au nord-ouest de Villeneuve-de-Berg par la D 902 et la N 102) - 04 75 36 72 61 - www.merebiquette.fr - fermé de mi-nov. à fév. - P - - 15 ch. 102/119 € 10/12 € - menus 27,50/42 €.* Cette agréable auberge est installée dans le calme d'une nature préservée. Les chambres de la nouvelle aile, « Le Petit Biquet », sont toutes équipées de baignoires de balnéothérapie et pour la plupart d'un balcon ou d'une loggia. Au restaurant, on savoure de bons petits plats régionaux.

RESTAURATION

À proximité

BUDGET MOYEN

Au Levant – *Le Village - 07170 St-Maurice-d'Ibie - 04 75 94 70 89 - www.restaurantaulevant07.com - ouv. mar.-dim. en été, vend.-dim. hors saison - P - ♿ - assiette Bistrot 14 €, menus 22/29 €.* Membre du réseau Bistrot de pays, signe de qualité, ce restaurant dispose d'une terrasse organisée autour d'un puits où l'on déguste des spécialités préparées à base de produits locaux (agneau confit, tiramisu à la châtaigne). Les parents apprécient l'aire de jeux pour les enfants.

POUR SE FAIRE PLAISIR

La Table de Léa – *Le Petit Tournon - 04 75 94 70 36 - www.restaurant-table-lea.fr - fermé en nov., merc., et lun.-jeu. à midi - P - ♿ - réserv. obligatoire - 26/55 €.* Cette ancienne grange modernisée profite d'une belle terrasse dressée sous les marronniers. Dans l'assiette, produits de saison et du terroir, recettes régionales.

ACTIVITÉ

La Forêt des Sens – *Rte de St-Andéol-de-Berg - 04 75 94 89 28 - www.berg-coiron-tourisme.com.* Destiné aux familles, ce parcours de 2,1 km active les cinq sens à la découverte du patrimoine de la colline du Devois. *Dép. du centre de Villeneuve-de-Berg (pl. des Combettes) ou du parking rte de Fournery.*

2

La Drôme provençale et les Préalpes drômoises 3

Cartes Michelin Départements 331 et 332 –
Drôme (26) et Vaucluse (84)

Champs de lavande en été dans la Drôme.
B. Rieger/hemis.fr

LA DRÔME PROVENÇALE ET LES PRÉALPES DRÔMOISES

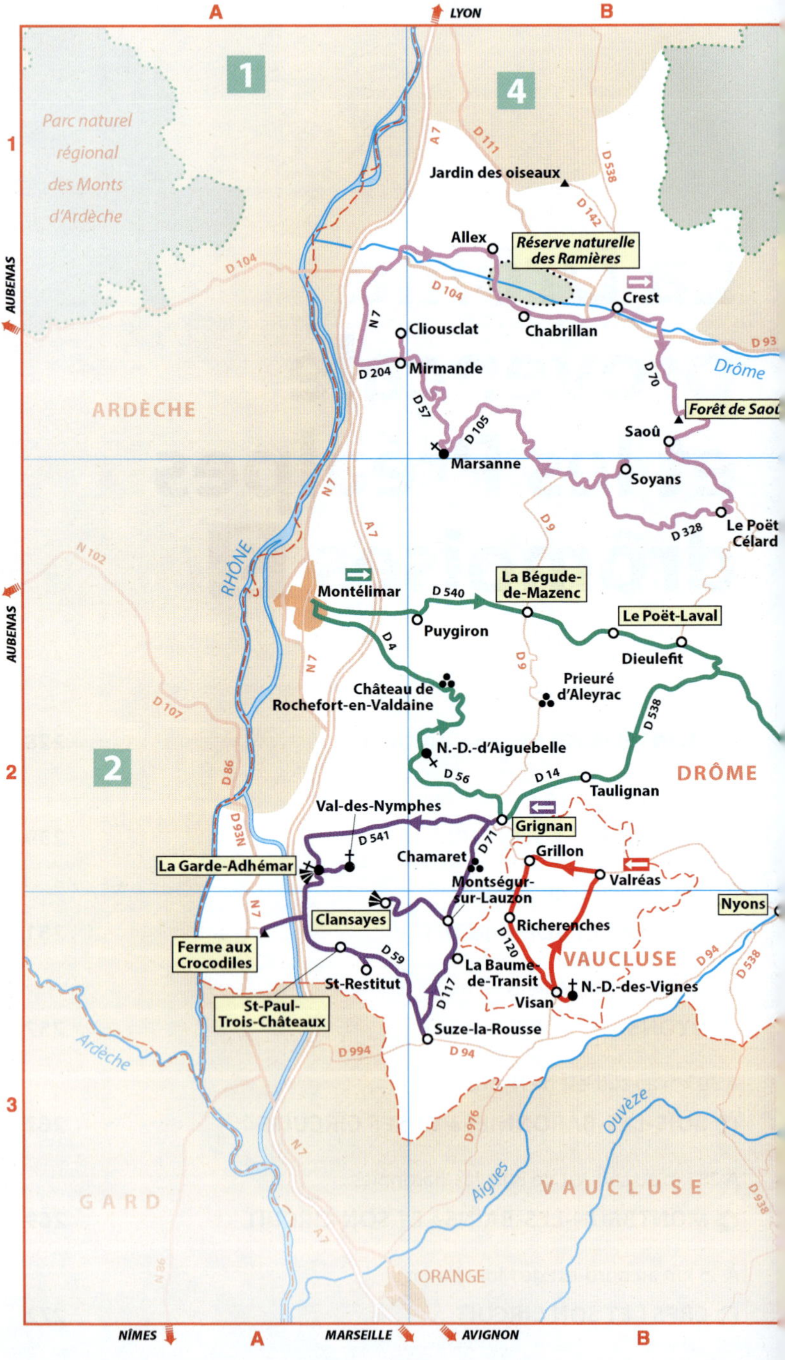

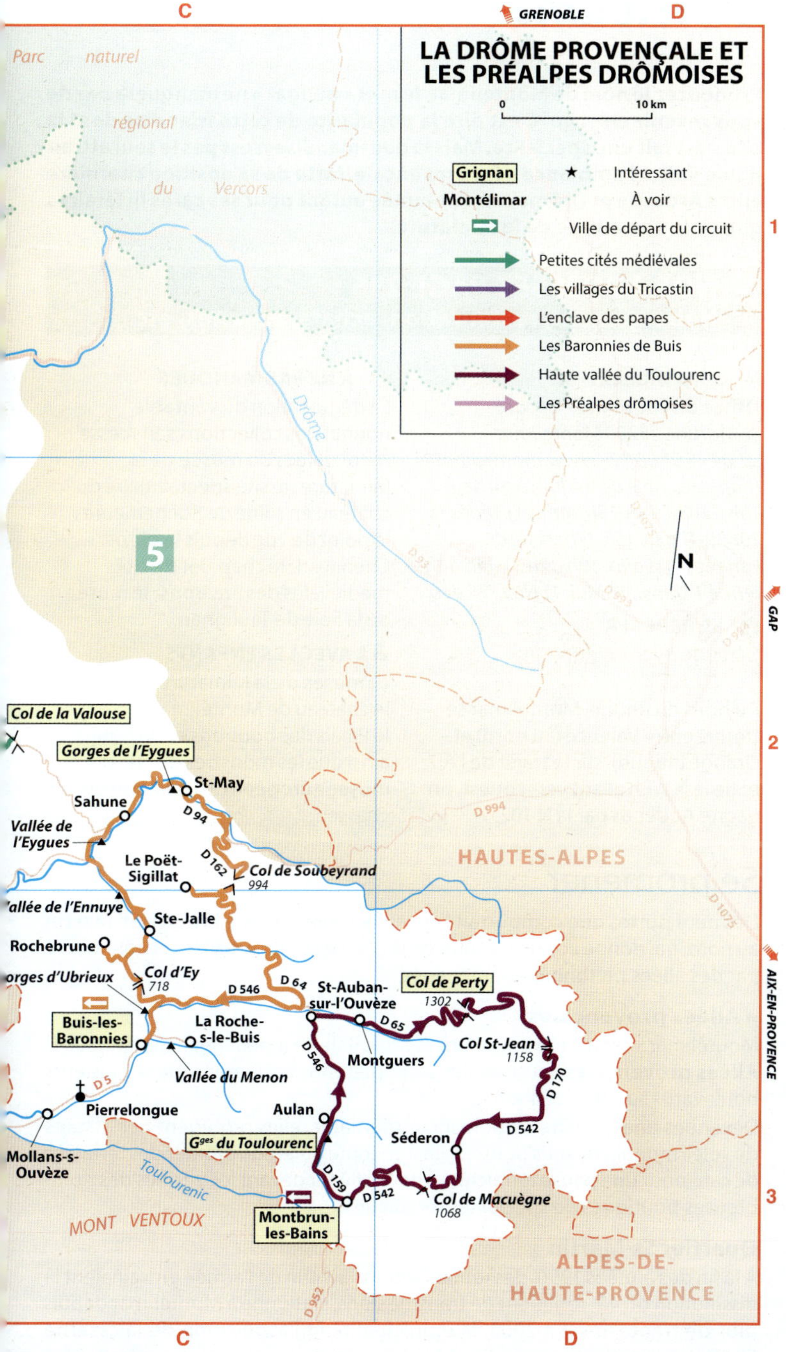

C
GRENOBLE
D
LA DRÔME PROVENÇALE ET LES PRÉALPES DRÔMOISES
0
10 km
Grignan
Intéressant
Montélimar
À voir
Ville de départ du circuit
Petites cités médiévales
Les villages du Tricastin
L'enclave des papes
Les Baronnies de Buis
Haute vallée du Toulourenc
Les Préalpes drômoises
1
Parc naturel régional du Vercors
Drôme
5
N
GAP
D 93
D 994
D 1075
2
Col de la Valouse
Gorges de l'Eygues
St-May
Sahune
D 94
Vallée de l'Eygues
Le Poët-Sigillat
D 162
Col de Soubeyrand
994
HAUTES-ALPES
D 994
'allée de l'Ennuye
Ste-Jalle
Rochebrune
D 1075
AIX-EN-PROVENCE
orges d'Ubrieux
Col d'Ey
718
D 546
D 64
St-Auban-sur-l'Ouvèze
Col de Perty
1302
Buis-les-Baronnies
La Roche-s-le-Buis
D 65
Montguers
Col St-Jean
1158
D 546
Vallée du Menon
D 170
D 5
Pierrelongue
Aulan
D 542
Mollans-s-Ouvèze
Gges du Toulourenc
Séderon
Toulourenc
D 159
D 542
Col de Macuègne
1068
3
MONT VENTOUX
Montbrun-les-Bains
ALPES-DE-HAUTE-PROVENCE
D 952
C
D

Montélimar

35 372 Montiliens – Drôme (26)

Prononcez le nom de Montélimar, le mot « nougat » ne manquera pas de vous revenir en écho. C'est dire la popularité de cette friandise dont la cité s'est fait une spécialité. Mais la gourmandise n'est pas le seul attrait d'une ville à l'ambiance déjà provençale, forte de sa position charnière entre Ardèche et Drôme, et renommée autant pour ses cafés littéraires que pour son musée de la Miniature.

NOS ADRESSES PAGE 236
Hébergement, restauration, achats, activités, etc.

S'INFORMER

Office de tourisme – *Espace St-Martin - 26200 Montélimar - 04 75 01 00 20 - www.montelimar-tourisme.com - de mi-juin à mi-sept. : 10h-12h30, 14h-18h, dim. et j. fériés 10h30-12h30, 15h-17h ; reste de l'année : tlj sf dim. 10h-12h30, 14h-18h - fermé 1er janv., 1er Mai, 11 Nov., 25 déc.*

SE REPÉRER

Carte de microrégion A2 (p. 226-227).

Au bord du Rhône, Montélimar se trouve entre Valence (au nord) et Orange (au sud), sur le trajet de l'A 7 et de la N 7. En allant vers l'ouest, on gagne Aubenas par la N 102.

À NE PAS MANQUER

La dégustation du véritable nougat ; les collections sans cesse renouvelées du musée de la Miniature ; le site spectaculaire du château en ruine de Rochemaure ; le point de vue depuis le pic de Chenavari ; le chapelet de cités médiévales des environs ; le musée de la Soie de Taulignan.

AVEC LES ENFANTS

Le musée de la Miniature ; le château de Montélimar ; le Palais des bonbons et du nougat, ainsi que les monstres d'acier du musée européen de l'Aviation de chasse.

Se promener

Des neuf portes que comportait l'enceinte seule subsiste la porte **St-Martin** au nord, qui donne accès au centre de la cité. Le cœur de la ville est agrémenté par des allées piétonnières aménagées.

★ Allées provençales 1

Montélimar s'est donné une allure méridionale en aménageant les fameuses **Allées provençales**, larges voies semi-piétonnes qui regroupent plusieurs boulevards sur plus de 1 km.

Devenues une halte de verdure incontournable, elles protègent des assauts du soleil montilien ; vous pourrez ainsi en toute quiétude profiter des terrasses de café pour une pause rafraîchissante, ou flâner devant les vitrines des nombreuses boutiques de spécialités régionales.

Quartier St-Martin 1

À la fin des années 1990, des remaniements au sein de l'armée entraînaient la dissolution du 45e régiment de transmissions, stationné à Montélimar depuis plus de trente ans. En 2003, la municipalité fit l'acquisition de la caserne St-Martin désaffectée et entreprit la création d'un nouveau quartier qui fut

Les couleurs de l'été à Montélimar.
A. Le Bot / Photononstop

livré à partir de 2008. L'agréable secteur piétonnier de 8 ha profite de la présence du **Jardin des senteurs**, planté d'une vingtaine d'espèces. Ce dernier est annoncé par **La Drôme** (2008), une sculpture en bronze et laiton de l'artiste français d'origine syrienne Rast-Klan Toros. Nouveau phare du centre-ville, la tour **Signal** (2008) du Suisse John Armleder brille de tous ses néons et domine un quartier qui regroupe en outre des espaces de services publics (dont l'office de tourisme), un parking souterrain, des logements et des restaurants.

Musée d'Art contemporain St-Martin – *1 av. St-Martin - ✆ 04 75 92 09 98 - ♿ - horaires variables selon les manifestations - 3 €.* Expositions temporaires de grande qualité.

3

Vieille ville 1

La **collégiale Ste-Croix**, du 15e s., a beaucoup souffert des guerres de Religion et a connu plusieurs campagnes de restauration jusqu'au 19e s. Elle possède un bel orgue Beckerath (1982) dont le buffet a été réalisé par J. Gourjon. Levez les yeux pour apercevoir les génoises, typiques du Bas-Vivarais, qui surplombent les rues autour de la collégiale. Quant à la **place du Marché** avec ses façades colorées, ses balcons en fer forgé et ses arcades, c'est déjà la Provence !

La place Émile-Loubet est bordée au nord par la **maison de Diane de Poitiers** qui présente une belle façade percée de fenêtres à meneaux.

MAIRE ET PRÉSIDENT

Émile Loubet (né à Marsanne en 1838) fut élu maire de Montélimar en 1870. Ce brave homme aux idées très modérées était apprécié de tous, ce qui ne pouvait que faciliter sa carrière politique : c'est ainsi qu'il fut élu en 1899 président de la République et qu'il mena à terme son septennat malgré une époque troublée par les polémiques liées à l'affaire Dreyfus et à la séparation des Églises et de l'État.

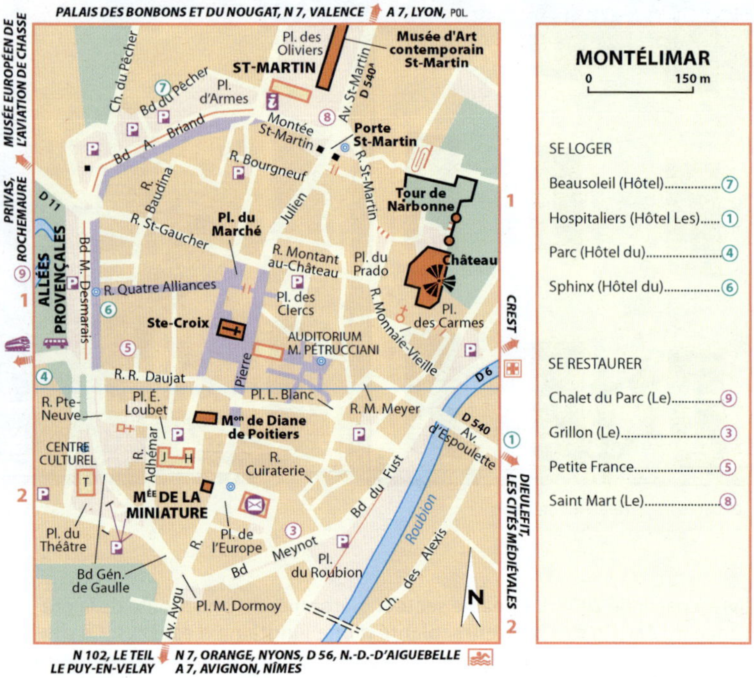

★ Musée de la Miniature 2

19 r. Pierre-Julien - ✆ 04 75 53 79 24 - www.montelimar.fr - ♿ - juil.-août : 11h-18h ; reste de l'année : tlj sf lun.-mar. 14h-18h - fermé 1er Mai, 1er nov., 25 déc. - possibilité de visite guidée sur demande (1h20) - 3 € (-18 ans gratuit).

Le succès du Festival international de la miniature est à l'origine de cette exposition installée dans la chapelle de l'ancien hôtel-Dieu (19e s.). L'étonnante structure métallique indépendante qui s'élève sur trois niveaux a été choisie pour respecter l'architecture des lieux et mettre en valeur les collections. Les miniatures sont prêtées par des musées, des collectionneurs ou des artisans du club de la Miniature française, ce qui permet un renouvellement régulier. Des microminiatures, invisibles à l'œil nu, sont également présentées sous des oculaires ou des loupes. Au dernier étage, expositions temporaires thématiques.

★ Château 1

24 r. du Château - ✆ 04 75 00 62 30 - http://chateaux.ladrome.fr - juil.-août : 10h-18h ; avr.-juin et sept.-oct. : 10h-12h, 14h-18h ; reste de l'année : tlj sf mar. 10h-12h, 14h-18h - fermé 1er janv., 11 Nov., 25 déc. - possibilité de visite guidée (45mn) - 4 € (-18 ans gratuit) - 12 € billet combiné avec le château de Grignan et le château de Suze-la-Rousse.

La forteresse du 12e s., agrandie par les papes au 14e s., servit de prison de 1791 à 1926. Elle comprend une enceinte fortifiée, un logis seigneurial, un donjon et une chapelle romane. La massive **tour de Narbonne** se dresse au nord. Dans le donjon, un escalier à vis mène au chemin de ronde d'où un vaste **panorama** se découvre à l'ouest sur la ville et à l'est sur les Préalpes drômoises. La façade ouest du **logis seigneurial** est percée, au 1er étage, de **neuf belles fenêtres romanes**. Ce cadre majestueux et austère accueille quatre **expositions d'art contemporain** chaque année.

Palais des bonbons et du nougat

Sur la droite en direction de Valence par la N 7, juste avant le panneau de sortie de la ville. 100 rte de Valence - ✆ 04 75 50 62 66 - www.palais-bonbons.com - ♿ - vac. scol. (zone A) : 10h-18h ; reste de l'année : 10h-11h30, 14h-17h30, lun. 14h-17h30 - 11 € (-12 ans 9 €) - restaurant et boutique sur place.

Si l'odeur de la barbe à papa réveille de vieux réflexes chez vous, suivez votre instinct. Moins « gadget » qu'il n'y paraît, cet espace logé dans une grande structure en tôle rose vif aux confins de la ville convoque les souvenirs d'enfance à coups de sucre. Et ça marche.

Une bonne partie des salles sont consacrées, comme il se doit, à la spécialité de Montélimar, le nougat, et aux gourmandises à travers le monde. Suivez l'**odyssée du sucre**, grâce à un film sur le fonctionnement d'une sucrerie. La denrée doit finalement beaucoup aux Anglais puisque le blocus qu'ils imposèrent à la France de Napoléon après Trafalgar (1805), en empêchant les importations de canne des Antilles, amena un certain Benjamin Delessert à produire du sucre à partir des betteraves. Vous ne connaissiez pas la **dimension artistique** du sucre ? Les impressionnantes constructions en sucre, les tableaux célèbres recréés en bonbons, les habits dignes d'Hansel et Gretel vous convaincront peut-être. Le sucre fait aussi du cinéma, si vous ne le saviez pas. Il remplace le verre dans les effets spéciaux. Encore un coup de nostalgie pour les plus vieux, le tour du monde des bonbons et les **publicités** de confiseries depuis les années 1950 ne nous rajeunissent pas (ah la Pie qui chante)… Derrière des vitres, les confiseurs de la **fabrique de nougat** vous mettent l'eau à la bouche. De quoi vous convaincre de dévaliser la boutique en fin de parcours.

Toujours dans le rayon enfant, le musée conserve une belle **collection de jouets** à travers les âges, des peluches aux maquettes, en passant par les dinettes et la collection de poupées et de poupons de Mémé Maryvonne. Dans une salle consacrée aux **santons** (plus de 3 000) est recréé le monde de Daudet et de Pagnol, à travers des reconstitutions de scènes de village d'autrefois ou de romans.

Enfin, si vous avez participé aux transhumances de la **Nationale 7** dans les années 1960, vos apprécierez pour une fois l'embouteillage (reconstitué) : de la 2CV au gendarme, la station-service, l'auto-stoppeuse et le resto routier, tout est là !

Nouveauté 2015, le parcours **Accro Eiffel**, type accrobranche, attend les intrépides sous la charpente du bâtiment *(ouvert des vac. de la Toussaint aux vacances de Pâques en raison de la chaleur)*. Quant à **Badaboum**, il regroupe sur 800 m²

LA SAGA DU NOUGAT

Il existait à l'époque romaine une gourmandise, le *nucatum*, à base de miel, de noix et d'œufs, dont le gastronome latin Apicius nous a livré la recette. Oublié après les invasions barbares, le *nucatum* réapparut près de Marseille au 16e s. Mais le véritable nougat ne vit le jour qu'en 1650 lorsque **Olivier de Serres** acclimata l'amandier, originaire d'Asie, dans son domaine vivarois du Pradel. Dès lors, le destin de Montélimar était scellé ! La culture de l'amande se généralisa sur le plateau des Gras, tandis que la Provence et les Alpes confectionnaient un miel savoureux : et l'idée se fit de mêler miel et amande pour en faire le fameux nougat ! Une industrie était née. Elle prit l'ampleur que l'on connaît lorsque des usines se créèrent dans la première moitié du 20e s. Souvent copié, rarement égalé, le nougat de Montélimar a donné à sa ville natale une renommée universelle.

3

des jeux pour les enfants jusqu'à 12 ans : piscine à boules, toboggans, Lego géant, même les tout-petits sont accueillis *(espace 1-3 ans)*, attendez-vous à des protestations au moment du départ.

Musée européen de l'Aviation de chasse
Sortez de Montélimar par la D 11 en direction d'Ancône. Impasse de l'Aérodrôme - rte d'Ancône - ✆ 04 75 53 79 49 - www.meacmtl.com - ♿ - juil.-août : 9h-12h, 13h30-18h30, w.-end et j. fériés 14h-18h30 ; mars-juin et sept.-oct. : 9h-12h, 13h30-17h30, w.-end et j. fériés 14h-18h30 ; reste de l'année : 9h-12h, 13h30-17h, w.-end et j. fériés 14h-17h - fermé 1er janv., 25 déc. - 6,50 € (-12 ans 4,50 €) - possibilité de monter dans la Caravelle ; un petit musée y est consacré où l'on peut voir le poste de pilotage par une baie vitrée - l'enceinte du site accueille également le musée des transmissions.
Avions de combat, de liaison ou d'entraînement, les géants d'acier, dont certains dépassent les 20 t, savourent ici une retraite bien méritée. Derrière les vitres de l'atelier de restauration, de vieilles carlingues retrouvent même une seconde jeunesse. Maquettes, sièges éjectables, réacteurs et armements divers complètent cette collection de près de 40 avions.

Circuits conseillés Carte de microrégion

EN SURPLOMB DU RHÔNE, LE COIRON

12 km au nord-ouest. Comptez 2h. Quittez Montélimar par la D 11. Ce circuit présenté au départ de Privas (p. 134) permet de rejoindre les spectaculaires sites ardéchois du château de Rochemaure et du pic de Chenavari.

★ PETITES CITÉS MÉDIÉVALES

87 km. Circuit tracé sur la carte de microrégion (p. 226-227). Comptez environ 4h. Quittez Montélimar par la D 540. Peu après le passage sous l'autoroute, prenez à droite vers Puygiron.

SUR LES PAS DES HUGUENOTS

Pendant protestant du chemin de St-Jacques-de-Compostelle, le chemin des Huguenots est un sentier de randonnée, long de 1 600 km qui démarre du Poët-Laval pour atteindre Genève (au départ de laquelle une portion rejoint Saluzzo, en Italie) via Grenoble, sillonne la Suisse, pénètre en Allemagne, traverse le Bade-Wurtemberg et la Hesse jusqu'à Bad Karlshafen. Dans sa partie française, il comprend vingt-neuf étapes et couvre 374 km à travers les départements de la Drôme, l'Isère, la Savoie et la Haute-Savoie, en suivant le nouveau GR 965

Ce programme de coopération internationale a pour but, à travers un programme touristique et culturel, de retracer un morceau d'histoire, celui d'un exil causé par l'intolérance religieuse. En effet, en 1685, lorsque Louis XIV procède à la révocation de l'édit de Nantes – promulgué par Henri IV en 1598 et par lequel le roi garantissait la liberté de culte aux protestants –, près de 200 000 huguenots cherchent à fuir les persécutions et à trouver refuge sur des terres moins hostiles. Nombre d'entre eux s'installent alors en Suisse et en Allemagne, où ils décident de fonder des colonies. Les vaudois des vallées du Piémont, qui adhèrent à la Réforme, s'exilent et suivent les mêmes chemins.

Rens. : www.surlespasdeshuguenots.eu.

Une rue du Poët-Laval.
L. Decoudin/MICHELIN

Remarquez, dans la **plaine de la Valdaine**, les habitations rurales en calcaire. Un mur aveugle et un rideau de cyprès, côté nord, les protègent du mistral.

Puygiron B2

Dominé par son ancien château (13e-16e s.), le village vaut surtout par son **site★**. Il offre une vue sur les Trois Becs, Marsanne et le plateau du Coiron.
Revenez à la D 540 que l'on emprunte à droite.

3

★ La Bégude-de-Mazenc B2

Au carrefour central du bourg moderne, empruntez, à gauche, la D 9, puis la petite route revêtue menant à l'entrée du vieux village perché ; laissez-y la voiture.
C'est par une porte fortifiée, s'adossant au chevet de l'église en partie romane, que l'on entre dans ce village fleuri. Il faut alors se laisser conduire par le lacis des ruelles pentues jusqu'au sommet du village couronné d'une jolie pinède. Les artisans d'art, qui ont investi la cité, contribuent à la relever peu à peu de ses ruines. Dans le vieux cimetière, remarquez le chevet à trois absidioles de la chapelle Notre-Dame (12e s.).
La D 540 remonte, en direction de Dieulefit, la vallée du Jabron.

★ Le Poët-Laval B2

Ce village perché bien restauré, noyé dans une végétation dense, occupe un **site★** escarpé et conserve un ensemble médiéval intéressant. Y flâner, au milieu des vieilles pierres blondes chauffées par le soleil, procure un plaisir certain. Vous y verrez une commanderie de St-Jean-de-Jérusalem, un donjon du 12e s., des vestiges de remparts et des maisons du 15e s. De l'ancienne église ne subsistent que le clocher et l'abside romane.
L'ancien temple – l'un des deux seuls de France à n'avoir pas été démoli à la révocation de l'édit de Nantes en 1685, du fait de sa fonction de maison commune –, aménagé au 17e s. dans la maison d'un chevalier du 15e s. au centre du village *(suivez les indications)*, abrite la bibliothèque (qui renferme

HÉROS ANONYMES

De 1937 à la Libération, **Dieulefit** a recueilli plus d'un millier de personnes recherchées par les Allemands, dont une grande majorité de Juifs. Durant toutes ces années, la population locale protégea ces opprimés, refusant la dénonciation ou s'engageant dans des actions de résistance collectives. Parmi ces Dieulefitais, deux femmes s'illustrèrent particulièrement : Marguerite Soubeyran et Jeanne Barnier. La première, fondatrice de l'école de Beauvallon, accueillit à partir de 1939 de nombreux enfants et adultes juifs et des intellectuels réfugiés. Ainsi, Elsa Triolet, Louis Aragon, Pierre Jean Jouve, Emmanuel Mounier et bien d'autres s'installèrent dans la petite cité, créant un bouillonnement culturel inédit. De son côté, Jeanne Barnier, secrétaire de mairie, fabriqua, dès janvier 1941 des faux papiers afin de dissimuler l'identité des réfugiés.

Comment expliquer cette attitude exemplaire ? Dieulefit, terre protestante, est marquée par une tradition forte d'accueil. Juste avant la Seconde Guerre mondiale, de nombreux Espagnols, fuyant le régime de Franco, y trouvèrent asile. Dans ce bastion républicain, les habitants refusèrent de faire allégeance au régime de Vichy…

Neuf Dieulefitais sont déjà des « Justes » à titre individuel, mais il est possible que Dieulefit devienne, après Le Chambon-sur-Lignon, le deuxième village français déclaré « Juste » à titre collectif.

plus de 6 000 ouvrages sur l'histoire du protestantisme) et le petit **musée du Protestantisme dauphinois**. *Le Vieux-Village - ✆ 04 75 46 46 33 - www.museeduprotestantismedauphinois.com - juil.-août : 10h-12h, 15h-18h30, dim. 15h-18h30 ; avr.-juin et sept.-oct. : 15h-18h30 - fermé lun. - possibilité de visite guidée sur demande (1h) - 3,50 € (-18 ans gratuit) - 7,50 € billet combiné avec le château des hospitaliers et le centre d'art.* Celui-ci présente des panneaux explicatifs sur l'histoire tourmentée du protestantisme dans la région, propose des expositions temporaires, rend hommage aux héros de la Résistance à Dieulefit (*encadré ci-dessus*) et expose de jolis mosaïques cédées par un artiste local, Daniel Kaltenbach.

Reprenez la D 540.

La vallée du Jabron est jalonnée d'ateliers de potiers.

Dieulefit B2

Située dans un élargissement de la vallée du Jabron, cette petite ville coquette à la douceur toute provençale vit du tourisme et de l'artisanat d'art, du séjour des curistes grâce à son centre de remise en forme, et de l'artisanat d'art qui a contribué à la renommée de ses poteries.

Maison de la céramique – *R. des Reymonds - parc de la Baume - ✆ 04 75 50 20 98 - www.maisondelaceramique.fr - ♿ - de mi-juin à fin août : 10h-13h, 15h-19h ; reste de l'année : tlj sf lun.-mar. 14h-18h - fermé janv.-mars, 25 déc. - 3 € (-12 ans gratuit) - possibilité de visite guidée (1h) juil.-août : mar. et jeu. 10h ; reste de l'année : merc. 15h.* La collection permanente s'attarde sur l'histoire potière de Dieulefit, de la fonction utilitaire à son apparition, au 15e s., à la poterie décorative contemporaine. Des pièces représentatives de toutes les époques et de grands panneaux détaillant les principales étapes permettent un petit voyage dans le temps. Un autre espace présente des expositions temporaires. À noter que la maison propose aux apprentis potiers une formation de céramiste de niveau bac+2.

Échappée buissonnière – La D 130, peu après Dieulefit *(rattrapez-la en poursuivant d'abord la route qui longe la Maison de la céramique)*, mène au **col de**

Valouse★. Le paysage y est superbe : la route serpente entre des massifs rocheux tapissés de chênes et offre des ouvertures sur les champs de lavande. En chemin, vous pourrez vous arrêter à la petite distillerie de lavande, dans le hameau de Teyssières.

Pour rejoindre Taulignan, suivez la D 538 depuis Dieulefit. Elle descend la vallée du Lez, dominée par les vestiges féodaux de Béconne et le donjon de Blacon (14e s.). Engagez-vous ensuite à droite dans la D 24.

Taulignan B2

À la limite du Dauphiné et de la Provence, ce vieux bourg a gardé son enceinte médiévale : circulaire et presque continue, elle conserve onze tours (neuf rondes et deux carrées) reliées par des courtines (restes de mâchicoulis en plusieurs endroits), où s'intègrent des habitations. Au nord-est, la porte d'Anguille est la seule porte fortifiée ayant subsisté. Au hasard des ruelles, vous apprécierez les façades anciennes avec leurs portes en accolade et leurs fenêtres à meneaux *(rue des Fontaines).*

★ **Atelier-musée de la Soie** – *Pl. du 11-Nov. - ✆ 04 75 53 12 96 - www.musee-soie.fr - ♿ - juil.-août : 10h-18h ; reste de l'année : tlj sf mar. 10h-12h30, 14h-18h - fermé 25 déc.-15 fév. - 5,50 € (-12 ans 2,50 €) - possibilité de visite guidée sur demande (1h) en sais. : jeu. 11h et 15h.* Grâce à une présentation didactique autour de l'outillage et des machines (certaines en état de marche) nécessaires à la confection des tissus, vous découvrirez l'aventure de la soie, qui faisait vivre les magnaneries de la région au 19e s., et son processus de fabrication : la sériciculture, la filature et le tissage.

★ Grignan *(p. 239)* B2

Sortez au nord par la D 4, puis tournez à gauche dans la D 56. Après Réauville, tournez à droite vers Notre-Dame d'Aiguebelle.

N.-D. d'Aiguebelle B2

L'abbaye fut fondée en 1137 sous l'impulsion de saint Bernard, abbé de Clairvaux. D'un lieu désert les moines firent une région prospère, et l'abbaye, riche et renommée pour la sainteté de ses moines, connut une période de grandeur. Puis vint la décadence. Au 15e s., elle fut confiée à des « abbés commendataires » (titre honorifique accordé à un prêtre séculier ou à un laïc) qui profitèrent largement de ses revenus. En 1562, les réformés la pillèrent. La Révolution acheva sa ruine.

Rachetée en 1815 et habitée de nouveau par les moines, elle reprend vie, et c'est maintenant un monastère florissant où se fabrique une liqueur réputée.

L'abbaye est soumise au régime austère de la Trappe. Tout luxe est banni et la vie des moines est organisée selon la règle de saint Benoît : les heures de prière, de travail manuel ou intellectuel et de repos sont également réparties.

Église abbatiale – L'église abbatiale, qui seule se visite, adopte le plan cistercien traditionnel tout en y mêlant des éléments caractéristiques du style roman de transition. La nef se compose de trois travées qui communiquent avec les bas-côtés voûtés d'ogives par des arcades en plein cintre. Les croisillons du transept sont flanqués à l'est de quatre absidioles semi-circulaires, probablement carrées à l'origine. Le chœur présente une voûte en cul-de-four à cinq pans et reçoit la lumière par trois baies en plein cintre.

Les champs et les jardins cultivés par les moines s'étendent autour de l'abbaye.

Rejoignez la D 4 au nord par la D 550 passant par Montjoyer.

Dans la descente, on aperçoit, en avant, les ruines imposantes du **château de Rochefort-en-Valdaine**, dominant le vallon boisé de la Citelles.

3

NOS ADRESSES À MONTÉLIMAR

HÉBERGEMENT

À Montélimar

BUDGET MOYEN

Hôtel du Sphinx – *19 bd Marre-Desmarais - ✆ 04 75 01 86 64 - www.sphinx-hotel.fr - fermé 23 déc.-11 janv. - ♿ - 24 ch. 84/100 € - ☕ 8,50 €.* La jolie cour, la chaleur des parquets et des boiseries confèrent un charme indéniable à cet hôtel particulier du 17e s. situé face aux Allées provençales. Chambres assez calmes.

Hôtel du Parc – *27 av. Charles-de-Gaulle - ✆ 04 75 01 00 73 - www.hotelduparc-montelimar.com - 16 ch. 56/128 € - ☕ 9 €.* Petit hôtel accueillant, situé face au parc, à côté de la gare, et proche du centre. Chambres bien tenues. Petit-déjeuner dans la salle chaleureuse et colorée ou sur la terrasse.

Hôtel Beausoleil – *14 bis bd du Pêcher - ✆ 04 75 01 19 80 - www.beausoleil-montelimar.com - P - 16 ch. 75 € - ☕ 8,50 €.* Située sur les Allées provençales, cette villa 1900 a été transformée en un hôtel de charme confortable, où l'on dort au calme dans des chambres modernes, d'un rapport qualité-prix imbattable. L'excellent accueil et les bons conseils à la réception achèveront de vous convaincre. Possibilité de louer des vélos.

À proximité

POUR SE FAIRE PLAISIR

Hôtel Les Hospitaliers – *Le vieux village - 26160 Le Poët-Laval - ✆ 04 75 46 22 32 - www.hotel-les-hospitaliers.com - fermé nov.-mars - P - 🏊 - 22 ch. 91/160 € - ☕ 12 € - formule déj. 19/24 € - 42/55 €.* Chambres aménagées dans des maisons de pierres sèches et piscine surplombant la vallée : difficile pour ces hospitaliers-là de repartir en croisade ! Cuisine d'aujourd'hui servie dans une salle de caractère ou sur la terrasse panoramique.

RESTAURATION

À Montélimar

Bon à savoir – En bordure des Allées provençales, les boulevards Aristide-Briand et Marre-Desmarais regroupent les principaux pubs et brasseries de la ville. Tous sont pourvus de belles terrasses ombragées. Le **Don Camillo** *(9 bd Marre-Desmarais)* est particulièrement recommandable.

BUDGET MOYEN

Le Grillon – *35 bd Meynot - ✆ 04 75 01 79 02 - www.legrillon.fr - fermé vac. de Noël, dim. soir et lun. - formule déj. 14,50 € - menus 18/36 €.* Vous n'entendrez pas forcément les grillons, mais vous goûterez aux saveurs de la cuisine du terroir (menu truffe en hiver, menu champignons en saison) dans la salle à manger rustique ou en terrasse.

Petite France – *34 imp. Raymond-Daujat - ✆ 04 75 46 07 94 - fermé de mi-juil. à mi-août, vac. de Noël, dim. et lun. - ouv. dim. midi oct.-mai - formule déj. 15 € - menus 21/32 €.* À moins d'être initié, ce restaurant, dont l'enseigne évoque un quartier de Strasbourg, ne se trouve pas facilement : il faut aller le dénicher dans une impasse de la vieille ville. Dans la salle voûtée et chaleureuse, on déguste une cuisine traditionnelle. Ambiance familiale.

Le Saint Mart – *Pl. des Oliviers- ✆ 04 75 96 41 78 - www.restaurant-saintmart-montelimar.com - fermé merc. midi et dim. - formule déj. 15,50 € - menus 22/29,50 €.* À deux pas du musée d'Art contemporain et du Jardin des senteurs, venez avaler un *bo bun* sous les grands parasols blancs de la terrasse. Une patronne vietnamienne, quelques touches exotiques à la carte (tartare du Mékong) pour un rapport qualité-prix idéal.

Le Chalet du parc – *Les Allées provençales (côté bd Marre-Desmarais) - ✆ 04 75 51 16 42 - www.lechaletduparc.fr - fermé mar. midi et lun. - menus 23/36 €.* Dans le grand jardin public de la ville rafraîchi par un plan d'eau, cet établissement est l'une des valeurs sûres de Montpellier. Cuisine inventive, souvent à base de produits de la région, à déguster sous la terrasse couverte.

À proximité

BUDGET MOYEN

Tous les Matins du Monde – *Le nouveau village - 26160 Le Poët-Laval - ✆ 04 75 46 46 00 - mai.-sept. : tlj sf dim. et lun. ; reste de l'année : tlj sf lun. - formule déj. en sem. 13 € - menu Bistrot de pays 20 €.* Un restaurant de village qui bénéficie du label « Bistrot de pays ». Une cuisine simple et de saison, faite à partir de produits frais, à déguster sur une terrasse ombragée ou dans une salle agréable. Une pause bienvenue.

PETITE PAUSE

Les Glaces de Tom – *5 bd Marre-Desmarais - 26200 Montélimar - fermé lun.* Pour flâner en bonne compagnie sur les Allées provençales. Coupes ou sorbets, fraîcheur et parfums garantis !

BOIRE UN VERRE

Brasserie la Vieille Mule – *25A chemin des Ramières - 26160 Le Poët-Laval - ✆ 06 16 57 37 11 - www.lavieillemule.com - 15 avr.-31 août : merc.-sam. 16h30-19h30.* Ambiance champêtre à l'heure de l'apéro dans la cour de la fabrique. Au menu, tapas et surtout la spécialité maison : des bières bio, brassées à l'eau de source et au malt local. Concerts en saison. Vente de bières toute l'année à la brasserie. *Mar.-sam. 10h-19h30.*

3

Terrasses de café sur la place du Marché.
J.-P. Degas / hemis.fr

ACHATS

Escobar Gourmandise – *30 r. Pierre-Julien - ✆ 04 75 01 18 99 - www.nougats-escobar.com - 9h-12h30, 14h-19h30.* Les successeurs d'Éric Escobar, pâtissier-chocolatier sacré meilleur ouvrier de France en 1982, font honneur à la tradition. Le gâteau aux trois chocolats est un « must », et la recette de nougat jalousement gardée.

Les Halles – *41 bd Marre-Desmarais - leshallesdemontelimar.com - mar.-jeu. 7h-14h, 16h-19h, vend.-sam. 7h-19h30, fermé dim. après-midi et lun.* Dans les seules halles couvertes du département, une dizaine de fournisseurs s'emploient à produire une offre variée, à des prix attractifs.

ACTIVITÉS

Musique « o » kiosque – *Du 21 juin à fin août, dim. 18h.* Concerts gratuits dans le jardin municipal *(www.montelimar.fr).*

AU ROYAUME DU NOUGAT

Le véritable nougat de Montélimar ne mérite son appellation que s'il est fabriqué selon la recette inventée au 17e s., époque où fut introduit l'amandier dans la région. Outre les amandes (au moins 30 % du produit), la préparation doit inclure des pistaches, du blanc d'œuf, de la vanille, du sucre et du miel.

Fabriques de nougat (artisanales et industrielles) – Les fabriques que nous mentionnons donnent toutes accès au processus de fabrication et abritent des boutiques alléchantes. Pour les insatiables, l'office de tourisme fournit une liste des installations ouvertes à la visite.

Fabrique et musée du nougat Arnaud-Soubeyran – *Av. du Gournier - ✆ 04 75 51 01 35 - www.nougatsoubeyran.com - lun.-sam. 8h30-19h, dim. 10h-12h, 14h30-18h30.* La plus ancienne fabrique artisanale de nougat et l'une des plus prestigieuses.

Au Rucher de Provence - La Maison du Nougat – *35 bd Desmarais, les Allées provençales - ✆ 04 75 52 01 59 - www.aurucherdeprovence.fr - fabrication : lun.-vend. 9h-11h30, 15h-16h30 ; magasin : 8h-19h.* Nougats haut de gamme : le Stoupany, la plus ancienne marque montilienne (1787), et le Rucher de Provence (1938).

Nougat Chabert et Guillot – *4 r. Émile-Monier - Zac de Portes de Provence - 26200 Montélimar - ✆ 04 75 00 82 13 - www.nougat-chabert-guillot.com - tlj sf dim. et j. fériés 9h-12h30, 14h-18h30.* LE nougatier de Montélimar, depuis 1913.

Nougat Diane de Poytiers – *99 av. Jean-Jaurès - ✆ 04 75 01 67 02 - www.diane-de-poytiers.fr - 8h-12h, 14h-19h, w.-end à partir de 9h - fermé 15 j. en janv.* Un atelier artisanal dirigé depuis trois générations par la même famille.

Grignan

★

1 625 Grignanais – Drôme (26)

Dressé sur une butte rocheuse isolée, l'imposant château médiéval des Adhémar de Monteil domine ce vieux bourg touristique du Tricastin, que Mme de Sévigné a rendu célèbre. L'épistolière ne fit pas qu'écrire de fort belles lettres à sa fille, mariée au comte de Grignan ; la marquise fit de si fréquentes visites au château qu'elle finit par y disposer de ses propres appartements.

NOS ADRESSES PAGE 248
Hébergement, restauration, achats, activités, etc.

S'INFORMER

Office du tourisme du pays de Grignan – *12 pl. du Jeu-de-Ballon - 26320 Grignan - 04 75 46 56 75 - www.tourisme-paysdegrignan.com - juin-sept. : 9h30-12h30, 14h30-18h ; reste de l'année : tlj sf dim.-lun. 9h30-12h30, 14h30-17h30 - fermé 1er janv., 25 déc.*

SE REPÉRER

Carte de microrégion B2 (p. 226-227).
On arrive à Grignan en quittant l'autoroute A 7 au sud de Montélimar et en prenant la D 941 en direction de Valréas.

SE GARER

Laissez votre voiture aux parkings de la rue du Grand-Faubourg ou de la place du Jeu-de-Ballon, avant de partir à l'assaut du château.

À NE PAS MANQUER

Le château et les appartements de Mme de Sévigné ; St-Paul-Trois-Châteaux ; le château de Suze-la-Rousse.

ORGANISER SON TEMPS

Comptez une poignée d'heures pour que la visite soit suivie d'une agréable flânerie dans le village. Les passionnés de belles-lettres reviendront début juillet assister au Festival de la correspondance, vrai clin d'œil adressé à la marquise de Sévigné qui écrivit tant et plus à sa châtelaine de fille.

AVEC LES ENFANTS

La ferme aux Crocodiles ; le village provençal miniature.

3

Se promener

★★ Château

04 75 91 83 55 - chateaux.ladrome.fr - juil.-août : 10h-18h ; avr.-juin et sept.-oct. : 10h-12h30, 14h-18h ; reste de l'année : tlj sf mar. 10h-12h30, 14h-18h - fermé 1er janv., 11 Nov., 25 déc. - 5 € (-18 ans gratuit) - 12 € billet combiné avec le château des Adhémar à Montélimar et le château de Suze-la-Rousse - visite libre des extérieurs - 6 € possibilité de visite guidée sur demande (1h15).

Château médiéval, il fut transformé une première fois au 16e s. par Louis Adhémar, gouverneur de Provence, puis, plus tard, par le gendre de Mme de Sévigné, entre 1668 et 1690. En grande partie détruit pendant la Révolution, il a retrouvé sa fière allure après une campagne de restauration et de reconstitution (mobilier 17e-18e s.) initiée par sa nouvelle propriétaire au début du 20e s. et poursuivie par le conseil général de la Drôme.

En parcourant les extérieurs, on découvre la grande façade Renaissance du Midi, puis la cour du Puits avec son bassin, ouverte sur une terrasse encadrée à gauche par la galerie gothique, à droite et au fond par des corps de logis Renaissance.

Depuis la terrasse, le **panorama★★** embrasse la longue crête de la montagne de la Lance, le mont Ventoux et les dentelles de Montmirail, la plaine comtadine et les Alpilles, le bois de Grignan et les montagnes du Vivarais.

À l'intérieur de l'office médiéval, vous accéderez aux étages par l'escalier d'honneur (17e s.), pour visiter les appartements de Mme de Sévigné et du comte de Grignan, la salle du Roi, puis l'oratoire, avant de redescendre, par un escalier gothique, à la grande galerie aux belles boiseries. Remarquable **mobilier★**, en particulier deux magnifiques cabinets (l'un florentin, l'autre en ébène), et **tapisseries** d'Aubusson représentant des scènes mythologiques.

Collégiale St-Sauveur

À l'intérieur de cette église du 16e s., dont la petite tribune communiquait avec le château,on découvre un **buffet d'orgue** du 17e s. et, dans le chœur, de belles boiseries. Au pied du maître-autel, à gauche, une dalle de marbre désigne l'emplacement de la tombe de Mme de Sévigné, morte à Grignan le 18 avril 1696.

Beffroi

Cette ancienne porte de la ville, datant du 12e s., a été transformée au 17e s. en tour de l'Horloge.

Atelier-musée Livre & Typographie

3 pl. St-Louis - ✆ 04 75 46 57 16 - www.colophon-grignan.fr - ♿ - juil.-août : 10h30-14h30, 16h-19h ; reste de l'année : tlj sf dim.-lun. 10h-12h30, 14h-18h30 - fermé 1er-2 janv. et 25-26 déc. - possibilité de visite guidée sur demande (1h) - 4,20 € (-12 ans gratuit).

Dans ce village qui cultive le goût des belles-lettres et de la correspondance, il faut s'arrêter à la maison du Bailli (15e s.). Elle regroupe des salles d'expositions, l'atelier d'impression des éditions Colophon, une librairie et un musée qui présente l'histoire de l'imprimerie ainsi qu'une reconstitution d'un atelier de typographe.

Grotte de Rochecourbière

Prenez la route partant de la D 541, à la sortie sud de Grignan, à hauteur d'un calvaire. Après environ 1 km, laissez votre voiture au parc de stationnement pour revenir à l'escalier de pierre, à droite.

Cet escalier donne accès à la grotte de Rochecourbière. Mme de Sévigné aimait se retirer dans cette grotte, fraîche et silencieuse, parfumée de toutes les herbes de Provence, pour se reposer ou écrire son abondante correspondance.

Village provençal miniature

À la sortie de Grignan, rte de Valréas. ✆ 04 75 46 91 68 - www.village-miniature.fr - ♿ - de mi-juil. à fin août : 10h30-19h ; de déb. avr. à mi-juil. et sept.-déc. : 10h-12h, 14h-18h30 ; reste de l'année : tlj sf mar. 14h-18h, w.-end et j. fériés 10h30-12h, 14h-18h - possibilité de visite guidée sur demande (1h) - 5,50 € (-11 ans 3,80 €).

C'est ici que l'on peut découvrir, dans de jolis décors animés par des santons, la vie d'un village d'autrefois dans la Drôme provençale. Différentes scènes illustrent les métiers, le mariage, les marchés… Les personnages, les costumes et les décors sont minutieusement reproduits.

Durant l'année, des scènes à thèmes (exposées temporairement durant plusieurs mois) s'ajoutent à l'ensemble : épisodes des films de Fernandel, crèches au moment de Noël…

Le château de Grignan.
P. Hauser/hemis.fr

À proximité Carte de microrégion

Ruines du prieuré d'Aleyrac B2

11 km au nord par les D 4, D 56 et D 9.

Perdues dans un site sauvage, les ruines de N.-D.-la-Brune laissent encore voir une sobre et belle architecture romane (12e s.). Sous ce qui était le chœur coule encore la source qui permit l'implantation des bénédictines, jusqu'à leur départ au 14e s.

3

Circuit conseillé Carte de microrégion

★ LES VILLAGES DU TRICASTIN

47 km. Circuit tracé sur la carte de microrégion (p. 226-227). Comptez environ 3h. Quittez Grignan à l'ouest par la D 541.

Région de transition entre le Nord et le Midi, la plaine du Tricastin, dite aussi « plaine de Pierrelatte », encadrée par trois massifs montagneux en arc de cercle, riches en minerais de fer et de lignite que les Celtes exploitèrent dès le 4e s. av. J.-C., annonce la Provence tant par son climat que par sa végétation.

★ La Garde-Adhémar A2

Son église perchée signale de loin ce délicieux village de pierre qui invite à une douce flânerie entre ses maisons en calcaire, ses passages voûtés et ses ruelles tortueuses coupées d'arceaux. Des remparts subsistent une porte fortifiée au nord du bourg et quelques vestiges, notamment au sud du village, non loin de la grande croix dressée sur un socle romain. C'était, au Moyen Âge, une importante place forte de la **famille Adhémar**. Au 16e s., un château Renaissance y fut édifié par **Antoine Escalin** (v. 1498-1578), baron de La Garde. Ce dernier, simple berger devenu soldat, selon la légende, fut anobli, nommé ambassadeur de François Ier avant de connaître une longue carrière de général des galères.

Préservée des boutiques d'artisanat et de souvenirs pour touristes, La Garde-Adhémar se livre sans artifices au visiteur, qui s'attarde volontiers à la découverte de ses jolies adresses (*Nos adresses, p. 248*).

★ **Église** – C'est un édifice roman remarquable par ses deux absides et la jolie silhouette de son clocher à deux étages octogonaux, surmonté d'une courte pyramide. Une frise finement sculptée court autour de l'abside ouest et des bas-côtés. L'intérieur, très dépouillé, présente une haute et courte nef flanquée d'étroits collatéraux. Remarquez, dans la chapelle nord, une belle Vierge romane du 12e s. L'ensemble a été sauvé au 19e s. par Prosper Mérimée, alors inspecteur des Monuments historiques.

Chapelle des Pénitents – *Sur demande au Club Unesco - ✆ 04 75 04 41 58 - gratuit.* Cet édifice intègre à l'ouest des fenêtres géminées du 12e s., visibles de la place de l'Église. Du 17e au 19e s. s'y réunissaient les membres d'une confrérie de pénitents blancs, comme le rappelle la fresque décorant le mur sud. La chapelle abrite une exposition sur La Garde-Adhémar.

★ **Point de vue** – La terrasse offre une **vue** très étendue sur la plaine de Pierrelatte, dominée par les contreforts du Vivarais, où se détache la dent de Rez. À l'aplomb de la terrasse s'étage un jardin de plantes aromatiques et médicinales.

Chapelle du Val-des-Nymphes – *2 km au nord-est par la D 472.* Dans un vallon dont la fraîcheur est entretenue par les chênes centenaires et une source permanente et qui était, comme l'évoque son nom, un lieu de culte païen, il ne reste plus, d'un important habitat haut médiéval, que la chapelle priorale du 12e s., dépendance de l'abbaye de Tournus. Longtemps en ruine, elle fut restaurée en 1991, et une élégante charpente recouvre la nef. La belle abside en cul-de-four du sanctuaire roman a conservé son double étage d'arcatures. L'étage supérieur de la façade est décoré de trois arcatures aveugles en plein cintre, surmontées par un fronton. En faisant le tour de la chapelle, on découvre sur la pierre d'étranges signes, qui sont les marques laissées par les tailleurs de pierre.

Les archéologues ont découvert, à l'occasion de fouilles de surface, l'existence d'un important village médiéval. Peu protégé à l'époque de la construction des villages perchés, il fut abandonné par ses habitants qui lui préférèrent La Garde-Adhémar et sa double enceinte de remparts.

Alentour, les collines recèlent encore des cuves creusées dans le calcaire, remarquablement conservées. Si l'imaginaire collectif y a vu des cuves à sacrifices, elles étaient plus vraisemblablement utilisées par les Romains comme fouloirs à raisin *(vous apercevrez une cuve lapidaire en reprenant la route vers La Garde-Adhémar depuis la chapelle et en grimpant au-dessus d'un petit massif rocheux qui s'ouvre sur le côté droit de la route).*

Prenez la D 458 vers Bollène, puis tournez à droite dans la D 59 qui dessert la ferme aux Crocodiles.

★ Ferme aux Crocodiles à Pierrelatte A3

395 allée de Beauplan - ✆ 04 75 04 33 73 - www.lafermeauxcrocodiles.com - ♿ - mars-oct. : 9h30-19h ; reste de l'année : 10h-17h - 14,50 € (-12 ans 9,50 €).

Les eaux tièdes du complexe nucléaire du Tricastin alimentent cette grande serre qui abrite un jardin tropical et un espace consacré aux reptiles, en particulier un élevage de crocodiles. Différentes espèces de crocodiliens sont présentées dans plusieurs grands bassins : caïmans à lunettes, alligators d'Amérique, crocodiles de Cuba, varans crocodiles et deux **crocodiles albinos** arrivés des bayous de Louisiane en février 2010. Ces derniers sont particulièrement surveillés car il n'existerait dans le monde qu'une vingtaine de crocodiles atteints de cette maladie génétique…

FEMMES DE LETTRES

François de Castellane-Adhémar de Monteil, comte de Grignan (1629-1714), lieutenant général de Provence, s'illustra en s'emparant d'Orange en 1673 et en sauvant Toulon en 1707, alors menacé par le duc de Savoie. Faits d'armes qui ont moins œuvré pour sa gloire posthume que son troisième mariage, en 1669, avec **Françoise Marguerite de Sévigné**, fille de la **marquise de Sévigné**. On ne sait ce que François, qui, selon les mots de sa jeune épouse, « abusait de la permission qu'ont les hommes d'être laids », pensait de cette belle-mère pleine d'esprit. Toujours est-il qu'après le mariage de sa fille, qui comblait ses vœux (« la plus jolie fille de France, écrivit-elle à son cousin, épouse, non pas le plus joli garçon, mais un des plus honnêtes hommes du royaume »), Mme de Sévigné entama une correspondance de vingt ans avec la jeune « exilée » à qui elle contait par le menu tous les potins de Paris. Par sa liberté de ton et son style incomparable, la correspondance de Mme de Sévigné est considérée comme un chef-d'œuvre de la littérature du 17e s. La marquise séjourna souvent à Grignan, où elle finit par s'éteindre en 1696, alors qu'elle était venue soigner sa fille atteinte d'une maladie de langueur; elle fut enterrée dans la collégiale. En 1793, sa tombe fut violée : tel y prit une côte qu'il fit enchâsser en médaillon, tel autre une dent qui fut montée en bague, et un amateur de phrénologie fit scier le crâne de la marquise et l'envoya à Paris, afin qu'il soit examiné par les savants. Qu'est-il devenu depuis ? Nul ne le sait.

Un peu plus loin, la grande serre plonge le visiteur dans un univers exotique; elle est agrémentée de nombreuses passerelles qui invitent à découvrir une **végétation luxuriante** composée d'espèces végétales provenant de tous les endroits tropicaux humides du monde, des confins de l'Océanie (Papouasie-Nouvelle-Guinée) aux jungles hostiles d'Amérique du Sud (Guyane, Venezuela), en passant par l'Asie du Sud-Est. Elle abrite surtout plus de 335 redoutables **crocodiles du Nil** qui se prélassent sur les plages ou patrouillent silencieusement dans les eaux sombres. Importés en 1991 d'Afrique du Sud, ils mesuraient 50 cm et pesaient 300 g. Aujourd'hui, les plus imposants atteignent 4 m pour près de 500 kg… Leur apparence peut surprendre : les crocodiles sont figés au bord de l'eau, plongés dans un demi-sommeil, gueule ouverte. Ils sont en pleine digestion, laquelle peut durer plusieurs jours, et régulent leur température. Mais ne vous laissez pas tromper par cette apparente torpeur: le crocodile du Nil atteint des vitesses de 25 km/h dans l'eau et 20 km/h sur terre! On peut aussi voir des **dragons de Komodo**, les plus grands des lézards, une espèce de varan qui se rencontre en Indonésie. Dans la nurserie, les derniers-nés sont nourris et surveillés, puis un espace extérieur est dévolu à différentes espèces de tortues, dont des **tortues géantes des Galápagos**. Inaugurée en 2015 et unique en Europe, l'**île aux pythons** est le seul endroit où l'on puisse observer des pythons molure et des pythons réticulés, deux espèces originaires d'Asie du Sud-Est, en liberté dans une fosse, et non derrière des vitres. Que les visiteurs se rassurent, leur domaine, profond de 7 m, est cerné par trois rangées de fils électrifiés qui dissuadent tout python fugueur!

Le repas des crocodiles est servi à 15h. Contrairement à ce que leur taille et leur poids pourraient laisser imaginer, ces animaux mangent peu, à peine plus de 2 kg de viande par semaine et par animal. Ils peuvent même rester six mois sans avaler quoi que ce soit…

Depuis 2007, une reconstitution permet de faire connaissance avec Sarco *(Sarcosuchus imperator)*, le plus vieux crocodile du monde (110 millions

d'années !). Cet animal préhistorique long de 12 m a été reconstitué en résine à partir du squelette aujourd'hui exposé à la galerie de paléontologie du Muséum d'histoire naturelle de Paris.

Revenez en arrière sur la D 59 et poursuivez-la au sud-est après avoir retraversé l'autoroute A 7.

★ Saint-Paul-Trois-Châteaux A3

Office de tourisme – *Pl. Chausy - 26130 St-Paul-Trois-Châteaux - ✆ 04 75 96 59 60 - www.office-tourisme-tricastin.com - juil.-août : 9h30-12h30, 14h30-18h30 ; mai et sept. : 9h30-12h30, 14h-18h ; reste de l'année : 9h30-12h30, 14h-18h - fermé dim. et j. fériés (sf 14 Juil., 15 août). Visite guidée historique à travers la ville, mai-août, merc., dép. 15h - 1,10 €.*

L'office de tourisme fournit gratuitement un guide utile qui répertorie les balades et activités de plein air dans les environs de St-Paul.

Au cœur de la première région trufficole de France, la cité fut le siège d'un évêché jusqu'à la Révolution. La vieille ville, bien préservée, recèle des vestiges dignes d'intérêt. N'y cherchez pas les trois châteaux, ils se trouvent sur le blason, une tour à trois donjons rehaussée d'une couronne, accompagnée de la devise *Tricastinensis civitas* (« Cité des Tricastins »). De *Tricastin* à *Tricastri* (trois châteaux), il n'y a qu'un pas, celui qui sépare St-Paul-en-Tricastin, l'ancien nom, de St-Paul-Trois-Châteaux, le nouveau. Au hasard des petites rues piétonnes, on découvre une rare maison d'époque romane (*9-11 r. Montant-au-Château*), la tour du palais des Évêques (*15-17 de la même rue*), des fragments du rempart médiéval *(cours des Platanes)* et du rempart gallo-romain *(pl. Chaussy)*, le quartier juif du 12e-14e s. *(rue Juiverie)* ou encore le quartier St-Jean où ont été découverts des vestiges romains et du haut Moyen Âge.

★ **Cathédrale** – Cet imposant édifice, commencé au 11e s. et terminé au 12e s., est un remarquable exemple de l'architecture romane provençale.

On est frappé par la hauteur exceptionnelle des murs du transept et l'aspect puissant de la nef. L'austérité de ces murailles est cependant atténuée par quelques détails décoratifs, comme le portail de la façade ouest dont le cintre finement sculpté encadre des vantaux de bois du 17e s.

Entrez par le portail latéral sud.

La nef de trois travées en berceau sur doubleaux, épaulée de bas-côtés, est d'une magnifique élévation (24 m). La travée précédant le transept présente, à l'étage, un faux triforium. Une coupole sur trompes recouvre la croisée du transept. L'abside, voûtée en cul-de-four, sous-tendue de nervures plates, s'ouvre sur la croisée par un arc triomphal à double ressaut. Notez le buffet d'orgue réalisé en 1704 par le sculpteur avignonnais Boisselin, le bas-relief du

Gavial du Gange dans la ferme aux Crocodiles.
M. Gunther / Biosphoto

deuxième pilier à gauche, représentant le Jugement dernier, des fresques des 14e et 15e s. ainsi que, derrière le maître-autel, une mosaïque du 12e s. Dans le bas-côté nord est conservé l'ancien maître-autel en bois doré du 17e s.

Maison de la truffe et du Tricastin – *R. de la République - 04 75 96 61 29 - www.maisondelatruffe.com - juin-sept. : 9h30-12h30, 14h-18h, dim. 10h-12h, 14h-18h, lun. 14h-18h ; mars-mai et oct.-nov. : tlj sf dim. 9h-12h, 14h-18h, lun. 14h-18h ; reste de l'année : 9h-12h, 14h-18h, dim. 10h-12h, 14h-18h - fermé j. fériés - possibilité de visite guidée sur demande (45mn) - 4,50 € (-12 ans 2,50 €).*

La Maison de la truffe organise des journées découverte sur le terrain en compagnie de trufficulteurs : visite du marché de Richerenches, d'une truffière, etc. *(sur réserv., de déc. à mi-mars, sam. départ 9h30, retour 18h).* On peut aussi y acheter des truffes en bocaux () et participer à des dégustations de vins. On associe souvent truffe et Périgord, mais c'est pourtant du Tricastin que proviennent plus de 70 % des truffes noires de France. Le musée, doté d'une muséographie moderne et attrayante, est entièrement dédié au « diamant noir » : cycle biologique, récolte, production, histoire des différentes espèces (l'*Index fugorum*, qui répertorie les champignons, dénombrait 32 espèces de truffes en 1938, 227 aujourd'hui), utilisation au fil des siècles – sans doute consommée depuis la préhistoire, elle est mentionnée sur des tablettes mésopotamiennes du 4e millénaire. Créée par les dieux de l'Olympe pour les Grecs anciens et « aussi noire que l'âme des damnés » pour les hommes du Moyen Âge, elle n'a donc pas toujours connu les faveurs des gourmets et il fallut attendre le 16e s. pour que la truffe blanche du Piémont, arrivée dans les malles de Catherine de Médicis, la remette au goût du jour. La visite se termine côté cuisine : recettes, secrets de cuisson et de conservation.

Salle de l'Archidiacre - Musée d'Archéologie tricastine – *Pl. Castellane - 04 75 96 92 48 - www.musat.fr - - 14h30-18h - fermé dim. (sf 1er du mois), lun. et j. fériés, 10-11 juil. - 3,10 € (-16 ans gratuit) - possibilité de visite guidée 1er dim. du mois 16h.*

SAINT RESTITUT, L'AVEUGLE DE L'ÉVANGILE

D'après la tradition locale, l'aveugle-né de l'Évangile, guéri par le Christ de son infirmité, s'appelait Sidoine. Un miracle vaut bien que l'on change de nom, ce que fit Restitut, celui « qui a recouvré la vue ». Il s'était fixé dans le Tricastin où les fidèles en avaient fait leur pasteur. Mais c'est en Italie qu'il serait mort, et ses reliques furent rapportées dans le village qui porte aujourd'hui son nom. Sur la place de l'Église, une fontaine miraculeuse a attiré de nombreux pèlerins jusqu'au 18e s..

Le large fonds du musée, qui couvre une période allant de 10000 ans av. J.-C. au Moyen Âge, alimente des expositions thématiques annuelles. Il est constitué, entre autres, du produit des fouilles menées dans la ville ou sur le tracé du TGV, lesquelles ont révélé le séjour de peuplades préhistoriques dans le Tricastin. Les découvertes – céramiques, outils en pierre des Alpes ou du centre de la France, objets et parures funéraires – sont autant d'indices sur leur mode de vie. De la période romaine le musée conserve une collection de **verrerie** et une grande **mosaïque** (108 m²) du 1er s. *(exposée en permanence).* Visible également toute l'année, une **arche sainte hébraïque** datant du 15e s., unique en France et en Europe.

Promenade des jardins de la Coulée verte – *2,5 km.* Au nord de la vieille ville, cette voie verte réservée aux piétons et aux cyclistes traverse St-Paul d'est en ouest, du rond-point de l'Europe à l'Espace de loisirs Saint-Paul 2003, en passant par de beaux jardins.

Suivez la D 59 vers l'est, puis tournez à droite dans la D 859.

St-Restitut A3

Ce vieux village perché du Tricastin séduit par le charme de ses maisons serrées autour de son église, dominée par une haute et insolite tour carrée.

Au carrefour de la Poste, engagez-vous dans la rampe signalée « Église 12e s. » et laissez la voiture sur une esplanade plantée d'arbres à droite.

★ **Église** – De style roman provençal, elle est surtout remarquable par l'ensemble de sa **décoration sculptée★**, inspirée de l'antique.

À l'extérieur, il s'agit du chevet polygonal avec sa corniche délicatement sculptée et du portail sud. À l'intérieur, la nef unique, légèrement désaxée, est couverte d'une voûte en berceau brisé. À hauteur des chapiteaux court une élégante corniche. Dans l'abside, cinq arcatures à chapiteaux corinthiens supportent une demi-coupole en cul-de-four.

Tour funéraire – Elle flanque la partie ouest de l'église et recouvre, dit-on, le tombeau de saint Restitut. La partie basse, en petit appareil surmonté d'une frise et d'une corniche sculptées, serait du 11e s.; la partie haute, en moyen appareil, aurait été restaurée à l'époque de la construction de l'église. La frise, encadrée de rangées de damiers, qui court sur les quatre pans de la tour comporte des panneaux sculptés empruntant leurs thèmes à la Bible, au bestiaire du Moyen Âge ou aux métiers.

Chapelle du St-Sépulcre – *15mn à pied AR.* À 400 m du bourg, cette petite chapelle hexagonale, perchée sur le rebord de l'escarpement, a été édifiée en 1504 par l'évêque Guillaume Adhémar, au retour d'un pèlerinage en Terre sainte.

Retournez sur la D 59 et suivez cette même route vers le sud-est.

Suze-la-Rousse B3

Office de tourisme – *445 av. des Côtes-du-Rhône - 26790 Suze-la-Rousse - 04 75 04 81 41 - www.ot-suze-la-rousse.fr - sais. : 9h-12h30, 15h-18h30, sam. 9h-12h30; reste de l'année : 9h-12h, 13h30-17h30, sam. 9h-12h, lun. 13h30-17h30 - fermé dim. et j. fériés - un plan de Suze se trouve à la halle aux grains du 17e s.*

Principale ville du Tricastin au Moyen Âge, Suze étage ses ruelles sur la rive gauche du Lez. Le bourg, enserré dans des murailles (le « Barri », dont subsistent quelques tronçons), compte de belles demeures Renaissance, une église romane massive et une ancienne mairie à la jolie façade 15e-16e s.

★ **Château** – *04 75 04 81 44 - chateaux.ladrome.fr - juil.-août : 10h-18h; avr.-juin et sept.-oct. : 10h-12h30, 14h-18h; reste de l'année : tlj sf mar. 10h-12h30, 14h-18h - fermé 1er janv., 25 déc. - possibilité de visite guidée - 5 € (-26 ans 3 €).*

Le château organise des manifestations tout au long de l'année : balades en partenariat avec l'université du vin (1 sam./mois de mars à juin), fête de la Nature (mai), déjeuner sur l'herbe (août).

Dominant le vieux bourg et la vallée du Lez, cette puissante forteresse médiévale (14e s.) se dresse au cœur d'une garenne (forêt réservée) de 23 ha. Avant d'entrer, remarquez le **jeu de paume** (16e s.), l'un des rares conservés en France. Le château a été réaménagé à la Renaissance, comme en témoignent les façades de la **cour d'honneur★** et l'escalier monumental à double révolution qui donne accès au 1er étage.

Siège de l'**université du vin** depuis 1978, le château abrite une exposition permanente sur le patrimoine viti-vinicole. La visite commence toutefois par l'histoire de l'édifice, ouvrage défensif transformé en château de plaisance à partir du 16e s. Au gré des salles qui présentent toutes un intérêt historique et architectural, le parcours sur le vin privilégie une approche pluridisciplinaire et chronologique. On découvre les usages du breuvage à travers l'histoire et la sociologie de sa consommation. L'implantation de la vigne en Gaule, qui doit tant aux Romains, est notamment illustrée par la maquette de la villa du Molard (2e s.), à Donzère, considérée comme la plus grande exploitation viti-vinicole connue du monde méditerranéen antique, et par les objets provenant des fouilles. Sont également décrits les différents terroirs de la Drôme, le travail de la vigne, de la culture du raisin à la vinification, mais aussi le petit patrimoine lié au vin, visible dans le paysage d'aujourd'hui (coopératives, cabanons, murets, etc.). Que l'ivresse ne vous empêche pas d'observer le remarquable décor de **gypseries★** (18e s.) de la salle à manger, ni le décor du cabinet octogonal (17e s.) qui occupe une des tours d'angle, d'où se déploie une **vue★** sur le mont Ventoux, la montagne de Lance et les Préalpes.

La dernière salle, dans laquelle on peut s'exercer à reconnaître les arômes du vin grâce à un orgue des senteurs, présente les activités de l'université du vin, qui propose notamment des formations continues et des stages d'œnologie. *(☏ 04 75 97 21 30 - www.universite-du-vin.com - programme des stages et journées, sur demande préalable - fermé j. fériés).*

Prenez la D 117 vers le nord.

Montségur-sur-Lauzon B3

Devant la mairie de Montségur-sur-Lauzon, empruntez la rue à gauche, tournez ensuite à droite, puis prenez un chemin en montée vers le sommet de la butte qui porte le vieux village.

Un lacis de sentiers permet de parcourir le vieux village et de découvrir l'ancienne chapelle romane du château. Du chemin de ronde, beau **panorama** sur le Tricastin, les Baronnies et le mont Ventoux.

Prenez la D 71 à l'ouest, puis la D 481.

★ Clansayes A3

Laissez la voiture sur l'esplanade et gagnez l'extrémité du promontoire qui porte une statue monumentale de la Vierge.

De là, la **vue★★** s'étend sur les pitons du Tricastin, découpés par l'érosion ; les arrachements du tuf forment un étonnant mélange de coloris. Sur le rebord des pentes gisent, en équilibre instable, d'énormes blocs de grès. Le panorama sur la vallée prend, avec le recul, une magnifique ampleur ; le regard s'accroche, à droite, à la silhouette de La Garde-Adhémar. Au loin s'étale la plaine de Pierrelatte dont on distingue les installations industrielles. En face se profilent les contreforts du Bas-Vivarais et la dent de Rez.

Revenez sur la D 71.
Bucolique, telle est la D 71, bordée de champs de lavande, avec ses bosquets de chênes truffiers et ses rideaux de cyprès, tout tremblants de lumière.

Chamaret B2

Un beau **beffroi** perché sur un rocher domine toute la région environnante. Depuis les ruines, vue étendue sur le Tricastin.
Retour à Grignan par la D 71.

NOS ADRESSES À GRIGNAN

HÉBERGEMENT

À Grignan

POUR SE FAIRE PLAISIR

Hôtel Sévigné – *1 pl. Castellane - ☎ 04 75 46 50 97 - www.hotel-sevigne-grignan.com - P - 17 ch. 95/150 € - ☕ 12 €.* Un établissement familial qui propose de jolies chambres à la décoration personnalisée, avec mobilier chiné. Ensemble bien tenu.

Chambre d'hôte Côté Patio – *4 r. du Grand-Faubourg - ☎ 04 75 53 23 26 - www.cote-patio-grignan.com - fermé oct.-avr. - 2 ch. 95/130 € ☕.* Bien placée au cœur du village, cette belle maison s'organise autour d'une cour intérieure où il fait bon prendre son temps et son (délicieux) petit-déjeuner. Les chambres, dont une suite avec balcon, sont joliment décorées. Accueil charmant des propriétaires.

La Bastide – *Rte de Montélimar - ☎ 04 75 90 67 09 - www.labastidedegrignan.com - P - 🏊 - 16 ch. 117/131 € - ☕ 12 € - rest. fermé dim. soir et lun., menus 26/40 €.* Envie de dormir dans la nature ? Cette demeure, à l'écart du centre, abrite d'agréables chambres, en particulier celles du rez-de-chaussée qui donnent sur la pelouse et la piscine. Le restaurant **La Table des délices** mérite le détour, même si vous ne logez pas sur place : le chef concocte une goûteuse cuisine régionale, dans un esprit gastronomique. Belle carte des vins et grande terrasse.

À proximité

BUDGET MOYEN

Chambre d'hôte Le Gîte du Val des Nymphes – *Domaine de Magne - 26700 La Garde-Adhémar - ☎ 04 75 04 44 54 - www.valdesnymphes.com - P - 🚭 - 🏊 - 3 ch. 60/65 € ☕ - 3 gîtes 300/600 €/sem. - table d'hôte 22 €.* Au milieu des pêchers et des chênes truffiers, cette maison de pays à 1 km de la chapelle du Val-des-Nymphes est un délice. Dans son domaine de 30 ha, vous retrouverez la joie des bonheurs simples : de modestes mais coquettes chambres au décor provençal (de plain-pied sur jardin) et des produits fermiers… Excellent accueil. Une adresse où l'on se sent bien.

POUR SE FAIRE PLAISIR

Logis de l'Escalin – *26700 La Garde-Adhémar (1 km au nord de La Garde-Adhémar par la D 572) - ☎ 04 75 04 41 32 - www.lescalin.com - fermé vac. de la Toussaint et vac. de fév. - P - ♿ - 14 ch. 80/105 € - ☕ 14 € - rest. fermé dim. soir et lun. sf juin-août - formules déj. 29/40 €, menus 42/72 €.* Avec ses chambres joliment colorées, sa délicieuse terrasse d'été dressée sous les platanes et ses salles à manger réchauffées par une cheminée en hiver, cette ancienne ferme ne manquera pas de vous séduire.

RESTAURATION

À Grignan

POUR SE FAIRE PLAISIR

Le Poème de Grignan – *1 r. St-Louis - ✆ 04 75 91 10 90 - www.lepoemedegrignan.com - fermé 1 sem. en mars, 1 sem. en nov., mar. soir, merc. - menus 32/45 €.* Restaurant de poche au décor provençal, situé dans une rue piétonne du vieux Grignan. Cuisine du marché et de saison, à consonance méridionale.

À proximité

BUDGET MOYEN

L'Absinthe – *26700 La Garde-Adhémar - ✆ 04 75 04 44 38 - fermé le soir lun.-jeu. hors sais. - plats 11-20 € à la carte.* Restaurant labellisé « Bistrot de pays », situé sur une place du village. Jazz en fond sonore pour accompagner (dans une salle décorée à l'ancienne ou sur la terrasse) ravioles, caillettes ou purée de cèpes. Une adresse appréciable.

Le Souline – *11 pl. du Marché - 26130 St-Paul-Trois-Châteaux - fermé sam. midi, dim. soir et lun. - ✆ 04 69 26 64 20 - www.lesouline.com - formules déj. 13/15,50 €, le soir tapas à la carte 20 €.* Une agréable terrasse sur une des jolies petites places du village. Ce bar à vins propose des spécialités de tapas recherchées et, pour le déjeuner, des plats du jour ou de copieuses salades. Bon accueil.

POUR SE FAIRE PLAISIR

Le Tisonnier – *26700 La Garde-Adhémar, au centre du village - ✆ 04 75 04 44 03 - ouv. hors saison vend.-dim., Pâques-juin de mar. midi à dim. midi, juil.-août tlj, fermé dern. sem. d'août - 27/39 €.* Une affaire de famille menée de main de maître par des femmes souriantes et efficaces. La cuisine est simple mais pleine de saveurs, sur une base de produits frais. Place de choix réservée aux poissons. Salle au décor hétéroclite et terrasse dans une ruelle, ombragée grâce à la vigne grimpante. Une belle adresse.

ACHATS

Galerie L'Astrée – *7 Grande-Rue - 26230 Grignan- ✆ 06 63 15 79 30 - mireillefavergeon.blogspot.fr - 10h30-13h, 16h-19h ou sur RV.* Dans l'atelier-galerie de la céramiste Mireille Favergeon, le céladon est à l'honneur, la légèreté et la délicatesse aussi. Pièces uniques et magnifiques.

Caves cathédrales du Mas Théo – *2620 rte du Belvédère, 26130 St-Restitut - ✆ 04 75 46 04 59 - www.mas-theo.fr - lun.-sam. 10h-12h, 14h-19h, le dim. en juil.-août 14h30-18h30.* Ces anciennes carrières de pierre, aux conditions d'hygrométrie et de température idéales, servent désormais d'écrin aux vins du mas Théo. Cette exploitation en biodynamie élève des vins généreux et audacieux sur l'AOP grignan-les-adhémar.

Domaine Bonetto Fabrol – *Quartier Les Hauts de Jaffagnards - 26700 La Garde-Adhémar (en allant vers St-Paul-Trois-Châteaux) - ✆ 04 75 52 14 38 - domainebonettofabrol@orange.fr - merc.-jeu. 17h-19h, vend.-sam. 10h30-19h (été mar.-sam. 10h30-19h).* Petit domaine qui travaille remarquablement bien, en agriculture bio. Vins généreux et gourmands.

Domaine de Grangeneuve – *26230 Roussas - ✆ 04 75 98 50 22 - www.domainedegrangeneuve.fr - 9h-12h30, 14h-19h, week-end 10h-12h30, 14h30-19h - [illegible].* Vins typés appréciés par de grands chefs. En vedette, la Cuvée de la Truffière et la Cuvée Vieilles

3

Vignes. Dégustation-vente dans un caveau à l'ancienne.

Picodon Cavet – *Quartier Graveyron (1,5 km de Dieulefit sur la D 540 dir. Montélimar) - ✆ 04 75 91 82 00 - www.picodon-cavet.fr - tlj sf dim. 9h-17h (19h juil.-août), sam. 9h-12h - ♿ - visite de l'atelier mar. et jeu. à partir de 14h - 3 € (1,50 € enf.).* La maison Cavet fabrique ce fromage de chèvre suivant des méthodes proches de la recette née au 14e s. : picodon AOC (au manteau blanc), picodon Dieulefit (au manteau bleu) ; autres produits du terroir.

AGENDA

Marchés nocturnes costumés – *Mi-juil.-mi-août env., vend. soir.* On croise marquises, courtisans et paysans en costume du 17e s. dans un grand marché de produits du terroir et d'artisanat.

Les truffes du Tricastin.
H. Krinitz/hemis.fr

Valréas

9 425 Valréassiens – Vaucluse (84)

Un morceau de Vaucluse enclavé dans la Drôme ?! Outre une anomalie géographique, Valréas est une petite cité vivante et commerçante, enroulée autour de sa jolie vieille ville. Sa prospérité reposait au 19e s. sur la technique de façonnage du carton, aujourd'hui supplantée par la vigne et la truffe. Restent un musée du Cartonnage, unique en France, et des collines tapissées de ceps et de chênes.

NOS ADRESSES PAGE 255
Hébergement, restauration, achats, activités, etc.

S'INFORMER

Office du tourisme de Valréas et de l'enclave des Papes – *Av. du Mar.-Leclerc - 84600 Valréas - ✆ 04 90 35 04 71 - www.ot-valreas.fr - 12 juil.-23 août : 9h-12h30, 14h30-18h30, dim. et j. fériés 9h-12h30 ; 1er-11 juil. et 24-31 août : tlj sf dim. 9h-12h30, 14h30-18h30 ; mars-juin et sept.-oct. : tlj sf dim. et j. fériés 9h15-12h15, 14h-18h ; reste de l'année : tlj sf dim. et j. fériés 9h15-12h15, 14h-17h, sam. 9h15-12h15.*

SE REPÉRER

Carte de microrégion B2 (p. 226-227).

Bien qu'en pleine Drôme, Valréas (10 km à l'est de Grignan par la D 941) est rattachée au département du Vaucluse. Aux environs, Grillon, Richerenches et Visan ont subi le même sort.

ORGANISER SON TEMPS

Comptez 2h pour visiter Valréas et une demi-journée pour le circuit de l'enclave des Papes. L'hiver, la star est la truffe, en particulier à Richerenches, où se tient l'un des plus importants marchés truffiers de France.

3

Se promener Plan de ville

La **tour de Tivoli** est le dernier vestige des remparts, qui ont aujourd'hui cédé la place à une ceinture de boulevards ombragés de platanes. Les ruelles de la vieille cité abritent d'anciennes demeures comme l'**hôtel d'Aultane** *(36 Grande-Rue)*, avec sa porte surmontée d'armoiries, l'**hôtel d'Inguimbert** *(à l'angle de la rue de l'Échelle)*, avec ses fenêtres à meneaux.

Château de Simiane (hôtel de ville) 2

Pl. Aristide-Briand - ✆ 04 90 35 04 71 - www.ot-valreas.fr - 5 juil.-16 août : 10h-19h ; 1er juin-4 juil. et 17 août-30 sept. : tlj sf lun.-mar. 10h-12h, 15h-19h, w.-end 10h-19h - fermé j. fériés - possibilité de visite guidée (30mn) - 3 € visite commentée avec audioguide (à réserver à l'office de tourisme).

La demeure du marquis de Simiane, époux de Pauline de Grignan, petite-fille de Mme de Sévigné, se distingue par une majestueuse façade Renaissance donnant sur la place Aristide-Briand.

Au 1er étage, dans la bibliothèque décorée de boiseries du 17e s., sont exposés bulles papales, parchemins, incunables. Dans la salle du 2e étage, remarquable charpente.

Sur la place Pie, le portail sud de l'**église N.-D.-de-Nazareth** offre un bel exemple d'architecture romane provençale.

LE PETIT SAINT-JEAN

C'est une tradition vieille de cinq siècles : la nuit du 23 juin, un garçonnet de trois à cinq ans est couronné Petit Saint-Jean. Symbolisant saint Martin des Ormeaux, protecteur de la cité, vêtu d'une peau de mouton, il parcourt les rues de la ville sur une litière, à la lueur des torches, et bénit la foule sur son parcours. Un cortège de 400 personnages costumés le suit dans une ambiance colorée et enthousiaste. Pendant un an, Valréas est placée sous la sauvegarde de l'élu.

Musée du Cartonnage et de l'Imprimerie 2

3 av. du Mar.-Foch - ✆ 04 90 35 58 75 - www.vaucluse.fr - avr.-oct. : 10h-12h, 15h-18h, dim. 15h-18h ; reste de l'année : 10h-12h, 14h-17h, dim. 14h-17h - fermé j. fériés (sf 14 Juil., 15 août) et mar. - 3,50 € (-18 ans 1,50 €).

Nous avons tous eu entre les mains des boîtes en carton. Mais saviez-vous que sans Valréas nous en serions peut-être privés ?

Voilà une excellente occasion de combler cette lacune en visitant ce musée consacré au cartonnage, cette technique consistant à façonner le carton, qui enrichit Valréas dès le 19e s. Des boîtes de médicaments les plus utilisés aux coffrets des parfumeurs particulèrement prisés, il y a de grandes chances pour que les ateliers de Valréas aient été mis à contribution…

De la découpe du carton au façonnage en atelier, en passant par les travaux des imprimeurs, vous saurez tout sur cette industrie qui a marqué l'histoire de la ville. Panneaux explicatifs, documentaire jonglant entre passé et présent, exposition de vieilles machines, commentaires sur les techniques de fabrication et témoignages touchants d'anciens ouvriers nostalgiques constituent le fonds de ce petit musée qui entretient l'histoire d'un succès industriel.

Aujourd'hui, une seule entreprise subsiste, employant 140 personnes à Valréas.

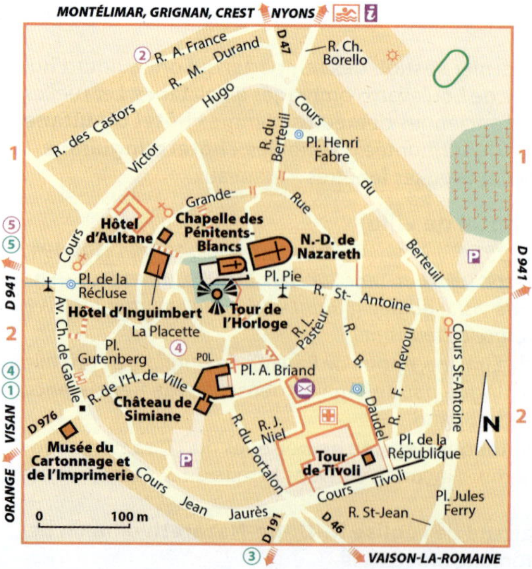

VALRÉAS

SE LOGER

Domaine de Château Vert (Chambre d'hôte)........ ①
Domaine des Grands Devers .... ③
Mas des Sources (Chambre d'hôte Le)........ ④
Mas du Sillot (Hôtel Le)........ ⑤

SE RESTAURER

Coquelicot (Le)........ ②
Délice de Provence (Au)........ ④
Escapade (L')........ ⑤

L'Hôtel de ville de Valréas.
F. Guiziou / hemis.fr

Chapelle des Pénitents-Blancs 1
Pl. Pie - ✆ 04 90 35 04 71 - avr.-sept. : se rens. à l'office de tourisme - possibilité de visite guidée sur demande (30mn) - gratuit 1er dim. d'août - 3 € visite audioguidée.
Toujours sur la place Pie, une belle grille en fer forgé s'ouvre sur l'allée menant à la chapelle des Pénitents-Blancs, construite au 17e s. Dans le chœur, stalles sculptées et beau plafond à caissons.
La tour du château Ripert ou **tour de l'Horloge** domine le jardin ; de la terrasse, belle vue sur la montagne de la Lance et les Préalpes.

3

Circuit conseillé Carte de microrégion

L'ENCLAVE DES PAPES

22 km. Circuit tracé sur la carte de microrégion (p. 226-227). Comptez environ 2h, sur des routes bordées de vignes et de chênes truffiers.
Quittez Valréas par la D 941, vers l'ouest, direction Grillon (5 km).

Grillon B2
Entouré de vignes, ce paisible village offre deux visages : en bas, la place de la Bourgade, son clocher néogothique, ses platanes et son café ; en haut, le cœur

DES PAPES ET DES BULLES
En 1317, afin d'agrandir leur fief du Comtat Venaissin où ils se sont réfugiés, les **papes d'Avignon** achètent Valréas, puis Richerenches, Grillon et Visan. Séparé du Comtat par une étroite bande de terre, le territoire forme une bulle pontificale dans le royaume de France. À la Révolution, cette enclave est rattachée à la France. Habituées à dépendre d'Avignon, les quatre cités deviennent vauclusiennes… alors que leur géographie les situe dans la Drôme, une curiosité administrative unique en France !

CAVEURS ET RABASSIERS

Ce sont les noms que l'on donne à ces passionnés que l'on rencontre sous les chênes, les jours d'hiver, armés d'une binette et accompagnés d'un chien – qui a supplanté la truie de jadis. Ils sont en quête de la fameuse « mélano », ou *Tuber melanosporum*, autrement dit la truffe noire. Vous pourrez les voir rencontrer chefs et courtiers, sur les marchés rabassiers du Vaucluse, selon un rituel précis et passablement mystérieux pour le profane : conciliabules à voix basse, pesée discrète effectuée sur une balance romaine, paiement en espèces… Vu de l'extérieur, le milieu très fermé des truffiers n'est pas loin d'évoquer une société secrète !

médiéval (le « Vialle »), son beffroi au campanile en fer forgé et ses murailles restaurées, mixant pierres anciennes et matériaux modernes.

Quittez Grillon par le sud et suivez la D 20 sur 4 km.

Richerenches B3

Fondée au 12e s., cette **commanderie de templiers** a été bâtie sur un plan rectangulaire. Elle a conservé son enceinte flanquée de quatre tours d'angle rondes. On y pénètre par le beffroi *(départ du cheminement signalétique qui relate l'historique des lieux)*, tour rectangulaire à mâchicoulis et porte cloutée. À gauche de l'église, imposants vestiges du temple.

Quittez Richerenches par le sud-est et suivez la D 120.

Visan B3

Ce gros village enroule ses ruelles bordées d'hôtels particuliers autour des ruines d'un château médiéval (le « Marot »). Juchées sur une colline, ses grottes servent chaque année à enfermer 10 000 magnums de vin rouge de Visan.

Dressée dans un vallon à l'écart du village *(direction de Vaison-la-Romaine)*, abritée des lotissements modernes par une haie champêtre, la **chapelle N.-D.-des-Vignes** (B3) abrite un chœur du 13e s. Statue de la Vierge en bois polychrome vénérée le 8 septembre lors d'un pèlerinage. Boiseries du 15e s. dans la nef.

Par la D 976, regagnez Valréas.

NOS ADRESSES À VALRÉAS

HÉBERGEMENT

À proximité

PREMIER PRIX

Hôtel Le Mas du Sillot – *Les Plans - 84600 Grillon - ✆ 04 90 28 14 00 - www.lemasdusillot.com - ♿ - P - 🚭 - 18 ch. 58 € ☕.* Entourée par les vignes, au milieu de l'enclave des Papes, cette ancienne bergerie bénéficie de la protection d'une haie de thuyas, véritable rempart contre le vent. Les chambres sont un peu exiguës, mais très bien tenues. Une adresse d'une grande simplicité, à un prix vraiment bas pour la région.

BUDGET MOYEN

Chambre d'hôte Domaine des Grands Devers – *Rte de St-Maurice par la Montagne (accès par un petit panneau depuis la route qui mène à Visan, ou alors continuez la petite route qui longe l'entrée à Intermarché, puis prenez à droite, suivant l'indication) - ✆ 04 90 35 15 98 - www.grandsdevers.com - 4 ch. 65 € ☕ - repas (les lun., merc. et vend.) 22 €.* Posé au milieu des vignes, un ancien mas provençal accueille ceux qui aiment associer tourisme et vin. Les quatre frères propriétaires, originaires de Beaune, sont viticulteurs, tendance agriculture raisonnée. Reconnaissance nationale pour les vins du domaine, justifiée par une qualité constante. Chambres correctes, assez spacieuses mais sans décoration particulière. Accueil réservé.

Chambre d'hôte Le Mas des Sources – *Chemin N.-D.-des-Vignes, rte de Vaison-la-Romaine - 84820 Visan - ✆ 06 98 10 13 00 - www.mas-des-sources.com - P - 🚭 - 🏊 - 5 ch. 80 € ☕ - table d'hôte 25 €.* Posée entre les vignes et un verger, cette ferme restaurée vous propose ses chambres (dont une familiale et une suite) soignées et garnies de quelques meubles chinés. Table d'hôte près du magnifique tilleul à la belle saison. Week-ends à thèmes célébrant les spécialités locales : le vin et la truffe.

Chambre d'hôte Domaine de Château Vert – *1351 chemin de Château-Vert - 84820 Visan - ✆ 04 90 41 91 21 - www.hebergement-chateau-vert.com - P - 🏊 - 🚭 - 5 ch. 75 € ☕ - table d'hôte sur réserv. 25 €.* Imposante demeure du 18e s. dans une propriété viticole et trufficole. Week-ends truffes de fin déc. à mi-mars, sur réservation.

RESTAURATION

À Valréas

BUDGET MOYEN

Le Coquelicot – *12 av. de Verdun - ✆ 04 90 62 71 66 - restaurantcoquelicot.free.fr - fermé dim. soir et lun. - 16,50/26,50 €.* Ce restaurant, anciennement La Gare, propose une cuisine simple mais bien troussée, autour de produits de saison. Pas de fausse note, l'ensemble est d'un très bon rapport qualité-prix, et le service prévenant. Une halte agréable, à défaut d'être inoubliable. Menu en saison.

Au Délice de Provence – *6 la Placette - ✆ 04 90 28 16 91 - www.audelicedeprovence.com - fermé mar. et merc. - menus 25/46 €.* Les murs d'une ancienne synagogue accueillent cette grande salle à manger, où savourer une appétissante cuisine locale au goût du jour. Une adresse historique fiable qui mériterait toutefois à se réinventer…

À proximité

POUR SE FAIRE PLAISIR

L'Escapade – *Av. de la Rabasse - 84600 Richerenches - ✆ 04 90 28 01 46 - www.alescapade.com - dîner tlj, déj. vend.-sam. -* 🅿 *-* ♿ *- menus 29/42 €.* Ambiance bistrot d'antan à l'intérieur et grande terrasse à l'extérieur de ce restaurant qui est aussi le QG des trufficulteurs. Le jeune chef concocte de généreuses recettes traditionnelles : terrine de campagne, jarret de bœuf au vin rouge et… menu truffé en saison !

PETITE PAUSE

Au Pain d'Antan – *76 cours du Berteuil - 84600 Valréas - ✆ 04 90 28 15 76 - tlj sf merc. 6h-13h, 15h-19h30.* Excellente boulangerie, comme en témoigne la queue permanente. Pains, sandwichs et pâtisseries : tout est savoureux.

BOIRE UN VERRE

Café de La Paix – *26 r. de l'Hôtel-de-Ville - 84600 Valréas - ✆ 04 90 28 14 32.* Ce café vaut surtout pour son magnifique plafond Art nouveau, le seul du Vaucluse.

ACHATS

Marché – Marché traditionnel le mercredi matin.

Marchés aux truffes – *Cours du Mistral - 84600 Richerenches - ✆ 04 90 28 05 34 - www.richerenches.fr.* Richerenches est la capitale de la truffe et a reçu à ce titre l'appellation de « Site remarquable du goût », au point qu'une messe rassemblant la Confrérie du Diamant noir a lieu chaque 3e dimanche de janvier. L'obole des paroissiens ? Des truffes fraîches. Pour s'en procurer, cap sur le marché de Richerenches le samedi *(nov.-mars)*. Celui de Valréas est réservé aux professionnels : leurs transactions sont tellement discrètes que l'on n'y voit pas les truffes.

Fromages de chèvre – *Chemin des Étangs - C. et V. Charransol - 84600 Valréas - ✆ 04 90 35 58 25 - 17h-20h - fermé dim.* Pour acheter directement au producteur, bien sûr, mais aussi visiter la ferme *(traite à 18h)*.

Cave des coteaux de Visan – *84820 Visan - ✆ 04 90 28 50 80 - www.coteaux-de-visan.fr - 9h-12h, 14h-18h30 (19h juil.-août).* Dégustation et achat du visan villages (AOC côtes-du-rhône) ; caveau rénové en 2009.

ACTIVITÉS

Randonnée pédestre et vélo – *L'office de tourisme diffuse une brochure gratuite avec des circuits à Valréas, Grillon, Richerenches et Visan ; circuit des Bornes papales (11,8 km), au fil des pierres gravées qui délimitaient au 14e s. le territoire de l'enclave.*

Nyons

★

6 791 Nyonsais – Drôme (26)

« Nyons me paraît être le paradis terrestre. » En expert des cieux provençaux, Giono ne se trompe pas. Nyons est un véritable paradis, et pas seulement pour les oliviers. Bâtie au débouché de la vallée de l'Eygues, dans la plaine du Tricastin, la cité protégée par son cirque de montagnes jouit du chaud soleil d'été et d'hivers empreints de douceur. Nul doute que derrière les façades colorées du vieux Nyons, la quiétude des lieux vous retiendra plusieurs jours…

NOS ADRESSES PAGE 260
Hébergement, restauration, achats, activités, etc.

S'INFORMER

Office du tourisme du pays de Nyons – *Pl. de la Libération - 26110 Nyons - ✆ 04 75 26 10 35 - www.paysdenyons.com - juil.-août : 9h-12h30, 14h30-19h, jeu. 9h-19h, dim. et j. fériés 10h-13h, 15h-17h ; juin et sept. : 9h30-12h, 14h30-18h, dim. et j. fériés 10h-13h ; reste de l'année : tlj sf dim. et j. fériés 9h30-12h, 14h30-18h - brochures pour découvrir Nyons et ses alentours.*

SE REPÉRER

Carte de microrégion B3 (p. 226-227).

On atteint cette pointe avancée de la Provence, en venant de Vaison-la-Romaine (à 16 km), par la D 538. Après avoir traversé l'Eygues, prendre l'avenue Draye-de-Meyne jusqu'à la place de la Libération, puis, sur la droite, la place du Dr-Bourdongle.

À NE PAS MANQUER

Le vieux Nyons ; la découverte de la planète huile d'olive en visitant un moulin, le musée de l'Olivier et… en dégustant l'or vert de Provence !

ORGANISER SON TEMPS

Puisque l'on est dans l'un de ces hauts lieux du bon vivre provençal, prévoyez une petite visite au marché traditionnel du jeudi matin. Autre option : le marché provençal du dimanche matin, de mi-mai à mi-septembre.

AVEC LES ENFANTS

Avis aux petits gourmets : la visite au moulin est très souvent suivie d'une dégustation (ça vaut pour les grands aussi).

Découvrir Plan de ville

LES OLIVES DE NYONS

Vieux moulins

4 prom. de la Digue - ✆ 04 75 26 11 00 - avr.-oct. : 10h-12h, 14h30-18h ; reste de l'année : 10h30-12h, 14h30-17h - 4 € (enfant 3 €) - possibilité de visite guidée (30mn) juin-sept. : jeu. et sam. 11h.

Dans ces moulins des 18e et 19e s., l'huile fut fabriquée selon les procédés traditionnels jusqu'en 1952. C'était donc le cadre idéal pour évoquer l'histoire de l'oléiculture locale. On visite également une ancienne savonnerie.

AU MARCHÉ

Au 2e s., Nyons se nommait *Noimagos*, une contraction de *Novio Magos* qui signifiait « nouveau marché ». Si vous le cherchez aujourd'hui, il a lieu tous les jeudis…

Musée de l'Olivier

Place Olivier-de-Serres, entrée par la coopérative du Nyonsais - ✆ 04 75 27 41 08 - www.guideweb.com/musee/olivier - ♿ - 9h-12h, 14h30-17h30 - fermé 1er janv., 25 déc. - possibilité de visite guidée sur demande (45mn) - gratuit.

Un petit musée assez richement doté qui présente le monde de l'olive dans la région. Vous y verrez de vieux pressoirs, des cuves de décantation, des tamis de calibrage et des outils de cueillette, et vous aurez une idée un peu plus précise de l'importance de l'olive dans la sphère économique régionale.

Moulin Ramade

7 imp. du Moulin - ✆ 04 75 26 08 18 - www.moulinramade.com - avr.-sept. : 9h-12h, 14h-18h30, sam. 9h30-12h, 14h-18h30 ; reste de l'année : 9h-12h, 14h-18h, sam. 9h30-12h, 14h-17h30 - fermé dim. (sf 1er de fév.) et j. fériés - possibilité de visite guidée sur demande (20mn) - gratuit.

La première salle contient les meules et les presses utilisées pour la fabrication de l'huile d'olive. La seconde sert à l'affinage et au stockage.

Se promener Plan de ville

★ Le vieux Nyons

Circuit tracé en vert sur le plan ci-dessous.

Pour découvrir ce vieux quartier, bâti sur une colline, partez de la **place du Dr-Bourdongle**, entourée d'arcades. Par la rue de la Résistance, puis, à gauche, celle de la Mairie, gagnez la **rue des Petits-Forts**, étroite venelle dont les maisons basses datent du début du 14e s. Au bout, sur une place, la **tour Randonne** du 13e s. abrite la minuscule chapelle N.-D.-de-Bon-Secours. Prenez à gauche la rue de la Chapelle pour rejoindre la **rue des Grands-Forts★**, longue

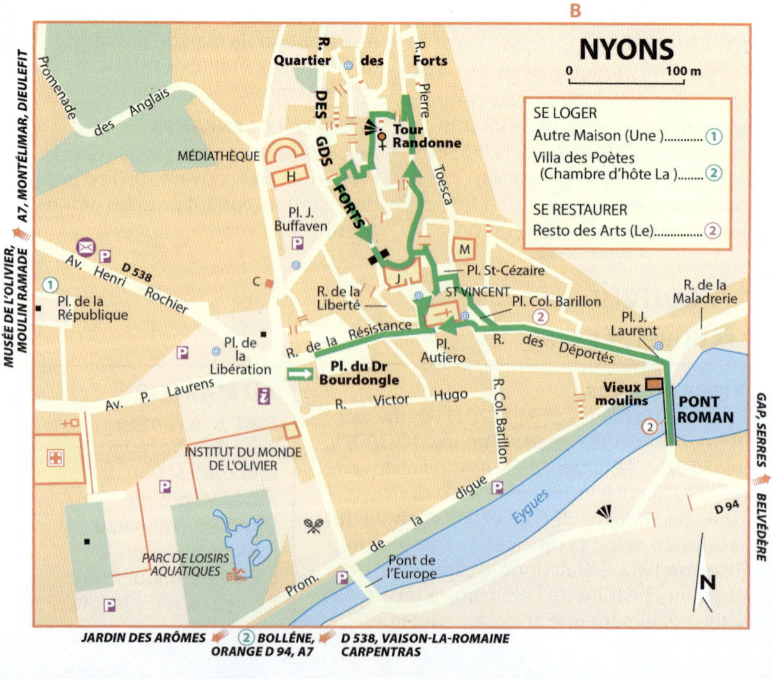

La tour Randonne du 13e s., transformée en chapelle N.-D.-de-Bon-Secours au 19e s.
A. Le Bot / Photononstop

galerie couverte dont les murs épais sont percés de fenêtres. Franchissant la haute porte voûtée, vestige du château féodal, tournez à gauche dans le Maupas, rue à degrés qui ramène rue de la Mairie.
Par les places St-Cézaire et du Col.-Barillon, puis la rue des Déportés, on rejoint les rives de l'Eygues et le **pont roman★** (Vieux Pont), pont en dos d'âne des 13e et 14e s. Son arche, de 40 m d'ouverture, est une des plus hardies du Midi.
Revenez sur vos pas et rejoignez la promenade de la Digue pour accéder au **Jardin des arômes.** Dans cet agréable jardin botanique (collection de plantes aromatiques, médicinales et à parfum) se mêlent les effluves.

Belvédère

Franchissez le Nouveau Pont, prenez à gauche la D 94, laissez le Vieux Pont sur la gauche ; passez sous le tunnel et tournez à droite. Du piton rocheux (banc), **vue** sur le vieux Nyons dominé par la montagne d'Angèle (alt. 1 606 m) ; la vallée de l'Eygues, encaissée à droite, contraste avec le large bassin, à gauche, où se déploie la ville nouvelle.

NYONSAIS

René Barjavel (1911-1985), connu pour ses ouvrages, dont *Ravage*, où science-fiction et fantastique expriment l'angoisse ressentie devant une technologie que l'homme ne maîtrise plus, revient aux valeurs pastorales du « bon vieux temps » dans *La Charrette bleue*. L'écrivain, qui passa toute son enfance à Nyons dans la boulangerie paternelle, fait revivre cette période dans ce récit autobiographique.

NOS ADRESSES À NYONS

HÉBERGEMENT

À Nyons

BUDGET MOYEN

Chambre d'hôte La Villa des Poètes – *Rte d'Orange, à quelques minutes du centre - ☏ 04 75 26 18 71 - www.lavilladespoetes.com - P - piscine - 4 ch. 60/70 € petit-déj.* Au calme, au sommet d'une colline qui offre une vue imprenable sur le vignoble, les oliviers et… le mont Ventoux, un havre de paix pour profiter des charmes de la région.

POUR SE FAIRE PLAISIR

Une Autre Maison – *Pl. de la République - ☏ 04 75 26 43 09 - www.uneautremaison.com - fermé de mi déc. à mi janv. - piscine - ♿ - 10 ch. 100/165 € - petit-déj. 15 € - formule déj. en sem. 20 €, menu 45 €.* Cette « autre maison » allie le charme du 19e s. au confort contemporain. Chambres aux ravissants décors personnalisés, jardin délicieux et piscine. Cuisine actuelle de saison servie dans un intérieur plein de cachet ou en terrasse. Espace bien-être (bains bouillonnants et massages).

RESTAURATION

À Nyons

BUDGET MOYEN

Le Resto des Arts – *13 r. des Déportés - ☏ 04 75 26 31 49 - lerestodesarts.free.fr - fermé merc. et dim. soir sf été. - formule soir 20 € (plat et dessert) - plats carte 15-25 €.* Dans la rue qui regroupe la plupart des restaurants de Nyons, un établissement sympathique qui mise sur une cuisine créative (pas toujours totalement maîtrisée) mettant en valeur des produits régionaux (miel, rasteau, olives). Salle aux murs blancs égayée de tableaux. Service souriant.

À proximité

POUR SE FAIRE PLAISIR

La Charrette Bleue – *26110 Condorcet (à 7 km au nord-est de Nyons sur la D 94, route de Gap) - ☏ 04 75 27 72 33 - www.lacharettebleue.net - fermé de mi-déc. à fin janv., merc. tte l'année, dim. soir oct.-mars, mar. sept.-juin - P - formule déj. 18,50/24,50 € - menus 28,50/44,50 €.* Impossible de manquer cet ancien relais de poste (18e s.) en pierres calcaires avec sa charrette bleue posée sur le toit ! Joli cadre rustique et cuisine régionale bien troussée. Carte des vins intéressante.

ACHATS

Les olives (en particulier la variété noire de Nyons, dite « tanche ») et l'huile font la réputation de la ville. Nyons est aussi un des marchés français de la truffe. Enfin, on y distille la lavande et autres plantes aromatiques.

Marchés – Marché traditionnel jeu. matin. Marché provençal dim. matin de mi-mai à mi-septembre.

Coopérative du Nyonsais-Vignolies – *Pl. Olivier-de-Serres - ☏ 04 75 26 95 00 - www.vignolis.fr - juil.-août : 9h-12h30, 14h-19h, jeu.-sam. 9h-19h, dim. et j. fériés 10h-12h30, 14h30-18h ; avr.-juin et sept. : 9h-12h30, 14h-19h, j. fériés 10h-12h30, 14h30-18h ; reste de l'année : 9h-12h15, 14h-18h30, dim. et j. fériés 10h-12h30, 14h30-18h - fermé 1er janv., 1er Mai, 25 déc.* Un supermarché du produit régional idéal pour les emplettes (vins de pays, côtes-du-rhône, huiles d'olive et produits dérivés, miel, jus d'abricot et plantes aromatiques). Au bout du magasin, passage vers le monde de l'olive à travers un musée qui lui est consacré.

Moulin Dozol Autrand – *Prom. de la Digue - le Pont-Roman - ✆ 04 75 26 02 52 - www.moulin-dozol.com - de mi-mai à mi-sept. : 9h-12h30, 14h-18h30, jeu.-sam. 9h-18h30, dim. 10h-12h30 ; reste de l'année : tlj sf dim. 9h-12h, 14h-18h - fermé de mi- à fin oct.* Nouvelles normes obligent, les vieilles meules de ce moulin bâti en 1750 ont tourné pour la dernière fois en 1998. Il est désormais transformé en boutique, où vous trouverez bien sûr leur huile d'olive AOP Nyons, mais aussi savons, tapenades, miels, aromates et autres produits régionaux. En déc.-janv., pleine période de fabrication, vidéo-visite du nouveau moulin.

Distillerie Bleu-Provence – *Prom. de la Digue - ✆ 04 75 26 10 42 - www.distillerie-bleu-provence.com - ♿ - mai-oct. : 9h30-12h30, 14h30-19h ; reste de l'année : 9h30-12h30, 14h30-18h - fermé janv., 25-26 déc.* Construite en 1939, cette distillerie de plantes aromatiques et à parfum vous propose toute l'année une découverte de la distillation et des huiles essentielles. De mai à sept. visite guidée *(5,50 €)* qui évoque le cheminement jusqu'à l'obtention de l'huile essentielle. De juil. à sept., il est possible d'assister aux distillations. Boutique et salon de thé. Ateliers enf. et parfumerie pour les adultes durant l'été.

La Scourtinerie – *36 r. de la Maladrerie - ✆ 04 75 26 33 52 - www.scourtinerie.com - magasin : mai-août : tlj sf dim. 9h30-12h, 14h30-19h ; reste de l'année : 9h30-12h, 14h30-18h30 ; atelier : juil.-août tlj sf dim. 9h30-12h, 14h30-18h ; reste de l'année : tlj sf dim. 9h-12h, 14h30-17h30.* Fondée en 1882, cette entreprise familiale est la seule à fabriquer le scourtin (du provençal escourtin), sorte de panier plat en fibre de coco servant à l'extraction de l'huile contenue dans les olives après broyage. Aujourd'hui, cette maison réputée confectionne également des tapis et propose de l'artisanat provençal (et indien !).

Distillerie artisanale Bleu-Provence, à Nyons.
J.-D. Sudres / hemis.fr

Buis-les-Baronnies

★

2 251 Buxois – Drôme (26)

Parties de pétanque, anisettes en terrasse, cigales… Buis et toutes les Baronnies, c'est le charme du Midi authentique avec le mont Ventoux comme horizon. Les petites routes serpentent entre oliviers, abricotiers, cerisiers et lavande. Et sous les platanes, sur la digue bordant l'Ouvèze, Buis devient chaque année le « Wall Street de l'infusion » en accueillant le plus grand marché au tilleul d'Europe.

NOS ADRESSES PAGE 267
Hébergement, restauration, achats, activités, etc.

S'INFORMER

Office du tourisme de Buis-les-Baronnies – *14 bd Michel-Eysséric - 26170 Buis-les-Baronnies - ✆ 04 75 28 04 59 - www.buislesbaronnies.com - avr.-oct. : 9h-12h, 14h30-18h30, j. fériés 10h-12h30 ; reste de l'année : 9h-12h, 14h-17h30 - fermé 1er janv., 25 déc.*

SE REPÉRER

Carte de microrégion C3 (p. 226-227).
À la sortie des gorges d'Ubrieux, Buis groupe ses maisons à l'écart de la vallée du Rhône, juste ce qu'il faut pour échapper à l'agitation des hommes et du mistral tout en restant facile d'accès. L'A 7 est à 60 km à l'ouest.

ORGANISER SON TEMPS

Entre le 10 juin et le 10 juillet, selon l'altitude, la cueillette familiale du tilleul offre un joli spectacle avec les grandes échelles dressées dans les arbres.

Se promener

La ville serait née à l'ombre d'un grand buis, voisin d'une source. Peut-être est-ce à ces temps lointains que remonte l'origine de sa passion arboricole… Car à Buis-les-Baronnies, on aime les arbres. La confrérie des Chevaliers du Tilleul, comme celle des Chevaliers de l'Olivier, s'attache farouchement, et avec humour, à sauvegarder ces essences merveilleuses.

★ VIEILLE VILLE

Circuit au départ de l'allée des Platanes.

Esplanade

Rien de plus typiquement provençal que ce long cours ombragé de platanes, surtout le mercredi matin quand le **marché** déploie ses étals aux couleurs parfumées. En face du cours, sur la rive gauche, se dresse le **rocher St-Julien** (767 m), piton calcaire et site d'escalade réputé.

Passez sous la porte Ste-Euphémie et laissez à votre gauche la place du Marché.

Rue de la Conche

Étroite et commerçante, elle conserve de bien belles portes.

Tournez à gauche dans la rue de la Commune.

Couvent des Dominicains

Aujourd'hui, il est dévolu à des vacanciers qui ont la chance de pouvoir y admirer à loisir l'escalier et le cloître.

Le village de Buis-les-Baronnies.
L. Decoudin/MICHELIN

À gauche du couvent, franchissez la grille et empruntez le passage voûté appelé « rue de la Cour-du-Roi-Dauphin ».

Église N.-D.-de-Nazareth

Les boiseries du chœur et stalles méritent un coup d'œil.
Longez le flanc gauche de l'église.

Couvent des Ursulines

Seul subsiste le portail Renaissance finement sculpté de la chapelle. Il abrite un centre culturel et la bibliothèque (dont l'entrée se trouve rue de Beauvoisin).
Prenez la rue du Paty jusqu'au Jardin des senteurs, à l'arrière de la Maison des plantes aromatiques.

Maison des plantes aromatiques

Bd Michel-Eysséric - ✆ 04 75 28 04 59 - www.maisondesplantes.com - ♿ - juil.-août : 9h-12h, 15h-19h, dim. et j. fériés 10h-12h30, 14h30-18h ; mai-juin et sept. : 9h-12h, 14h30-18h, dim. et j. fériés 10h-12h30 ; reste de l'année : tlj sf dim. et j. fériés 9h-12h, 14h-17h30 - fermé 1er janv., 1er et 8 Mai, 25 déc. - possibilité de visite guidée sur demande - 3 € (-12 ans 1 €).

Au sein de l'office de tourisme, la Maison des plantes abrite des expositions et organise animations et séminaires. Ici vos sens seront mis en éveil : orgue à parfums, table à épices, roue à saveurs, herbier. Le premier étage dresse un panorama des plantes qui ont marqué les paysages des Baronnies et servi de locomotive économique et touristique. Parmi celles-ci, le tilleul, menacé par les importations d'Europe de l'Est et de Chine et dont le prix de vente au kilo baisse fortement. C'est pour éviter que l'activité ne périclite que le passage en label (IGP), comme pour l'essence de lavande fine et l'huile d'olive de Nyons (AOC), a été décidé, valorisant l'implantation géographique et la qualité supérieure du produit. Le rez-de-chaussée présente un tableau plus général sur les rapports entre hommes, plantes et insectes à travers le monde. En sortant, on accède à un **Jardin des senteurs** rocailleux, qui abrite une étonnante collection de plantes aromatiques et médicinales.

Prenez la Grand-Rue, puis traversez la place aux Herbes et suivez à droite la rue N.-D.-la-Brune.

Place du Marché

Les arcades de pierre (15e s.) créent de chaque côté une sorte de halle couverte.
Prenez au fond à droite de la place pour retourner vers l'esplanade.
De l'esplanade, vous pourrez rejoindre la promenade de la Digue qui longe l'Ouvèze sur la rive droite où se dresse la **tour de Saffre** (12e s.), principal vestige de l'ancienne enceinte.

À proximité Carte de microrégion

La Roche-sur-le-Buis C3

3 km à l'est par la D 159.
Vous remontez la charmante **vallée du Menon** au milieu des tilleuls et des oliviers. La petite chapelle abrite le **musée Layraud**, qui raconte la vie d'autrefois. *04 75 28 79 26 - www.buislesbaronnies.com - visite guidée sur demande préalable - gratuit.*
Le **cimetière** qui jouxte le musée est assez étonnant : des arbres et des plantes aromatiques (basilic, figuier, arbouse, etc.) ont été plantés entre les tombes, le transformant en jardin des senteurs.
12 km – comptez 3h AR. Un intéressant circuit de Buis à La Roche a été aménagé et fléché. Il est décrit dans un livret vendu par l'office du tourisme de Buis (*voir les coordonnées p. 262*).

Pierrelongue C3

7 km au sud par la D 5.
Dominant le village, apparition incongrue dans ce paysage, l'**église N.-D.-de-la-Consolation** est le rêve d'un curé, Jules Joseph Pascaly, qui, à la fin du 19e s., en plein anticléricalisme, s'obstina à construire une chapelle, de dimensions assez modestes (15 m sur 5 m), sur un piton rocheux *(Montée Pascaly - 04 75 27 23 46 - www.club.quomodo.com/pierrelongue - visite guidée sur demande préalable (40mn) de mi-juin à mi-sept. : tlj sf dim. 14h-18h ; avr.-mai : w.-end 14h-18h - fermé merc.-jeu. - 2,50 €.)*. Les rampes d'accès qui ceinturent la roche ressemblent à des viaducs de chemin de fer.

Mollans-sur-Ouvèze C3

9 km au sud par la D 5.
Porte des Baronnies, cette petite ville joua longtemps le rôle de ville frontière. La chapelle **N.-D.-de-la-Compassion** est joliment située au-dessus de l'Ouvèze. De là, promenez-vous à travers les ruelles jusqu'à l'église et au gros **donjon** carré, seul vestige du château. Remarquez le beau **lavoir** à six arcades (18e s.) devant lequel une fontaine est surmontée d'un dauphin, symbole du passage entre l'ancienne Provence et le Dauphiné.
Du côté de la haute ville, le pont qui enjambe l'Ouvèze est dominé par le **beffroi**, édifié sur une ancienne tour ronde de l'enceinte.

Circuits conseillés Carte de microrégion

★ LES BARONNIES DE BUIS Carte ci-dessus

Circuit de 91,5 km tracé sur la carte ci-dessus et sur la carte de microrégion (p. 226-227). Comptez une demi-journée.
Entre le **Diois** au nord et la **montagne de Lure** au sud-est, ces hautes collines et ces vallées s'étirent langoureusement au soleil, tantôt aromatiques et fruitées, tantôt ravinées par les torrents qui les attaquent et vont grossir

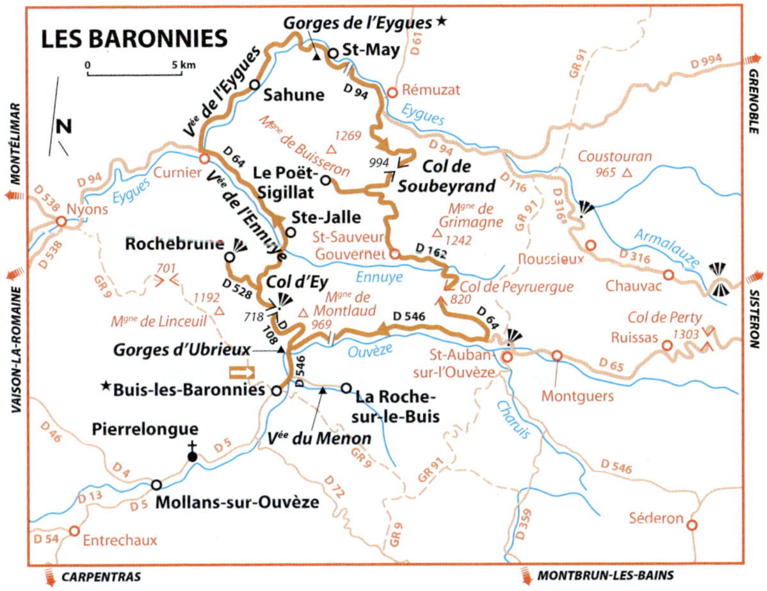

l'Eygues ou l'Ouvèze. Creusant les roches tendres, ces rivières ont dessiné de longs défilés, et les villages en ont profité pour se percher au flanc des barres rocheuses. Terre d'élection des plantes médicinales et de la lavande, des oliviers et des fruitiers, les Baronnies sont le royaume du **tilleul**. En rêvant sous ses frondaisons, on se dit que les révolutionnaires avaient raison d'en planter : c'est bien l'arbre de la liberté. Quant aux oliviers, ils inspirèrent Jean Giono lorsqu'il écrivit dans *Obliques* : « Après le rude hiver de 1956, on vit apparaître le squelette des oliviers. Jusque-là, ils avaient été grecs de la belle époque ; brusquement, ils s'étaient dépaysés […], ils couvraient désormais les collines de diagrammes rituels. »

Quittez Buis-les-Baronnies par la D 546 au nord-est.

Vous suivez alors jusqu'à Ste-Jalle la Route de l'olivier (*p. 26*).

La route longe l'Ouvèze et traverse les **gorges d'Ubrieux**.

Prenez à gauche la D 108.

Odorante campagne ! Oliviers, pins et genêts s'accrochent aux pentes et boivent le soleil. En montant au col d'Ey, belles vues sur la vallée de l'Ouvèze, Buis-les-Baronnies, St-Julien et le mont Ventoux.

Col d'Ey

Alt. 718 m. Des montagnes encadrent le col : celle de Montlaud à droite, celle de Linceuil à gauche. Vue sur la montagne de Buisseron et la vallée de l'Ennuye, morcelée de champs.

Prenez à gauche la D 528 vers Rochebrune.

Rochebrune

Les maisons anciennes s'étendent sur un éperon émergeant de collines arides : c'est l'occasion d'une halte pleine de fraîcheur. L'unique rue mène à une tour, vestige d'un château fort (13e s.), et à l'église (12e et 15e s.). Belle **vue** sur la vallée de l'Ennuye.

Revenez sur la D 108 que vous prenez à gauche.

PARC NATUREL RÉGIONAL DES BARONNIES PROVENÇALES

Ce parc s'étend sur 220 000 ha, de Nyons à l'ouest à Serres à l'est, à cheval sur les départements de la Drôme et des Hautes-Alpes. Les paysages d'altitude – 700 à 1 200 m en moyenne –, couverts à 70 % par la forêt et la lande, se conjuguent heureusement avec la main de l'homme, terrasses en pierres sèches, villages perchés et agriculture tournée vers l'élevage, l'arboriculture et les plantes aromatiques. Autant de richesses mises en valeur par le développement d'activités économiques (filière bois-énergie), la promotion des spécialités et des produits locaux, et l'accueil touristique. Pour toucher du doigt les merveilles du pays, promeneurs et sportifs disposent de circuits de randonnée thématiques (vie rurale et pastorale, faune aquatique, toponymie du Rosanais, etc.) et de sites d'escalade renommés. Les six villes-portes sont Dieulefit, Grignan, Sisteron, Vaison-la-Romaine, Valréas et Veynes ; les bureaux du parc se trouvent à Sahune.

www.baronnies-provencales.fr - 04 75 26 79 05

Ste-Jalle

La **vieille ville★** a conservé une partie de ses remparts et deux portes fortifiées. Au **château** d'allure massive avec son gros donjon carré (12e-13e s.) ont été accolés une tour ronde percée de fenêtres Renaissance et un corps de logis (17e-18e s.) qui ressemble plutôt à une maison bourgeoise.

L'**église romane** est dédiée à sainte Jalle, jeune vierge qui délivra son village des Barbares au 4e ou 5e s. L'équilibre des volumes du chevet et de ses absidioles est rompu par un clocher trop grand, qui remplaça celui d'origine, et par les contreforts qu'il fallut ajouter. Le portail est sculpté d'une scène insolite : sur le tympan, un coq fait face à trois classes sociales (le paysan tient un coq et un bâton de pâtre, le seigneur porte un faucon, le troubadour joue de la viole).

La D 64 suit la verdoyante **vallée de l'Ennuye**.

Après Curnier, prenez à droite la D 94.

Vous retrouvez la Route de l'olivier jusqu'au Poët-Sigillat. La route remonte l'harmonieuse **vallée de l'Eygues** entre pêchers, cerisiers, oliviers et vignes.

Sahune

Ce bourg a donné son nom à une race de moutons. Sur la rive gauche, remarquez les vestiges du vieux village.

La route s'enfonce dans les **gorges de l'Eygues★** : sur les hautes parois rocheuses, notez à quel point les strates sont régulières. Sur la gauche dévale une cascade.

St-May

Autrefois, aucune voie ne passait au fond du défilé et les villages occupaient les hauteurs. Après St-May, des corniches calcaires aux couleurs chaudes encadrent l'Eygues.

Prenez à droite la D 162.

Au milieu des cultures et des vergers, belles échappées sur la vallée de l'Eygues. Vous franchissez le **col de Soubeyrand** (alt. 994 m) dans une pinède.

Prenez à droite la D 568.

Le Poët-Sigillat

Cet ancien village médiéval fortifié, dont les remparts sont encore visibles, est l'un des quatre « poët » (promontoires) de la Drôme. Il conserve son église romane.

La campagne autour de Buis-les-Baronnies, avec en fond le mont Ventoux.
L. Decoudin/MICHELIN

Reprenez la D 568 jusqu'à la D 162 et tournez à droite vers St-Sauveur-Gouvernet.
À la descente, la vue s'étend sur le massif du Ventoux. Remarquez sur la gauche la longue échine rocheuse de la montagne de Grimagne.
Après St-Sauveur-Gouvernet, poursuivez sur la D 64 en direction de St-Auban-sur-l'Ouvèze (Montbrun-les-Bains p. 269) que vous apercevrez en face de vous au moment de prendre, à droite, la D 546 qui ramène à Buis-les-Baronnies.
La D 546 franchit les pittoresques **gorges d'Ubrieux**.

3

HAUTE VALLÉE DU TOULOURENC Carte de microrégion

Circuit de 80 km. Comptez environ 2h30. Voir Montbrun-les-Bains p. 269.

NOS ADRESSES À BUIS-LES-BARONNIES

HÉBERGEMENT

PREMIER PRIX

Camping Les Éphélides – *Quartier Tuves (1,4 km du centre, au sud-ouest par l'av. de Rieuchaud) - 04 75 28 10 15 - www.ephelides.com - ouv. de mi-mai à déb. sept. - P - - - 39 empl. 22,60 € pour 2, 12 chalets et mobil-homes à partir de 360 €/sem.* Les chaleureux propriétaires de ce camping niché au creux de la vallée de l'Ouvèze ont recréé une ambiance « village » en bordure de rivière.

BUDGET MOYEN

Hôtel Les Arcades-Le Lion d'Or – *Pl. du Marché - 04 75 28 11 31 - www.hotelarcades.fr - fermé déc.-fév. - - 12 ch. 75/87 € - 10 €.* L'entrée de l'hôtel se fait sous les belles arcades (15e s.) de la place centrale. Chambres rénovées, personnalisées dans des tons chauds et climatisées. Le charmant jardin intérieur vaut le coup d'œil. Piscine et spa.

Chambre d'hôte L'Ancienne Cure – *2 r. du Paroir - 04 75 28 22 08 - www.ancienne-cure.com - fermé généralement* *mi-nov.-mi-déc. et 3 sem. en janv.* - P - ⊠ - *4 ch. 80/99 €* ☕. Cette demeure du 16e s., autrefois propriété de l'évêché de Valence, affiche une décoration des plus raffinées, à l'extérieur comme à l'intérieur. La cour ombragée d'un tilleul et son Jacuzzi participent au charme des lieux et vous invitent à une totale relaxation.

RESTAURATION

BUDGET MOYEN

Le Grill du Four à Pain – *24 av. Boissy-d'Anglas (rte de Nyons) - ✆ 04 75 28 10 34 - www.legrilldufourapain.fr - fermé mar. (sf en été) - formule déj. en sem. 16 €, menus 24/42 €.* Un petit restaurant familial qui propose une bonne cuisine méridionale (cassolette de Saint-Jacques flambées au pastis, souris d'agneau braisée à l'ail). Terrasse ombragée à l'arrière. Bon accueil.

ACHATS

Bernard Laget – *Pl. aux Herbes - ✆ 04 75 28 16 42 - www.bernardlaget.com - 10h-12h30, 14h30-19h, fermé mar. hors sais., dim. en juil.-août.* Vous trouverez dans cette boutique plantes aromatiques, huiles essentielles, infusions, épices, cosmétiques naturels, etc.

EN SOIRÉE

À proximité

Le Canard en Bois – *Le village - 26510 Montréal-les-Sources (5 km à l'est de Sahure par la D 205) - ✆ 04 75 27 42 04 - lecanardenbois.over-blog.com - horaires : se rens. - 12 € (-12 ans 8 €).* Dans un cadre sylvestre, ce cabaret dédie sa scène à la découverte de nouveaux talents de la chanson française, du théâtre et de la musique acoustique. À l'issue des représentations, le patron fait couler le vin à flots et la discussion s'engage avec les artistes.

ACTIVITÉS

Escalade

Buis-les-Baronnies est un haut lieu de l'escalade en France, de renommée internationale. Le rocher St-Julien ainsi que les gorges d'Ubrieux disposent de nombreuses voies équipées.

Randonnées et VTT

Circuits pédestres et VTT au dép. de Buis. Possibilité de randonnées accompagnées. Guides et topoguides en vente à l'office de tourisme.

Montbrun-les-Bains

★

415 Montbrunois – Drôme (26)

De la Provence, ce village qui compte parmi les plus beaux de France n'a gardé que le meilleur : autour de ses hautes maisons flottent des parfums ensoleillés de lavande et d'aromates, spécialités locales. Mais ici, ni mistral ni canicule. Entre Lure et Ventoux, le village médiéval est bien à l'abri, dans un havre de verdure qui contraste avec les paysages arides de la région.

NOS ADRESSES PAGE 271
Hébergement, restauration, achats, activités, etc.

S'INFORMER

Office du tourisme de Montbrun – *L'Autin - 26570 Montbrun-les-Bains - ✆ 04 75 28 82 49 - www.montbrunlesbainsofficedutourisme.fr - juil.-août : 9h30-13h, 13h30-18h30, dim. 10h-12h, 14h-18h, j. fériés 10h-12h ; reste de l'année : tlj sf dim. et j. fériés 9h-12h, 13h30-17h30.*

Routes de la lavande – *Voir p. 26.*

SE REPÉRER

Carte de microrégion C3 (p. 226-227).

Montbrun est bâti sur les contreforts du Ventoux, au sortir des gorges du Toulourenc. Sault n'est qu'à 12 km au sud par la D 942.

3

Se promener

Place du Beffroi

Le beffroi, ou **tour de l'Horloge** (14e s.), haute tour crénelée, était l'une des quatre portes fortifiées de la ville. De la terrasse qui la précède, **vue** étendue sur la vallée de l'Anary, le village perché de Reilhannette et la silhouette blanche du Ventoux.

Église

✆ 04 75 28 82 49 - visite guidée sur demande préalable mar. apr.-midi - 3,50 €.

Avec un extérieur si sobre, comment soupçonnerait-on la richesse de l'intérieur ? Admirez la luxuriante décoration du 17e s., l'éclat des couleurs et des dorures rajeunies par une restauration, les murs plaqués de panneaux de bois traités en faux marbre rose et gris, et le superbe **retable★**, œuvre de la célèbre famille d'artisans des Bernus.

Château

Ce qu'il en reste, les ruines et les quatre tours rondes, permet de se représenter l'énorme taille de cette forteresse qui pouvait loger à leur aise 200 hommes et leurs chevaux. Élevé au 14e s., démantelé puis reconstruit en 1564, il possède une belle porte d'entrée Renaissance.

UNE FORTE TÊTE

En 1530 naît au château **Charles Dupuy-Montbrun**. Intrépide et cruel, gagné au calvinisme, il en devient l'un des chefs les plus connus, d'abord sous les ordres du redoutable baron des Adrets. Sa vie n'est qu'une suite de combats entrecoupés de trêves. En 1564, au moment de la paix d'Amboise, il rentre chez lui et retrouve son château démantelé par les catholiques. Il le fait aussitôt reconstruire. Après le massacre de la St-Barthélemy (1572), les guerres de Religion reprennent de plus belle. Sillonnant les Baronnies, le seigneur de Montbrun y impose sa loi et massacre les catholiques. Finalement capturé, il est condamné par la cour de justice de Grenoble et décapité le 13 août 1575.

Circuit conseillé Carte de microrégion

HAUTE VALLÉE DU TOULOURENC

Circuit de 80 km tracé sur la carte de microrégion (p. 226-227). Comptez environ 2h30. Quittez Montbrun pour rejoindre la D 159.
La route traverse une fertile vallée pleine de vergers.

★ Gorges du Toulourenc C3

Entre les montagnes de l'Ubac et du Buc, le Toulourenc a taillé des gorges profondes où il bondit de roche en roche, formant un bel escalier d'eau. Au débouché des gorges apparaît la majestueuse silhouette du château d'Aulan.
Prenez à gauche la D 359.

Aulan C3

Château – *1 pl. du Château - ✆ 04 75 28 80 00 - visite guidée (1h) juil.-août : 10h-12h, 14h-18h30, dim. 14h-18h30 ; reste de l'année : 15h - fermé nov.-mars - 6,50 € (-16 ans 2,50 €) - billet donnant accès à la visite de l'église du village et de l'intérieur de la demeure familiale des Suarez-d'Aulan.*
Déjà au 12e s., un château défendait ici le territoire des Mévouillon, mais ses bâtiments ont été détruits. Les Suarez d'Aulan le remontèrent complètement au 19e s., avec son corps de logis flanqué d'un puissant donjon et d'une tour ronde. À l'intérieur, beau mobilier ainsi que très nombreux portraits et souvenirs de la famille Suarez d'Aulan : proustien en diable ! Belle Adoration des Mages peinte par Léonard Bramer (école flamande du 17e s.).
Église – Bien que remaniée, elle conserve son abside du 12e s. À l'intérieur, autel baroque (18e s.).
Continuez sur la D 359, puis prenez à gauche la D 546.
Après Aulan, la route traverse un paysage rude et sec où les champs de lavande épousent les courbes de niveau.

EAUX DE JOUVENCE

Déjà exploitées par les Romains, les **sources sulfureuses** de Montbrun sont excellentes pour le traitement des rhumatismes, pour les cures ORL ou pour se remettre en forme. Montbrun fut une station thermale réputée du 16e s. à la Première Guerre mondiale. Son activité a repris en 1987 *(Nos adresses).*

St-Auban-sur-l'Ouvèze C3

Ce vieux village fortifié, bâti sur un promontoire rocheux, s'est spécialisé dans les plantes médicinales (tilleul, sauge, camomille) et aromatiques. Montez à la **place Péquin** : fascinante vue sur la faille du rocher du Rang en forme de V, la montagne de la Clavelière et les fermes disséminées alentour.

Tout près, le **serre de Rioms** invite à randonner au cœur d'une châtaigneraie.

Revenez sur la D 65, prenez à droite vers le col de Perty.

En passant à **Montguers**, jetez un œil sur la charmante chapelle isolée sur le plateau. Après les hameaux de Ruissas et de la Combe aux maisons massives, la route s'élève en lacet au milieu d'un paysage sauvage, avec des **vues** merveilleuses sur l'ensemble des Baronnies.

★ Col de Perty D3

10mn AR. Un sentier à droite mène à la table d'orientation.

Alt. 1 302 m. Beau **panorama** sur le bassin de la Durance et les Alpes du Sud à l'est, la vallée de l'Ouvèze et le massif du Ventoux à l'ouest, et par temps clair sur les Cévennes et le mont Lozère.

La descente vers Laborel suit le **vallon du Céans**.

Tournez à droite à Laborel et prenez la D 170.

Montée vers le **col St-Jean** avec, en perspective, à l'ouest la montagne d'Herc et à l'est celle de Chabre.

Prenez à droite la D 542.

Passé **Séderon**, paisible bourg à l'allure montagnarde dominé par la montagne de Bergiès (1 367 m), vous arrivez au **col de Macuègne** (alt. 1 068 m), puis revenez à Montbrun par le vallon de l'Anary, hérissé de pitons.

NOS ADRESSES À MONTBRUN-LES-BAINS

ACTIVITÉS

Établissement thermal Valvital – *Rte de Ferrassières - 26570 Montbrun-les-Bains - 04 75 28 80 75 - www.valvital.fr - fermé de mi-nov. à mi-mars.* Reconstruits en 1987, les thermes de Montbrun sont spécialisés dans le traitement des voies respiratoires et la rhumatologie. Centre de remise en forme et espace détente (piscine thermale, hammam, sauna, terrasse panoramique avec Jacuzzi).

Crest

8 008 Crestois – Drôme (26)

Une impression de rude puissance se dégage de l'imposant donjon qui domine la ville et la plaine de Valence. Avec ses 52 m de haut, il est le plus haut de France ! Il a donné du fil à retordre à ses assaillants, mais également à ses prisonniers qui tentaient de s'échapper et dont les cordes se révélaient toujours trop courtes. Il n'est pourtant qu'un vestige, certes majestueux, d'une grande place forte qui compta jusqu'à trois châteaux avant d'être démantelée en 1633 sur ordre de Louis XIII.

NOS ADRESSES PAGE 277
Hébergement, restauration, achats, activités, etc.

S'INFORMER

Office de tourisme – *Pl. du Gén.-de-Gaulle - 26400 Crest - ✆ 04 75 25 11 38 - www.crest-tourisme.com - juil.-août : 10h-13h, 14h-18h ; mai-juin et sept.-oct. : 10h-12h, 14h-18h, sam. 9h-12h30, 14h-17h ; reste de l'année : tlj sf lun. et jeu. 10h-12h, 14h-17h - fermé dim., 1er janv., 1er Mai, 11 Nov., 25 déc. - sert aussi de relais d'information du Parc naturel régional du Vercors.*

SE REPÉRER

Carte de microrégion B1 (p. 226-227).

À 28 km au sud-est de Valence, cette ancienne porte fortifiée des Préalpes drômoises ouvre la route de Die.

À NE PAS MANQUER

La vue sur Crest *(prononcez crè)* et ses environs depuis le haut du donjon ; la route des Préalpes drômoises.

AVEC LES ENFANTS

Le donjon de Crest ; les nombreuses espèces d'oiseaux à Upie ; l'aquarium tropical du Val-de-Drôme et la gare des Ramières à Allex.

Se promener

Montée au donjon

L'accès à pied se fait par les ruelles et les escaliers situés à proximité de l'église St-Sauveur. Possibilité d'aller en voiture jusqu'au parking au pied de la tour : longez la Drôme par le quai de Verdun et tournez à gauche dans la rue de la Calade.
Au fur et à mesure de votre ascension, vous découvrirez de belles vues sur les vieux toits de Crest et le « casque » en ardoise qui couronne la croisée du transept de l'église St-Sauveur.

★ Donjon

Chemin du Donjon - ✆ 04 75 25 32 53 - www.mairie-crest.fr/-La-Tour - mai-sept. : 10h-19h ; vac. de fév., vac. de Pâques, de déb. oct. aux vac. de la Toussaint et vac. de Noël : tlj sf mar. 14h-18h - fermé 1er janv., 11 Nov., 25 déc. - possibilité de visite guidée (1h30) - 6,50 € (-13 ans 3,30 €) - 20 € billet famille (2 adultes + 2 enf.).

Le donjon de Crest, élevé sur une crête de rochers, est constitué de trois tours d'époques différentes (11e-15e s.) réunies par un solide mur-bouclier ou « manteau ». Le mur nord, le plus haut, atteint presque 52 m. Après les guerres de Religion, la citadelle fut amputée sur ordre de Louis XIII et servit de prison où furent successivement détenus des protestants, des prisonniers de guerre pendant la Révolution et 600 républicains hostiles au coup d'État de Louis Napoléon Bonaparte. À l'intérieur, le **tympan** (16e s.) de l'ancienne porte de l'église St-Sauveur offre une représentation unique, sans doute un peu idéalisée, du château avant sa destruction.

Crest, la tour et la ville.
L. Montico/hemis.fr

Un escalier imposant, en bois massif, dessert les différents niveaux occupés par des salles aux murs très épais, à peine éclairées par de petites ouvertures. Dans ces cachots étaient enfermés par dizaines des prisonniers dans des conditions d'hygiène déplorables, couchant sur la paille et dans le froid. Remarquez les lourdes portes à guichets et les nombreux graffitis de prisonniers sur les murs. Tout en haut de l'édifice, vous atteindrez une terrasse dont le sol, constitué de grandes dalles soigneusement appareillées, s'incline vers une rigole centrale. L'eau de pluie ainsi récupérée alimentait la citerne que l'on peut voir en bas du donjon. Cette terrasse fut couverte au 15e s. par une toiture soutenue par de puissantes arcades et d'énormes poutres. Vous pouvez encore monter pour atteindre la terrasse supérieure découverte (184 marches) d'où vous aurez un superbe **panorama★** sur, au nord-est, la montagne de Glandasse et les contreforts du Vercors, au sud, la chaîne de Roche-Courbe avec les Trois Becs, puis Roche-Colombe et, à l'ouest, l'horizon tourmenté des serres vivaroises qui s'élèvent jusqu'au Gerbier-de-Jonc et au Mézenc, visibles par temps très clair. Dans les salles, des maquettes et des panneaux racontent l'évolution du château et de la ville de Crest, la vie des prisonniers, la vie au Moyen Âge…

En descendant du donjon, poursuivez sur le chemin de corniche qui contourne le chevet de l'ancienne église des Cordeliers.

En contrebas, à gauche, quelques marches conduisent à un passage voûté : le **portique des Cordeliers**, comportant cinq travées d'ogives, qui débouche sur l'**escalier des Cordeliers**. Avec 124 marches, dont 80 taillées dans le rocher, ce monumental escalier produit un bel effet, surtout vu d'en bas.

Vieilles demeures

Dans la vieille ville subsistent de vastes immeubles élevés par la bourgeoisie crestoise aux 16e et 17e s. : portails à bossages, au n° 11 rue des Cuiretteries, rue des Boucheries, juste avant le passage voûté débouchant sur la rue de l'Hôtel-de-Ville et au n° 2 place du Général-de-Gaulle.

Dans la rue de la République, au n° 10, le portail en plein cintre présente une clé sculptée d'un motif en forme de feuillage ; au n° 14, trois têtes en haut relief ornent la façade.

À proximité Carte de microrégion

Pivoines Rivière

Empruntez la D 93 en direction de Valence, puis prenez à gauche après la voie ferrée. Quartier La Plaine - 26400 Crest - ✆ 04 75 25 44 85 - www.pivoinesriviere.com - ♿ - visite guidée sur demande préalable de mi-avr. à fin mai : 9h-12h, 14h-17h30, dim. 14h-17h30 ; reste de l'année : tlj sf w.-end 8h-12h, 14h-17h30 - fermé juil.-août et vac. de Noël, certains j. fériés - gratuit.

Exploitée depuis 1849 par la famille Rivière, cette pépinière a fait de la pivoine sa production exclusive. 650 espèces arbustives, herbacées ou hybrides sont exposées, mêlant variétés anciennes et créations originales. Un magnifique parterre fleuri de 4 000 m² qu'il convient d'admirer au printemps.

Jardin des oiseaux à Upie B1

11 km au nord. Quittez Crest par la D 538 en direction de Chabeuil, puis, prenez à gauche, la D 142 vers Upie. Quartier Chabeluc - ✆ 04 75 84 18 71 - www.jardin-aux-oiseaux.com - juil.-août : 10h-19h ; mars-juin et sept.-oct. : 10h-18h ; reste de l'année : 13h30-17h30 - fermé 1er janv., 25 déc. - 14 € (-12 ans 12 €) - spectacle de perroquets et de rapaces avr.-sept. : horaires, se rens.

Dans un superbe parc de 6 ha, une agréable promenade permet de découvrir plus de 200 espèces d'oiseaux d'Europe et des tropiques : oiseaux-mouches, grues couronnées, flamants, nandous, pélicans, autruches, calaos, ainsi que de nombreux rapaces et perroquets. Une **serre tropicale** permet d'approcher ces oiseaux exotiques multicolores dans leur cadre naturel reconstitué.

Le parc contribue à la protection et à l'élevage d'espèces menacées. Du printemps à l'automne, spectacles de perroquets, rapaces, cigognes, ibis, pigeons culbutants. Mini-ferme et promenades à poney pour les enfants.

Circuit conseillé Carte de microrégion

★ LES PRÉALPES DRÔMOISES

Circuit de 83 km tracé sur la carte de microrégion (p. 226-227). Comptez environ 3h.

Quittez Crest à l'est par la D 93. À Aouste-sur-Sye, franchissez la Drôme en direction de Saoû.

Après un premier passage étroit, le pas de Lauzens, séparant Roche-Colombe des pentes du Faucon, la route s'élève et débouche en vue d'un **cirque★**, fermé au fond par les **Trois Becs** de Roche-Courbe.

★ Forêt de Saoû B1

Propriété du département de la Drôme, ce site classé est le plus haut synclinal perché d'Europe (pli géologique) : il forme une cuvette de 12 km de long entourée de montagnes qui la protège. À l'extérieur, les falaises sont à pic, tandis que l'intérieur de la cuvette est recouvert d'un abondant manteau forestier (chênes blancs et pins sylvestres sur la rive droite de la Vèbre, hêtres sur la rive gauche). Vous y verrez toutes sortes d'espèces végétales ainsi que des marmottes, des chamois, des chevreuils et avec un peu de chance un aigle. Isolée au cœur de la forêt, l'auberge des Dauphins est une folie (1930) d'un milliardaire alsacien, copiée sur le Petit Trianon de Versailles.

À la sortie du défilé, jolie vue sur le « Roc », isolé à gauche ; à droite se dressent les rochers des Aiguilles.

Saoû B1

Que ce village semble petit devant les grands reliefs qui marquent l'entrée de la forêt de Saoû ! Agréable et dynamique, il est célèbre pour la production du fromage de chèvre local, le **picodon,** classé AOC.

À Saoû, empruntez à gauche la D 538, puis la D 328ᴮ sur la droite.

Le Poët-Célard B2

Une mairie, un temple et un château sont réunis dans ce minuscule village logé au creux d'un virage, qu'une lente résurrection arrache à ses ruines depuis les années 1980.

Continuez sur la D 328, puis la D 310 vers Pont-de-Barret. Traversez le village et prenez la D 128.

Soyans B2

Vous arrivez par une jolie perspective. Du château, brûlé à la Révolution, ne restent que des ruines. Le village médiéval se résume à une rue bordée de maisonnettes et à une ancienne chapelle. Un sentier monte parmi les herbes folles vers la petite église romane et les ruines du château, qu'on ne peut approcher (barrières de sécurité).

Revenez en arrière jusqu'à la D 136, que vous prenez à droite en direction de Puy-St-Martin. De là, par la D 107, gagnez Roynac et son vieux village, puis le col du Devès. Empruntez à gauche la D 105 vers le col de Tartaiguille et Marsanne.

La descente offre de très belles vues sur la vallée et le site de Marsanne.

Marsanne B1

Patrie d'**Émile Loubet**, président de la République de 1899 à 1906 (*voir encadré p. 229)*, le bourg est dominé par les vestiges d'un village féodal sur un éperon rocheux. En haut d'une ancienne porte fortifiée, église romane du prieuré St-Félix. Au nord du village, dans un vallon de la forêt de Marsanne, la **chapelle N.-D. de Fresneau**, édifiée par Pierre Bossan, architecte de Fourvière à Lyon, accueille un pèlerinage depuis le 12ᵉ s. *(8 septembre ou dim. le plus proche).*

Par la D 57, gagnez Mirmande.

Mirmande A1

Laissez la voiture en bas du village. Cet ancien bourg fortifié, dont les vieilles maisons s'étagent joliment à flanc de colline, est réputé pour la beauté de ses **toits★** de tuiles romaines. Au sommet du site se dressent fièrement les restes du château en partie démantelé au 17ᵉ s. et ceux de l'église Ste-Foy (12ᵉ s.). De là, belles vues sur la vallée du Rhône et les monts du Vivarais. Vers 1930, grâce au peintre cubiste **André Lhote** (1885-1962), une colonie d'artistes s'installa à Mirmande. La ville eut également un maire célèbre, le volcanologue **Haroun Tazieff** (1914-1998).

À 2,5 km (D 57) le village de **Cliousclat** accueille plusieurs potiers.

Rejoignez la N 7 que vous prenez vers le nord jusqu'à Livron-sur-Drôme. Dirigez-vous vers Allex par la D 93ᴬ.

Allex B1

Bâti sur une butte calcaire, ce village perché est dominé par une tour, unique vestige d'un château du 11ᵉ s.

Aquarium tropical du Val-de-Drôme – *23 rte de Crest - ✆ 04 75 62 62 11 - www.aquarium-des-tropiques.com - ♿ - juil.-août : 10h-19h ; reste de l'année : 13h30-18h - fermé 1ᵉʳ janv., 25 déc. - 8 € (-13 ans 5,50 €).* Résultat du travail acharné de passionnés depuis 1985, l'exposition présente différentes espèces de cichlidés (poissons tropicaux d'eau douce) venant de Madagascar, des Grands Lacs africains, d'Amérique centrale, d'Amazonie ou d'Asie.

★ Réserve naturelle des Ramières B1

Cette zone de 346 ha, protégée depuis 1987, s'étend sur 10 km le long des berges de la Drôme, entre Crest et Livron. Elle doit son nom aux vastes forêts humides qui la composent. Façonnés par les irrégularités hydrologiques de la rivière, les paysages sont parsemés de bancs de galets, bras morts, vasières et mares propices au développement de nombreuses espèces aquatiques, végétales et animales. La réserve abrite plus de 190 espèces d'oiseaux, de nombreux castors, près de 650 variétés de plantes parmi lesquelles des orchidées.
Pour mieux comprendre la richesse de cet écosystème, la **gare des Ramières**, transformée en « station nature », vous fait découvrir la rivière la Drôme à travers une multitude d'installations ludiques, parmi lesquelles une mare vitrée, un fluviarium ou encore une hutte de castor reconstituée. *Rte de Grâne - ✆ 04 75 41 04 41 - www.lagaredesramieres.com - ♿ - juil.-août : 10h-12h45, 13h30-19h ; vac. de Pâques : 14h-18h ; mai-juin : w.-end et merc. 14h-18h ; de déb. sept. à mi-oct. : dim. 14h-18h - fermé de mi-oct. à mi-avr. - 3,50 € (-8 ans gratuit) - 5,50 € possibilité de visites sur le terrain, accompagné d'un animateur nature (sur réserv.).*
Prolongez le plaisir en partant à la rencontre des libellules, papillons et castors grâce à deux sentiers de découverte : au départ d'Allex, le **sentier du Castor**, une boucle de 3 km balisée en jaune d'environ 1h30 de marche en forêt et en bordure de rivière ; le **sentier « le long de la rivière »**, qui relie Crest à Livron en passant par la gare des Ramières, soit près de 20 km à parcourir à vélo avec un retour possible en train par la ligne régionale Livron-Crest.
Traversez la Drôme par la D 125.

Chabrillan B1

À visiter de préférence en mai-juin. Garez-vous place Pierre-Barnier.
Parmi les « villages botaniques » perchés, Chabrillan se distingue par la recherche et la variété de ses plantations. Au printemps, ne manquez pas les collections de pivoines (à votre point de départ) et d'iris (à l'entrée du village), les massifs mettant en valeur les ruines du château (11e s.), le jardin des remparts, la tonnelle parfumée en contrebas, et les ruelles fleuries recelant quelques lilas à feuilles de persil ou des albizias aux duveteux pompons roses.
Retour à Crest par la D 104.

NOS ADRESSES À CREST

HÉBERGEMENT

BUDGET MOYEN

Hôtel La Saleine – *Croix-de-Romans - ✆ 04 75 57 90 68 - www.la-saleine.com - P - ♒ - ♿ - 20 ch. 84/88 € - ☕ 12 € - menus 16/36 €.* Un style contemporain, un confort certain, des chambres spacieuses, une piscine et un restaurant où l'on sert une cuisine traditionnelle et inventive avec des spécialités locales et de savoureux plats joliment présentés : à coup sûr une adresse à recommander !

Chambre d'hôte Le Clos Peyrambert – *À la sortie de la ville, en prenant la D 538 en direction de Montélimar - ✆ 06 86 58 22 97 - leclospeyrambert@hotmail.fr - P - 1 suite familiale composée de 2 ch. indépendantes 65 € ☕ - table d'hôte 22 €.* Dans sa maison familiale, au calme, Claude Boudeulle reçoit des hôtes qu'elle loge dans des chambres simples et confortables. Le soir, les produits du terroir (pintade, agneau, pêches, cèpes) et les légumes du potager sont à l'honneur. Une adresse idéale pour couples d'amis.

POUR SE FAIRE PLAISIR

Chambre d'hôte Le Clos des Secrets – *10 r. Georges-Bovet - ✆ 04 75 59 25 10 - www.closdessecrets.com - P - ♒ - 5 ch. 95/115 € ☕.* Cette maison drômoise du 19e s., patiemment rénovée avec goût par un couple originaire du pays de Gex, est devenue une adresse de charme en plein centre-ville. Intérieur spacieux et chambres lumineuses, à la décoration sobre et contemporaine. L'une d'entre elles bénéficie d'une grande terrasse. Piscine.

RESTAURATION

BUDGET MOYEN

La Tartine – *10 r. Peysson - ✆ 04 75 25 11 53 - www.latartine.online.fr - tlj midi et soir, sf sam. midi et dim.-lun. - formule déj. 13/16 € - menus 23,50/37 €.* Presque caché au cœur de la vieille ville, ce petit restaurant fait le bonheur des papilles grâce à sa cuisine élaborée avec des produits souvent bio et toujours frais. Et aussi le bonheur des yeux lorsque les artistes locaux exposent leurs tableaux et photographies. Également deux salles à l'étage et un petit patio.

UNE FOLIE

Le Kléber – *6 r. Aristide-Dumont - ✆ 04 75 25 11 69 - www.le-kleber.com - fermé lun. et mar., 2 sem. en janv., 2 sem. en sept. - menus 55/105 €.* Une maison en centre-ville, où l'on sait parler aux palais avertis ! De l'entrée au dessert, le jeune chef étoilé Sébastien Bonnet s'emploie à combler les gourmands dans un cadre contemporain. Par la même maison, une table « bistrot » plus abordable : **Len'K** – *27 r. de la République - ✆ 04 75 25 77 02 - lenk.fr.*

ACHATS

Spécialités – Au nombre des spécialités crestoises comptent la **défarde**, plat mitonné à base de tripes d'agneau, et les **picodons**, petits fromages de chèvre.

LE VALENTINOIS

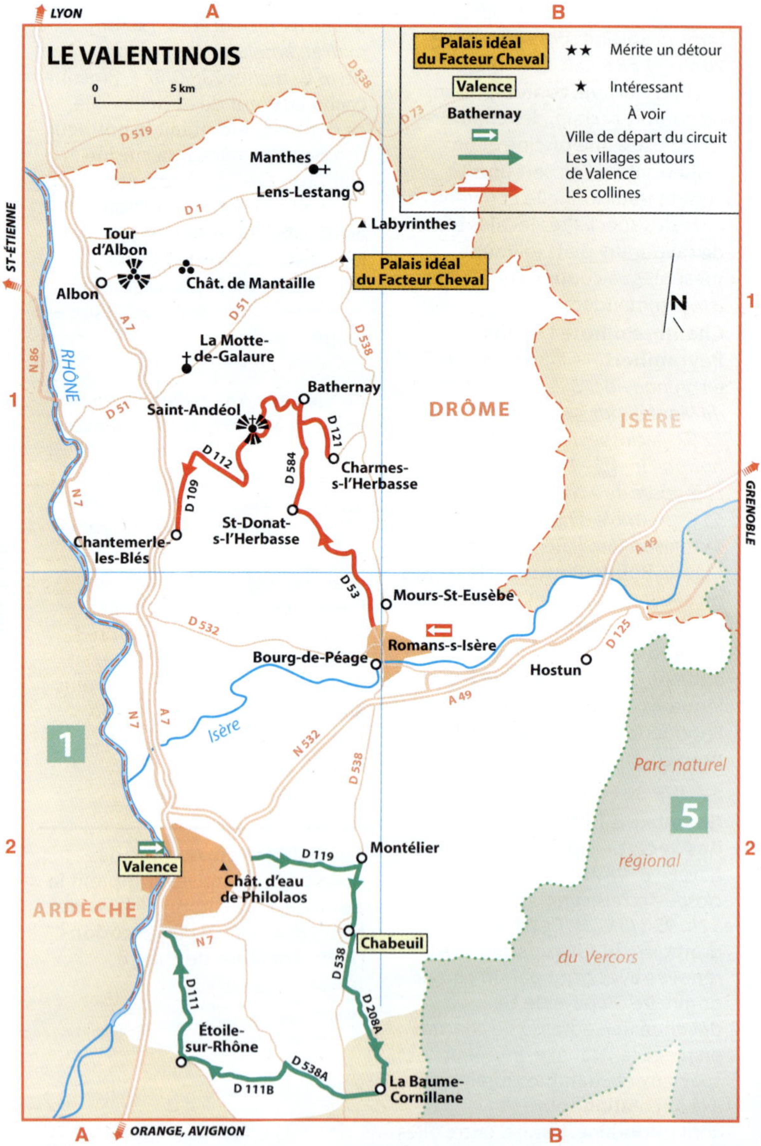

Le Valentinois 4

Carte Michelin Départements 332 et 333 – Drôme (26) et Isère (38)

Valence

★

63 148 Valentinois – Drôme (26)

Valence doit son développement à sa situation sur le Rhône, au débouché des vallées affluentes du Doux, de l'Eyrieux, de l'Isère et de la Drôme, qui délimitent un vaste bassin intérieur où pointe déjà comme un air de Midi. Dominée par sa cathédrale, la cité est bâtie sur un ensemble de terrasses descendant vers le fleuve. Le vieux Valence, entouré de boulevards percés au 19e s. à l'emplacement des anciens remparts, conserve un lacis de ruelles commerçantes et de « côtes » pittoresques, animées en saison par les fêtes de l'été.

NOS ADRESSES PAGE 291
Hébergement, restauration, achats, activités, etc.

S'INFORMER

Office de tourisme – *11 bd Bancel - 26000 Valence - ✆ 04 75 44 90 40 - www.valencetourisme.com - avr.-sept. : 9h30-18h30, dim. et j. fériés 10h-15h ; reste de l'année : tlj sf dim. et j. fériés 9h30-12h30, 13h30-18h - fermé 1er Mai, 31 déc. - visites guidées.*

SE REPÉRER

Carte de microrégion A2 (p. 278).

La ville se situe à 103 km au sud de Lyon. Desservi par l'A 7 et la N 7, ce centre de la moyenne vallée du Rhône est un pôle d'attraction pour les départements de la Drôme et de l'Ardèche.

À NE PAS MANQUER

Le musée de Valence ; les sculptures de la maison des Têtes ; le coucher de soleil de l'esplanade.

AVEC LES ENFANTS

Le parc Jouvet.

Se promener Plan de ville

LA VIEILLE VILLE

Circuit tracé en vert sur le plan ci-contre. Comptez 2h pour la balade (sans la visite du musée). Laissez votre véhicule au parking du Champ-de-Mars et partez du kiosque Peynet.

Kiosque Peynet A2

Les célèbres amoureux peints en 1942 à Valence par l'illustrateur **Raymond Peynet** (1908-1999) aimaient s'installer aux abords de ce kiosque bâti en 1880 au milieu du Champ de Mars.

Champ de Mars A2

Face au Rhône, cette vaste esplanade domine le parc Jouvet où vous pourrez passer un agréable moment. Le belvédère procure une belle **vue★** sur la montagne de Crussol (*Tournon-sur-Rhône p. 93*), réputée tant pour ses levers que ses couchers de soleil.

Empruntez l'escalier en contrebas du belvédère, traversez l'avenue Gambetta et rejoignez, en face, l'étroite rue des Repenties. Juste après une station de bus, prenez à droite la côte St-Estève qui monte à la cathédrale que vous contournez par la gauche.

SE LOGER		SE RESTAURER			
Atrium Hôtel	6	Âne en Ciment (L')	6	Épicerie (L')	7
France (Hôtel de)	1	Clercs (Le Bistrot des)	1	7 (Le)	3
Négociants (Les)	5	Daily Pic	4		
Pra (Maison de la)	7	Ernest	5		

4

Pendentif A2

Ce petit monument funéraire dédié au chanoine Nicolas Mistral a été construit en 1548, sur le mode antique. L'édifice, de proportions harmonieuses, ouvert sur chaque face d'une large baie en plein cintre, tire son nom de la forme de sa voûte, évoquant les pendentifs d'une coupole ; remarquez le curieux motif lancéolé surmontant les piliers d'angle intérieurs.

Cathédrale St-Apollinaire A2

C'est un vaste édifice roman en grande partie reconstruit au 17e s. dans le style primitif. Le clocher néoroman (19e s.) présente, sur un soubassement en calcaire blanc de Crussol, deux étages supérieurs en mollasse jaune de St-Restitut. *Pénétrez dans la cathédrale par la porte nord.*

ÉTUDIANTS DE TOUJOURS

Nombre d'habitants de Valence sont des étudiants. Certains fréquentent notamment les écoles d'ingénieurs de la ville, d'autres la faculté de droit. Cette dernière est héritière de celle que fonda en 1452 le futur Louis XI, qui apprenait alors son métier de roi dans son apanage du Dauphiné. L'enseignement y était dispensé par des maîtres réputés, comme le juriste **Jacques Cujas** (1520-1590). La fille de l'austère professeur, qui, dit-on, était plus portée sur la bagatelle que sur le droit, aurait eu quelques bontés pour un étudiant nommé **François Rabelais**… qui se souvint de son séjour valentinois lorsqu'il composa son *Pantagruel*.

Sous le porche, à gauche, remarquez le linteau sculpté en réemploi, dont les compartiments représentent l'Annonciation, la Nativité, l'Adoration des Mages et les Mages devant Hérode.

★ **Intérieur** – L'influence du roman auvergnat est manifeste ; la nef, voûtée en berceau sur doubleaux, est éclairée par les fenêtres des collatéraux. Une arcature reposant sur des colonnes sépare le chœur du déambulatoire. Notez la profondeur, inhabituelle dans les édifices rhodaniens, des croisillons du transept. En arrière des stalles du chœur se trouve le buste du pape Pie VI qui contient ses entrailles et son cœur, le pape étant mort à Valence alors qu'il y était retenu prisonnier.

Sortez par la porte sud. Sous le porche, à gauche, le tympan sculpté de l'ancien portail montre le Christ bénissant. Au linteau, la Multiplication des pains.

Contournez le chevet.

Harmonieusement ordonné, il présente une élégante décoration de billettes courant au-dessus des arcatures de l'abside et des croisillons du transept.

★★ Musée de Valence, art et archéologie A2

4 pl. des Ormeaux - ✆ 04 75 79 20 80 - www.museedevalence.fr - ♿ - 10h-18h, mar. 14h-18h - fermé lun. et certains j. fériés - possibilité de visite guidée (2h) - 8 €/5 € hors période d'exposition temporaire (-25 ans gratuit) - gratuit 1er dim. du mois.

Rouvert au public en 2013 au terme de six années de fermeture, dont trois de travaux, le musée de Valence mérite à lui seul une visite dans la ville. Créé en 1850, il s'était installé dans le **palais épiscopal** en 1911 et avait déjà fait l'objet d'une rénovation dans les années 1970. Complètement réaménagé par Jean-Paul Philippon, auquel on doit notamment la réhabilitation de la Piscine de Roubaix, le bâtiment a aujourd'hui plus que doublé sa superficie d'exposition, offrant une place de choix à l'archéologie, jusque-là parent pauvre du musée malgré la richesse des collections.

Sur cinq niveaux, le visiteur découvre donc 400 000 ans d'histoire (archéologie) et six siècles d'histoire de l'art mais aussi un édifice historique que la restauration a su préserver et admirablement mettre en valeur. La muséographie est évidemment à la hauteur d'un espace moderne, avec ses différents niveaux de lecture, ses tables interactives, ses « effets spéciaux » et ses dioramas particulièrement réussis.

Petite histoire du lieu et des collections – Les fouilles ont révélé que le palais épiscopal était construit sur un Odéon des 1er-2e s. de notre ère, l'un des trois mis au jour en France. À Valence, cité épiscopale, la résidence de l'évêque, voisine de la cathédrale, occupe cette terrasse qui domine la rive gauche du Rhône depuis le 12e s. au moins. La tour médiévale fortifiée est restée au cœur du palais qui a évolué au fil des siècles et s'est transformé sous l'épiscopat de

Des exactions mémorables

UNE « BÊTE FURIEUSE »

C'est ainsi que Coligny qualifiait François de Beaumont, **baron des Adrets**, Dauphinois né au château de la Frette en 1513. Officier de l'armée royale, devenu protestant en 1562 par ressentiment contre les Guise, il prend la tête des troupes protestantes de la région. À l'époque, la pénétration de la Réforme à Valence, que l'évêque Jean de Monluc avait favorisée, se heurte au gouverneur de la ville, **la Motte-Gondrin** : trois huguenots sont pendus pour l'exemple l'année même.

À l'annonce de la nouvelle, les bandes du baron fondent sur la ville, s'en emparent et massacrent les catholiques. La Motte-Gondrin est à son tour pendu à une fenêtre de sa maison, en face du lieu d'exécution des trois protestants. Mais le baron des Adrets ne s'arrête pas en si bon chemin. Ses bandes ravagent les deux rives du Rhône, du Lyonnais au Languedoc et à la Provence, s'en prenant aux cathédrales de Lyon, de Vienne et de Valence, et le baron fait honneur à sa douteuse réputation en obligeant ses prisonniers catholiques à se jeter dans le vide du haut d'une tour du château de Montbrison. Il embrassa à nouveau la foi catholique après l'édit de pacification d'Amboise du 15 mars 1563 et se retourna dès lors contre ses anciens amis…

UN FLÉAU DE L'HUMANITÉ

Voltaire rangeait dans cette catégorie la commission de Valence (aussi appelée commission du Conseil ou chambre de Valence), un tribunal d'exception créé en 1733 par les fermiers généraux pour lutter contre la contrebande d'étoffes et de tabac. Ses sentences, exécutoires dans les vingt-quatre heures, étaient sans appel : en quelques années, sur 767 accusés, un seul fut acquitté, les autres étant pendus, roués ou envoyés aux galères.

C'est devant ce tribunal d'exception que comparut, en 1755, le célèbre **Louis Mandrin**, né trente ans plus tôt à St-Étienne-de-St-Geoirs. À l'instar de nombreux Dauphinois, il s'était fait contrebandier et avait entamé une série de campagnes fructueuses dont l'audace stupéfiait et faisait rire la France entière. Rodez, Montbrison, St-Chamond, Brioude, Bourg-en-Bresse, Ambert, Beaune, Autun reçurent la visite des bandes de Mandrin, qui y tenaient marché ouvert en plein jour. Mandrin réussit toujours à échapper à ses poursuivants. Jusqu'au jour où… l'armée dépêchée contre lui viola le territoire savoyard, où le contrebandier se croyait à l'abri. Écroué à Valence, Mandrin fut condamné à être roué vif. Le 26 mai 1755, la place des Clercs est noire de monde : 6000 étrangers ont rejoint les Valentinois pour assister au supplice. Mandrin déclare au bourreau : « Fais ton devoir, mon ami, aussi promptement que tu le pourras », et, tandis que son confesseur s'évanouit, il boit un verre de la liqueur de la Côte pour se donner du courage. Le supplice ne lui arrache pas un cri. Huit minutes après, il est étranglé, faveur spéciale accordée à la demande de l'évêque de Valence.

Mgr Milon (1725-1771) en un vaste hôtel particulier avec cour d'honneur et jardin, allure qu'il a conservée jusqu'à nos jours.
Les collections du musée se sont formées autour de la donation de quelque cent dessins d'Hubert Robert, faite à la ville en 1835 par le Drômois Julien-Victor Veyrenc. L'ensemble s'est étoffé au fil du temps au point de devenir aujourd'hui le troisième **fonds Hubert Robert★★** (120 œuvres) au monde, après ceux du Louvre et de l'Ermitage (St-Pétersbourg). Le musée de Valence s'est d'ailleurs fait une spécialité de la **peinture de paysage** qui constitue l'essentiel de ses richesses. Côté archéologie, il présente exclusivement des pièces illustrant l'histoire des hommes et des civilisations de la moyenne vallée du Rhône.
Archéologie – Conçu en trois séquences, comme un voyage en chronologie inversée, le parcours débute au rez-de chaussée. **De mémoires de palais** *(salles 3-6)* présente l'histoire de l'évêché de Valence et du bâtiment à travers des éléments sculptés, des mosaïques et une intéressante maquette *(s. 6)* qui montre la transformation du palais. **Valentia et son territoire** *(s. 7, 8; suite au 3e ét., s. 9)* évoque la colonie romaine et l'histoire gallo-romaine de la région. Les vestiges archéologiques et les inscriptions permettent ainsi d'approcher certaines facettes de la vie, des activités et des croyances des anciens Valentinois. Parmi les pièces les plus spectaculaires, on admire les deux grandes **mosaïques** du 2e s. provenant de la villa des Mingauds (St-Paul-lès-Romans) et figurant l'une les travaux d'Hercule, l'autre Orphée charmant les animaux *(s. 9)*. Également intéressant pour sa rareté : un **sarcophage en plomb** (4e s.), trouvé lors des fouilles des grands boulevards à Valence, contenant des fragments d'étoffes et des céréales. **Terres de préhistoires** *(s. 10, 11, 12; suite au 4e ét., 13)* suit le cheminement chronologique des premières cultures connues dans la région il y a 400 000 ans. Un diorama donne à voir un homme de Néandertal à la tombée de la nuit… on entend le bruit du vent et l'on se sent rempli de compassion pour ce petit personnage si seul ! Des premiers galets taillés aux céramiques de l'âge du bronze, on parcourt les millénaires. Remarquez plus particulièrement l'**os coché n° 450** provenant de la grotte de Thaïs *(s. 10)*, vieux de 13 000 ans, peut-être le plus ancien calendrier connu à ce jour. Autre pièce extraordinaire : le **poignard de Crussol** *(s. 13)*, trouvé dans des carrières de l'époque romaine. Au 4e étage, une salle dédiée au Rhône, véritable épine dorsale de la région, donne sur le fleuve mais c'est au **Belvédère** du 5e étage que se déploie une incroyable vue à 360°, du Vercors à l'Ardèche, et que s'achève la première partie de la visite.
Art – Cette section est l'occasion d'un parcours antéchronologique à travers plusieurs centaines d'œuvres – peintures, dessins, photos, sculptures et arts décoratifs –, ayant comme fil rouge le paysage, depuis sa relecture par les

ROBERT DES RUINES

Après avoir fait ses débuts à Paris dans l'atelier du sculpteur Michel-Ange Slodtz (auteur du mausolée des archevêques à Vienne), **Hubert Robert** (1733-1808) se rend à Rome en 1754 sur le conseil de Joseph Vernet. Il y restera onze ans. Les ruines sont alors à la mode. Hubert Robert remplit ses carnets d'esquisses et de dessins où les architectures de la Rome antique et pontificale servent de décor à des scènes de la vie quotidienne. Revenu à Paris, le peintre tire de ses carnets la matière première de ses tableaux et de nouveaux dessins, où éclate une science étonnante de la perspective, unie à une légèreté de touche qui leur confère tout le charme de l'improvisation. C'est grâce à une donation privée que Valence, avec laquelle Hubert Robert n'avait aucun lien, possède une importante part de son œuvre.

La tour de la cathédrale et le musée de Valence, réhabilité par Jean-Paul Philippon.
E. Caillet / Ville de Valence

QUELQUES ŒUVRES À NE PAS MANQUER
- les mosaïques de la villa des Mingauds (salle 9)
- l'os coché n° 450, bâton calendrier (salle 10)
- le poignard de Crussol (salle 13)
- le papier peint de la manufacture Dufour (salle 27)
- la *Nymphe endormie* de Louis-Pierre Deseine (salle 27)
- la collection d'œuvres d'Hubert Robert (salles 30-31)
- *Fleurs et fruits, Fleurs et sculptures*, de Paolo Porpora (salle 32)
- *Cavalier dans la forêt*, Gilles van Coninxloo (salle 34)

artistes contemporains et modernes jusqu'à son « invention » comme genre autonome au 16e s. Le **Voyage sans boussole** *(2e ét., s. 15-19)* montre des œuvres d'artistes des 21e et 20e s. (Sophie Calle, Gilles Aillaud, Joan Mitchell, etc.) et se prolonge par la terrasse des Sculptures qui fait participer le paysage extérieur à la visite. **Les 20e, 19e et 18e s.** *(1er ét., s. 20-28)* sont notamment représentés par des artistes venus travailler dans la région, tels le céramiste Étienne Noël, « inventeur » de l'assiette carrée dans les années 1930 *(s. 20)*, ou André Lhote, théoricien du cubisme, créateur d'une académie d'été à Mirmande *(s. 21)*. Les salles 23 à 25 présentent le romantisme et l'orientalisme (Huet, Delacroix, etc.), le pré-impressionnisme (Boudin, Lépine, etc.) et l'école de Barbizon. Une porte close ouvre sur une salle maintenue dans la pénombre *(s. 27)* : elle est tapissée d'un rare **papier peint★** du début 19e s., imprimé à la planche en grisaille (six tons) sur fond vert émeraude. Fabriqué par la manufacture Dufour, il ornait de ses motifs mythologiques les murs d'une maison du sud de la Drôme. Une **Nymphe endormie** du sculpteur néoclassique Louis-Pierre Deseine (1749-1822) éclaire le centre de la pièce de ses courbes sensuelles. Un peu plus loin, la **galerie d'histoire naturelle** abrite des collections d'animaux naturalisés où se sont glissés quelques « intrus » que l'on découvre avec amusement. Retour au paysage, la **Grande Galerie** *(s. 28)* célèbre le genre, du néoclassicisme jusqu'aux scènes de ruines (Corot, Patel, Pannini), et débouche sur les deux salles consacrées aux **toiles et sanguines d'Hubert Robert★★** *(s. 30, 31)*, surnommé Robert des Ruines en raison de sa prédilection pour les ruines antiques – ne manquez pas le grand plan de Rome figurant les endroits qu'il a représentés. La visite se poursuit au rez-de-chaussée *(s. 32-35)*, où différentes **écoles du 17e au 15e s.** témoignent de la richesse des sujets et des styles qui fleurissent alors : le paysage naturel des peintres flamands et hollandais *(s. 34)* (Gilles van Coninxloo, Peter Gysels), le paysage classique en France (Pierre Patel), les natures mortes italiennes *(s. 32)* (Paolo Porpora, Michel-Ange Cerquozzi). Le parcours se clôture sur un ensemble de quatre toiles de l'école italienne du 17e s. *(s. 35)*, où les scènes de la vie du Christ nous invitent à nous pencher davantage sur les nourritures spirituelles que sur les nourritures terrestres…

La rue du Lieutenant-Bonaparte, puis la rue Pérollerie mènent à la maison Dupré La Tour.

Maison Dupré La Tour A-B1

Au n° **7**, la cour intérieure conserve une tourelle d'escalier Renaissance dont la porte d'entrée est remarquable par son encadrement sculpté.

À la hauteur de la place de la Pierre, prenez, sur la gauche, la rue St-James (remarquez, sur la gauche, l'église St-James devenu temple protestant St-Ruf au début du 19e s.), puis la rue de la Sabaterie.

Parc St-Ruf A1
L'entrée de ce petit parc est marquée par la porte du palais des abbés de l'abbaye de St-Ruf, seul vestige de cet ensemble disparu sous les bombes en 1944. Le parc est l'occasion d'une halte agréable sur les hauteurs de la ville et offre une vue sur Crussol. En contrebas se trouvent les quelque 400 pieds de vigne du vignoble de St-Jean.
Sortez par la rue Gaston-Rey.

Maison mauresque B1
À l'angle de la rue Gaston-Rey et de la Grande-Rue.
Les décors de cette maison construite pour un industriel dans la seconde moitié du 19e s. sont en ciment moulé, un procédé qui s'est largement répandu au cours du siècle. L'ensemble éclectique révèle le goût de l'époque pour l'orientalisme, qui se teinte ici d'une touche médiévale. C'est aujourd'hui un immeuble d'habitation dont on ne peut que regretter la dégradation.
Tournez à gauche dans la Grande-Rue.

Quartier St-Jean B1
Il correspond à l'une des plus anciennes paroisses de la ville. Au centre de la place, animée le soir par les terrasses des restaurants voisins, se dresse une **halle métallique**, construite à la fin du 19e s. par l'architecte Eugène Poitou, auquel on doit aussi le kiosque Peynet. L'**église St-Jean** (12e s.) a été plusieurs fois remaniée au cours de son histoire et reconstruite au 19e s.; elle conserve un porche doté de huit chapiteaux romans et possède un beau clocher néoroman du 19e s.
Revenez par la Grande-Rue.

★ Maison des Têtes B1
Au n° 57, cette maison (1532) doit son nom aux quatre énormes têtes en haut relief qui, sous la toiture, symbolisent les vents. La façade de ce logis Renaissance se signale par l'abondance et l'originalité de ses sculptures : figures en médaillons et statues évoquant la Fortune et le Temps. À l'intérieur : panneaux d'exposition sur l'histoire de Valence.
Continuez jusqu'à la place de l'Université pour emprunter à gauche la rue du même nom qui vous mène jusqu'à la rue du Gén.-Farre. La rue Louis-Gallet se trouve sur votre gauche.

★ Centre du patrimoine arménien B2
14 r. Louis-Gallet - ✆ 04 75 80 13 00 - www.patrimoinearmenien.org - ♿ - avr.-sept. : 14h30-18h30; reste de l'année : 14h-17h30 - fermé lun. et j. fériés, vac. de Noël - possibilité de visite guidée sur demande (1h30) - 3 € (-18 ans gratuit). Concerts mar. en juil.
Pourquoi à Valence plus qu'ailleurs ? Le Centre arménien, installé dans l'ancienne faculté de droit à proximité de la « petite Arménie », donne la réponse. Il suffit de devenir, le temps de la visite, cet enfant, cet homme ou cette femme adulte qui raconte l'histoire du génocide, de l'exil, de l'arrivée à Valence.

BONAPARTE PAMPHLÉTAIRE
En 1785, un jeune lieutenant artilleur de 16 ans, **Napoléon Bonaparte**, est affecté en garnison à Valence. Le jeune homme habite presque en face de la maison des Têtes où un libraire tient boutique. En moins d'un an, il dévore le fonds de la librairie et noue des liens d'amitié avec le libraire, Marc Aurel. Liens assez étroits pour que le fils d'Aurel publie en 1793 à Avignon le célèbre *Souper de Beaucaire*, dans lequel l'artilleur, devenu capitaine, expose ses idées, très modérées, sur la Révolution.

Les témoignages recueillis et filmés sont poignants. Ils s'insèrent dans un parcours qui donne une petite idée de la riche histoire du peuple arménien, avec ses temps glorieux, son roi enterré à St-Denis, son église autocéphale, sa culture, son alphabet du 5e s., son artisanat…

Empruntez la rue du Jeu-de-Paume pour rejoindre le boulevard Bancel. Admirez les belles façades haussmanniennes en le descendant jusqu'au Champ-de-Mars. En contrebas, le parc Jouvet reste le lieu de promenade privilégié des Valentinois.

Parc Jouvet A2

Ce cadre de verdure situé au cœur de la ville doit son existence à la générosité d'un grand négociant en vins, Thédore Jouvet (1837-1905), dont vous verrez le buste en bronze lors de votre promenade dans le parc. D'autres sculptures sont à découvrir au détour des bosquets, tels l'ensemble *Amour et Servitude* par Marcel Jacques (1864-1952) ou encore le monument signé Injalbert qui rend hommage à Louis Gallet, librettiste et auteur dramatique natif de Valence. Plus de 700 arbres aux essences variées sont répertoriés ici, parmi lesquels magnolias, érables, hêtres pourpres, cyprès chauves… Enclos aux biches et volières enchantent les plus jeunes, tandis que sur le plan d'eau les canards se plaisent à saluer les visiteurs.

AU FIL DE L'EAU

À la gare (B2), empruntez le passage souterrain pour rejoindre le parking Chamfort au bout duquel vous trouverez le canal des Moulins. Comptez 2h de balade, le circuit est balisé en jaune.

La construction de Valence est étroitement liée aux sources abondantes qui étaient utilisées autant pour alimenter les moulins que pour irriguer les cultures maraîchères ou répondre aux besoins domestiques.

Ce réseau de 16 km de **canaux** visibles, bordés de saules et de peupliers, offre une agréable promenade loin de l'agitation urbaine, à la découverte d'une faune et d'une flore spécifiques.

À proximité Carte de microrégion

Châteaux d'eau de Philolaos A2

En voiture, prenez la route à double voie qui contourne Valence. Quittez-la à la sortie 32, puis prenez la direction Fontbarlette, CHU, Valence-le-Haut, parc Jean-Perdrix. Les châteaux d'eau se voient de loin.

Fichés au centre du parc de la Zup, ils lancent à plus de 50 m de haut leur dynamique architecture hélicoïdale. Fait inhabituel, ces châteaux d'eau sont l'œuvre d'un sculpteur. Philolaos (1923-2010) travaillait fréquemment avec des architectes urbains, ses œuvres sont visibles à Lyon, Évry, Créteil et la Défense.

Circuit conseillé Carte de microrégion p. 278

LES VILLAGES AUTOUR DE VALENCE

55 km au départ de Valence. Circuit tracé sur la carte de microrégion (p. 278).

Montélier A2

15 km à l'est par la D 68, puis la D 538 à gauche.

Inscrit au circuit des Villages botaniques, Montélier a fait des arbres et arbustes à baies décoratives sa spécialité, et répertorie ainsi près de 300 variétés

Valence : la maison des Têtes, détail de style gothique flamboyant.
F. Guiziou/hemis.fr

que vous pourrez admirer en arpentant le centre historique dominé par l'église St-Prix (19e s.). Au détour des ruelles, remarquez également les nombreuses fontaines, œuvres d'artistes contemporains (Christian Maas, Philippe Jamet-Fournier…).

Jardin Sémaphore – *Chemin de Loches - Chemin de Loches - ✆ 04 75 59 93 93 - www.montelier.com - ♿ - mai-sept. : 13h30-19h, w.-end et j. fériés 9h-19h ; reste de l'année : 13h30-17h, w.-end et j. fériés 9h-17h - gratuit.* À l'entrée du jardin, le pavillon des Expositions vous invite à tester vos connaissances en matière de sciences de la nature et de la communication en pratiquant quelques expérimentations ludiques, tandis qu'à l'extérieur le mur des Générations retrace, sous la forme d'une fresque de 40 m de long, l'histoire du village depuis Clovis jusqu'à la Seconde Guerre mondiale.

Musée des Arts et Traditions de Madagascar – *Av. de Provence - ✆ 04 75 59 97 61 - www.museedemadagascar.com - ♿ - visite guidée (1h30) mars-déc. : 10h-12h, 14h-19h, dim. 14h-19h ; reste de l'année : 14h-18h - fermé lun., 1er-4 janv. et 25-27 déc. - 6 € (-18 ans 5 €).* Animé par un couple franco-malgache amoureux du pays, ce vaste espace trace le portrait de l'île au large de l'Afrique, dont la superficie dépasse celle de la France. À travers des photos, des mises en scène d'intérieurs, des scènes de vie reconstituées en miniature, des outils et de nombreux objets artisanaux surgissent la culture, la richesse naturelle et la vie actuelle du pays.

★ Chabeuil A2

5,5 km au sud de Montélier par la D 538.

Pl. Génissieu - 26120 Chabeuil - ✆ 04 75 59 28 67 - www.valencetourisme.com.

Cette petite ville possède un patrimoine non négligeable et un charme certain que renforce la présence de la Véore, affluent du Rhône. Construite sur une assise gallo-romaine, la **porte monumentale** (12e s.) est quasiment le seul vestige de la cité médiévale. Elle porte, martelé au tympan de la voûte, un écusson aux armes des **princes de Monaco**, car la ville fut offerte à Honoré II

Grimaldi par Louis XIV dans le cadre d'une alliance, et demeura fief de la principauté jusqu'à la Révolution. On peut toujours voir l'**hôtel des Grimaldi** et son donjon bien conservé *(rue Correcterie).*

Impossible de manquer la **mairie**, étonnante construction de style néogothique (1903), inspirée du Palazzo Vecchio de Florence – remarquez la tour sur la gauche, rare vestige des **fortifications** dont on peut suivre le tracé sur la rue des Remparts. Pour profiter d'un beau point de vue, suivez la **montée du Barda**, qu'empruntaient autrefois les dragons chargés de leur équipement pour rejoindre leur cantonnement. On atteint l'**église St-Jean-Baptiste**, construite sur un plan en croix grecque. Elle a remplacé en 1862 l'église St-Andéol dont seul demeure le clocher.

La Baume-Cornillane A2

10 km au sud de Chabeuil par la D 538 puis la D 208.

Située à proximité des premiers contreforts du Vercors, la plus petite des cinquante et une communes de l'agglomération Valence-Romans se serait trouvée, selon certains scientifiques, au centre de la **Pangée**. Ce super-continent regroupait l'ensemble de terres émergées et se serait disloqué il y a 200 millions d'années… Il lui reste en tout cas des reliefs géologiques intéressants que découvriront avec plaisir au fil de **sentiers balisés** les randonneurs, quel que soit leur niveau *(brochures à l'office de tourisme de Valence).* La balade balisée Triangle 145 *(1h45 AR, 5 km, facile)*, au départ de l'école, conduit à travers les ruines du vieux village aux imposants rochers et offre de beaux panoramas sur la plaine de Valence et l'Ardèche.

Étoile-sur-Rhône A2

14 km à l'ouest de La Baume-Cornillane par la D 538, la D 538 A, la D 211 puis la D 111.

Grande-Rue - 26800 Étoile-sur-Rhône - 04 75 60 75 14 - www.valencetourisme.com - livrets de visite, poss. de visites guidées.

Occupé dès le néolithique, le site d'Étoile est stratégique par sa position de carrefour à cinq branches, ce qui pourrait expliquer l'origine de son nom. La bourgade invite à une balade à travers les siècles au détour des ruelles et des édifices de son centre ancien. C'est ici qu'en novembre 1789 se tint l'assemblée des gardes nationaux venus de plusieurs villages environnants, première étape vers la formation d'une armée patriotique nationale : sur la place de la Fédération, au nord de la ville, un monument rappelle l'événement. Non loin se trouve le **vieux lavoir**, modernisé au début du 20e s. par l'ingénieur Eugène Poitou, qui a laissé à Valence le kiosque et la halle. La citadelle d'Étoile est occupée par le **château de Diane de Poitiers** (11e-18e s.), qu'entoure le parc municipal.

On découvre aussi plusieurs vestiges de l'époque médiévale : l'**église Notre-Dame**, bel exemple d'art roman tardif (12e-13e s.), une **mesure à grains** (mur nord de l'église) et une **fontaine couverte**.

En partant de l'église, un chemin grimpe sur la colline d'où se découvre un beau panorama.

Retournez à Valence par la D 111 (11 km au nord).

NOS ADRESSES À VALENCE

La ville se découvre très facilement à pied, mais si l'envie vous prend vous pouvez louer un vélo à l'une des stations du service Libélo *(www.velo-libelo.fr)*, lequel fonctionne avec une carte de paiement *(droit d'accès 1 €/24h, gratuit première 1/2h puis 0,50 €/1/2h)*.

HÉBERGEMENT

À Valence

PREMIER PRIX

Hôtel Les Négociants – *27 av. Pierre-Sémard - 04 75 44 01 86 - www.hotel-lesnegociantsvalence.com - 37 ch. 45/61 € - 8,50 € - formules déj. 11,50/14 €.* Un hôtel sympathique à deux pas de la gare, pour les adeptes de sobriété contemporaine. Chambres aux tons taupe et marron, climatisées. Copieux petit-déjeuner. Le restaurant sert une cuisine familiale et simple dans un décor actuel.

BUDGET MOYEN

Atrium Hotel – *20 r. Jean-Louis-Barrault - 04 75 55 53 62 - www.atrium-hotel.fr - - P - 56 ch. 78/110- 14 €.* Situé à proximité du centre et fraîchement remanié, l'Atrium est un excellent choix pour le confort et l'accueil qu'on y trouve : les chambres sont calmes, vastes et très confortables. Beau buffet du petit-déjeuner.

POUR SE FAIRE PLAISIR

Hôtel de France – *16 bd du Gén.-de-Gaulle - 04 75 43 00 87 - www.hotel-valence.com - - 46 ch. 90/189 € - 7,50/15 €.* Un hôtel en plein centre, récemment rénové : chambres élégantes, sobres et dans l'air du temps, salle de séminaire, bar, terrasse… Grand confort et bon accueil.

UNE FOLIE

Maison de la Pra – *8 r. de l'Équerre - 04 75 43 69 73 - www.maisondelapra.com - 4 ch. 158/200 € - 18 €.* À deux pas de la charmante place St-Jean, cet hôtel particulier du 16e s. se cache derrière un portail en bois monumental. Il abrite quelques chambres d'hôte particulièrement vastes (50 m^2 minimum), chic et raffinées, auxquelles on accède par un superbe escalier à vis.

À proximité

PREMIER PRIX

Chambres d'hôte La Mare – *Rte de Montmeyran - 26800 Étoile-sur-Rhône - 04 75 59 33 79 - la.mare.free.fr - P - - 3 gîtes et 4 ch. 60 € .* Cette ferme familiale est une étape sur mesure pour apprécier le savoir-vivre des gens d'ici et le charme de la campagne drômoise. Coquettes chambres dotées de meubles fabriqués « maison ». Le petit-déjeuner gourmand se compose de confitures concoctées avec les produits du jardin et de pâtisseries préparées par la maîtresse des lieux.

RESTAURATION

À Valence

PREMIER PRIX

Daily Pic – *3 pl. Championnet - 04 75 25 08 08 - www.anne-sophie-pic.com - - mar.-sam. 9h30-29h, dim.-lun. 11h-18h - formule 14,90 €.* Une des tables de la maison Pic, chefs étoilés sur trois générations *(p. 48)*. Ici, la formule self-service de luxe est retenue : les plats sont des verrines aux saveurs originales et raffinées. On peut aussi prendre un thé, une pâtisserie ou une glace dans l'après-midi, à savourer sur place, dans la salle à la décoration contemporaine, sur la petite terrasse, ou en allant pique-niquer dans le parc Jouvet voisin.

BUDGET MOYEN

Le Bistrot des Clercs – *48 Grande-Rue - ✆ 04 75 55 55 15 - www.michelchabran.fr - formule déj. « express » en sem. 9,90 €, menus 24/32 €.* Napoléon Bonaparte fit un passage dans ces murs, près de la maison des Têtes. Bistrot à la mode parisienne, cuisine copieuse, cadre nostalgique et terrasse sur la place.

Ernest– *40 bd du Gén.-de-Gaulle - ✆ 04 84 37 03 43 - 12h-23h, fermé dim. soir - ♿ - formule déj. en sem. 16 €, menu 29 €.* L'immeuble des Nouvelles Galeries (1908), proche de la gare, connaît une seconde jeunesse depuis l'installation de cet établissement où l'on peut déjeuner *(12h-14h30)*, goûter *(15h-18h)*, dîner *(12h-22h)*, grignoter des tapas *(18h-23h)* en profitant de l'incroyable terrasse-lounge sur le toit (600 m^2). La salle est immense, lumineuse, et se pare d'un beau décor contemporain. Cuisine variée et de qualité. Soirées musicales certains soirs en été.

POUR SE FAIRE PLAISIR

Le 7 – *285 av. Victor-Hugo - ✆ 04 75 44 53 86 - www.pic-valence.com - tlj midi et soir- ♿ - P - formule déj. « sur le pouce » en sem. 14,50 €, menu 32 €.* L'autre table de la maison Pic *(✆ p. 48)* propose une cuisine actuelle sur une base classique, dans un décor contemporain en clin d'œil à la Nationale 7. Patio ombragé.

L'Âne en ciment – *13 pl. St-Jean - ✆ 04 75 42 53 28 - www.aneenciment.fr - fermé dim. et lun. - formule déj. en sem. 16/19 €, menu 30 €.* Une cuisine raffinée et originale avec une carte qui met à l'honneur les produits locaux, renouvelée régulièrement, une belle sélection de vins, une salle agréable ou une jolie terrasse… que demander de plus ?

L'Épicerie– *18 pl. St-Jean - ✆ 04 75 42 74 46 - www.lepicerie-pierre-seve.fr - fermé sam. et dim. - formule déj. 17 €, menus 30/72 €.* Au rayon épicerie, comptez désormais cette maison du 16e s. et son agréable terrasse ! Côté assiette, le chef signe une cuisine traditionnelle. Côté salle, vous avez le choix entre un décor rustique ou design.

À proximité

PREMIER PRIX

L'Oberge – *40 av. de Valence - 26120 Chabeuil - ✆ 04 75 59 28 11 - loberge.free.fr - P - ♿ - lun.-jeu. midi, vend. midi et soir - formule déj. 13,90 €, menu soir 14/24 €.* Situé en dehors du centre ancien, ce petit restaurant familial tout simple propose une cuisine de qualité, préparée sur place. Mention spéciale pour les desserts. Rançon du succès, l'endroit affiche souvent complet.

PETITE PAUSE

Pierre Chauvet – *3 pl. des Clercs - ✆ 04 75 55 47 78 - www.pierrechauvet.com - tlj 10h-0h en haute saison, fermeture à 19h le reste de l'année sf ven. et sam. 0h.* Rendez-vous des gourmands de Valence, la boutique d'un des plus célèbres chocolatiers de la ville compte aussi un salon de thé avec une belle terrasse pour déguster ses gâteaux, ses milk-shakes et ses glaces artisanales. Autres établissements à Aubenas et à Vallon-Pont d'Arc.

ACHATS

Marché de la place des Clercs – *Jeu. et sam. 7h-13h.* Les matins de marché, les terrasses des cafés de la place des Clercs rentrent un peu dans leur coquille pour laisser la place aux producteurs de la région. Ils viennent vendre le meilleur de leur ouvrage dans une ambiance sympathique et amicale : fleurs, fromages, fruits, légumes, etc.

Marché de la place St-Jean – *Mar. 16h-19h (hiver), 17h-20h (été).* Sous la halle s'installe en fin d'après-midi un marché de producteurs locaux, rejoints à l'occasion par des créateurs.

Pognes Nivon – *17 av. Pierre-Sémard - ✆ 04 75 44 03 37 - www.nivon.com - 6h-19h30 - fermé 2 dernières sem. janv., 2 sem. en juil. et lun. (sf j. fériés).* Fondée en 1852 et dirigée depuis trois générations par la famille Maurin, la boulangerie-pâtisserie Nivon fabrique merveilleusement deux produits locaux : pogne, brioche dauphinoise parfumée à la fleur d'oranger, au rhum ou au citron, et le suisse, personnage mariant pâte sablée et écorces d'orange confites. Deux spécialités : la Fleur de Nougat et les Gourmandrômes.

EN SOIRÉE

Comédie de Valence - Centre dramatique national – *1 pl. Charles-Huguenel - ✆ 04 75 78 41 70 - www.comediedevalence.com - fermé août.* Le Centre dramatique national Drôme-Ardèche programme ses spectacles dans les 3 théâtres de la ville : La Fabrique, au 78 av. Maurice-Faure, le théâtre de la Ville et le Bel Image, situé place Charles-Huguenel. Ce très beau théâtre de 873 places propose un système d'abonnement à la carte très pratique… Avant le spectacle ou pendant l'entracte, possibilité de prendre un verre au bar, convivial et bien aménagé.

Café Victor-Hugo – *30 av. Victor-Hugo - ✆ 04 75 40 18 11 - fermé lun. soir.* Café chic et littéraire de Valence. Chic mais vivant ! À midi, il se métamorphose en bruyante brasserie. L'après-midi, les dames viennent deviser autour d'un chocolat chaud pendant qu'à l'étage les étudiants jouent au billard… Cette synthèse de toutes les générations et de toutes les classes sociales est orchestrée par Gérard Rousset, ancien joueur de l'équipe de France de rugby, qui réussit là un bel essai…

Le Malvern Pub – *27 r. Denis-Papin - ✆ 04 75 44 10 07 - 9h30-2h - fermé 2 sem. déb. janv.* Avec ses 100 bières (16 tirages), ses 80 whiskies, ses 50 cocktails et son décor d'esprit pub anglais, le Malvern est un bar à la mode, qui sait rester convivial. Chaque semaine, vous pouvez participer à des tournois de fléchettes généreusement arrosés ou assister à des concerts alternant rock, blues et musique celtique.

Le Cause Toujours – *8 r. Gaston-Rey - ✆ 09 73 11 85 75 - www.lecausetoujours.fr -mar., merc. et sam. 11h-20h, jeu. et vend. 11h-22h, 1er dim. du mois 11h-19h (fermeture plus tard les soirs d'événement).* Face à la Maison mauresque et à deux pas du parc St-Ruf, ce café associatif est un lieu atypique. On vient boire un verre, grignoter un plat ou une salade, mais aussi assister à un concert, écouter une lecture, voir une exposition… Petite terrasse sur la rue et ambiance très sympathique.

Tain-l'Hermitage

6 045 Tainois – Drôme (26)

Les gourmets ne manqueront pas de s'arrêter dans cette petite ville des bords du Rhône, connue pour ses vins et son chocolat. C'est une étape bien agréable, dont la visite complète celle de Tournon-sur-Rhône, sa voisine ardéchoise, de l'autre côté du fleuve (voir p. 93).

NOS ADRESSES PAGE 296
Hébergement, restauration, activités, etc.

S'INFORMER

Office de tourisme Hermitage-Tournonais Tourisme – *Pl. du 8-Mai - 26600 Tain-l'Hermitage - ✆ 04 75 08 10 23 - www.ht-tourisme.com - de mi-juin à mi-sept. : 10h-18h30, dim. et j. fériés 10h-13h ; reste de l'année : tlj sf dim. et j. fériés 10h-12h, 14h-18h, lun. 14h-18h.* En été, visites guidées à thématiques famille ; portes ouvertes de caves.

SE REPÉRER

Carte de microrégion C2 (p. 82-83).

Tain se trouve à 18 km au nord de Valence, et à quelques centaines de mètres de Tournon-sur-Rhône (Ardèche) : il suffit de traverser la passerelle Marc-Seguin qui enjambe le Rhône.

À NE PAS MANQUER

La Cité du chocolat ; une dégustation dans un caveau.

AVEC LES ENFANTS

La Cité du chocolat, ses ateliers et ses dégustations.

Se promener Plan de ville p. 94

★ Cité du chocolat Valrhona B

12 av. du Président-Roosevelt - ✆ 04 75 09 27 27 - www.citéduchocolat.com - ♿ - lun.-sam. 9h-19h, dim. et j. fériés 10h-18h - 7,80 € avant 12h/9,20 € après 12h (moins de 13 ans 6,60 €/7,20 €), tarif famille 2 adultes, 2 enfants 27/31 € - ateliers à partir de 1 €.

Bien connue des amateurs de chocolat et des grands pâtissiers, la chocolaterie Valrhona, née à Tain-l'Hermitage en 1922, a créé cet **espace de découverte** consacré à la noble matière qu'elle travaille. La Cité est installée sur le site historique de l'entreprise dont les locaux se trouvent toujours dans la petite ville.

Ludique et interactive, la visite compte de nombreuses occasions de **dégustation** – attention aux indigestions ! Les enfants sont comblés, eux qui peuvent piocher à loisir dans des coupes remplies de pastilles en chocolat tout en suivant le parcours sur les traces de Lili et Zoco, mascottes du lieu. Plusieurs espaces successifs révèlent au visiteur ce qui se cache derrière un carré de chocolat. Initiation à la dégustation au Carré des sens, secrets de la fabrication des bonbons en chocolat et table des senteurs au Comptoir des recettes, voyage aux sources du cacao dans l'espace Plantations, étapes de la transformation, de la fève à la chaîne de la Chocolaterie… Tout y est, y compris une salle ouverte aux artistes, et, plusieurs fois par jour, des ateliers « découverte » d'une heure, ainsi que des animations « flash » de 15mn pour aller plus loin.

Tain-l'Hermitage : les coteaux du vignoble des côtes du Rhône en automne.
G. Labriet / Photononstop

On ira de fait plus loin à horizon 2016 : la Cité va doubler sa surface d'exposition et le deuxième étage traitera des usages du chocolat. Pour terminer, un tour s'impose à la boutique pleine de tentations ; ce sera peut-être l'occasion de rapporter du chocolat « blond », une spécialité de la maison, née par accident…

Musée Palué A

9 Grande-Rue - ✆ 04 75 08 29 60 - www.pierre-palue.com - de mi-avr. à fin oct. : merc. et dim. 15h-18h, jeu. 10h-12h - fermé j. fériés - possibilité de visite guidée sur demande (1h) - 4 € (-12 ans gratuit) - animations vac. de Noël.

Qu'est-ce que la nouvelle école de Paris ? On réunit sous ce nom les artistes qui, sans qu'on leur reconnaisse de parenté stylistique, exposèrent souvent à Paris après la Seconde Guerre mondiale.

Installé dans l'hôtel de Courbis (16e s.), le musée Palué réunit, dans une atmosphère intimiste, des lithographies, aquarelles et dessins de quelques-uns de ces peintres : Pierre Palué (dont la propre fille, Marie Palué, anime ce lieu), Henri Matisse, mais aussi André Lhote, Maurice Savin, Édouard Pignon, Jean Carzou, Maurice Brianchon, Jean Cocteau, le peintre de la Provence Yves Brayer, André Minaux, Georges Laporte…

4

SculpturArt B

19 bis Grande-Rue. - ✆ 06 15 91 26 18 - sculpturart-biennale.blogspot.fr - ouv. dim. d'avr. à sept. 15h-19h (18h le reste de l'année) - entrée libre.

La Maison de l'Oratoire accueille une exposition d'œuvres de sculpteurs contemporains renouvelée tous les deux ans.

Église N.-D.-de-l'Assomption B

Construite entre 1811 et 1838 à l'emplacement de la chapelle d'un prieuré bénédictin (14e s.), l'église abrite un carillon exceptionnel de treize cloches. Sur le parvis, une statue commémore le mariage de Charles de Valois, futur Charles V, et de Jeanne de Bourbon, sa cousine ; célébrée en août 1350, cette union scellait la cession du Dauphiné au royaume de France.

Passerelle Marc-Seguin A

Construit entre 1847 et 1849 par le célèbre ingénieur d'Annonay (*p. 69*), à qui on doit aussi l'une des versions du pont de Rochemaure (*p. 136*), ce pont suspendu relie Tain à Tournon sur la rive droite du Rhône. Il remplace un autre ouvrage de Seguin, mis en service en 1825, qui fut en son temps le premier grand pont suspendu d'Europe continentale. Depuis l'ouverture du pont Gustave-Toursier adapté au trafic automobile, ma passerelle Marc-Seguin a été restaurée, avec son tablier en bois, et ouverte aux piétons et aux vélos.

NOS ADRESSES À TAIN-L'HERMITAGE

HÉBERGEMENT

BUDGET MOYEN

Hôtel Les 2 Côteaux – *18 r. Joseph-Péala - 04 75 08 33 01 - www.hotel-les-2-coteaux-26.com - 18 ch. 70/80 € - 10 €.* Cet hôtel impeccable jouit d'une situation exceptionnelle, juste à la hauteur de la passerelle Marc-Seguin, trait d'union entre Tain et Tournon. Réservez une chambre avec vue sur le fleuve et le château de Tournon. L'agréable halte se double d'un accueil charmant. Attention : l'entrée de l'hôtel est située dans une rue piétonne, appelez au préalable pour vous renseigner sur les possibilités de stationnement.

La Marronnière – *53 r. Jules-Nadi - 04 75 08 31 38 - lamarronniere.canalblog.com - P - 1 ch. 74 €.* Depuis la rue, rien ne distingue cette maison bourgeoise que l'on devine cachée derrière de hauts murs. Poussez la porte et pénétrez dans le grand jardin ! Vous voici chez Julie Vallet, modiste de son état, qui se fera un plaisir de vous faire découvrir son atelier où elle sert le petit-déjeuner. La chambre au beau parquet et aux murs tapissés de toile de Jouy se trouve au premier étage de la demeure (salle de bains privative mais à l'extérieur de la chambre). Très bon accueil.

RESTAURATION

Les quais situés derrière l'office de tourisme comptent plusieurs cafés et restaurants où il fait bon s'attabler à la belle saison, et même une péniche *(ouverture juillet 2015, promenade Robert-Schuman, après le pont Gustave-Toursier).*

PREMIER PRIX

Le Café – *45 av. Jean-Jaurès - 04 75 08 36 62 - - déj. lun.-vend., dîner vend. sur réserv. - menu déj. 12 €, menu soir 20 €.* Ce bistrot qui ne paie pas de mine cache un restaurant d'un excellent rapport qualité-prix. Le menu imposé change tous les jours en fonction du marché, et le chef saura toujours préparer quelque chose pour les végétariens. Déco brocante et petite coin librairie : un endroit atypique et sympathique.

BUDGET MOYEN

Le Vineum – *25 pl. du Taurobole - 04 75 09 26 20 - www.vineum.blogspot.fr - - 10h-19h (20h en été), lun. à partir de 15h - formule 24 €.* Le bar à vins de la maison Paul Jaboulet aîné ne se contente pas d'organiser des événements et des dégustations œnologiques. C'est aussi un très bon restaurant dont la terrasse sur la grande place du centre de Tain est bien agréable. On peut savourer un menu (avec accord mets-vin), se satisfaire d'une planche de fromages et charcuterie d'excellente qualité, et bien sûr acheter du vin.

De mai à août, la maison Jaboulet tient un « bar éphémère », le vend. et le sam., au milieu des vignes près de la chapelle St-Christophe. L'expérience est agréable et la vue, imprenable ! Réservations auprès du Vineum.

POUR SE FAIRE PLAISIR

Le Quai – *17 r. Joseph-Péala - 04 75 07 05 90 - www.le-quai.com - - tlj midi et soir - formule déj. « Midi Express » 19 €, menu 32 €.* On pourrait rester à quai pendant des heures à admirer le Rhône et les vignobles… En terrasse ou dans la salle, très lumineuse, on se croirait presque sur un paquebot ! Et dans ce bistrot des temps modernes, dirigé par la fille de Michel Chabran, les assiettes sont généreuses et soignées. Une bonne adresse.

ACTIVITÉS

Le Petit Train des vignes de l'Hermitage – *Départ quai de la Bâtie, derrière l'office de tourisme - 06 75 59 80 16 - www.petit-train-des-vignes.com - de mi-juin à mi-sept., tlj sf sam. 10h15, 11h15, 15h, 16h, 17h, 18h, d'avr. à mi-juin et de mi-sept. à mi-oct. 11h15, 15h, 16h, 17h - 6 € (moins de 12 ans 3 €).* Une promenade commentée très agréable d'environ 45mn à travers les vignes des collines environnantes ; belles vues sur la vallée du Rhône.

Balades viticoles à vélo électrique – Une bonne façon de découvrir le vignoble, dégustation à la clé ! Vous pouvez vous adresser **Au Sommelier** *(06 75 08 40 56 - www.ausommelier.com)* ou à la **Maison Chapoutier** *(18 av. Paul-Durand - 04 75 08 92 61 - www.chapoutier-ecole.com)*. À partir de 25 € la demi-journée.

Dégustation – Une affaire sérieuse dans cette ville où l'on ne compte plus les cavistes et les bars à vins ! Ils sont nombreux à proposer des visites et des dégustations commentées : **Maison Paul Jaboulet aîné** *(voir plus haut)*, **Maison Chapoutier** *(voir plus haut)*, **Cave de Tain** *(22 rte de Larnage - 04 75 08 91 86 - www.cavedetain.com)*, sans compter les propriétés des environs : **Delas Frères** *(www.delas.com)*, **Domaine Rouchier** *(domaine-rouchier.e-monsite.com)* et **Domaine de Gouye** *(www.desbos.com)* à St Jean-de-Muzols, **Domaine Courbis** *(p. 100)*, **Domaine Michelas St-Jemms** *(www.michelas.st.jemms.fr)* à Mercurol… Demandez le Pass découverte à l'office de tourisme. Il répertorie les domaines et offre des bons de réduction pour les visites et les dégustations.

AFFAIRE DE VINS

Les principales productions de la région sont les AOC hermitage, crozes-hermitage (rive gauche du Rhône), saint-joseph, cornas et saint-péray (rive droite). Étirée sur la rive gauche du fleuve, Tain (dans la Drôme) est bien connue des gastronomes pour son **vignoble de St-Joseph**, l'un des plus fameux des côtes-du-rhône. Quant aux hermitages, le rouge est un vin corsé, délicat, de couleur rubis foncé, le blanc est doré et sec. Les cépages cultivés dans la région sont la syrah pour le vin rouge, la roussanne et la marsanne pour le blanc. *Voir aussi p. 50.*

Romans-sur-Isère

33 613 Romanais – Drôme (26)

Sur la route de la Drôme des Collines, à deux pas de l'Isère, Romans fut la capitale de la chaussure, ce dont la ville tire sa fierté, une tradition commerciale et un étonnant musée. Ses attraits ne s'arrêtent pas là, car elle a gardé sa vieille ville aux ruelles pittoresques et continue de produire ses fameuses « ravioles ».

NOS ADRESSES PAGE 304
Hébergement, restauration, achats, activités, etc.

S'INFORMER

Office du tourisme du pays de Romans – *62 av. Gambetta - 26100 Romans-sur-Isère - 04 75 02 28 72 - www.romans-tourisme.com - mai-sept. : 9h30-12h30, 13h30-18h30, dim. et j. fériés 9h30-12h30 ; reste de l'année : tlj sf dim. et j. fériés 9h30-12h30, 13h30-18h.* Point d'informations sur le marché de Romans, à la hauteur du 24 pl. Maurice-Faure *(mai-sept. : dim. 9h30-12h30)*. L'office de tourisme édite des dépliants pour des balades auto-guidées thématiques et organise d'intéressantes visites guidées *(mai-oct.)*.

SE REPÉRER

Carte de microrégion A-B2 (p. 278).
Romans se trouve à 18 km à l'est de Tournon-sur-Rhône et à 20 km au nord-est de Valence.

À NE PAS MANQUER

La superbe collection du musée international de la Chaussure ; la tenture de la chapelle du St-Sacrement dans la collégiale St-Barnard ; l'embarras du choix dans les boutiques de chausseurs ; le musée diocésain d'Art sacré de Mours-St-Eusèbe.

ORGANISER SON TEMPS

Si vous souhaitez faire du shopping, évitez le dimanche. En revanche, vous pourrez profiter du marché très animé. Hors saison, les musées sont fermés le lundi.

AVEC LES ENFANTS

Une intrusion dans le Monde merveilleux des lutins à Hostun ; un assaut de caresses aux joyeux caprins de Mille et Une Cornes ; une visite à Drôme Perroquets Spectacles.

Se promener Plan de ville

★ LA VIEILLE VILLE

Circuit tracé en vert sur le plan p. 300. Partez de la place du Pont.
Un lacis de ruelles pittoresques s'étend autour de la collégiale St-Barnard et à mi-pente entre la collégiale, la place de la Presle et la place Jacquemart.

★ Collégiale St-Barnard A

Parvis Jean-XXIII - 04 75 72 43 58 - ♿ - juin-sept. : 10h-12h, 15h-18h30, dim. et j. fériés 15h-18h30 ; reste de l'année : sur demande préalable - 2 € (-15 ans gratuit) - 5 € possibilité de visite guidée (1h30) de l'abbatiale, la chapelle, la sacristie et le triforium. Concerts d'orgue, rens. orguessaintbarnard.unblog.fr.
Issu d'une importante famille lyonnaise, saint Barnard (778-842) fut marié et militaire avant de se consacrer à la vie religieuse. Il fonda l'abbaye d'Ambronay puis, nommé archevêque de Vienne, le monastère de Romans à la fin de sa vie. Celui-ci fut détruit au 12e s., et remplacé par un édifice roman dont

subsistent encore le porche occidental, le portail nord et les parties basses de la nef. Vers le milieu du 13e s., le chœur et le transept furent ajoutés en style gothique. Dévastée par les protestants au 16e s., l'église fut restaurée au 18e s.
Extérieur – Vue du pont, sa silhouette massive se reflète dans l'Isère. À l'ouest, le portail roman offre aux piédroits des statues d'apôtres abîmées, groupées par deux, reposant sur des lions fort voraces puisque l'un dévore un humain, et l'autre, plus gourmet, un mouton.
Intérieur – Il doit son originalité à l'arcature romane qui renforce les murs de la nef; les arcades reposent sur des colonnes ornées de remarquables chapiteaux historiés ou à feuillages. Au-dessus court un triforium gothique dont les 160 arcades font le tour de l'édifice. Dans le chœur, remarquez les peintures murales du 14e s.
À droite de la nef, la **chapelle du St-Sacrement** abrite une **tenture★★** du 16e s., supposée d'inspiration flamande. Composé de neuf panneaux de broderies en laine, rehaussé de fils de soie, ce splendide ouvrage figure des scènes de la Passion du Christ depuis le jardin des Oliviers jusqu'à la Résurrection. Les personnages, dans des tons brun-roux, forment des groupes serrés, sur fond bleu foncé; remarquez, du côté de l'autel, la Mise en Croix, le Golgotha et la Mise au Tombeau. Sur la voûte centrale de la chapelle, une fresque du 15e s. retrace deux épisodes de la vie des « Trois Doms » (Séverin, Exupère et Félicien), martyrs viennois dont les reliques étaient vénérées dans l'église.
Prenez la rue Pêcherie, en face de la collégiale.

Escalier Josaphat A

Cet escalier descend de la rue Pêcherie vers les maisons à galeries de bois de la place de la Presle.
Par la rue du Fuseau, gagnez la rue de l'Armillerie.
Au n° **15** de la rue du Mouton, sur la droite, les fenêtres ogivales du 1er étage ont été transformées en fenêtres à meneaux; au-dessus, on devine les contours d'une tête de mouton taillée dans une pierre saillante. Au n° **18**, le portail en plein cintre présente une ornementation en pointe de diamant.
Descendez vers la place Fontaine-Couverte.

Place Fontaine-Couverte B

Au cœur de la vieille ville, elle est agrémentée d'une gracieuse fontaine moderne représentant un flûtiste.

LE DAUPHIN DU VIENNOIS

C'est à partir du 11e s. que les comtes d'Albon, originaires du Viennois, mirent peu à peu la main sur la région entre la vallée du Rhône et les Alpes, qui deviendra le Dauphiné de Viennois. On ne sait trop pourquoi les comtes adoptèrent ce titre de dauphin (qu'on retrouve en Auvergne) qui donna son nom à leur territoire.
Le premier à prendre le titre de dauphin fut le comte Guigue IV, mort en 1142. Au 14e s., le dernier dauphin du Viennois, Humbert II, qui réside habituellement au château de Beauvoir, en face de St-Marcellin, se retrouve, à la mort de son fils, sans héritier et quelque peu désargenté. Il songe alors à vendre ses domaines à la couronne de France. Celle-ci est très intéressée car le Dauphiné relevait alors de l'Empire, au moins théoriquement. Aussi, le 30 mars 1349, dans la collégiale St-Barnard de Romans, fut solennellement conclu le traité réunissant le Dauphiné à la France, à la condition expresse que le fils aîné du roi porte désormais le titre de dauphin. Le futur Charles V fut donc le premier dauphin de France.

SE LOGER

À l'Orée du Parc (Hôtel)........................ ②

SE RESTAURER

Cantine du Marché (La)........................ ③

Mandrin........................ ②

Villa Margot........................ ④

Côte Jacquemart A

Elle est bordée de maisons des 13e et 14e s. À gauche se profile la pittoresque côte Bouverie.

Le Jacquemart A

C'est une ancienne tour carrée de l'enceinte de Romans, transformée au 15e s. en beffroi et dotée d'une horloge que surveille un beau jacquemart. *Descendez la côte des Cordeliers, aménagée dans les fossés de la première enceinte ; par la rue Fontaine-des-Cordeliers, gagnez la rue St-Nicolas.*

Hôtel Thomé B

Il présente une façade Renaissance ; aux étages, belles fenêtres à meneaux. À droite, une niche abrite une Vierge à l'Enfant. *Par la rue Sabaton, gagnez la rue des Clercs.*

Rue des Clercs B

Elle est pittoresque avec son pavement en galets roulés. En face des Archives municipales, portail orné de fines ciselures.

Rue des Trois-Carreaux A

Elle prolonge la rue des Clercs. À son débouché sur la place aux Herbes s'ouvre une porte monumentale, curieusement surmontée par une structure en encorbellement et à mâchicoulis.

Place Maurice-Faure A

À droite de la porte St-Jean, percée dans le flanc nord de la collégiale, s'élève une belle demeure ornée d'une tour d'angle. À l'angle nord-ouest de la place s'amorce la **rue de l'Écosserie**, dont les premières maisons sont reliées par un arceau.

THOMAS ARTHUR LALLY, BARON DE TOLLENDAL (1702-1766)
Romanais d'origine irlandaise, il s'était mis en tête de chasser les Anglais des Indes pour rétablir dans ses droits la Compagnie des Indes, alors presque ruinée. L'entreprise connut un piteux échec et Lally dut capituler à Pondichéry en 1761. De retour en France, il fut accusé de trahison, embastillé, condamné à mort et exécuté malgré les protestations de Voltaire.

À voir aussi Plan de ville

★ Musée international de la Chaussure B

Portail Roger-Vivier - r. Bistour - ✆ 04 75 05 51 81 - www.ville-romans.com - juil.-août : 10h-18h ; mai-juin et sept. : tlj sf lun. 10h-18h, dim. et j. fériés 14h30-18h ; reste de l'année : tlj sf lun. 10h-17h, dim. et j. fériés 14h30-18h - fermé de déb. à mi-janv., certains j. fériés - possibilité de visite guidée sur demande (1h30) - 5,10 € (-18 ans 2,60 €) - 8,50 € billet combiné avec le Palais idéal du Facteur Cheval - gratuit j. de la St-Crépin et 1er dim. du mois (sf juil.-août).

On accède au musée par le portail de la rue Bistour, en traversant les jardins en terrasses jusqu'à l'élégante colonnade qui orne le bâtiment, ancien couvent de la Visitation, construit du 17e au 19e s.

Romans s'est fait, on le sait, une réputation de son industrie de la chaussure, encore vivante aujourd'hui. Rien de plus normal donc qu'un musée l'étudie sous l'angle technique, ethnographique et artistique.

Dans l'ancienne chapelle sont reconstituées les différentes étapes de la fabrication, du dessin aux finitions, en passant par les teintes, coupes, coutures et son histoire à Romans. Puis quelques tableaux des 18e et 19e s. illustrent le thème de la chaussure et des métiers annexes.

Le clou de la visite est constitué par les **collections historiques de chaussures★★** prêtées par les plus grands musées et exposées avec talent dans les anciennes cellules des religieuses visitandines. Elles sont présentées (par roulement) dans un ordre chronologique et thématique, de l'Antiquité à 1900. Elles offrent un éventail très large de pièces provenant des cinq continents. Tour à tour somptueuses, drôles ou terrifiantes, ces chaussures témoignent des coutumes et de la mode à travers les âges.

Vous découvrez les sandales en papyrus égyptiennes vieilles de presque 3 000 ans, les caligules romaines, les bottes de sept lieues des postillons (dont les étapes couvraient vraiment sept lieues, soit 27,2 km, et qui pèsent plus de 4 kg chacune), les chaussures « à la poulaine », plus ou moins longues selon le rang social, les escarpins de l'époque de Louis XIV, ceux qui auraient appartenu à Napoléon, les chaussures ardéchoises servant à décortiquer les châtaignes, les sabots, les bottines de la Belle Époque, mais aussi les mocassins d'Indiens d'Amérique, les *kurdaïchas* imprégnées de sang humain des sorciers australiens, les sandales à clous des fakirs ou les bottillons pour pieds mutilés de Chine.

La richesse du vocabulaire reflète la variété des formes, des fonctions, des ornements et des matières de ce modeste ou précieux accessoire de la vie quotidienne.

Les collections se rapportant à la **mode au 20e s.★** sont presque aussi riches, balayant les créations de grands créateurs, particulièrement de l'« inventeur du talon aiguille » Roger Vivier : ses **souliers et bottines★★** en crin, plumes, organza, résille brodée et perlée sont de véritables bijoux pour pied… de femme élégante, en soirée. Enfin, tous les modèles imaginables de boucles de chaussures figurent dans la collection Hams.

Musée de la Résistance en Drôme et de la Déportation Hors plan

R. Ste-Marie et Bistour - ✆ 04 75 05 51 81 - www.resistance-drome.org - juil.-août : 10h-18h, dim. 14h30-18h ; mai-juin et sept. : tlj sf lun. 10h-18h, dim. 14h30-18h ; reste de l'année : tlj sf lun. 10h-17h, dim. 14h30-18h - fermé 2 sem. déb. janv., certains j. fériés - 5,10 € (-26 ans 2,60 €) - billet donnant accès au musée international de la Chaussure.

Le devoir de mémoire est à l'origine de ce centre historique. En prenant comme toile de fond les grands événements de l'entre deux-guerres et de la Seconde Guerre mondiale, il présente la vie et les actions des combattants de la Drôme pendant la période 1939-1945.

De nombreux documents, objets et photos de qualité, ainsi que des montages audio et audiovisuels illustrent cette époque difficile. La présentation est réussie, les textes sont simples et percutants, les images, quant à elles, parlent, d'elles-mêmes. Un musée vraiment intéressant.

Église N.-D.-de-Lourdes B

R. Solférino et pl. Jean-Jaurès.

Typique de l'architecture des années 1930, cette église (1937) en ciment armé revêtu de couleurs pimpantes a des allures Art déco des contrées lointaines. Le style colonial serait étonnant ici si son architecte, François Bérenger, n'avait longtemps vécu en Afrique du Nord. Le clocher est surmonté d'une imposante statue de la Vierge de sept mètres de haut. À l'intérieur, le bâtiment présente de rigoureuses formes géométriques et des fresques figurant le chemin de croix signées Jacques Martin-Ferrières (1893-1972).

Calvaire des Récollets Hors plan

Un peu excentré, sur la route de Tain-l'Hermitage, le calvaire est l'aboutissement du chemin de croix traversant la ville de Romans. Bâti au 16e s., remonté au 19e s., ce chemin de croix est le premier construit en France.

À proximité Carte de microrégion p. 278

Bourg-de-Péage A2

▷ 1,8 km au sud par la D 2092N.

Situé juste au débouché du vieux pont qui le relie à la collégiale St-Barnard de Romans, Bourg-de-Péage a gardé son nom de l'ancien droit de passage prélevé par le chapitre de la collégiale.

Mours-St-Eusèbe B2

▷ 4 km au nord par la D 538, puis la D 608 à droite.

★ **Musée diocésain d'Art sacré** - *Le Village - ✆ 04 75 02 96 95 - museeartsacre.free.fr - mai-oct. : 14h30-18h30 - fermé sam. - 4 € (-17 ans gratuit).*

Aménagé dans l'église de Mours, ce magnifique musée doit son existence à un homme exceptionnel. Le père **Raoul des Cilleuls** (1924-2010), curé de la paroisse de 1967 à 1999, raconte son histoire dans un petit film. Cet amateur de belles choses entreprit de sauver, à partir des années 1950, des objets et du mobilier religieux destinés au rebut. Les collections proviennent de dons ou de récupérations effectuées auprès de particuliers, d'églises ou de communautés religieuses de la région. Le fonds, qui continue à s'enrichir, compte plus de 20 000 pièces présentées par roulement ou au gré d'expositions temporaires. L'ensemble peut paraître modeste à première vue mais renferme de véritables trésors, présentés par les passionnés qui restent à la disposition des visiteurs. Avec plus de 3 000 pièces, les **textiles** – costumes d'évêques, de chanoines, chasubles, chapes, dentelles, etc. – constituent le point fort du musée. Ils sont rangés dans des meubles à tiroirs, parmi lesquels un imposant chapier qui s'ouvre en quart de cercle. Robe de cour du règne de Louis XV, chape du 17e s. brodée de perles de verre, broderies médiévales recousues sur un tissu du 18e s., toutes rivalisent de beauté. L'**orfèvrerie** n'est pas en reste : remarquez les précieux ostensoirs et les calices, dont celui du père des Cilleuls, de style Art nouveau. On admire bien d'autres objets encore : reliquaires en papier roulé réalisés dans les couvents au 18e s., objets en os – l'« ivoire du pauvre » –, émaux, missels, croix de bateliers de l'Isère, ex-votos, canivets (images en papier découpé au canif), tableaux en cire-porcelaine, d'une extrême finesse, réalisés par les frères Guillot de Nancy (18e s.), sculptures en bois polychrome, etc. Admirez au passage l'église elle-même, qui ne sert plus aujourd'hui que pour quelques cérémonies religieuses et de rares messes. Du bâtiment élevé au 11e s. sont encore visibles la tour-clocher et le mur méridional. La partie romane fut intégrée dans la construction d'une église néoclassique en 1840, édifiée avec les pierres de réemploi

Le Monde merveilleux des lutins à Hostun B2

14 km à l'est en direction de St-Nazaire-en-Royans. Un peu après l'Écancière, prenez à droite la D 125C vers Hostun. Les Guerbys - 04 75 48 89 79 - www.mondedeslutins.com - juil.-août : 10h-18h30 ; vac. scol. (zone A) : 14h-18h ; juin : tlj sf lun. 14h-18h, w.-end 11h-18h ; mai : tlj sf lun. 14h-18h ; avr. et déc. : merc. et w.-end 14h-18h - 8 € (-14 ans 6 €).

Dans ce petit village campé à proximité du Vercors règne une étrange atmosphère. Au lieu-dit les Guerbys, une ancienne ferme transformée en petit royaume de rêve héberge en effet les mystérieux personnages de pays enchanteurs : trolls, gnomes, farfadets, gremlins et autres lutins enfin réunis pour une sarabande magique…

Circuit conseillé Carte de microrégion p. 278

LES COLLINES

44 km de Romans à Chantemerle-les-Blés. Circuit tracé sur la carte de microrégion (p. 246). Comptez environ 3h.

Quittez Romans au nord-ouest par la D 53 (route de la piscine).

St-Donat-sur-l'Herbasse A1

Vieux bourg de la Drôme bien connu des mélomanes. La **collégiale** (12e-16e s.) abrite un orgue moderne construit suivant la facture des célèbres frères Silbermann (3 claviers, 35 jeux). Un célèbre **festival Jean-Sébastien Bach** s'y tient chaque été.

Le **cloître** (belles sculptures) et le **palais delphinal** accueillent des expositions. Sur la terrasse de l'église, la **chapelle St-Michel** présente une chapelle absidiale semi-circulaire, reposant hors œuvre sur une colonnette. À l'intérieur, remarquez sur l'arc triomphal, au-dessus de l'autel, saint Michel terrassant le dragon.

Suivez la D 584 à gauche vers Bathernay. Sur la route, prenez à gauche la D 584A.

Mille et Une Cornes à Charmes-sur-l'Herbasse A1

460 chemin des Pinèdes - 09 74 76 66 77 - www.mille-et-une-cornes.com - juil.-août : 10h-19h ; avr.-juin : w.-end, merc. et vac. scol. 12h-18h ; vac. de la Toussaint : 13h-18h ; reste de l'année : dim. 13h-18h - fermé nov.-mars - possibilité

de visite guidée (45mn) - 8 € (-14 ans 6 €) - animations gratuites dim. et j. fériés 15h.

Avec ses cabanes en bois, ses clôtures rustiques, ses sentiers de terre serpentant à flanc de sous-bois, le lieu ressemble plus à un campement provisoire qu'à une ferme ou un zoo. La belle surprise vient des **nombreuses variétés d'animaux**, ces chèvres et ces moutons à 3, 4, 5 ou 6 cornes qui ne sont pas malformés, mais de races originaires d'Asie, de Syrie, d'Écosse, de Hongrie, rares ou en voie de disparition. Le parcours, qui recèle aussi nombre de poules, dindons ou quelques lamas, se termine par la bonne idée du « **parc aux caresses** », où les animaux semblent partager le plaisir des petites mains qui se promènent dans leur toison.

Revenez vers la D 584 que vous prenez à gauche.

Bathernay A1

Joli village établi face à un paysage harmonieux. À l'ouest de Bathernay, une petite route mène à la tour octogonale de **Ratières**.

Par la D 207 au sud, la D 53 sur 1,3 km et une petite route à droite, gagnez la chapelle St-Andéol.

Panorama de la chapelle St-Andéol A1

Il s'étend sur la vallée de l'Isère, la dépression de la Galaure et le mont Pilat.

Une petite route pittoresque, au sud, rejoint la D 112 à Bren où vous prenez à droite. Tournez ensuite à gauche dans la D 109.

Chantemerle-les-Blés A1

Laissez la voiture sur la place située en arrière de la poste. Le chemin d'accès s'amorce à droite du monument aux morts, au pied d'une chapelle.

Ce petit bourg de la Drôme conserve une modeste **église** romane d'aspect austère, mais égayée par certains détails décoratifs comme l'arc de la baie centrale de la façade. On s'attachera surtout au site et à la vue sur les coteaux environnants (*15mn à pied AR*).

NOS ADRESSES À ROMANS-SUR-ISÈRE

HÉBERGEMENT

À Romans-sur-Isère

POUR SE FAIRE PLAISIR

Hôtel À l'Orée du Parc – *6 av. Gambetta - 04 75 70 26 12 - www.hotel-oreeparc.com - fermé 31 déc.-3 janv. - P - - 10 ch. 86/120 € - 13 €.* Cet hôtel du début du 20e s., entièrement rénové avec goût, est situé à proximité du centre-ville de Romans. Doté d'une piscine et d'un paisible jardin, il propose des chambres confortable et calmes.

À proximité

PREMIER PRIX

Chambre d'hôte Les Marais – *Les Marais - 26300 St-Didier-de-Charpey (à 13 km au sud de Romans par la D 2532N et la D 102)- 04 75 47 03 50 - les-marais.pagesperso-orange.fr - - P - 4 ch. 55/60 € - table d'hôte (sf dim. soir et j. fériés) 18 €.* Les écuries de cette ferme familiale ont été réaménagées en chambres simples et agréablement meublées, style campagnard et papiers peints fleuris. Les repas sont pris en famille autour de plats régionaux. Petit musée agricole.

BUDGET MOYEN

Hôtel Les Vieilles Granges – *720 rte des Vieilles-Granges - 26600 Granges-lès-Beaumont (6,5 km au sud de Romans par la D 532)- ✆ 04 75 71 62 83 - www.vieilles-granges.com - P - 11 ch. 72/83 € - ☕ 9 € - formule déj. en sem. 20 €, menus 29/42 €.* Un havre de paix sur les bords de l'Isère : quoique de petite taille pour certaines, les chambres récemment refaites sont ouvertes sur la nature. Les repas sont servis au soleil sur la terrasse, où l'on apprécie l'excellente cuisine traditionnelle. Cadre très reposant.

RESTAURATION

PREMIER PRIX

La Cantine du Marché – *Sur une petite place, derrière le chevet de la Collégiale, à la hauteur du quai Ulysse-Chevalier.* Tous les dimanches en saison jusqu'à 14h, quelques *food trucks* (camions restaurants) proposent des spécialités différentes, à emporter ou consommer sur place autour des quelques tables installées face à l'Isère.

BUDGET MOYEN

Mandrin – *70 r. St-Nicolas - ✆ 04 75 02 93 55 - fermé dim. et lun. - formule déj. 17,50 €, menus 25/46 €.* Mandrin, le célèbre contrebandier, aurait trouvé refuge dans cette maison datant de 1754. Sol en terre cuite, poutres, colombages et galets roulés donnent une atmosphère moyenâgeuse à la salle de restaurant. Carte traditionnelle.

Villa Margot – *57 av. Gambetta- ✆ 04 82 30 20 10 - www. lavillamargot.fr - fermé dim., lun. soir et mar. soir - formule déj. 19,50 €, menu 25 €.* Dans une villa Art déco entourée d'un grand parc, la Villa Margot et son décor contemporain sont l'occasion d'une pause agréable, quelle que soit l'heure : salon de thé l'après-midi, *happy hour* en début de soirée… De mai à septembre, apéro-jazz avec musique live dans le parc le jeu. *(18h30-21h).*

ACHATS

Fatigué de marcher en tongs ? Allez donc faire un tour dans les magasins d'usine de Romans. Majoritairement situés en centre-ville, place Charles-de-Gaulle et côte des Cordeliers, ces établissements commercialisent leurs collections de l'année précédente à des tarifs très intéressants (au minimum, moins 30 % de remise). Que ce soit chez les créateurs réputés ou non, vous trouverez toujours chaussure à votre pied.

Fanal – *Côte des Cordeliers - 10h-12h, 14h-19h, fermé lun. matin et dim.* Une galerie marchande qui regroupe plus de cinquante marques de chaussures et de maroquinerie.

Marques Avenue – *Av. Gambetta - ouv. tlj sf dim. 10h-19h.* Installés dans une caserne militaire entièrement réaménagée avec l'esplanade centrale transformée en parking, une dizaines de magasins de marques.

Spécialités – Les gourmets apprécieront les **pognes**, brioches parfumées à la fleur d'oranger (elles doivent leur nom à la coutume des ménagères romanaises de mettre de côté une « pougne » ou poignée de la pâte à pain qu'elles pétrissaient pour en faire une pâtisserie), les **saint-genis** (pognes aux pralines), les **ravioles** au fromage de chèvre et **la tomme de chèvre**.

Marché – Celui qui se tient le dim. sur la place Maurice-Faure et dans les rues alentour est pariculièrement animé. Beaucoup de choix de spécialités locales.

Ravioles Mère Maury – *38 r. Félix-Faure - ✆ 04 75 70 03 59 - www.raviolesmeremaury.com - mar.-vend. 8h-12h30, 14h-19h, sam. 8h-19h30, dim. 8h-12h30, lun. 9h-12h, 14h-19h.* Cette boutique centenaire vend des ravioles qu'elle commercialise en boîtes de 9, 18 ou 36 plaques. On y trouve également de nombreux autres produits du terroir : miels, confitures, limonades, confiseries, charcuterie, huiles et vinaigres aromatisés, pâtes colorées…

Pognes Pascalis – *86 r. Jean-Jaurès - 26300 Bourg-de-Péage - ✆ 04 75 02 08 46 - www.museedelapogne.com - boutique 7h-19h, dim. 7h30-12h45 - 4 € (-12 ans 1 €) visite sur demande préalable, se renseigner sur les jours et les horaires qui changent selon les mois.* Une boulangerie qui se visite ? On aura tout vu ! C'est qu'on y fabrique l'une des meilleures pognes de la région. Dans son séduisant décor à l'ancienne, vous découvrirez l'histoire de la brioche et profiterez d'une dégustation. Également une boutique à Romans : *1 av. Victor-Hugo, mar.-sam. 7h-19h, dim. 7h30-12h45.*

Chizat Jean-Louis et Christine – *Pont de l'Herbasse - 26600 Granges-les-Beaumont - ✆ 04 75 71 61 48 - www.cueillette-de-l-herbasse.fr -tlj de déb. juin à fin oct. (se renseigner pour les horaires).* Cette ferme originale propose à ses clients d'aller cueillir eux-mêmes leurs fruits et légumes. L'outillage nécessaire (bêche, brouette, couteau) est prêté à l'entrée ; une fois votre récolte achevée, vous n'avez plus qu'à la faire peser et la régler. Également vente de fromages les merc. et vend. matin en été.

ACTIVITÉS

Drôme Perroquets Spectacles – *1235 rte de Claveyson - 26260 Bren - ✆ 06 02 34 58 69 - www.perroquet-spectacle.com - ♿ - spectacle juil.-août : 15h et 16h30 ; juin : 15h ; mai : merc., dim. et j. fériés 15h - 8 € (-12 ans 4 €).* L'occasion unique de voir toutes sortes de perroquets faire de la trottinette, de la voiture ou du patin à roulettes. On serait presque surpris de découvrir qu'ils savent surtout voler ! Vous pourrez aussi les contempler dans le parc.

Le portrait de Ferdinand Cheval sur son palais féerique.
L. Maisant / hemis.fr

Palais idéal du Facteur Cheval

★★

1 720 Hauterivois – Drôme (26)

Du monde entier, des milliers de visiteurs viennent chaque année à Hauterives. Ce ne sont pas tant les ruines du château médiéval qui les attirent que ce fabuleux palais aux allures de temple khmer. Ils rendent ainsi hommage à un homme étonnant, le Facteur Cheval, un « paysan » selon lui, qui prouva à force de volonté que ce n'est pas la culture qui fait l'art, mais la qualité du rêve et le courage de l'accomplir.

4

NOS ADRESSES PAGE 311
Hébergement, restauration, achats, activités, etc.

SE REPÉRER

Carte de microrégion A1 (p. 278).

Le village d'Hauterives se trouve à 25 km au nord de Romans. On y accède par la D 538.

À NE PAS MANQUER

L'œuvre naïve du Facteur Cheval.

ORGANISER SON TEMPS

Comptez au moins 3h pour la visite de la ville et de ses environs. Si vous manquez de temps, visitez en priorité le Palais idéal, et si vous n'êtes pas pressé, complétez au moins par le tombeau.

AVEC LES ENFANTS

Le parcours enfants du Palais idéal ; les labyrinthes végétaux.

Se promener

★★ Le Palais idéal

8 r. du Palais - ✆ 04 75 68 81 19 - www.facteurcheval.com - ♿ - juil.-août : 9h30-19h ; avr.-juin et sept. : 9h30-18h30 ; fév.-mars et oct.-nov. : 9h30-17h30 ; reste de l'année : 9h30-16h30 - fermé de mi-à fin janv., &janv., 25 déc. - possibilité de visite guidée (20mn) - 6,50 € (-16 ans 5 €) - 8,50 € billet combiné avec le musée international de la chaussure à Romans-sur-Isère - concert de jazz en juin et variété en juil. - parcours enf. sur demande.

Au milieu du jardin, sur un quadrilatère d'environ 300 m^2, s'élève une construction d'une dizaine de mètres de haut, hérissée d'étranges ornements. C'est le Palais idéal du Facteur Cheval, une œuvre naïve étonnante.

Un plan est donné à l'entrée qui explique en détail les différentes scènes du palais, de même qu'un audioguide *(2 €)*.

Le **côté est** est le plus singulier. À gauche se dressent fièrement trois géants revêtus d'un cailloutis rougeâtre, dont la coiffure s'apparente aux mystérieuses statues de l'île de Pâques : ce sont César, conquérant romain, Archimède, savant grec, et Vercingétorix, héros de la Gaule. Vercingétorix montre le ciel et la terre, César et Archimède posent un bras sur son épaule ; dans son autre main, Archimède tient une branche d'olivier. Entre eux, les déesses Isis et Velléda lèvent les mains en signe de louange. Cheval a écrit : « Sous la garde des trois géants, j'ai placé l'épopée des humbles courbés sous le sillon » et « À la fraternité des peuples ». En retrait, dans une petite **grotte**, sont posés les seuls soutiens du Facteur Cheval : ses outils et sa brouette qui déclare : « Je suis la fidèle compagne du travailleur intelligent qui chaque jour

UN SITE FÉERIQUE

L'auteur de la construction qui fait la renommée d'Hauterives a une vie digne d'un conte, tragique et édifiante à la fois. S'il écrit sur la façade ouest de son palais : « Le travail fut ma seule gloire, l'honneur mon seul bonheur » (signé : « un facteur rural »), c'est qu'elle ne manque pas de drames : à 37 ans, **Ferdinand Cheval** a déjà perdu sa première épouse et un enfant ; avant de mourir, il perdra sa seconde épouse et ses deux autres enfants. Il était hanté depuis longtemps par des rêves de palais féerique et avait noté ses visions, mais ce n'est qu'à 43 ans, après avoir trébuché sur sa « pierre d'achoppement » (l'expression fait référence à l'Évangile), qu'il décide d'entreprendre sa construction. Il est alors facteur, sans culture architecturale ou artistique, et le village entier se moque de sa prétention, le taxe d'un sommaire « réalisateur d'inutile ».

Pendant sa tournée à pied, il charge son sac des pierres qu'il rencontre, les dépose par tas et vient les rechercher le soir avec sa brouette. Il les utilise pour édifier dans son jardin murs, pinacles et gargouilles, cela pendant trente-trois ans ; « Je me suis dit : puisque la nature veut faire la sculpture, moi je ferai la maçonnerie et l'architecture. » Il voulait faire de ce palais son tombeau, mais l'administration lui en refuse l'autorisation.

Qu'à cela ne tienne, Cheval consacre les dix dernières années de sa vie à construire, de la même façon, son tombeau au cimetière. Il meurt en 1924 au terme d'un travail inlassable. Son œuvre sera classée en 1969 par l'écrivain et ministre de la Culture André Malraux, qui dira : « Il serait enfantin de ne pas classer la **seule architecture naïve du monde**, quand c'est nous, Français, qui avons la chance de la posséder. »

Le Palais idéal du Facteur Cheval.
ferrantraite / iStock

dans sa campagne cherchait son petit contingent. » À droite de la façade, le tombeau égyptien avec ses colonnes devait servir de sépulture au facteur et à sa famille.

La **façade nord** est la dernière construite. Elle grouille de petits éléments décoratifs et intègre le récit de la Genèse, Adam et Ève, l'arbre de la connaissance du bien et du mal et le serpent.

L'entrée du palais est située **côté ouest**. Des imitations de végétaux voisinent avec des éléments inspirés des Expositions universelles. Sous de grandes arcades, le facteur a sculpté un temple hindou, un chalet suisse, la Maison-Blanche, la Maison-Carrée d'Alger et un château fort. L'angle qui suit est formé par une mosquée. L'**intérieur** du palais est percé de galeries et de grottes ornées de volutes. Par de petits escaliers, on accède à la **terrasse**, autrefois traversée de canaux et de tuyaux irriguant les fontaines de la façade est. C'est ici le centre de l'univers fantastique du facteur, le lieu où est enchâssée la première pierre de la construction.

La **façade sud** est dédiée aux pierres antédiluviennes. Cheval y réunissait les pierres qui n'avaient pas trouvé leur place ailleurs. L'arbre de vie – celui qui, dans la Genèse, donne la vie éternelle – symbolise sans doute pour lui la vie avant le Déluge.

À quelques dizaines de mètres à l'est de l'ensemble, Cheval a élevé un **belvédère** pour profiter de la vue sur son œuvre dans la lumière du soleil couchant. Il y a inscrit : « Chaque fois que tu me regardes, tu vois la vie qui s'en va. »

En vous promenant dans Hauterives, vous verrez le buste du facteur et vous serez sans doute frappé par la puissance de son visage reproduit sur maintes affiches. Il reflète à lui seul la dureté de sa vie et la profondeur de sa passion.

★★ Le tombeau

Pour se rendre à pied au cimetière, comptez 15mn environ depuis la place de la Mairie. Rendez-vous sur la rue principale (la D 51), passez l'hôtel Le Relais et prenez à gauche le chemin fléché. Pour y aller en voiture, rejoignez la D 51 direction Châteauneuf-de-Galaure et prenez la dernière rue à gauche juste avant de quitter Hauterives en direction du cimetière.

« Le tombeau du silence et du repos sans fin » est le dernier travail de bâtisseur du « facteur rural », construit entre 1914 et 1922.

Coiffé d'une croix et portant les lettres JMJ (sans doute pour Jésus Marie Joseph), il présente un travail plus miniaturiste, orné de coquillages. Y reposent les corps de Ferdinand Cheval et de sa famille.

Le Baz'art des mots

Grande-Rue - ✆ 04 75 68 95 40 - www.lebazartdesmots.fr - ♿ - 9h-12h, 14h30-19h, sam. 9h-12h, 15h-19h - fermé dim.-lun., 1er janv., 1er Mai, 25 déc. - entrée libre.

Réparti sur deux niveaux, ce nouvel espace d'art fait écho au Palais idéal. Le premier étage présente une exposition temporaire, tandis que le second est consacré à une exposition permanente d'art singulier, en hommage au Facteur Cheval.

À proximité Carte de microrégion

Les Labyrinthes A1

3,5 km à l'est par la D 51, puis à gauche dans St-Germain. 390 Les Bessées - ✆ 04 75 68 96 27 - www.labyrinthes-hauterives.com - ♿ - du dim. de Pâques à fin août : 11h-19h ; sept. : w.-end 11h-19h - 10 € (enfant 8,50 €).

Aménagés sur une colline, quatre grands labyrinthes végétaux forment un jeu de piste. À l'abri du soleil, la Maison des enfants leur propose des animations amusantes à partir de mosaïques.

Manthes A1

9 km au nord par les D 538, D 1 et D 137.

L'**église** romane, accolée à un **prieuré** clunisien, se dresse sur le bord d'un coteau. Le beau vitrail du 14e s. de l'abside représente saint Pierre et saint Paul.

La Motte-de-Galaure A1

12 km au sud-ouest par la D 51.

Le prieuré Ste-Agnès, restauré, a conservé deux arcades primitives de son cloître. L'**église** présente une charmante façade du 12e s. percée d'une fenêtre à arc polylobé et surmontée d'un fronton ajouré pour les cloches. À l'entrée du chœur, une Vierge à l'Enfant en bois doré (16e s.) est posée sur une colonne à fûts entrelacés provenant de l'ancien cloître. Accolée au transept nord, la chapelle, de style gothique flamboyant, abrite un grand christ en bois du 18e s.

Albon A1

17 km à l'ouest par la D 51 et la D 132.

Albon doit une partie de son histoire à ses comtes qui, en étendant leurs possessions à partir du 11e s., créèrent le Dauphiné. Vestige de ce passé, la **tour d'Albon**, ruinée, offre un beau **panorama★** sur la vallée du Rhône, du défilé de St-Vallier à la plaine de St-Rambert, le débouché de la Valloire et, à l'ouest, les Cévennes.

Pour les amateurs de botanique, une balade au cœur du village s'impose avant de quitter les lieux. Millepertuis contre l'esprit mauvais ou joubarbe face aux jeteurs de sorts, c'est une kyrielle de plantes magiques et symboliques que vous invite à découvrir le circuit balisé au départ de la mairie. Saison conseillée : fin du printemps, début de l'été.

Château de Mantaille A1

11 km à l'ouest par la D 147 et la D 132.

Les ruines du **château** se dressent au flanc du vallon du **Bancel**. C'est à Mantaille que Boson se fit couronner roi de Bourgogne en 879.

NOS ADRESSES À HAUTERIVES

HÉBERGEMENT/RESTAURATION

À Hauterives

BUDGET MOYEN

Hôtel Le Relais – *Pl. du Gén.-de-Miribel - ✆ 04 75 68 81 12 - www.hotel-relais-drome.com - fermé mi janv.-fin fév., dim. soir sf juil.-août et lun. - P - 20 ch. 71 € - ☕ 9 € - formules déj. 15,40/18,10 €, menus 27,50/39 €.* Façade en galets roulés et volets blancs pour cet hôtel de village sis dans une grande maison ancienne. Ses chambres sont simples et accueillantes, régulièrement rafraîchies. Petits plats traditionnels servis dans la salle à manger rustique ou en terrasse.

Chambre d'hôte Chez l'Antiquaire – *✆ 04 75 68 80 85 - www.chez-lantiquaire.com - 1 ch. et 1 studio (pour 5 pers.) 75 €, 15 €/pers. supp. ☕.* L'endroit idéal pour passer un bon moment, en plein centre d'Hauterives : accueil chaleureux, chambres très agréables joliment décorées et un petit jardin pour le studio.

Chambre d'hôte Villa Eugénie – *✆ 04 75 68 81 92 - www.les-chambres-d-hotes-drome.com - P - 🏊 - 2 ch. 82/89 € ☕.* Cette villa de 1900 entourée d'un beau parc a été entièrement restaurée. Elle a conservé son style bourgeois du 19e s. à l'image de ses chambres.

À proximité

BUDGET MOYEN

Chambre d'hôte Le Lit de la Galaure – *26390 Treigneux - ✆ 04 75 68 97 56 - www.lelitdelagalaure.com - P - 🚭 - 1 gîte et 3 ch. 62 € (95 € ch. + accès spa et hammam) ☕ - table d'hôte 20 €.* D'après le propriétaire des lieux, le lit de la Galaure est garni de galets, ce qui lui a donné son nom. C'est vrai pour la rivière, mais, ici, les galets de l'ancienne ferme sont sertis dans les murs tandis que les lits sont au calme, dans des chambres aux tons pastel. De l'ancienne ferme restent peu de souvenirs, sauf peut-être un goût prononcé pour les confitures maison, la cuisine régionale et la compagnie des animaux.

BOIRE UN VERRE

Le Baz'art des mots – *19 Grande-Rue - ✆ 04 75 68 95 40 - www.lebazartdesmots.fr - 9h-12h, 14h-19h, fermé dim. et lun.* La librairie de l'espace d'art possède un petit bar où l'on peut déguster des thés créatifs, dédiés aux écrivains du monde entier, une limonade artisanale ou un chocolat chaud sorti de la chocolatière.

Le Vercors 5

Carte Michelin Départements 332 et 333 – Drôme (26) et Isère (38)

Parc naturel régional du Vercors, le Grand Veymont.

F. Guiziou/hemis.fr

LE VERCORS

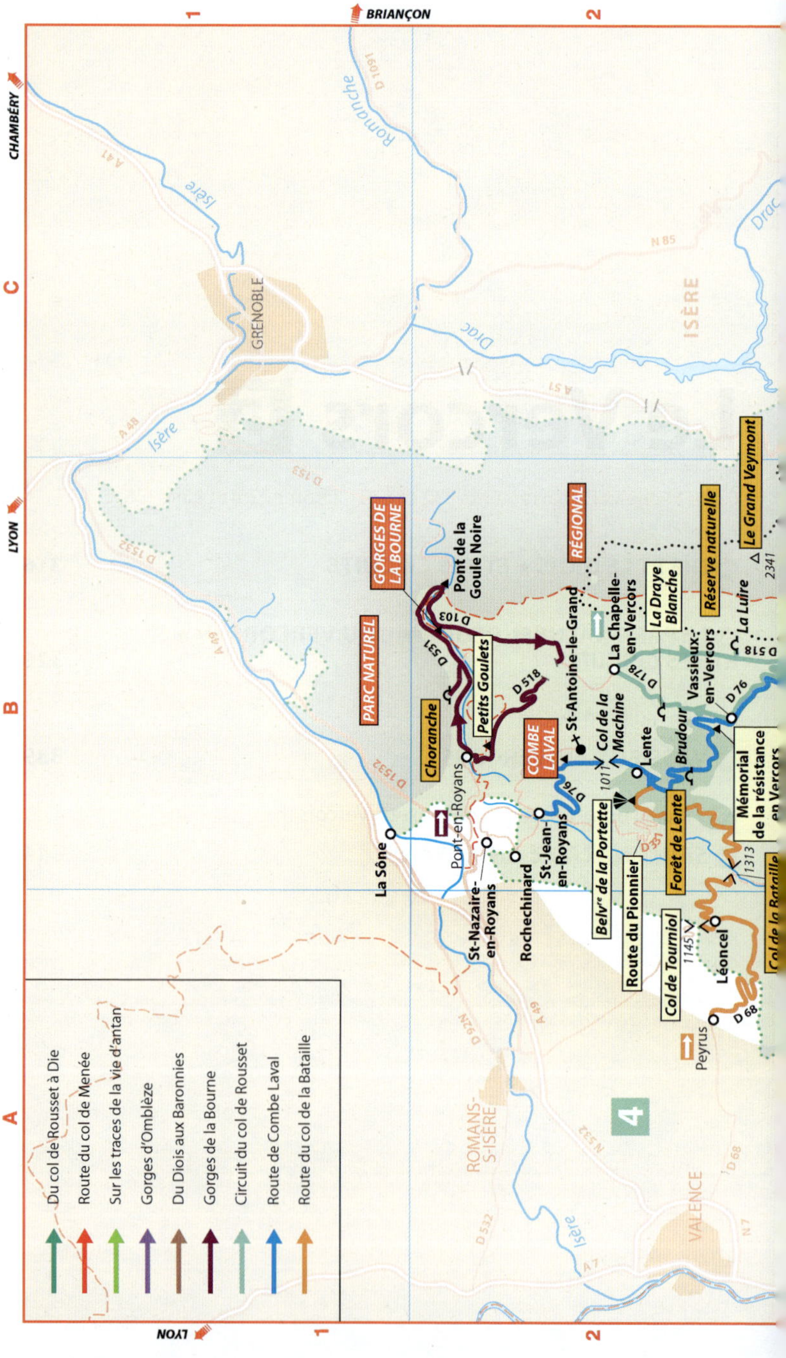

Du col de Rousset à Die
Route du col de Menée
Sur les traces de la vie d'antan
Gorges d'Omblèze
Du Diois aux Baronnies
Gorges de la Bourne
Circuit du col de Rousset
Route de Combe Laval
Route du col de la Bataille
CHAMBÉRY
LYON
BRIANÇON
GRENOBLE
Isère
Romanche
Drac
ISÈRE
PARC NATUREL
RÉGIONAL
GORGES DE LA BOURNE
Pont de la Goule Noire
Petits Goulets
Choranche
Pont-en-Royans
La Sône
St-Nazaire-en-Royans
Rochechinard
St-Jean-en-Royans
COMBE LAVAL
St-Antoine-le-Grand
Col de la Machine
Lente
La Chapelle-en-Vercors
La Draye Blanche
Vassieux-en-Vercors
Brudour
Mémorial de la résistance en Vercors
Belvre de la Portette
Route du Pionnier
Forêt de Lente
Col de Tourniol
Léoncel
Peyrus
Col de la Bataille
Réserve naturelle
Le Grand Veymont
La Luire
2341
1011
1313
1145
ROMANS-S-ISÈRE
VALENCE
4
A 41
A 48
A 49
A 51
A 7
N 85
N 532
N 7
D 1091
D 1532
D 153
D 103
D 531
D 31
D 518
D 76
D 178
D 68
D 532
D 92N
A
B
C
1
2

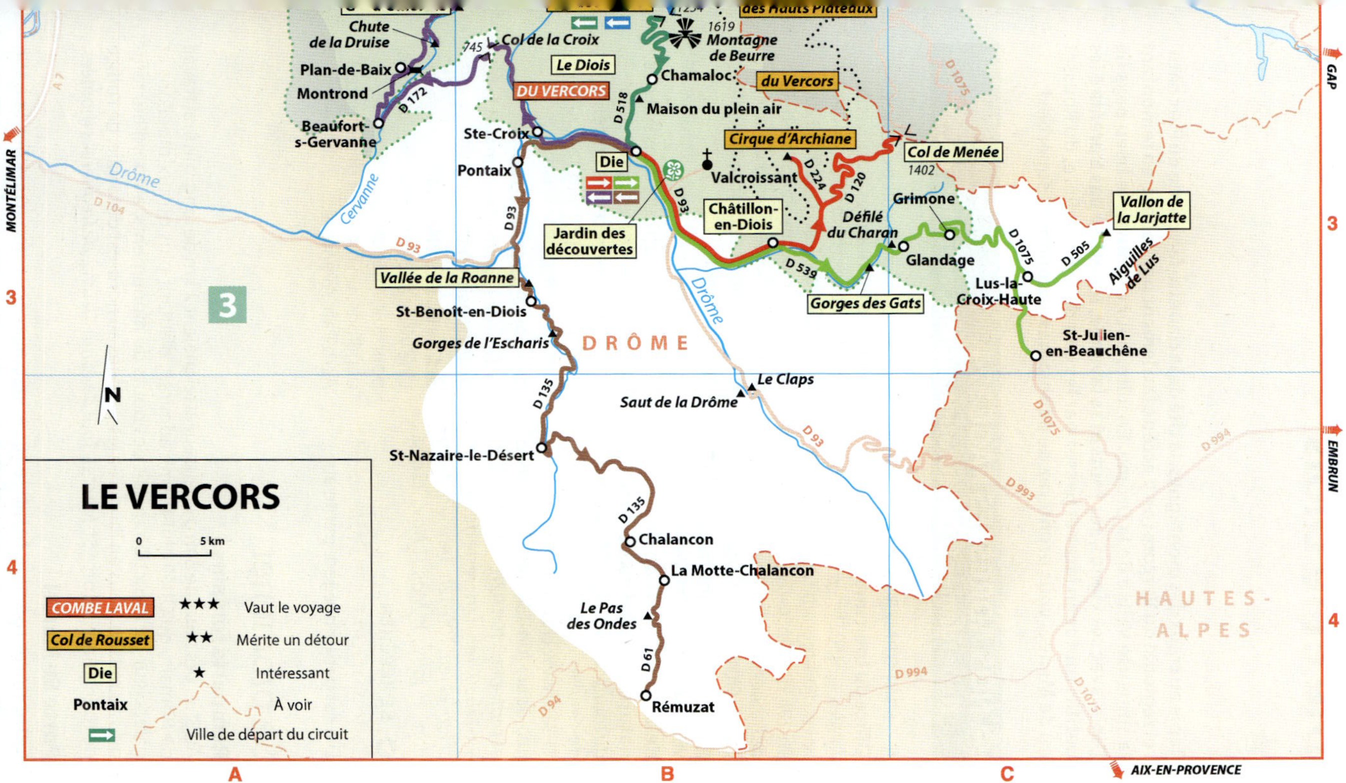
LE VERCORS
0
5 km
COMBE LAVAL
★★★ Vaut le voyage
Col de Rousset
★★ Mérite un détour
Die
★ Intéressant
Pontaix
À voir
Ville de départ du circuit
N
3
DRÔME
HAUTES-ALPES
MONTÉLIMAR
GAP
EMBRUN
AIX-EN-PROVENCE
A
B
C
3
4
Chute de la Druise
Plan-de-Baix
Montrond
Beaufort-s-Gervanne
D 172
745
Col de la Croix
Le Diois
DU VERCORS
Chamaloc
1619
Montagne de Beurre
du Vercors
Maison du plein air
D 518
Ste-Croix
Die
Pontaix
Cirque d'Archiane
Col de Menée
1402
Valcroissant
D 224
D 120
Jardin des découvertes
D 93
Châtillon-en-Diois
Défilé du Charan
Grimone
Glandage
Vallon de la Jarjatte
D 1075
D 505
Aiguilles de Lus
Lus-la-Croix-Haute
D 539
Gorges des Gats
St-Julien-en-Beauchêne
Drôme
Cervanne
D 104
D 93
Vallée de la Roanne
St-Benoît-en-Diois
Gorges de l'Escharis
Le Claps
Saut de la Drôme
D 135
St-Nazaire-le-Désert
Chalancon
La Motte-Chalancon
Le Pas des Ondes
D 61
Rémuzat
D 94
D 994
D 993
A 7

Die et le Diois

★

4 411 Diois – Drôme (26)

Tapie au creux des montagnes, la cité de la clairette fait partie du Parc naturel régional du Vercors : on y accède facilement par l'ouest, en remontant la sinueuse vallée de la Drôme. Ensuite, pour découvrir le beau pays de Diois, avec ses vignes, ses fruits et sa lavande, n'hésitez pas à prendre les petites routes en lacet et passez par les cols de la Chaudière, du Rousset ou de Menée, vous profiterez de panoramas absolument superbes !

NOS ADRESSES PAGE 324
Hébergement, restauration, achats, activités, etc.

S'INFORMER

Office du tourisme de Die – *R. des Jardins - 26150 Die - ✆ 04 75 22 03 03 - www.diois-tourisme.com - juil.-août : 9h-19h, dim. 9h30-12h30, 15h-18h ; reste de l'année : tlj sf dim. 9h-12h, 14h-18h, j. fériés 9h30-12h30.* L'office de tourisme propose un dépliant gratuit pour la visite historique de Die *(40mn).*

Relais d'information du Parc naturel régional du Vercors – *Office du tourisme de Crest - Pl. du Gén.-de-Gaulle - 26400 Crest - ✆ 04 75 25 11 38 - www.crest-tourisme.com - juil.-août : 10h-13h, 14h-18h ; mai-juin et sept.-oct. : 10h-12h, 14h-18h, sam. 9h-12h30, 14h-17h ; reste de l'année : tlj sf lun. et jeu. 10h-12h, 14h-17h - fermé dim., 1er janv., 1er Mai, 11 Nov., 25 déc.*

SE REPÉRER

Carte de microrégion B3 (p. 314-315).
Die est bâtie en légère pente au cœur d'une vaste vallée cultivée ceinte de montagnes. Pour venir, les plus belles routes descendent du nord et de l'est : D 520, D 120 ou D 539. En poursuivant au-delà du circuit « Sur les traces de la vie d'antan », vous rejoindrez la vallée du haut Buëch.

SE GARER

Laissez votre véhicule dans l'un des parkings près des remparts pour aller découvrir le centre ancien à pied. Un grand parking se trouve en face de l'office de tourisme.

À NE PAS MANQUER

La fête de la clairette en mai et la fête de la transhumance en juin.

AVEC LES ENFANTS

Une visite au Jardin des découvertes, pour voir voler des centaines de papillons ; un moment de détente à Acro'Parc Aventure.

Se promener

Remparts romains

Au 3e s., ces murs de 3 m d'épaisseur atteignaient 2 km de long : un vrai travail de Romain, qu'Obélix lui-même admirait, d'autant plus qu'aux moellons et galets leur construction mêlait des bouts de monuments, aujourd'hui réfugiés au musée. Vous en longerez les vestiges au nord-est de la ville, de l'office de tourisme à la porte St-Marcel. *Tour de 45mn-1h avec de fréquentes montées.*

Porte St-Marcel

Cette porte romaine fortifiée fut érigée avec les remparts. Pour la bâtir, on réutilisa un arc honorifique décoré d'entrelacs et de rosaces avec une clé de voûte ornée d'une tête de taureau. Sur les frises, des motifs

UN ANCIEN ÉVÊCHÉ

En 1217, un évêque accorde une charte municipale. Moins inspiré, son successeur prétend revenir sur cette mesure. Belle idée ! C'est devant la cathédrale que ses ouailles le massacrent. Au 16e s., c'est au tour des églises d'être démolies, quand les protestants conquièrent la ville. En 1604, Die devient le siège d'une académie protestante. Mais Louis XIV la supprime et rétablit l'évêché qui n'existait plus depuis cinq siècles.

évoquaient la prospérité sous la paix romaine : lionne apprivoisée, scènes de danse…

Cathédrale

En arrivant à Die, vous remarquerez la jolie silhouette du clocher-porche (12e s.) de la cathédrale et son campanile en fer forgé. Les chapiteaux des portails sont ornés au nord de scènes bibliques (Caïn et Abel, le sacrifice d'Abraham), à l'ouest et au sud de combats symboliques (hommes et griffon, ondine et crocodile). Le tympan a été mutilé. La nef, reconstruite au 17e s., abrite une belle chaire de cette même époque, aux personnages sculptés avec réalisme.

Derrière la cathédrale, rue Amédée-Rousset, se dresse le temple protestant du 19e s. (ancienne chapelle du 17e s.). En face, la **maison du chanoine Faure de Vercors** (17e s.) montre une belle façade Renaissance, une tourelle avec un escalier à vis, des fenêtres à meneaux.

Espace social et culturel de Die et du Diois

✆ 04 75 22 03 03 - visite guidée (30mn) avr.-sept. : sur demande à l'office de tourisme - 2 € (-12 ans gratuit).

Cet ancien palais épiscopal, qui fut un temps l'hôtel de ville, abrite la **chapelle St-Nicolas**, un oratoire privé du 11e s. doté d'une admirable **mosaïque★** du 12e s. aux motifs d'une grande finesse, qui représente l'univers. Autour d'un motif central, l'étoile Polaire, coulent les quatre fleuves du paradis terrestre (têtes de taureaux). Deux des points cardinaux sont illustrés par des têtes de vents. Dans l'angle nord-est, on reconnaît le monde marin, dans la partie sud-est la végétation et les oiseaux, et dans la partie ouest les animaux. Sur les murs subsistent des fresques du Moyen Âge, ainsi que les papiers imprimés et peints à la gouache, très rares, que firent poser les évêques au 18e s.

Musée d'Histoire et d'Archéologie

11 r. Camille-Buffardel - ✆ 04 75 22 40 05 - www.museediois.wix.com/musee - juil.-août : 15h-19h ; de mi-avr. à fin juin et sept.-oct. : tlj sf mar. 14h-17h - fermé dim.-lun. et j. fériés - possibilité de visite guidée (1h10) - 3,60 € (-18 ans gratuit).

Un hôtel particulier du 18e s. abrite ce musée dont les collections disparates recèlent quelques pièces de grand intérêt. La période gallo-romaine, la plus riche, s'illustre par des **stèles tauroboliques**. Une salle est consacrée à la vie d'autrefois, une autre aux sculptures romanes provenant de la cathédrale.

À proximité Carte de microrégion

★ Jardin des découvertes B3

3 km au sud-est sur la route de Gap.

Rte de Gap - quartier du Plot - ✆ 04 75 22 17 90 - www.jardin-decouvertes.com - ♿ - juil.-août : 10h-18h ; reste de l'année : 10h-12h, 14h-17h - fermé de mi-sept. à déb. avr. - 7 € (-11 ans 4 €).

> **TRANSHUMANCES D'HIER ET D'AUJOURD'HUI**
> Aujourd'hui, Die ne connaît pas d'autre transhumance estivale que celle des moutons (fête de la transhumance, *2e quinz. juin*) : le flot des voitures passe ailleurs. La ville antique était pourtant un carrefour important sur la voie Milan-Vienne. Un culte à la déesse d'origine orientale Cybèle, lié à celui de Bacchus, y attirait de nombreux visiteurs venus assister aux cérémonies où l'on sacrifiait un taureau et un bélier sur des **stèles tauroboliques**. Couteaux et instruments de musique se distinguent sur ces stèles. Au musée, plusieurs d'entre elles témoignent de ce culte.

Sous ces 1 000 m² de serres, des plantes exotiques sont cultivées hors sol : à l'abri de la pluie et du vent, vous passez au milieu de centaines de beaux **papillons en liberté**, dont le plus grand du monde (à vous de deviner sa taille, elle est surprenante). Au long du parcours, les panneaux explicatifs vous apprendront tout sur la vie des lépidoptères.

Abbaye de Valcroissant B3

6 km par la D 93 vers Sisteron, puis suivez une route à gauche.
Rte de l'Abbaye - 04 75 22 12 70 - www.abbayedevalcroissant.eu - visite guidée sur demande préalable (1h) juil.-août : lun., merc. et vend. 17h ; juin et sept. : merc. 17h ; mai : vend. 17h - 3 €.
La route remonte une gorge pour arriver dans un cirque au pied des falaises du Vercors. C'est ce site impressionnant et isolé que les cisterciens ont choisi en 1188 pour fonder une abbaye.

Le Claps B4

20 km au sud-est par la D 93 et Luc-en-Diois.
Du 15e s. le Diois conserve non seulement églises et maisons, mais aussi ce **chaos naturel** dû à un gigantesque éboulement. C'est au-dessus du viaduc ferroviaire qu'il est le plus impressionnant. Plus haut, la route franchit une barre rocheuse percée d'un petit tunnel artificiel où la rivière s'engouffre pour venir bondir sur les rochers dans un nuage d'écume. C'est le **saut de la Drôme**.

Circuits conseillés

Carte page ci-contre

Avec ses affluents, Bez, Rif, Boulc et les autres, la Drôme dévale les pentes parfois arides du Diois et irrigue la jolie plaine qui en verdoie de plaisir. Au fil des gorges et des routes, remontez ces petites vallées où l'atmosphère déjà provençale adoucit la sauvagerie des paysages.

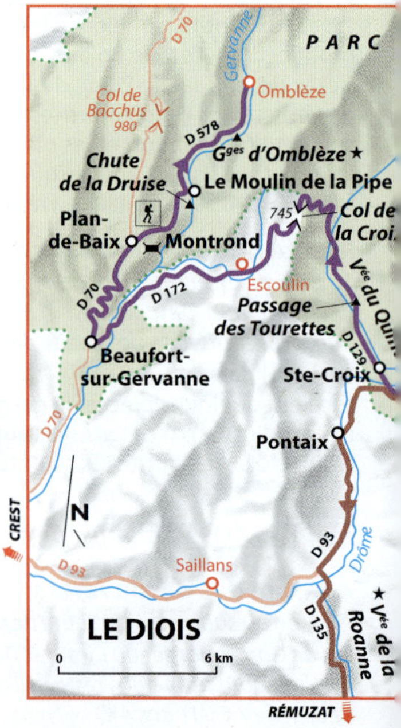

Maisons décorées de lauriers-roses et blancs, esplanades ombragées de platanes : tout dans les villages et les hameaux, parfois perchés à plus de 1 000 m, vous invite à la flânerie, entre deux excursions impressionnantes.

DU COL DE ROUSSET À DIE

Circuit de 22 km tracé sur la carte ci-dessous et sur la carte de microrégion (p. 314-315). Comptez environ 1h à partir de Die.

Avant Chamaloc, la ferme de Baïse accueille la **Maison du plein air** (*« Nos adresses » p. 325*) avec un sentier botanique. Peut-être verrez-vous voler certains des vautours fauves qui ont été réintroduits en 1999.

Chamaloc

Avec ses maisons en pierres claires et ses tuiles romaines, ce hameau fait le lien entre le Vercors et la Drôme provençale.

★★ Col de Rousset

Ce col à 1 254 m d'altitude (*circuit du col de Rousset p. 331*) marque la limite climatique des Alpes du Nord et du Sud. Arrêtez-vous sur le parking à droite à l'entrée du tunnel et regardez en arrière en direction de Die. C'est toute la magie de la Drôme du Sud qui s'étend au lointain : roches calcaires et lumière éclatantes, horizon sans fin de collines tapissées de forêts vertes mêlant pins et feuillus. La route en contrebas se replie en immenses lacets, accentuant l'impression de profondeur. Passé le tunnel, on découvre la **station** du col de Rousset qui regroupe 25 pistes de ski alpin, 35 km offerts aux amateurs de ski de fond et 15 km de sentiers pour les marcheurs ou amateurs de raquettes.

Vous pouvez ensuite continuer en direction de Vassieux-en-Vercors ou de la grotte de la Luire.

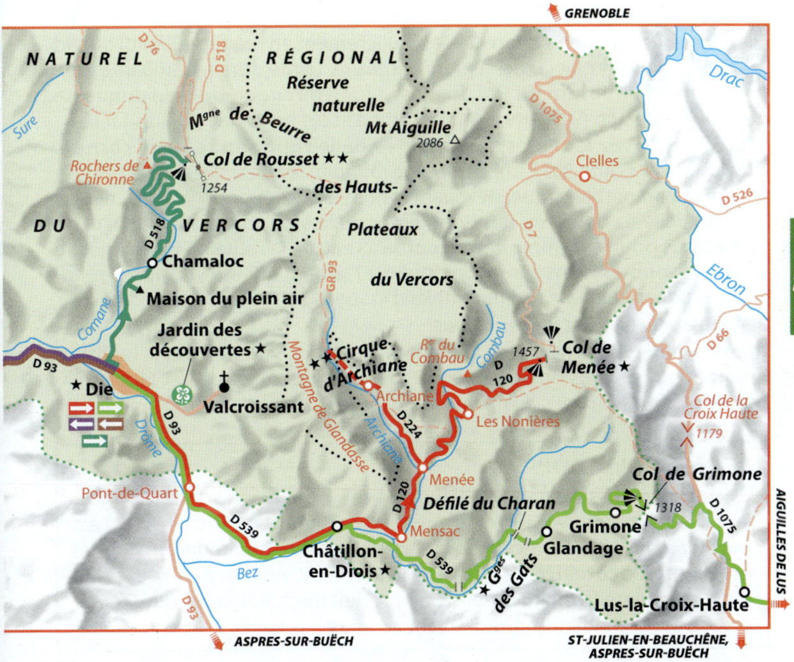

★★ ROUTE DU COL DE MENÉE

Circuit de 45 km, de Die au col de Menée, tracé sur la carte page précédente et sur la carte de microrégion (p. 314-315). Comptez 2h. Quittez Die par la D 93 vers Gap.

Bon à savoir – La neige obstrue le col de décembre à mars. Le reste du temps, les chutes de pierres peuvent en bloquer momentanément l'accès.
Vous traversez le bassin de Die parmi les vignobles que surplombent les falaises calcaires de la montagne de Glandasse.
À Pont-de-Quart, prenez la D 539 à gauche.

★ Châtillon-en-Diois

Office de tourisme – *Square Jean-Giono - 26410 Châtillon-en-Diois - 04 75 21 10 07 - www.chatillonendiois-tourisme.com - juil.-août : 9h30-12h30, 14h-18h ; avr.-juin et sept.-oct. : lun. 9h30-12h30, vend.-sam. 9h30-12h30, 14h-18h ; reste de l'année : lun. et vend. 9h30-12h30 - fermé dim., certains j. fériés.*
Laissez votre véhicule sur l'un des parkings et promenez-vous à pied.
La route par laquelle on arrive de Die est bordée par quelques commerces. Des ruelles donnent accès à la partie haute du village, la plus ancienne, qui a conservé une allure médiévale. Les maisons en pierre ont été édifiées autour d'un château détruit au 16e s. De la **place Reviron**, dominée par la tour de l'Horloge, part un réseau de rues reliées entre elles par des ruelles appelées « viols » en Diois. Châtillon est aussi un « village botanique » qui compte plus d'une centaine de plantes étiquetées, dont plusieurs grimpantes : préférez donc le printemps, l'été ou la fin de l'automne pour en apprécier la floraison.
Après Châtillon, tournez à gauche dans la D 120 vers le col de Menée. Au village de Menée, prenez la jolie route D 224 qui serpente gentiment vers Archiane. Garez-vous sur le parking, quelques dizaines de mètres avant le village.

★★ Cirque d'Archiane

De magnifiques falaises ferment la vallée boisée, entaillée dans la montagne de Glandasse. Le paysage s'apprécie particulièrement en fin d'après-midi quand le soleil décline et que la roche prend alors une teinte dorée. Le gigantesque promontoire du **Jardin du Roi** domine le fond du cirque, au pied duquel se niche le hameau d'Archiane, dont la route d'accès est ornée de buis taillés.
Si vous avez le temps, faites la très belle **randonnée « Les carnets d'Archiane »** *(5 km, 2h30, chaussures de randonnée conseillées)* : elle part du village et parcourt le cirque, dévoilant la flore locale. Avec un peu de chance, vous apercevrez peut-être des bouquetins ou des vautours fauves. Avant de partir, vous pourrez remplir votre gourde à l'eau de la fontaine du village ; au retour, les petites faims seront comblées à l'auberge *(boissons, glaces, sandwichs et des produits locaux disponibles à la vente).*
Revenez sur la D 120 et prenez à gauche.
Après le hameau des Nonières, la route suffisamment large sinue sur les flancs montagneux plantés de noyers ou de lavandes, avant de passer au pied du rocher de Combau, puis au milieu de bois et de prairies.

LE VIGNOBLE DIOIS

La **clairette de Die** est un vin blanc doux pétillant issu de deux cépages : la clairette (moins de 25 %) et le muscat. Le **crémant de Die** (vin brut) est produit à partir de trois cépages : la clairette (55 % minimum), le muscat et l'aligoté. Le **coteaux-de-die** (vin blanc sec) est vinifié à partir de la clairette uniquement. Châtillon-en-Diois produit du châtillon-en-diois rouge et rosé et du châtillon-en-diois blanc.

★ Col de Menée

À l'entrée sud du tunnel (alt. 1 457 m), les abrupts de la montagne de Glandasse se découvrent à l'horizon. À la sortie nord, très belle vue sur toute une partie des Alpes, et en particulier sur le **mont Aiguille**, le « mont inaccessible » qui, comme son nom ne l'indique pas, n'a pas de sommet pointu, mais au contraire un plateau tabulaire qui domine le Trièves.

★ SUR LES TRACES DE LA VIE D'ANTAN

Circuit de 14 km, de Die à Lus-la-Croix-Haute, tracé sur la carte (p. 318-319) et sur la carte de microrégion (p. 314-315). Comptez 2h. De Die à Châtillon-en-Diois, reportez-vous au début du circuit « Route du col de Menée », ci-contre. Sortez de Châtillon-en-Diois par la D 539.

★ Gorges des Gats

Avant que la route ne soit terminée, en 1865, il fallait passer plusieurs gués, les « gats », pour remonter ce défilé, véritable coup de sabre de quelques mètres de large, mais de plus de 100 m de hauteur…

Vous traversez ensuite le **défilé du Charan** : quatre tunnels percent la roche.

Glandage et Grimone

Elles disent la vie rude d'autrefois, ces maisons massives serrées les unes contre les autres et coiffées de grands toits à forte pente pour faire glisser la neige. Des jeunes venus s'y installer ont rendu vie à ces villages jadis abandonnés. L'église de Glandage, d'un roman naïf, mérite un regard.

Après Glandage, la végétation méridionale cède la place aux chênes et aux pins noirs.

Une fois passé le **col de Grimone** (alt. 1 318 m) se détachent au sud-est les élégantes découpures de la montagne de Garnesier et de la crête des Aiguilles.

Prenez la D 1075 vers le sud.

Lus-la-Croix-Haute

Le village s'est développé dans un vaste bassin alpestre traversé par le haut Buëch. Rendez-vous à la **Maison du patrimoine** qui relate la vie d'autrefois à travers des expositions thématiques. *✆ 04 92 58 52 94 - juil.-août : 9h-12h, 17h-19h, dim. 9h-12h ; reste de l'année : sur demande - fermé mar. - possibilité de visite guidée sur demande (30mn) - gratuit.*

La **station** (alt. 1 150 m) se trouve près de la Jarjatte.

De la Grand-Place, poursuivez à l'est sur la D 505.

★ Vallon de la Jarjatte

La route pénètre dans la haute vallée du Buëch, bientôt resserrée entre de belles pentes forestières. Près de la Jarjatte, la **station de sports d'hiver** offre 6 pistes de ski alpin, 18 km balisés pour le ski nordique et un sentier raquettes.

Vous commencez à découvrir les **aiguilles de Lus** aux découpures acérées. La **vue★★** s'attache alors aux silhouettes prenantes des cimes dénudées comprises entre le sommet de Vachères (alt. 2 400 m) et la Tête de Garnesier (alt. 2 368 m).

Le chemin se poursuit sous des bouquets de pins jusqu'à un **cirque** au bout de la vallée du Buëch. De sauvages escarpements surplombent de sombres forêts de sapins.

Revenez sur la D 1075.

La D 1075 serpente autour du lit caillouteux du Buëch, sous les hauteurs du Diois. À droite, les **serres**, longues crêtes décharnées, se succèdent. À gauche s'élèvent bientôt les pentes boisées de la montagne Durbonas.

Au-delà de **St-Julien-en-Beauchêne**, les monts aux flancs ravinés, piquetés de pins et de chênes, se coiffent d'aiguilles rocheuses que surmonte parfois une ruine féodale, comme à la Rochette, vestige d'un château fort du 12e s.

★ GORGES D'OMBLÈZE

Circuit de 48 km, de Die à Omblèze, tracé sur la carte p. 318-319 et sur la carte de microrégion (p. 314-315). Comptez 2h30. Quittez Die par la D 93 vers Crest, puis tournez à droite sur la D 129 vers Ste-Croix.

Ste-Croix

Sur une étroite arête entre la Drôme et la Suse, le village est dominé par les ruines de tours du 13e s. L'église ancienne a été divisée en deux pour recevoir le culte catholique (transept, abside) et le culte protestant (nef).

L'ancien monastère (exposition en saison) possède un **jardin** composé de plantes médicinales et aromatiques. Vous pourrez prolonger votre visite en suivant le **sentier botanique** dans le parc *(1h30, visite libre gratuite).*

La route remonte la **vallée du Quint** et traverse l'étroit **passage des Tourettes**. *Tournez à gauche dans la D 172.*

Cette route très étroite et en lacet mène à travers les pins et les chênes jusqu'au **col de la Croix** (alt. 745 m), puis descend rapidement jusqu'à Escoulin dans la vallée de la Sépie.

Beaufort-sur-Gervanne

L'arrivée sur Beaufort est spectaculaire. Les restes de fortifications, aménagés en promenade, sont bien visibles.

Prenez la D 70 vers Plan-de-Baix.

Plan-de-Baix

Entre le col de Bacchus et la vallée de la Gervanne, le village est dominé par une haute falaise calcaire, la montagne de Vellan, où ont été trouvés les vestiges d'une place forte romaine. Du **château de Montrond** (13e et 14e s.), on aperçoit les tours rondes dominant la vallée.

La D 578 surplombe de très haut la profonde vallée de la Gervanne. Puis commence la longue descente. Soudain, une tour rocheuse se détache : vous pénétrez dans les gorges, portes étroites ouvrant sur les solitudes du Sud Vercors.

Chute de la Druise

1h AR, avec des chaussures de marche. Prudence ! Les chutes de pierres sont fréquentes. Au Moulin de la Pipe, prenez à droite, sur 1 km, la route d'Ansage (parc de stationnement).

Un chemin signalé conduit au sommet de la chute de la Druise, l'une des plus belles de la Drôme, qui mesure 72 m de haut : vous pouvez atteindre le bas par un sentier rocailleux en forte pente.

Après le **Moulin de la Pipe**, le circuit pénètre dans les **gorges d'Omblèze★**, imposantes murailles calcaires surplombant la route. On passe près des cascades de la Petite et de la Grande Pissoire *(cette dernière souvent à sec en été).* Quand les parois s'écartent, on découvre le **haut bassin d'Omblèze**, méridional par ses fonds plantés de vignes et de peupliers, mais alpin par son cadre de hauts sommets gazonnés entre lesquels on distingue le col de la Bataille.

★ DU DIOIS AUX BARONNIES

Circuit de 78 km, de Die à Rémuzat, tracé en partie sur la carte p. 318-319 et sur la carte de microrégion (p. 314-315). Comptez environ 4h. Sortez de Die par la D 93 à l'ouest, direction Valence.

Cette lente traversée du cœur de la Drôme ravira les amateurs de routes désertes, de coins perdus, de beautés authentiques : fermes isolées s'accrochant aux pentes ravinées, taches jaunes des genêts rehaussant les strates rocheuses colorées, robines et montagnes en enfilade… Si vous ne faites pas halte à la ferme ou en chambre d'hôte, du moins y trouverez-vous à volonté fromages de chèvre, bouquets et essence de lavande, miels, noix et confitures…

Pontaix

Dans un **site★** superbe, ce village vigneron charme par sa grand-rue voûtée et par ses maisons des 15e et 16e s. bâtics de part et d'autre de la Drôme, les pieds dans l'eau. Surplombant de 70 m la Drôme, le puissant **donjon** date du 13e s. Le **temple** abrite des peintures des 15e et 17e s.

Poursuivez sur la D 93 et à 6 km prenez la direction de St-Nazaire-le-Désert.

La D 135 s'élève au-dessus de la **vallée de la Roanne★**.

St-Benoît-en-Diois

Montez à pied jusqu'à l'**église**, l'une des plus touchantes qui soient, perchée au beau milieu de la vallée sur une arête rocheuse. Caché derrière, le village est dans l'enfilade, arborant des **linteaux** du Moyen Âge.

Après St-Benoît, la route se rapproche du torrent et traverse les **gorges de l'Escharis**. L'été, c'est un lieu de baignade assez paradisiaque.

St-Nazaire-le-Désert

Office de tourisme – *30 r. de la Poste - 26340 St-Nazaire-le-Désert - ✆ 04 75 27 53 10 - www.vallee-roanne.com - juil.-août : 9h-12h30, sam. 9h-12h30, 14h-18h ; reste de l'année : se rens. - fermé dim.*

Les rues fleuries aux linteaux datés et décorés de cœurs, la chapelle St-Joseph (dont le bénitier porte une inscription en grec qui se lit dans les deux sens et signifie : « Lave tes fautes et non seulement ton extérieur »), les petits jardins clos, les boutiques d'artisanat, tout invite ici à une halte.

À la sortie de St-Nazaire, reprenez à gauche la D 135 ; ne traversez pas le pont de métal.

La route quitte la vallée et part à l'assaut des collines, des lavandes cultivées ou sauvageonnes, dans une ambiance à la Giono. Au col de Guillens (802 m), la **montagne des Trois Becs** est votre point de mire à l'ouest, et après Volvent, au col des Roustans (1 028 m), c'est la **montagne d'Angèle** qui accroche la lumière et le regard. Juste avant **Chalancon**, charmant village blotti sous son roc pointu, **vue★** à l'entrée des gorges sur les montagnes d'Oule et des Ruelles.

La Motte-Chalancon

Office de tourisme – *Pl. du Pont - 26470 La Motte-Chalancon - ✆ 04 75 27 24 67 - www.lamottechalancon-tourisme.com - juil.-août : 9h-12h, 14h-18h ; avr.-juin et sept. : lun. et vend.-sam. 9h30-12h30 - fermé dim. et j. fériés.*

Retour à la civilisation, mais sans ses inconvénients, dans ce bourg circulaire qui est la petite capitale des environs.

Partout des treilles et des roses, des tilleuls et des fontaines. En se promenant par les **calades**, ces ruelles aux noms pittoresques où abondent les porches voûtés, les façades à génoise et les belles portes en bois du 18e s., on monte jusqu'à l'église, vestige d'un ancien fort. Belle **vue★** sur les toits de tuiles romaines et la campagne alentour. À l'intérieur, au-dessus de l'autel, intéressant vitrail bleu.

Quittez La Motte par la D 61 à l'ouest.

La route longe la vallée de l'Oule. À 2,5 km, le **Pas des Ondes** est l'un des rares plans d'eau de la région *(baignade surveillée et payante en juil.-août).*

Rémuzat

Office de tourisme – *Pl. du Champ-de-Mars - 26510 Rémuzat - 04 75 27 85 71 - www.remuzat-tourisme.com - juil.-août : 10h-12h, 14h30-18h ; vac. de fév., avr.-juin, sept., vac. de la Toussaint et vac. de Noël : tlj sf lun. 10h-12h, 14h30-17h ; reste de l'année : merc. et vend.-dim. 10h-12h, 14h30-17h - fermé &janv., 25 déc.*
L'association **Vautours en Baronnies** présente une exposition à l'office de tourisme et organise des sorties pour découvrir les grands rapaces nichant dans le rocher du Caire, dont les falaises surplombent le village.

NOS ADRESSES À DIE ET DANS LE DIOIS

VISITE

Musée de la Clairette – *04 75 21 73 77 - www.caves-carod.com - visite guidée (30mn) 9h-12h, 14h-18h, w.-end 10h-12h, 14h-18h - fermé 1er janv., 8 Mai, 25 déc.* Il se trouve dans les caves Carod, en bordure de la D 93.

HÉBERGEMENT

À Die

PREMIER PRIX

Hôtel St-Domingue – *44 r. Camille-Buffardel - 04 75 22 03 08 - www.hotelsaintdomingue.com - P - piscine - 20 ch. 52 € - 8 € - menu 13,50 €.* Cet hôtel simple et confortable borde la rue commerçante de la ville. Accueil chaleureux et cadre rustique dans la salle à manger où l'on déguste des spécialités de ravioles.

Hôtel des Alpes – *87 r. Camille-Buffardel - 04 75 22 15 83 - www.hotel-die.com- fermé vac. fév. et Noël - 24 ch. 53/55 € - 8 €.* Cet établissement en plein centre-ville dispose de chambres confortables et calmes. Petit-déjeuner buffet.

À proximité

PREMIER PRIX

Camping L'Hirondelle – *Bois de St-Ferréol - 26410 Menglon (2,8 km au nord-ouest par la D 214 et la D 140, rte de Die, près de la D 539) - 04 75 21 82 08 - www.campinghirondelle.com - ouv. de fin avr. à mi-sept. - accès handicapés - piscine - 170 empl. 18/51 € - chalets et lodges à partir de 693 €/sem. pour 5 pers.* Apprécié pour son calme, ses places spacieuses entre sous-bois et soleil et sa piscine d'eau salée, ce camping est installé sur le versant sud du Vercors. Dans une nature généreuse, vous partagerez votre temps entre exploration et activités sportives. Agréable terrasse.

Hôtel-restaurant du Dauphiné – *Pl. Pierre-Devoluy - 26410 Châtillon-en-Diois - 04 75 21 13 13 - 8 ch. 45/67 € - 9,50 € - formule déj. en sem. 15,90 €, menu 26,90 €.* Le restaurant propose un menu terroir de qualité qui vous fera découvrir, entre autres, les caillettes, les ravioles et la tarte aux noix, à déguster sur la terrasse ombragée. La partie hôtel dispose de chambres très simples.

ACHATS

À Die

Cave de Die Jaillance – *355 av. de la Clairette - 04 75 22 30 15 - www.caveau-jaillance.com - accès handicapés - de mi-juil. à mi-août : 9h-19h ; reste de l'année : 9h-12h30, 14h-18h30 - fermé &janv., 25 déc. - 3 € possibilité de visite guidée des caves et dégustation.* Par la diversité et la qualité des vins proposés, cette cave séduira tous les amateurs de clairette, mais aussi de crémant et de vins de Châtillon-en-Diois.

À proximité

Blache Provence Senteurs – *Fontaine-de-Blai - 26340 St-Nazaire-le-Désert - ✆ 04 75 27 51 08*. Vente de produits à base de lavande. Possibilité de visiter la distillerie de lavande en saison.

ACTIVITÉS

Bon à savoir – Les offices de tourisme du Diois publient le bimensuel *L'Agenda des festivités*.

Activités de pleine nature

Aloa'venture – *Les Chaussières - 26410 Châtillon-en-Diois - ✆ 04 75 21 13 63 - www.aloaventure.com*. Pour découvrir la région sportivement. Avec le concours de moniteurs diplômés, descendez le Rio Sourd et les Écouges en canoë-kayak, explorez les grottes du massif de Pellebit ou escaladez le vallon de Baïn en toute sécurité. Formules à la demi-journée ou à la journée.

Maison du plein air – *Ferme de Baïse - 26150 Chamaloc - ✆ 04 75 22 11 82*. Pour la pratique de toutes les activités sportives vous permettant de découvrir la région.

Parc de loisirs

Acro'Parc Aventure – *Centre du Martouret - rte d'Ausson - ✆ 06 79 37 18 38 - www.acroparc.com - fermé nov.-mars*. L'aventure vous attend dans ce parc aménagé en pleine forêt. 7 parcours ludiques, 600 m de tyroliennes, un circuit Acro-Kid (dès 3 ans) et de nombreux ateliers.

Randonnées

Die et le Diois sont le paradis des randonneurs à pied, à VTT et à cheval. La proximité du parc naturel régional du Vercors y contribue pour une large part en offrant de nombreuses possibilités, notamment les Grandes Traversées du Vercors (GTV) qui s'ajoutent aux circuits locaux et aux GR. Cartes, guides et topoguides sont en vente dans les offices de tourisme.

Sur les chemins de la clairette – La carte des balades dans le vignoble diois est disponible gratuitement dans les offices du tourisme de la région. Elle recense 8 sentiers viticoles au départ de Suze-sur-Crest, St-Sauveur-en-Diois, Vercheny, Barsac, Ponet et St-Auban, Die, Barnave et Châtillon-en-Diois *(35mn-1h20 suivant les circuits)*.

Le Parc naturel régional du Vercors

★★★

Isère (38) et Drôme (26)

Le Vercors est une extraordinaire forteresse naturelle qui s'étend sur 186 000 ha entre la vallée de l'Isère et le Diois. Ce haut plateau calcaire aux formes lourdes et puissantes, riche en forêts de hêtres et de résineux, varie de 1 000 à 2 300 m d'altitude. On y accède par des gorges étroites au fond desquelles bouillonnent rivières et torrents bordés de falaises spectaculaires. Tout en haut, des paysages ouverts et amples évoquent, au nord, le Canada et ses forêts, au sud le Midi et ses steppes arides et inhabitées. Partout, des gouffres et des grottes à n'en plus finir attirent les spéléologues. Les hivers rigoureux permettent le ski alpin comme le ski de fond. C'est un immense espace où règne encore le silence d'une nature sauvage et mystérieuse.

NOS ADRESSES PAGE 337
Hébergement, restauration, achats, activités, etc.

S'INFORMER

Office de tourisme Vercors-Drôme – *Pl. Albert-Piétri - 26420 La Chapelle-en-Vercors - 04 75 48 22 54 - www.vercors-drome.com - juil.-août : 9h-12h30, 14h-19h, dim. et j. fériés 9h-12h, 14h-18h ; de mi-déc. à mi-mars : 9h-12h, 14h-18h, dim. 9h-12h ; reste de l'année : horaires, se rens. - fermé 1er janv., 1er Mai, 25 déc. - l'office du tourisme Vercors-Drôme regroupe les cinq villages du canton : St-Julien-en-Vercors, St-Martin-en-Vercors, La Chapelle-en-Vercors, Vassieux-en-Vercors et St-Agnan-en-Vercors.*

Maison du Parc naturel du Vercors – *255 chemin des Fusillés - 04 76 94 38 26 - www.parc-du-vercors.fr - pour obtenir toutes les informations pratiques concernant le Parc, une médiathèque est ouverte au public, ainsi qu'un espace d'exposition.*

SE REPÉRER

Carte de microrégion B2 (p. 314-315).

Accès depuis la vallée du Rhône par Pont-en-Royans et la D 518, et au sud en venant de Die par le col de Rousset ; de Grenoble par la D 531 et les gorges d'Engins.

À NE PAS MANQUER

La route vertigineuse de Combe Laval.

ORGANISER SON TEMPS

Les routes sont belles, qu'elles soient taillées dans le rocher ou qu'elles traversent les plateaux, mais les kilomètres ne s'avalent pas, ils se méritent.

AVEC LES ENFANTS

La découverte des grottes de Couffin et de la Draye Blanche ; une pause au Cabane Café.

Réserve naturelle des Hauts-Plateaux du Vercors, au pied du Grand Veymont.
C. Moirenc / hemis.fr

Circuits conseillés Carte de microrégion

★★★ GORGES DE LA BOURNE : INCURSION EN ISÈRE

Circuit de 58 km (entre l'Isère et la Drôme) tracé sur la carte de microrégion p. 314-315 – Comptez 3h. Quittez Pont-en-Royans par la D 531 jusqu'à Choranche.
Les gorges de la Bourne, de plus en plus encaissées, vers l'amont, entre des bancs de calcaire chaudement colorés, d'une épaisseur et d'une homogénéité extraordinaires, donnent à ce parcours un caractère majestueux.

Entre Pont-en-Royans, qui marque l'entrée des gorges, et les quelques maisons en bord de route du village de Choranche, la D 531 se glisse dans la profonde coupure de cette cluse, puis remonte la vallée. En été, vous n'avez que la portion congrue de la Bourne : un mince filet d'eau. Après Choranche, la vallée sort du fond et se lance dans un parcours en corniche impressionnant. Sur le versant sud de la vallée s'incurvent les parois gris-brun du cirque du Bournillon, où s'ouvre le porche de la grotte du même nom *(accès dangereux)*.

À Choranche, poursuivre sur la D 531 (dir. Villars-de-Lans) pendant 3 km, puis tourner à gauche en direction des grottes de Choranche (accès fléché).

5

★★ Grottes de Choranche B2

3 km à partir de la D 531.

De merveilleuses grottes, toutes très différentes les unes des autres, se cachent dans les falaises qui surplombent le village de Choranche. Oscar Decombaz a découvert et exploré cette merveille souterraine en 1875. Depuis, près de trente kilomètres de galeries ont été explorés dans les réseaux souterrains de Gournier et de Coufin-Chevaline.

★★ Grotte de Coufin – *04 76 36 09 88 - www.choranche.com - visite guidée (1h) de déb. janv. à mi-nov. et vac. de Noël : horaires, se rens. - 10,80 € (-14 ans 6,80 €). Comptez 10mn à pied pour rejoindre le site une fois les billets pris.*

Un élément naturel incomparable

LE PARADIS DES SPÉLÉOLOGUES

La cuirasse du Vercors est faite de calcaire urgonien. Mais, contrairement à ce qui peut s'observer en Chartreuse, cette formation épaisse, ici de 200 à 300 m, se déploie en longues et calmes ondulations ; elle n'en forme pas moins des falaises imposantes dans les entailles des gorges et sur les abrupts du pourtour. La circulation interne des eaux dans ces roches perméables est extrêmement active. Les ruisseaux disparaissent dans des puits naturels ou **scialets**, identiques aux « chourums » du Dévoluy, et réapparaissent par résurgence. Le plus curieux exemple de cette activité est fourni par la **Vernaison souterraine** qui, en passant au fond de la grotte de la Luire, débouche très vraisemblablement à la grotte du Bournillon. Par sa longueur (20 km) et sa puissance, ce cours d'eau se classerait parmi les toutes premières rivières souterraines de France.

L'exploration du **gouffre Berger**, dont l'entrée se trouve sur le plateau de Sornin (ouest de Sassenage) et dont la rivière souterraine alimente la résurgence des « Cuves » de Sassenage, a permis au Spéléo-Club de la Seine d'atteindre, en 1968, la cote – 1141.

PARC NATUREL RÉGIONAL DU VERCORS

Créé en 1970, ce parc de 206 000 ha comprend 85 communes réparties dans huit régions naturelles : le Piémont Nord, les Quatre Montagnes, les Coulmes, le Vercors drômois, le Royans, le Diois, le Trièves, la Gervanne et inclut la Réserve naturelle des Hauts-Plateaux. Parcourue par plusieurs sentiers de grande randonnée, dont les Grandes Traversées du Vercors initiées par le Parc naturel régional, c'est une région recherchée par les randonneurs.

POUR PLUS DE RANDONNÉES...

Le Vercors est situé à cheval sur les départements de la Drôme et de l'Isère. Pour le descriptif des circuits situés uniquement en Isère, reportez-vous au Guide Vert MICHELIN Alpes du Nord.

Parc naturel régional du Vercors : cairns sur le plateau de Font d'Urle.
L. Montico / hemis.fr

Un biotope remarquable

Du fait de la couverture forestière exceptionnelle du Vercors (elle occupe plus de la moitié du massif), vous découvrirez une large diversité de paysages. Les hêtraies et les sapinières sont prédominantes sur le plateau du Vercors, et lorsqu'on se déplace vers le sud, les forêts de pins à crochets constituent l'essentiel du paysage. Plus de 1 800 espèces végétales peuplent la région, dont certaines fleurs protégées sont très rares : sabot-de-Vénus, lis martagon et tulipe sylvestre.

Parc naturel régional du Vercors

Le Vercors abrite également une faune diversifiée avec 72 espèces de mammifères, 140 espèces d'oiseaux nicheurs et 25 espèces de reptiles et d'amphibiens. Le massif présente la particularité d'être l'un des rares secteurs montagneux à compter les six grands ongulés sauvages vivant en France : chamois, cerfs, chevreuils, sangliers, mouflons et bouquetins (réintroduits en 1989, ces derniers avaient dépassé les 300 têtes dix ans après !).

L'avifaune est remarquable, tétras-lyre et lagopède bien entendu, et parmi les rapaces : aigle royal, faucon pèlerin, hibou grand duc ; le vautour fauve, réintroduit il y a déjà quelques années, se sédentarise dans le sud du Vercors. Enfin, le gypaète barbu fait l'objet d'une campagne de réintroduction.

Le loup a fait ces dernières années un retour naturel lié à la déprise agricole et à l'augmentation des populations d'ongulés sauvages. Alors qu'il demeurait auparavant sur les hauts plateaux, il se déplace aujourd'hui dans les vallées et les piémonts. Pour les bergers, le loup n'a rien à faire sur un territoire où paissent leurs troupeaux d'ovins. Les petits élevages peuvent être gravement mis en difficulté par ses prélèvements et certains labels ne s'accordent que dans le cadre d'un élevage extensif.

Le Parc naturel régional, qui a pris clairement parti au début pour les éleveurs, premiers acteurs de l'environnement, s'oriente aujourd'hui vers la recherche de solutions efficaces qui permettent une cohabitation, comme c'est le cas dans les Alpes italiennes, où les loups sont encore plus nombreux.

Conseil – La température intérieure est de 10 °C. Munissez-vous d'un vêtement chaud et de bonnes chaussures.

La grotte de Coufin – de *cou fin*, passage étroit – se trouve au pied des impressionnantes falaises de Presles, hautes de 300 m. Taillées dans la falaise, quelques vitrines évoquent la vie des premiers habitants de la préhistoire.

On pénètre directement dans une vaste salle, haute de 16 m et large de 70 m. Et là, on a le souffle coupé : des milliers de **stalactites fistuleuses★★** se reflètent dans les eaux du lac et offrent un spectacle vraiment féerique. Très fines et fragiles comme le cristal, longues de 1 à 3 m, ces stalactites creuses d'une blancheur éclatante sont parcourues de gouttes d'eau qui s'écoulent et laissent un dépôt de calcite à la fin de leur parcours. Il faut un siècle pour que la fistuleuse atteigne 8 cm.

La visite se poursuit dans les galeries, mises en valeur par des jeux de lumière qui renforcent la magie naturelle des lieux. Des aquariums permettent de découvrir le **protée,** le plus grand animal cavernicole au monde. Il s'agit d'un batracien devenu aveugle, il y a 4 millions d'années, et doté de branchies externes. La salle de la **Cathédrale** clôture la visite★.

Chemin des Sciences de la Terre – À droite en sortant de la grotte de Coufin, le **sentier de découverte** *(1 km AR)* longe les falaises de Choranche pour rejoindre la cascade de tuf. Chaque été, une tonne et demie de cette roche poreuse formée de concrétions calcaires s'y dépose ! Des panneaux didactiques aident à comprendre ce phénomène.

Grotte du Gournier – Le réseau du Gournier, exploré sur 18 km et bien connu des spéléologues, est constitué d'une succession de cascades présentant une dénivelée de plusieurs centaines de mètres. Sous son vaste porche d'entrée, la grotte accueille un beau lac, long de 50 m et profond de 8 m.

Revenir sur la D 531, poursuivre en dir. de Villars-de-Lans.

La route traverse le bassin de la Balme, au débouché du vallon de Rencurel, qui propose un entracte reposant. Elle s'enfonce ensuite dans le défilé de la Goule Noire dont les bancs rocheux présentent une inclinaison étonnante.

Peu après deux centrales électriques, on distingue, sur le flanc boisé du versant opposé, le grand calvaire de Valchevrière, érigé en souvenir des combats de juillet 1944.

Au pont de la Goule Noire, prendre à droite la D 103, direction St-Martin-en-Vercors.

La Goule Noire B2

Après le pont de la Goule Noire, la gorge se réduit à une simple fissure où la route dispute la place au torrent. Avant les tunnels, on aperçoit, dans la paroi, sur l'autre rive, l'entrée de la grotte de la Goule Blanche, résurgence captée par la plus proche des usines échelonnées en aval.

La route passe par une courte cluse puis traverse le bassin des Jarrands, où aboutit la vallée de Méaudre.

INVISIBLES GRANDS GOULETS

Ils ont longtemps constitué la curiosité naturelle la plus sensationnelle du Vercors. Malheureusement, pour des raisons de sécurité, la fameuse route, construite au 19e s., qui s'accroche à flanc de paroi dans cet impressionnant défilé, a été fermée et fait place depuis 2008 à un tunnel moderne. Jusqu'à ce que le département de la Drôme, qui aimerait rendre ce magnifique site à nouveau accessible, trouve une solution, les Grands Goulets resteront invisibles, aux automobilistes comme aux piétons. *Se renseigner auprès de l'office du tourisme Vercors-Drôme (coordonnées p. 326).*

Entre le pont de la Goule Noire et les Clots, la route s'élève, en corniche, au-dessus de la rive gauche de la Bourne, procurant de jolies vues sur l'épanouissement verdoyant de la Balme, où débouche le vallon de Rencurel, et sur les falaises des rochers du Rang.

Des Clots aux Barraques, on parcourt le val de St-Martin-en-Vercors, dominé à l'est par les grands escarpements urgoniens des Sapins du Vercors.

À la sortie de St-Julien, vous avez, en amont, toute la haute vallée de la Vernaison. Avant St-Martin, le rocher « la Vierge du Vercors » dessine une silhouette de statue.

Au rond-point qui marque l'entrée des Barraques-en-Vercors, prendre à droite la D 518.

Depuis la fermeture de la route des Grands Goulets (*encadré page de gauche*), la route emprunte un tunnel long de 1 710 m avant de déboucher sur les **Petits Goulets★.** Ce défilé doit son caractère aux longues lames rocheuses tranchantes qui plongent presque verticalement dans la rivière. Entre Ste-Eulalie et Pont-en-Royans apparaissent l'aimable pays du Royans et la dernière cluse de la Bourne, véritable porte que signale un cirque rocheux en tenaille.

★★ CIRCUIT DU COL DE ROUSSET

Circuit de 24 km, au départ de La Chapelle-en-Vercors, tracé sur la carte de microrégion (p. 314-315). Comptez 1h30.

La Chapelle-en-Vercors B2

Bombardée le 14 juillet 1944, peu de temps avant les grands combats du Vercors, puis incendiée, la localité a été en grande partie reconstruite. Aujourd'hui, ce centre de tourisme et de villégiature est particulièrement bien situé, à proximité de la forêt de Lente.

Chapelle des Fusillés – Dans la cour de ce qui reste de la ferme Albert, une grande plaque de verre rappelle le nom des seize otages de la commune fusillés par les Allemands. Une autre plaque en pierre commémore cette triste journée. Le souvenir de ces heures tragiques est évoqué de manière émouvante par un rapide son et lumière dans les vestiges aménagés de cette maison. *Prenez la D 518 vers le sud en direction de la grotte de la Luire et du col de Rousset.*

Grotte de la Luire B2

500 m après l'embranchement jusqu'au parking situé en contrebas de l'entrée de la grotte. 1/4h à pied AR et 3/4h si l'on visite la salle Decombaz. Le Passage - ✆ 04 75 48 25 83 - www.grottedelaluire.com - visite guidée (1h) juil.-août : 10h-18h ; mai-juin et sept. : tlj sf lun. 11h-12h15, 14h-17h ; janv.-avr. et oct. : w.-end 11h-16h30 ; vac. de Toussaint : 11h-16h30 ; vac. de Noël 14h-17h30 - 8,50 € (-15 ans 6 €) - 25 € billet famille (2 adultes + 2 enf.) - (10,50 €, enf. 7,50 €) possibilité de visite nocturne aux flambeaux.

Cette curiosité spéléologique est aussi un lieu de pèlerinage de la Résistance. Le 27 juillet 1944, les nazis découvrent, sous le vaste porche d'entrée, l'hôpital de fortune installé pour les blessés du maquis ; ils achèvent les vingt-deux blessés, fusillent deux des médecins et l'aumônier, déportent sept infirmières au camp de Ravensbrück.

La **salle Decombaz** est une cavité de 60 m de hauteur sous voûte, au fond de laquelle se creuse un gouffre par lequel les spéléologues ont pu atteindre, à -470 m, le cours présumé de la Vernaison souterraine. En période de crues exceptionnelles, les eaux de la rivière, refoulées dans ce puits depuis -450 m,

LE CIMETIÈRE DE LA GROTTE DE LA DRAYE BLANCHE

La grotte de la Draye Blanche a été exceptionnellement préservée, dans des conditions peu banales. En effet, Fabien Rey découvre cette grotte en 1918 et, pour la protéger, décide d'en obstruer l'accès, un étroit puits naturel profond de 16 m. En 1970, il dévoile enfin son existence. L'espace parfaitement conservé est ouvert au public. Puis, en 1990, un tunnel horizontal est percé pour faciliter l'accès de la grotte. Durant ces travaux, des milliers d'ossements appartenant à de multiples espèces animales sont mis au jour au fond du puits. Pour des raisons inconnues, ces animaux sont tombés involontairement dans la grotte, constituant ainsi pendant des millénaires un véritable cimetière animalier. Ces découvertes paléontologiques exceptionnelles ont permis une nouvelle approche de la préhistoire dans le Vercors.

font irruption dans la grotte et se déversent avec violence dans la vallée selon un phénomène similaire à celui qui se produit à Fontaine-de-Vaucluse. La grotte se visite à l'éclairage d'une bougie ou en nocturne aux flambeaux. Possibilité également de descendre à plus de 200 m de profondeur pour explorer les profondes galeries de la Luire *(expédition à la journée encadrée par un moniteur diplômé, matériel et pique-nique fournis, se rens.)*

Poursuivez vers le sud sur la D 518 jusqu'à la station du col de Rousset et franchissez le tunnel.

★★ Col de Rousset B3

Alt. 1 254 m. *Laissez la voiture à la sortie sud du tunnel, qui franchit le passage, et gagnez le belvédère à 1 367 m (circuit du col de Rousset à Die, p. 319).*

Il constitue le principal point de départ des randonnées dans la Réserve naturelle des Hauts-Plateaux.

Ce col, qui marque la limite climatique des Alpes du Nord et du Sud, fait la jonction entre les vallonnements frais du Vercors et la dépression du bassin de Die, à l'empreinte méridionale. Le contraste est particulièrement perceptible lorsque le temps fait ses caprices : brumes côté Vercors, ciel éclatant côté Diois. La vue plonge sur la dépression du bassin de Die, entourée d'un fouillis de collines mêlant harmonieusement arbres et roches. Les escarpements de Roche Courbe se découpent à l'horizon, tandis que les lacets de la route, à prendre avec sobriété, accentuent l'impression de profondeur. L'âpreté générale du **paysage★★** est saisissante pour le voyageur débouchant du Vercors.

Aux abords du col, la jeune station de sports d'hiver du **col de Rousset** a aménagé des pistes de ski sur les pentes de la **montagne de Beurre**. Le télésiège propose une intéressante alternative aux randonnées pédestres : la descente avec le « trottinherbe », hybride de VTT et de trottinette.

★★ **Table d'orientation** – De la station supérieure du téléski, poursuivez la ligne faîtière vers le sud jusqu'au bord du plateau. Sur la partie supérieure, un ensemble original de bornes d'orientation en pierre permet de repérer les grands sommets : au nord la Grande Moucherolle, à l'est au premier plan le Grand Veymont et au sud le mont Ventoux à l'horizon.

Quittez le col de Rousset par le nord et prenez à gauche la D 76 en direction de Vassieux-en-Vercors.

La route s'élève doucement, sous bois, au-dessus du vallon supérieur de la Vernaison. 500 m avant Vassieux-en-Vercors, au bord de la route, à gauche, débris de planeurs allemands de la dernière guerre.

Vassieux-en-Vercors *(p. 339)* B2
Après la nécropole du Vercors, engagez-vous à droite dans la D 178 en direction de La Chapelle-en-Vercors.
Suivez la signalisation pour la Draye Blanche.

★ Grotte de la Draye Blanche B2

04 75 48 24 96 - www.drayeblanche.com - visite guidée (50mn) juil.-août : 10h-18h ; reste de l'année : 10h-17h - fermé déc.-mars - 8 € (-18 ans 5 €).
Conseil – Prévoyez de bonnes chaussures et un vêtement chaud (10° dans la grotte, marches glissantes).
Cette importante grotte fossile *(encadré page ci-contre)* était autrefois baignée par les eaux. La visite consiste en une promenade dans la **Grande Salle★**, longue de 100 m, où dominent les coulées de calcite blanche, ocre et gris bleuté. On remarque la belle coulée stalagmitique, haute de 12 m et épaisse de 2 m. Un parc avec des animaux préhistoriques grandeur nature complète la visite pour ceux qui le désirent.

★★★ ROUTE DE COMBE LAVAL

Circuit de 41 km, du col de Rousset à St-Jean-en-Royans, tracé sur la carte de microrégion (p. 314-315). Comptez 3h.
Quittez le col de Rousset par le nord et prenez à gauche la D 76 vers Vassieux-en-Vercors.
La route suit le sous-bois, au-dessus du vallon supérieur de la Vernaison. À l'est, derrière le plateau de la montagne de la Beaume, émerge un instant le sommet du Grand Veymont (alt. 2 341 m), point culminant du Vercors. Le col de St-Alexis vous fait accéder à la combe de Vassieux, aux pâturages toujours secs et pierreux.
500 m avant Vassieux-en-Vercors, au bord de la route, à gauche, débris de planeurs allemands de la dernière guerre.

Vassieux-en-Vercors *(voir p. 339)* B2

La route va jusqu'au col de la Chau. De belles vues plongeantes sur la combe de Vassieux.

★ Mémorial de la Résistance en Vercors (col de la Chau) B2

(Vassieux-en-Vercors, p. 339)
Peu après le col, sur la gauche, la route *(D 76B)* conduit au centre de ski de Font d'Urle.

Grotte du Brudour B2

Du pont sur le Brudour, promenade de 30mn à pied AR.
Un très agréable sentier mène à cette cavité, résurgence des eaux tombées dans les parages d'Urle. Le Brudour lui-même ne tarde pas à s'engloutir à son tour, en aval, dans de nombreux « scialets ».
Il réapparaît définitivement, sous le nom de Cholet, au fond du cirque de Combe Laval. La galerie de gauche peut être parcourue jusqu'à une troisième salle qui comporte un petit lac *(1/2h AR). Prévoyez une lampe de poche.*
Juste avant **Lente** *(rte de St-Jean-en-Royans)*, ralentissez pour remarquer, en période de fortes pluies, une jolie chute dont les eaux se perdent aussitôt dans une doline.
Après Lente, le parcours s'effectue sous le couvert de la forêt.

★★ Forêt de Lente B2

Au 19e s., cette forêt était surtout exploitée pour le charbonnage ou les mâts de marine. Depuis la tempête dévastatrice de 1982, 220 000 arbres ont été replantés, mêlant harmonieusement les essences de hêtres et de sapins de Malatra.

★★★ Combe Laval B2

La route n'est pas très longue, mais le site est d'une beauté à couper le souffle. Le parcours commence au **col de la Machine**. La route s'accroche, vertigineuse, taillée à flanc de montagne, passant sous de formidables parois calcaires, dominant finalement le vallon supérieur du Cholet de plus de 600 m. Il faut absolument s'arrêter sur les rares emplacements disponibles en bord de route car la vue, impressionnante, est unique *(stationnement autorisé au belvédère de Gaurissard)*.

Au fond du cirque tombe la cascade du Cholet, résurgence du Brudour.

Après avoir passé tunnel et arches de pierre, la route débouche au-dessus du Royans, dévoilant de merveilleuses **vues aériennes**★★ sur ce pays de collines-taupinières, ainsi que sur les plateaux du Bas-Dauphiné (forêt de Chambaran).

À hauteur de Pont-en-Royans et de Ste-Eulalie, les portes aval des gorges de la Bourne et de la Vernaison échancrent profondément la montagne. À l'ouest, la ligne sombre des Cévennes ferme l'horizon.

★ ROUTE DU COL DE LA BATAILLE

Circuit de 45 km, de Peyrus au carrefour des Trois-Routes, tracé sur la carte de microrégion (p. 314-315). Comptez 2h.

Quittant Peyrus (dont elle évite le centre), la D 68 évolue au-dessus d'un vallon boisé. La vue s'étend sur la plaine de Valence et les contreforts arides du Vercors; du lacet taillé dans le roc, 700 m avant l'arrivée sur le plateau, le panorama vaut le coup d'œil : Chabeuil, Valence, Romans-Bourg-de-Péage et la chaîne des Cévennes sont visibles.

Il existe un second belvédère un peu plus haut.

Du **col des Limouches** (alt. 1 086 m), vous arrivez au val de Léoncel dont les pâturages secs, faits de buis et de genévriers, rappellent ceux de la Méditerranée.

Léoncel A2

Dans un frais vallon au sud du Vercors, ce village conserve de l'abbaye cistercienne, fondée en 1137, une église romane de la fin du 12e s. et un bâtiment monastique remanié au 17e s., qui abrite aujourd'hui un gîte d'étape.

★ **Église abbatiale** – *℘ 06 38 04 50 08 - www.leoncel-abbaye.com - ♿ - 9h-21h - gratuit - possibilité de visite commentée (1h) juil.-août : merc. et sam. 16h.* Classée Monument historique dès 1840 par Prosper Mérimée, elle apparaît, massive, avec son chœur tassé sous un robuste clocher carré couronné d'une pyramide, typique de la région du Dauphiné. À l'intérieur, diverses influences architecturales se manifestent, dues à l'étalement dans le temps de la construction de cette église (1150-1188 et 1190-1210, notamment). Son aspect humble et dépouillé est caractéristique des édifices cisterciens : arcs romans et piliers massifs sans fioriture, fenêtres sans vitraux, voûte en plein cintre de la nef…

Le chœur simple et robuste porte la marque de l'art roman provençal. Dans le bras nord du transept se dresse un lutrin en bois du 16e s.; dans le bras sud, une belle icône moderne, un *Christ vainqueur* de Bernard Foucher. Dans le bas-côté droit, près de l'entrée, un sceau aux armes de l'abbaye est ciselé

La route en corniche de Combe Laval.
J.-P. Garcin / Photononstop

dans le mur. Jadis les moines accédaient directement du monastère à l'église par des portes aujourd'hui murées.
De Léoncel, prenez la D 101 jusqu'au col de Tourniol.

★ Col de Tourniol A2

Vous avez devant vous les derniers contreforts du Vercors, sur la plaine de Valence. Derrière l'échancrure rocheuse où se blottit Barbières, dominé par le château ruiné de Pélafol, c'est Romans-Bourg-de-Péage.
Revenez à Léoncel.
La D 199, ombragée de hêtres, attaque le versant est du val de Léoncel et, par le **pas de l'Échaillon** (station de ski de fond), débouche sur le plateau accidenté couvert par la forêt dite aussi « de Léoncel ».

★★ Col de la Bataille B2

Bon à savoir – La route est fermée entre le 15 novembre et le 15 mai.
Un tunnel donne accès au fond de cette étroite encoche – alt. 1 313 m – dominée par la pyramide du roc de Toulau. Prenez le temps de vous arrêter une fois le tunnel passé car le **coup d'œil** est vraiment impressionnant. Vous aurez la sensation d'être sur un pont de pierre entre deux vides immenses. Au sud se creuse le bassin d'Omblèze, adossé aux croupes du Diois, derrière lesquelles se détachent les escarpements de Roche Courbe (massif de la forêt de Saoû). Au nord, au-delà du cirque boisé de Bouvante, les collines du Royans et du Bas-Dauphiné sont visibles par la dépression du col de la Croix.
Reprenez votre voiture et descendez ensuite entre le col de la Bataille et de Malatra, sur 2 km environ : le **parcours★★** s'effectue sur une corniche taillée dans le roc, au-dessus du cirque de Bouvante et de son lac.
Trois belvédères successifs permettent de profiter des panoramas. Au fond d'un vallon, à droite, après le premier belvédère, un monument commémore l'installation du premier camp du maquis du Vercors en 1942. Du deuxième belvédère, on découvre le Bas-Dauphiné. Après le troisième belvédère, la route revient à l'intérieur du plateau et monte sous bois vers le col de la Portette.

★ Belvédère de la Portette B2

Du col de la Portette, 15mn à pied AR. Laissez la voiture dans le virage qui marque la fin de la montée au col et prenez le sentier en descente, rocailleux, qui s'amorce derrière la borne forestière ; 200 m plus loin, appuyez à droite.
Du belvédère, la **vue** plonge sur le val Ste-Marie, où s'étaient installés les chartreux de Bouvante. Elle s'étend, au-delà, jusqu'au Royans, à la vallée de l'Isère et au plateau de Chambaran. On distingue le grand pont moderne de St-Hilaire-St-Nazaire.
Après ce col, on atteint le carrefour des Trois-Routes.

Randonnées Carte de microrégion

★★ RÉSERVE NATURELLE DES HAUTS-PLATEAUX B2

Cet espace sauvage qui s'étage entre 1 000 et 2 300 m a été classé Réserve naturelle en 1985 pour mieux préserver cet immense territoire, vaste unité paysagère de 17 000 ha. Nulle route ne traverse la réserve, et cette dernière n'inclut aucun groupe d'habitat permanent. Elle est constituée de plateaux calcaires de type karstique, à la surface ponctuée de lapiaz et de scialets ; l'eau y est par conséquent très rare en surface.
Délimitée par d'extraordinaires abrupts dominant les dépressions de Gresse à l'est et de La Chapelle-en-Vercors à l'ouest, la réserve comprend aussi les deux points culminants du massif du Vercors : le Grand Veymont (2 341 m) et l'emblématique mont Aiguille (2 086 m).
La faune – Cette réserve naturelle est le domaine du tétras-lyre, du lièvre variable, du lagopède et d'une foule de chamois. La population de bouquetins doit actuellement dépasser les 250 individus. Depuis peu, les Hauts-Plateaux sont aussi visités par les vautours fauves réintroduits à partir des falaises du Diois.
Peu de sentiers sont balisés sur les Hauts-Plateaux afin de préserver la tranquillité de la faune. On peut néanmoins suivre le GR 91 qui traverse la réserve du nord au sud et le GR 93 dans sa partie sud, aujourd'hui principalement décrits et valorisés sous l'emblème des Grandes Traversées du Vercors (*voir « Nos adresses », p. 338*). Parmi les itinéraires possibles, nous vous conseillons l'accès au sommet du Grand Veymont depuis les abords du col de Rousset.

★★ Randonnée au Grand Veymont B3

1 journée – dénivelé 1 000 m - alt. au dép. 1 350 m. Randonnée non technique sans difficulté majeure, pour tout public habitué à des marches de plusieurs heures sur terrain régulier.
Accès : *depuis La Chapelle-en-Vercors, prenez la D 518 en direction du col de Rousset. 1 km après le village de Rousset, engagez-vous à gauche dans une étroite route forestière signalée « Route forestière de la Coche ». Suivez-la sur 9 km jusqu'au vaste parking de la maison forestière de la Coche et laissez-y la voiture.*

NOS ADRESSES DANS LE VERCORS

Voir aussi nos adresses à Vassieux-en-Vercors, p. 343.

HÉBERGEMENT

BUDGET MOYEN

À Chatelus

Chambre d'hôte La Ferme du Clos – *38680 Chatelus (1 km au sud de Choranche) - 04 76 36 10 94 - www.lafermeduclos.fr - P - 2 ch. 61 € - table d'hôte 24 €.* Entourée des spectaculaires falaises de Presles et du cirque du Bournillon, Angélique accueille ses hôtes dans sa ferme du 19e s. et leur propose de découvrir son métier. À table, produits bio de la ferme.

À St-Agnan-en-Vercors

Chambre d'hôte La Vernaisienne – *26420 St-Agnan-en-Vercors (4 km au sud en dir. de Die) - 04 75 48 22 50 - www.vernaisienne.com - P - 5 ch. 75 €* - Si vous rêvez de calme et de bien-être, venez ici. Outre de confortables chambres et de copieux petits-déjeuners, La Vernaisienne s'est équipée d'un espace détente « L'eau et l'air » comprenant sauna, hammam, Jacuzzi, massages.

RESTAURATION

BUDGET MOYEN

À St-Agnan-en-Vercors

Auberge Le Collet – *26420 St-Agnan-en-Vercors - 04 75 48 13 18 - www.aubergelecollet.com - réserv. conseillée en sais. - fermé à midi tte l'année et fermé merc. soir sf juil.-août, périodes de fermeture hors saison, se renseigner - 21/29 € - 6 ch. 59 € - 8 €.* Dans une ancienne ferme de la fin du 19e s., cette auberge chaleureuse propose une carte mariant créativité et terroir. Accueil charmant. Chambres très agréables.

POUR SE FAIRE PLAISIR

À St-Julien-en-Vercors

Café Brochier – *Pl. du village - 26420 St-Julien-en-Vercors - 04 75 48 20 84 - www.cafebrochier.com - fermé 3 sem. en janv., mar. et merc. - 31/46 € - 2 ch. 60/75 €.* Cette institution renaît grâce à l'arrivée d'un jeune chef dynamique. Sa cuisine revisite les classiques de la région et s'aventure habilement côté mer. Du bio et du beau. Formule menu complet à 28 €. La maison possède 3 chambres : confort moderne et décoration minimaliste.

PETITE PAUSE

Cabane Café – *Le Cellier - 38680 Choranche (sur la rte des grottes) - 04 76 38 90 50/06 78 15 01 00 - www.cabanecafe.com - fermé de fin oct. à mi-mars, la sem. et les w.-ends de mauvais temps de mi-mars à mi-juin et sept.-oct.* Après un en-cas à concocter soi-même avec des produits de fermes voisines, rien de tel qu'une petite sieste dans un hamac ou sur des bottes de paille avec vue exceptionnelle sur le cirque du Bournillon et la cascade de Moulin-Marquis. Parcours pédagogique sur le miel et observation des oiseaux dans leur milieu.

ACHATS

La marque du Parc – Plantes aromatiques et médicinales, bleu du Vercors-Sassenage fermier, miel du Vercors, truites et salmonidés du Vercors, viande du Vercors, etc., portent

la marque du Parc. Elle garantit l'origine du produit, une production respectueuse de l'environnement, une fabrication artisanale et le respect d'une charte de qualité.
Le réseau **Fermes du Vercors** regroupe les agriculteurs ayant une activité d'agrotourisme ou de production fermière.

ACTIVITÉS

Bon à savoir – À vous de choisir parmi toutes les possibilités. En été, sites touristiques (grottes, musées…), sites VTT labellisés FFC, sentiers de randonnée et le fameux parcours du patrimoine, spéléo, canyon, escalade, vol libre ou équitation. En hiver, ski de fond ou alpin, randonnées à raquettes ou avec des chiens de traîneau.

Le Vertacopass

Il vous est donné gratuitement lors de votre première visite dans un musée ou dans une grotte de St-Julien, St-Martin, St-Agnan, La Chapelle et Vassieux-en-Vercors. Il vous assure, durant toute l'année, une réduction dès le deuxième site visité dans ces villages ou pour certaines activités.

Randonnées

Sur les plateaux du Vercors, l'eau est rare : un excédent de chargement en réserve d'eau au départ n'est jamais un poids superflu ; plus on boit, plus le sac s'allège.
- Ne pas s'éloigner des sentiers balisés ou bien tracés, même en terrain dégagé.
- Les bergeries ouvertes qui paraissent inoccupées appartiennent toujours à des bergers et sont dans tous les cas des bâtiments privés, donc pas de squat.
- Des cabanes ouvertes au public, simples abris sans aménagement, permettent de faire étape : cabane de Carrette au nord, jasse du Play (ou pré Peyret) ; si vous devez les utiliser pour une courte halte, prenez soin de ne pas laisser trace de votre passage.
- À l'approche d'un troupeau, évitez de hurler de joie ou de gesticuler ; de préférence, contournez-le largement.
- Les campements et les feux sont interdits, de même que les chiens, dans le périmètre de la réserve. La pratique du parapente n'est pas autorisée, et celle du VTT seulement sur les sentiers GTV (Grandes Traversées du Vercors).

Grandes Traversées du Vercors – Magnifique parcours balisé de 150 km, entre Méaudre et Lente, dans la Drôme. Réalisable à pied, VTT, cheval ou ski. Nombreux gîtes d'étape, à réserver toutefois en périodes les plus chargées.

Vassieux-en-Vercors

351 Vassivains – Drôme (26)

Au fond d'une combe déboisée, Vassieux-en-Vercors est dominé par les crêtes de la forêt de Lente à l'ouest et par les contreforts des hauts plateaux du Vercors à l'est. Avant de partir en randonnée et de sillonner les multiples chemins balisés, sachez que vous marcherez sur les pas des maquisards. Plus de soixante ans se sont écoulés depuis le drame du 21 juillet 1944, mais le Mémorial de la Résistance en Vercors et la nécropole veillent à ce que la mémoire n'efface pas les douleurs du passé.

NOS ADRESSES PAGE 343
Hébergement, restauration, achats, activités, etc.

S'INFORMER

Office de tourisme – *Pl. Albert-Piétri - 26420 La Chapelle-en-Vercors - 04 75 48 22 54 - www.vercors-drome.com - juil.-août : 8h30-12h30, 14h-19h ; reste de l'année : 9h-12h, 14h-18h, dim. et j. fériés 9h-12h - fermé 1er janv., 1er Mai, 25 déc.*

SE REPÉRER

Carte de microrégion B2 (p. 314-315).

Au carrefour de trois axes de pénétration du massif, le village est traversé par la D 76. Il est accessible depuis la plaine de Romans par la forêt de Lente, depuis le col de Rousset au sud et depuis La Chapelle-en-Vercors par la D 178 au nord.

À NE PAS MANQUER

Écoutez les témoignages poignants des résistants et des habitants du Vercors diffusés au Mémorial.

ORGANISER SON TEMPS

Le site est magique et chargé d'histoire, vous pourrez y faire une halte prolongée.

AVEC LES ENFANTS

Passionnants et ludiques sont les ateliers d'été du musée de la Préhistoire.

Se promener

Dans le village entièrement reconstruit, un monument, surmonté d'un grand gisant dû au sculpteur Gilioli, a été élevé « aux martyrs du Vercors 1944 », et une plaque commémorative, sur la place de la Mairie, porte les noms de 74 victimes civiles. Devant l'église et en face du musée de la Résistance, on peut voir deux carcasses de planeurs allemands qui attaquèrent le village en juillet 1944.

5

Église

Construite après la guerre, l'église est décorée d'une fresque de Jean Aujame *(L'Assomption)* et possède aussi une émouvante plaque du Souvenir.

Musée de la Résistance du Vercors

Col de Lachau - 04 75 48 26 00 - www.memorial-vercors.fr - ♿ - juil.-sept. : 10h-18h ; mai-juin : 12h-18h, w.-end et j. fériés 10h-18h ; avr. et oct. : 12h-17h, w.-end et j. fériés 10h-17h ; reste de l'année : tlj sf lun.-mar. 12h-17h, w.-end et j. fériés 10h-17h - fermé de mi-nov. aux vac. de Noël, 1er janv., 25 déc. - 5,80 € (-18 ans 3,20 €) - 14,80 € billet famille (2 adultes + 2 enf.).

Depuis l'été 2010, une nouvelle scénographie met en valeur les objets, liés aux combats de 1944 dans la région, qui avaient été réunis pêle-mêle par

Le Vercors, bastion de la Résistance

LA SITUATION

Selon l'historien François Marcot, le maquis est un « regroupement d'hommes rassemblés illégalement dans un massif forestier ou un village isolé ».
Dans le Vercors, ce regroupement est essentiellement constitué, à partir de 1943, de jeunes hommes réfractaires au STO (Service du travail obligatoire) qui rejoignent les premiers groupes de francs-tireurs établis là dès 1942. La vie dans le maquis est difficile et hasardeuse, mais soutenue par la majeure partie de la population du plateau qui ravitaille les combattants.
L'intérêt stratégique du massif du Vercors, avec ses accès facilement contrôlables et son habitat dispersé, apparaît vite dans les plans de la Résistance locale. La « citadelle imprenable » va devenir, avec le **« plan Montagnards »** une base arrière alliée.

LES COMBATS

Le premier grand parachutage allié d'armes et de ravitaillement a lieu dans la plaine d'Arbounouze en novembre 1943. Alertée, la Gestapo effectue quelques jours plus tard un raid de repérage. C'est le début d'offensives répétées. Le 9 juin, le Vercors s'autoproclame zone libérée et l'état de droit y est rétabli. On vient de partout soutenir les maquisards. L'effectif passe de 500 à presque 4 000 hommes. Le 3 juillet, les responsables proclament symboliquement la « république du Vercors ». Le 14, les Alliés parachutent en nombre des armes légères et de l'équipement. Le Vercors est alors entièrement verrouillé par la Résistance. Mais les divisions allemandes, fortes de 15 000 hommes, commencent à l'encercler. Les apprentis combattants sont trop nombreux pour les capacités de ravitaillement et d'armement; ils sont contraints à de longs jours sans pain, qui s'achèveront par le drame du 21 juillet. Vassieux est alors considéré par les Alliés et la Résistance comme un site idéal pour l'établissement d'un terrain d'atterrissage. Ce massif armé est un défi aux Allemands qui, après quelques offensives, notamment à St-Nizier les 13 et 15 juin, lancent le **21 juillet 1944** leurs hommes à l'assaut du Vercors. Ils larguent sur Vassieux des planeurs chargés de commandos spéciaux et de SS. Les résistants pensent d'abord qu'il s'agit d'avions alliés. Quand ils se rendent compte de leur méprise, ils n'ont plus le temps de se retourner. Les nazis les massacrent, eux et les habitants du village. Après trois jours de durs combats, l'ordre de dispersion des résistants est donné, notamment vers la forêt de Lente, difficilement pénétrable. L'hôpital de St-Martin est évacué vers

LES LIEUX DE LA MÉMOIRE

- la cour des Fusillés de La Chapelle-en-Vercors;
- le Mémorial de la Résistance du col de Lachau;
- la nécropole et le monument aux victimes du village de Vassieux;
- le musée de la Résistance à Vassieux;
- la grotte de la Luire;
- le village de Malleval;
- la nécropole de St-Nizier-du-Moucherotte;
- les ruines de Valchevrière.

Sur les hauts plateaux du Vercors.
B. Merle/Photononstop.fr

la grotte de la Luire, où l'assaut est donné le 27. Un seul blessé en réchappe en se dissimulant dans un goulet de la grotte ; les infirmières sont déportées à Ravensbrück.
Jusqu'au 19 août, la terreur règne. Civils assassinés, villages incendiés, le Vercors tout entier est dévasté.

DE GRANDS NOMS DU MAQUIS

Eugène Chavant (« Clément ») – Élu révoqué, il participe à l'organisation de la Résistance dans l'Isère, avant de se lancer en 1943 dans l'aventure du maquis en Vercors et de devenir le responsable civil du « plan Montagnards ».
Jean Prévost – La préparation d'une thèse sur Stendhal conduit l'écrivain-journaliste à Grenoble où, avec son ami **Pierre Dalloz** retiré aux Côtes de Sassenage, il conçoit le principe de transformer le Vercors en forteresse de la Résistance. Il est tué dans une embuscade en août 1944.
Alain Le Ray – Organisateur militaire du Vercors, ce lieutenant eut un important rôle de liaison avec les FFL.
Olivier Costa de Beauregard – Responsable de l'instruction militaire des maquisards, ce militaire poursuivit la guérilla après la chute du Vercors en juillet 1944.
Marc Riboud – Avant de devenir un célèbre photographe, il fut un jeune résistant particulièrement actif dans les combats de Valchevrière.
Marc Ferro – L'historien animateur d'émissions télévisées historiques prit part aux combats du Vercors en tant que jeune standardiste au PC des maquisards.
L'Abbé Pierre – Vicaire de Grenoble au début des hostilités, et alors seulement connu sous le nom d'abbé Grouès, il fut un clandestin efficace en organisant les passages en Suisse. Il créa ensuite un maquis en Chartreuse.

le fondateur du musée, ancien maquisard du Vercors. Le parcours, pédagogique et vivant, retrace l'histoire du massif avant le maquis (à partir de la fin du 19e s.), puis met en scène le maquis du Vercors, l'évolution de son rôle, les combats et sa fin tragique. Sont abordés ensuite bilan, reconstruction et constitution de la mémoire. Les vitrines sont richement pourvues d'objets qui témoignent de la vie sous l'Occupation, de la présence allemande, de la Résistance et de son combat. Les textes sont riches, illustrés par de nombreuses photographies pertinentes. Ce musée est un complément indispensable au mémorial.

★ Musée de la Préhistoire du Vercors

3 km au sud par la D 615 (accès signalisé). - ✆ 04 75 48 27 81 - www.prehistoire-vercors.fr - ♿ - juil.-août : 10h-18h ; mai-juin : 10h-12h30, 14h-18h ; avr. et sept. : 10h-12h30, 14h-17h ; oct. : w.-end 10h-12h30, 14h-17h ; vac. de fév., vac. de Toussaint et vac de Noël : horaires, se rens. - 5,80 € (-18 ans 3,20 €) - 14,80 € billet famille (2 adultes + 2 enf.) - ateliers juil.-août : mar. et vend., sur demande.

En 1969, sur l'emplacement du musée, des fouilles mettent au jour une concentration de noyaux de silex débités datant de 4 000 ans. Tout laisse supposer qu'un atelier de tailleurs spécialisés dans la fabrication de lames de couteaux et de poignards s'était établi à cet endroit. Les nucléus, blocs de silex délaissés après la taille, montrent qu'il s'agissait d'habiles « artisans » capables de fabriquer de fines et longues lames. Certaines d'entre elles n'avaient qu'une fonction d'apparat et étaient dotées d'une valeur symbolique. Ces lames étaient exportées dans toute l'Europe par le système du troc. Deux autres ateliers de ce type sont connus à ce jour. Ils se trouvaient au Grand-Pressigny (Indre-et-Loire) et à Spiennes (Belgique). Celui de Vassieux est exceptionnellement bien conservé car il a été involontairement protégé par des générations de paysans qui, au fil du temps, ont regroupé en cet endroit, sur le site archéologique enfoui sous terre, les pierres trouvées dans leur champ.

Un bâtiment protège ce site exceptionnel, que vous découvrirez avec des guides passionnés, eux-mêmes tailleurs de silex ! Démonstrations de taille de pierre, ateliers, énigmes, programme audiovisuel, vitrines, panneaux explicatifs invitent les enfants à une réelle participation.

Nécropole du Vercors

1 km au nord de Vassieux par la D 76.

Des croix alignées, des noms oubliés. Le silence règne ici sur les sépultures des 193 combattants et victimes civiles, tués par les Allemands pendant les opérations de juillet 1944. Prenez le temps de leur rendre hommage.

★ Mémorial de la Résistance en Vercors (col de la Chau)

3 km au nord-ouest ; à la nécropole du Vercors, engagez-vous à gauche dans la D 76. Col de la Chau - ✆ 04 75 48 26 00 - www.memorial-vercors.fr - ♿ - juil.-sept. : 10h-18h ; mai-juin : 12h-18h, w.-end et j. fériés 10h-18h ; avr. et oct. : 12h-17h, w.-end et j. fériés 10h-17h ; reste de l'année : tlj sf lun.-mar. 10h-12h, 14h-17h - fermé de mi-nov. aux vac. de Noël, 1er janv., 25 déc. - 5,80 € (-18 ans 3,20 €) - 14,80 € billet famille (2 adultes + 2 enf.).

Au détour de la combe, le mémorial, dont l'architecture particulièrement dépouillée accentue la solennité des lieux, apparaît telle la proue d'un navire enchâssée dans le flanc de la forêt de Lente. Construit sur la face nord du site à 1 305 m d'altitude, il est discret, recouvert de végétation composée de genévriers et de pins, qui croissent naturellement dans le massif.

La mise en scène muséographique très moderne et très respectueuse, qui aborde la Résistance du Vercors et les événements nationaux de cette période,

LA NOIX DE GRENOBLE

Bénéficiant d'une des plus anciennes appellations d'origine contrôlée (1938, confirmée en 1996), la noix de Grenoble est produite principalement en Isère (79 %), dans le nord de la Drôme (20 %) et dans la frange méridionale de la Savoie (1 %). On distingue : la **mayette**, grosse noix à la coquille et au goût très fins ; la **parisienne**, de forme arrondie à la coquille marron, riche en huile ; la **franquette**, plus allongée avec une coquille rugueuse, représente l'espèce la plus cultivée et la plus demandée en confiserie. La récolte, qui se déroule à la mi-septembre, est suivie du lavage et du séchage.

privilégie la diffusion de témoignages visuels et sonores, comme l'émouvant appel lancé aux Français par le général de Gaulle depuis Londres, le 18 juin 1940.
Les grands thèmes sont traités sous forme de reconstitutions et de diaporamas : la collaboration, les interrogatoires de la Milice, le rôle des femmes dans le maquis, les combats de juillet 1944, les grandes étapes de la « république du Vercors » jusqu'à l'ordre de dispersion du 23 juillet. La projection d'extraits du film de J.-P. Le Chanois, *Au cœur de l'orage*, ajoute une note épique à ces récits.
À l'issue du circuit de visite, on longe sur la droite un grand mur renfermant 840 niches de plomb portant chacune le nom d'une des victimes civiles du Vercors. Dans ce site où le béton renforce l'atmosphère pesante, un son et lumière retrace la fin tragique d'une petite fille.
Le parcours s'achève sur une vaste terrasse surplombant le plateau qui n'a pas changé depuis cette tragédie. Le mémorial est un hommage aux résistants du Vercors et aux victimes civiles. Sa visite complète celle du musée de la Résistance.

NOS ADRESSES À VASSIEUX-EN-VERCORS

RESTAURATION

BUDGET MOYEN

Restaurant Rey Le Perce Neige – *Av. du Mémorial (à l'entrée du bourg, en venant de La Chapelle-en-Vercors) - ✆ 04 75 48 28 37 - www.resto-rey-perceneige.fr - tlj sf vend. (hors vac. scol.) 12h-13h30 - fermé le soir ; fermé du 15 nov. à mi déc. - ♿ - P - menus 18/46 €.* L'aspect extérieur de l'établissement, à l'entrée du village, semble d'une conception moderne ; en réalité, ce restaurant se fait le gardien d'un grand nombre de traditions régionales. Il propose de manière soignée quelques spécialités du terroir à partir de produits frais. Boutique et exposition de santons.

AGENDA

Fête de la forêt – *Dernier w.-end de juin.* Depuis l'arrivée des moines défricheurs au 11e s., la forêt a, jusqu'à l'aube du 20e s., tenu une place fondamentale dans la culture et l'économie de la région. Elle couvre aujourd'hui 50 % du territoire. Trois jours de fête avec démonstrations, sculptures à la tronçonneuse, etc.

Saint-Nazaire-en-Royans

783 Nazairois – Drôme (26)

Point de jonction entre les plaines drômoises et les Préalpes dauphinoises, ce village fortifié s'élève en amphithéâtre du pont de la Bourne aux ruines de la tour Delphinale. Un aqueduc élancé, doté d'arches élégantes, enjambe la turbulente Isère et les habitations massées à ses pieds.

NOS ADRESSES PAGE 347
Hébergement, restauration, achats, activités, etc.

S'INFORMER

Office du tourisme de St-Nazaire-en-Royans – *Parvis de l'Aqueduc - 26190 St-Nazaire-en-Royans - 04 75 48 61 39 - www.royans.com - juil.-août : 10h30-13h, 14h-17h30 ; reste de l'année : w.-end et j. fériés 10h30-13h, 14h-17h30 - fermé des vac. de la Toussaint aux vac. de Pâques, 1er Mai.*

SE REPÉRER

Carte de microrégion B2 (p. 314-315).
Sur la rive gauche de l'Isère, au carrefour de la route Valence-Grenoble et des grands itinéraires touristiques du Vercors (gorges de la Bourne et la Combe Laval).

À NE PAS MANQUER

La traversée de l'Isère par l'aqueduc.

AVEC LES ENFANTS

Jardin des fontaines pétrifiantes, aqueduc, grotte préhistorique de Thaïs, bateau à roue : les enfants n'ont que l'embarras du choix.

Se promener

Grotte préhistorique de Thaïs

2-3 pl. des Fontaines-de-Thaïs - 04 75 48 45 76 - www.grotte-de-thais.com - juil.-août : 11h-19h ; juin : 14h-18h, dim. et j. fériés 11h-19h ; avr.-mai : tlj sf lun. 14h-18h, dim. et j. fériés 11h-18h ; de déb. à mi-sept. : tlj sf lun. 14h-18h, dim. 11h-19h ; reste de l'année : dim. 11h-18h - fermé de déb. nov. à déb. avr. - possibilité de visite guidée (1h) - 8,70 € (-14 ans 4,90 €) - 26,50 € billet combiné avec le bateau à roue et le jardin des fontaines pétrifiantes.

L'entrée se trouve au pied de l'aqueduc en bordure du lac. Cette formation géologique originale est composée d'un dédale de galeries étroites et tortueuses, creusées et sculptées uniquement par l'action de l'eau provenant de l'une des rivières souterraines les plus importantes du Vercors. Ornée de concrétions calcaires, cette grotte témoigne aussi de la présence humaine durant la préhistoire : elle fut habitée à l'époque magdalénienne (il y a environ 17 000 ans) et différents outils ont été retrouvés sur place ; parmi eux figure un os coché qui servait sans doute de système numérique.

Aqueduc - Les Arches de l'Histoire

Parvis de l'Aqueduc - 04 75 48 61 39 - www.royans.com - ♿ - juin-août : 10h30-13h, 14h-17h30 ; reste de l'année : w.-end et j. fériés 10h30-13h, 14h-17h30 - fermé des vac. de la Toussaint aux vac. de Pâques - possibilité de visite guidée sur demande - 4 € (-12 ans 2 €) - billet donnant accès à l'espace muséographique Royans & Vercors - 8 € billet famille (2 adultes + enf.).

La Maison de l'aqueduc retrace l'épopée du canal de la Bourne, la construction de l'ouvrage d'art et les projets d'aménagement, de 1810 à nos jours.

Fresque de la chapelle St-Antoine-le-Grand, la résurrection de Lazare.
P. Deloche/Godong/Photononstop

Édifié en 1876, l'aqueduc est doté de 17 arches ; il a un débit de 7 m^3/s et irrigue la plaine de Valence grâce à ses 118 km de canaux. Accessible par un ascenseur panoramique, sa partie supérieure, longue de 235 m, est agrémentée de panneaux et de bornes audio qui présentent les richesses historiques et géographiques des environs (bateau à eau, grotte de Thaïs). Une table d'orientation montre les différents aspects géologiques du site de St-Nazaire. On aperçoit le vieux village de Musan agrippé à la montagne et les vestiges des filatures.

À proximité Carte de microrégion

La Sône B1

8 km au nord par la D 1532, puis la D 71.

Jardin des fontaines pétrifiantes – *Accolé au château de la Sône. 184 imp. des Tuffières - 04 76 64 43 42 - www.jardin-des-fontaines.com - juin-août : 10h30-19h ; mai et de déb. à mi-sept. : tlj sf lun. 11h30-18h30, w.-end et j. fériés 10h30-18h30 ; reste de l'année : dim. 11h-18h - fermé de mi-oct. à déb. mai - possibilité de visite guidée (1h) - 9,20 € (-14 ans 5,40 €) - 20 € billet combiné avec le bateau à roue.*

Dans ce jardin, vous allez découvrir le tuf de La Sône, une pierre particulière née d'un phénomène naturel. L'eau des sources, en heurtant le sol, a déposé depuis près de mille ans une couche importante de calcaire, lequel

SAINT NAZAIRE

À l'origine du nom de ce village, une légende et un miracle : au 12e s., une épidémie sévit, menaçant de décimer la population. Un moine s'appelant Nazaire passait par là et prédit que le fléau serait écarté par la Bourne. Sa prédiction se confirma, et les habitants lui rendirent hommage en adoptant son nom.

s'est recouvert de fougères et de mousses qui, avec le temps, se sont pétrifiées, créant une pierre poreuse et légère, le tuf.
Dans ce jardin, les cascades ont petit à petit créé une multitude de bassins et de renflements, formant d'étranges fontaines monumentales en tuf. Agrémenté de près de 15 000 plantes, le jardin s'épanouit harmonieusement autour de ces fontaines. L'utilisation d'objets inhabituels donne un petit air ludique à l'ensemble.

Rochechinard B2

4,5 km au sud par la D 209.
Le hameau est dominé, au loin, par les ruines romantiques d'un **château** médiéval des 11e et 12e s., dont il ne reste que des tours carrées et des murs envahis par la végétation. Au 15e s., le prince Zizim y séjourna en résidence surveillée *(domaine privé)*. La petite **église** campagnarde *(ouv. tlj)*, entourée de son cimetière, et le presbytère forment un ensemble harmonieux avec pour toile de fond les falaises calcaires de la Combe Laval.
Musée du Royans – *Ancien Presbytère - 04 75 47 74 23 - visite guidée (1h) juil.-août : 15h-19h - fermé lun. - 3,50 € (enfant 2 €).* Ceux qui veulent se remémorer le temps passé apprécieront les collections d'outils de ce petit musée, ses costumes régionaux, la reconstitution de la cuisine et de la chambre, ainsi que la magnanerie où l'on élevait les vers à soie.

St-Jean-en-Royans B2

Du château de Rochechinard, suivez la D 209 ; 5 km au sud-est par la D 209.
Office de tourisme – *13 pl. de l'Église - 26190 St-Jean-en-Royans - 04 75 48 61 39 - www.royans.com - 9h-12h, 14h-18h - fermé dim. et j. fériés.*
Au pied des vertigineuses falaises de calcaire du Vercors, et au débouché de la reculée de la Combe Laval, St-Jean-en-Royans est une localité tranquille mais célèbre pour ses fameuses spécialités.
La plus connue, la **raviole** de Royans, serait une adaptation du ravioli importé par les charbonniers italiens travaillant dans les forêts du Vercors.
Église – Le chœur est décoré de belles boiseries du 18e s. composées de panneaux avec des motifs sculptés et de panneaux encadrant des peintures. Ces boiseries proviennent de la chartreuse de Bouvante.
Table d'orientation de la colline du Toura – Accessible par le chemin du cimetière. Vue d'ensemble sur St-Jean, les paysages verdoyants du Royans, les gorges de la Bourne et la reculée de la Combe Laval.
Pour se promener ensuite, il y a un choix presque illimité d'excursions dans des sites à couper le souffle. La tabletterie (jeux de dames et d'échecs), la tournerie et la peinture d'icônes sont d'autres spécialités de la région.

★ Route du Pionnier B2

17 km au départ de St-Jean-en-Royans vers le sud par la D 131, puis la D 331.
Du col de la Croix, la route grimpe en corniche, en vue de la vallée de la Lyonne et du cirque boisé de la Bouvante. Le regard se porte ensuite sur le Royans et la vallée de l'Isère. Après le tunnel du Pas de l'Échelle (dit « du Pionnier »), la route monte encore jusqu'à son aboutissement à la D 199.
De là, on peut prendre la route du col de la Bataille (décrite en sens inverse p. 335) ou revenir à St-Jean-en-Royans par la magnifique route de Combe Laval (D 199 puis au nord D 76) pour gagner St-Laurent-en-Royans par la D 54.

Monastère St-Antoine-le-Grand B2

À St-Laurent-en-Royans (4 km au nord-est), prenez la direction du col de la Machine (D 2) ; dans le premier tournant suivez à droite la route indiquée « Gorge de Laval » (D 239) ; le monastère est à 5 km. 04 75 47 72 02 - www.monastere

saintantoine.fr - mai-oct. : 11h30-12h30, 14h-17h30, dim. 14h30-17h30 ; reste de l'année : w.-end et j. fériés 14h30-17h30, sem. sur demande préalable - fermé certains j. fériés - possibilité de visite guidée sur demande (1h) - 3,50 € (-12 ans gratuit). Depuis 1978, au bout de la Combe Laval, vit une petite communauté de moines orthodoxes issue du monastère Simonos Petras du mont Athos. Précédée d'un portail en bois sculpté, l'église de style byzantin, construite de 1988 à 1990, recrée un petit coin de Grèce, bien intégré dans ce grandiose décor alpin. À l'intérieur, un exceptionnel ensemble de peintures murales (600 m²) que deux peintres de Moscou ont mis six ans à réaliser.

NOS ADRESSES À ST-NAZAIRE-EN-ROYANS

HÉBERGEMENT

À proximité

BUDGET MOYEN

Domaine du Cholet – *26190 St Laurent-en-Royans - ✆ 04 75 47 79 67 - www.lecholet.com - fermé nov.-mars - P - 4 ch. 85/95 € ☕ et 3 gîtes à partir de 500 €/sem.* Accueil très chaleureux dans ce château du 19e s., entièrement restauré. Aux chambres douillettes et joliment décorées s'ajoute le plaisir d'une promenade dans le parc traversé par une rivière, au bord de laquelle des transats vous attendent.

RESTAURATION

À proximité

BUDGET MOYEN

Auberge Les Tracols – *26190 St-Laurent-en-Royans - ✆ 04 75 47 76 13 - www.aubergedestracols.fr - juil.-août : tlj sf sam. midi et certains soirs (se rens.) ; reste de l'année : tlj sf sam. midi, dim. soir, lun. soir et mar. soir - fermé 1re quinz. de sept. et 15 j. entre Nöel et 1er janv. - ♿ - P - menus 17/39 €.* Dans cette chaleureuse auberge pourvue de deux salles et d'une agréable terrasse ombragée, vous dégusterez une cuisine française faite à partir de produits frais locaux, déclinant les spécialités régionales (cuisses de grenouille, caillettes, truites, ravioles).

ACTIVITÉS

Bateau à roue « Royans-Vercors » – *2-3 pl. des Fontaines-de-Thaïs - ✆ 04 76 64 43 42 - www.bateau-a-roue.com - ♿ - 13,50 € (-14 ans 7,50 €) - 20,50 € billet combiné avec le Jardin des fontaines pétrifiantes ou la grotte de Thaïs.* Croisière commentée (1h) de déb. avr. à mi-oct., dép. de St-Nazaire-en-Royans et de la Sône.

ACHATS

Cave Noisel – *Hameau de Thuire, St-Jean-en-Royans - ✆ 04 75 47 56 54 - http://cave-noisel.com - tlj (sf dim. sept.-mai) 10h-12h, 15h-19h - fermé 24 déc.-15 janv.* Le monde de la noix dans tous ses délices : de l'apéritif au déssert, en passant par les confitures, le chutney, l'huile et la moutarde. Dégustation des produits.

Parce que le monde est mobile, **Michelin** améliore notre mobilité.

PAR TOUS LES MOYENS ET SUR TOUTES LES ROUTES.

Depuis l'avènement de l'entreprise – il y a plus d'un siècle ! – Michelin n'a eu qu'un objectif : aider l'homme à toujours mieux avancer. Un défi technologique, d'abord, avec des pneumatiques toujours plus performants, mais aussi un engagement constant vis-à-vis du voyageur, pour l'aider à se déplacer dans les meilleures conditions. Voilà pourquoi Michelin développe, en parallèle, toute une collection de produits et de services : cartes, atlas, guides de voyage, accessoires automobiles, mais aussi applications mobiles, itinéraires et assistance en ligne : Michelin met tout en œuvre pour que bouger soit un plaisir !

Michelin Apps

Parce que le confort et la sécurité sont des notions essentielles, pour vous comme pour nous, Michelin a créé un bouquet de 6 applications mobiles gratuites. Un équipement complet pour que la route soit un plaisir !

MICHELIN MyCar • *Pour obtenir le meilleur de vos pneus, des services et des infos pour préparer sereinement vos trajets.*

MICHELIN Navigation • *Une nouvelle approche de la navigation : le trafic en temps réel avec une nouvelle fonctionnalité de guidage connecté.*

ViaMICHELIN • *Calcul d'itinéraires et données cartographiques : un incontournable pour se déplacer sans perdre de temps.*

MICHELIN Restaurants • *Parce que la route doit être un plaisir, retrouvez un très large choix de restaurants, en France et en Allemagne, dont la sélection complète du guide MICHELIN.*

MICHELIN Hôtels • *Pour réserver votre chambre d'hôtel au meilleur tarif, partout dans le monde !*

MICHELIN Voyage • *85 pays et 30 000 sites touristiques sélectionnés par le Guide Vert Michelin et un outil pour réaliser votre propre carnet de route.*

Un pneu → *c'est quoi ?*

Rond, noir, à la fois souple et solide, le pneumatique est à la roue ce que le pied est à la course. Mais de quoi est-il fait ? Avant tout de gomme, mais aussi de divers matériaux textiles et / ou métalliques... et d'air ! Ce sont les savants assemblages de tous ces composants qui assurent aux pneumatiques leurs qualités : adhérence à la route, amortissement des chocs, en deux mots : confort et sécurité du voyageur.

1 *BANDE DE ROULEMENT*
Une épaisse couche de gomme assure le contact avec le sol. Elle doit évacuer l'eau et durer très longtemps.

2 *ARMATURE DE SOMMET*
Cette double ou triple ceinture armée est à la fois souple verticalement et très rigide transversalement. Elle procure la puissance de guidage.

3 *FLANCS*
Ils recouvrent et protègent la carcasse textile dont le rôle est de relier la bande de roulement du pneu à la jante.

4 *TALONS D'ACCROCHAGE À LA JANTE*
Grâce aux tringles internes, ils serrent solidement le pneu à la jante pour les rendre solidaires.

5 *GOMME INTÉRIEURE D'ÉTANCHÉITÉ*
Elle procure au pneu l'étanchéité qui maintient le gonflage à la bonne pression.

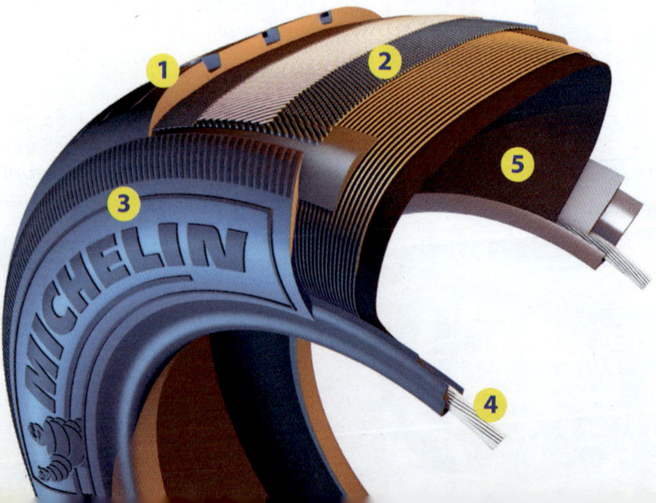

Michelin
→ *l'innovation en mouvement*

Créé et breveté par Michelin en 1946, le pneu radial ceinturé a révolutionné le monde du pneumatique. Mais Michelin ne s'est pas arrêté là : au fil des ans, d'autres solutions nouvelles et originales ont vu le jour, confirmant Michelin dans sa position de leader en matière de recherche et d'innovations, pour répondre sans cesse aux exigences des nouvelles technologies des véhicules.

→ *la juste pression !*

L'une des priorités de Michelin, c'est une mobilité plus sûre. En bref, innover pour avancer mieux. C'est tout l'enjeu des chercheurs, qui travaillent à mettre au point des pneumatiques capables de "freiner plus court" et d'offrir la meilleure adhérence possible à la route. Aussi, pour accompagner les automobilistes, Michelin organise, partout dans le monde, des campagnes de sensibilisation à la sécurité routière : les opérations "Faites le plein d'air" rappellent à tous que la juste pression des pneumatiques est un facteur essentiel de sécurité.

La stratégie Michelin :
→ *des pneumatiques multiperformances*

Qui dit Michelin dit sécurité, économie de carburant et capacité à parcourir des milliers de kilomètres. Un pneumatique MICHELIN, c'est tout cela à la fois.

Comment ? Grâce à des ingénieurs au service de l'innovation et de la technologie de pointe. Leur challenge : doter tout pneumatique – quel que soit le véhicule (automobile, camion, tracteur, engin de chantier, avion, moto, vélo et métro !) – de la meilleure combinaison possible de qualités, pour une **performance globale optimale**.

Ralentir l'usure, réduire la dépense énergétique (et donc l'émission de CO^2), améliorer la sécurité par une tenue de route et un freinage renforcés : autant de qualités dans un seul pneu, c'est cela Michelin Total Performance.

MICHELIN Total Performance

Chaque jour, **Michelin** innove en faveur de la mobilité durable.

DANS LE TEMPS ET LE RESPECT DE LA PLANÈTE.

La mobilité durable

→ *c'est une mobilité propre... et pour tous*

La mobilité durable c'est permettre aux hommes de se déplacer d'une façon plus propre, plus sûre, plus économique et plus accessible à tous, quel que soit le lieu où ils vivent.

Tous les jours, les 113 000 collaborateurs que Michelin compte dans le monde innovent :

• en créant des pneus et des services qui répondent aux nouveaux besoins de la société,

• en sensibilisant les jeunes à la sécurité routière,

• en inventant de nouvelles solutions de transport qui consomment moins d'énergie et émettent moins de CO^2.

→ *Michelin Challenge Bibendum*

La mobilité durable, c'est permettre la pérennité du transport des biens et des personnes, afin d'assurer un développement économique, social et sociétal responsable. Face à la raréfaction des matières premières et au réchauffement climatique, Michelin s'engage pour le respect de l'environnement et de la santé publique. De manière régulière, Michelin organise ainsi le Michelin Challenge Bibendum, le seul événement mondial axé sur la **mobilité routière durable.**

MICHELIN CHALLENGE BIBENDUM

Notes

Notes

Notes

Notes

Notes

INDEX GÉNÉRAL

Nyons : villes, curiosités et régions touristiques.
Chabran, Michel : noms historiques ou termes faisant l'objet d'une explication.
Les sites isolés (châteaux, abbayes, grottes…) sont répertoriés à leur propre nom. Nous indiquons par son numéro, entre parenthèses, le département auquel appartient chaque ville ou site (**07** : Ardèche ; **26** : Drôme ; **38** : Isère ; **43** : Haute-Loire ; **84** : Vaucluse).

A

B

C

N

O

P

Q

R

S

CARTES ET PLANS

CARTE GÉNÉRALE

Premier rabat de couverture

CARTES DES MICRORÉGIONS

PLANS DE VILLE

PLANS DE MONUMENTS, DE SITES

CARTES THÉMATIQUES

CARTES DES ITINÉRAIRES

LÉGENDE DES CARTES ET PLANS

Curiosités et repères

- Itinéraire décrit, départ de la visite
- Église
- Mosquée
- Synagogue
- Monastère - Phare
- Fontaine
- Point de vue
- Château - Ruine ou site archéologique
- Barrage - Grotte
- Monument mégalithique
- Tour génoise - Moulin
- Temple - Vestiges gréco-romains
- Temple : bouddhique - hindou
- Autre lieu d'intérêt, sommet
- Distillerie
- Palais, villa, habitation
- Cimetière : chrétien - musulman - israélite
- Oliveraie - Orangeraie
- Mangrove
- Auberge de jeunesse
- Gravure rupestre
- Pierre runique
- Église en bois
- Église en bois debout
- Parc ou réserve national
- Bastide

Sports et loisirs

- Piscine : de plein air - couverte
- Plage - Stade
- Port de plaisance - Voile
- Plongée - Surf
- Refuge - Promenade à pied
- Randonnée équestre
- Golf - Base de loisirs
- Parc d'attractions
- Parc animalier, zoo
- Parc floral, arboretum
- Parc ornithologique, réserve d'oiseaux
- Planche à voile, kitesurf
- Pêche en mer ou sportive
- Canyoning, rafting
- Aire de camping - Auberge
- Arènes
- Base de loisirs, base nautique ou canoë-kayak
- Canoë-kayak
- Promenade en bateau

Informations pratiques

- Information touristique
- Parking - Parking - relais
- Gare : ferroviaire - routière
- Voie ferrée
- 1 Ligne de tramway
- Départ de fiacre
- Métro - RER
- Station de métro (Calgary, ...) (Montréal)
- Téléphérique, télécabine
- Funiculaire, voie à crémaillère
- Chemin de fer touristique
- Transport de voitures et passagers
- Transport de passagers
- File d'attente
- Observatoire
- Station-service - Magasin
- Poste - Téléphone
- Internet
- H Hôtel de ville
- B Banque, bureau de change
- J POL Palais de justice - Police
- GNR Gendarmerie
- T M Théâtre - Musée
- U Université
- Musée de plein air
- Hôpital
- Marché couvert
- Aéroport
- Parador, Pousada (Établissement hôtelier géré par l'État)
- A Chambre d'agriculture
- D Conseil provincial
- G Gouvernement du district, Délégation du Gouvernement Police cantonale
- L Gouvernement provincial (Landhaus)
- P Chef-lieu de province
- Station thermale
- Source thermale

Axes routiers, voirie

- Autoroute ou assimilée
- Échangeur : complet - partiel
- Route
- Rue piétonne
- Escalier - Sentier, piste

Topographie, limites

- Volcan actif - Récif corallien
- Marais - Désert
- Frontière - Parc naturel

Comprendre les symboles utilisés dans le guide

LES ÉTOILES

★★★ **Vaut le voyage** ★★ **Mérite un détour** ★ **Intéressant**

HÔTELS ET RESTAURANTS

9 ch.	Nombre de chambres
☕ 7,5 €	Prix du petit-déjeuner en sus
50 € ☕	Prix de la chambre double, petit-déjeuner compris
bc	Menu boisson comprise
	Air conditionné dans les chambres
	Restaurant dans l'hôtel
	Établissement servant de l'alcool (à l'étranger)
	Piscine
CC	Paiement par cartes de crédit
	Carte de crédit non acceptée
P	Parking réservé à la clientèle
Tram	Station de tramway la plus proche
M	Station de métro la plus proche

SYMBOLES DANS LE TEXTE

	À faire en famille
	Pour approfondir
	Promenade à pied
	Randonnée à vélo
	Facilité d'accès pour les handicapés
i	Organisme de tourisme
	Astuce, conseil
	Adresse coup de cœur
A2 B	Repère sur le plan

Note au lecteur

Michelin a apporté le plus grand soin à la rédaction de ce guide et à sa vérification. Toutefois, les informations pratiques (formalités administratives, prix, adresses, numéros de téléphone, adresses Internet, etc.) doivent être considérées comme des indications du fait de l'évolution constante de ces données.

Il n'est pas totalement exclu que certaines d'entre elles ne soient plus, à la date de parution du guide, tout à fait exactes ou exhaustives. N'hésitez pas à nous signaler toute omission ou inexactitude que vous pourriez constater, ainsi qu'à nous faire part de vos avis et suggestions sur les adresses contenues dans ce guide.

Avant d'entamer toute démarche, formalités administratives ou douanières notamment, vous êtes invité à vous renseigner auprès des organismes officiels. Ces informations ne sauraient, de ce fait, engager notre responsabilité.

Collection Le Guide Vert sous la responsabilité de Philippe Orain

Édition
Florence Dyan, Delphine Storelli

Rédaction
Luc Decoudin, Clarisse Deniau, Michel Doussot, Hélène Le Tac, Laurence Michel, Jacques Vernier, Magali Triano, Catherine Zerdoun

Cartographie
Denis Rasse, Cristian-Mihaita Constantin, Thierry Lemasson

Iconographie
Maud Lomnitz, Marie Simonet

Relecture
Hélène Jovignot

Remerciements
Didier Broussard, Pascal Grougon, Hervé Dubois, Isabelle Foucault
Cécile Broc (Agence de développement touristique de l'Ardèche), Anne-Catherine Chareyre (Agence de développement touristique de la Drôme), Élodie Chorot (Office de tourisme et des congrès de Valence Sud Rhône-Alpes), Olivier Fidenti (Office de tourisme Du Rhône aux Gorges de l'Ardèche)

Conception graphique
Christelle Le Déan

Régie publicitaire et partenariats
business-solutions@tp.michelin.com
Le contenu des pages de publicité insérées dans ce guide n'engage que la responsabilité des annonceurs.

Contacts
Michelin
Guides Touristiques
27 cours de l'Île-Seguin, 92100 Boulogne-Billancourt
Service consommateurs : tourisme@tp.michelin.com
Boutique en ligne : www.michelin-boutique.com

Parution 2016

Michelin Travel Partner
Société par actions simplifiées au capital de 11 288 880 EUR
27 cours de l'Île-Seguin - 92100 Boulogne-Billancourt (France)
R.C.S. Nanterre 433 677 721

Dépôt légal : 12-2015 – ISSN 0293-9436
Compograveur : Nord Compo, Villeneuve-d'Ascq
Imprimeur : Printer Trento, Trento (Italie)
Imprimé en Italie : 12-2015

Usine certifiée 14001
Sur du papier issu de forêts gérées durablement (100 % PEFC)